U0451413

刘秀荣七十岁留影

《白蛇传》，刘秀荣饰白素贞

《白蛇传》，刘秀荣饰白素贞，张春孝饰许仙

《孔雀东南飞》，刘秀荣饰刘兰芝，张春孝饰焦仲卿

《金锁恩仇》，刘秀荣饰冯玉萱

《女起解》，刘秀荣饰苏三，刘长生饰崇公道

《四郎探母》，刘秀荣饰铁镜公主

《大英杰烈》，刘秀荣饰陈秀英

《珍珠烈火旗》，刘秀荣饰双阳公主，张春孝饰狄青

《香罗帕》，刘秀荣饰赵蕊芝

刘秀荣、张春孝夫妻1979年建国三十周年大庆于日本东京合影

刘秀荣、张春孝夫妻双双六十岁合影

刘秀荣与张春孝于20世纪60年代初合影

刘秀荣、张春孝夫妻做客"夫妻剧场"栏目。右一为节目主持人、影视明星英达

刘秀荣、张春孝夫妻与爱孙张幼孝合影

中国京昆艺术家传记丛书
谢柏梁　主编

清扬端妍　隽逸翩然
——刘秀荣评传

卢哲　著

商务印书馆
2015年·北京

图书在版编目(CIP)数据

清扬端妍　隽逸翩然：刘秀荣评传 / 卢哲著. —北京：商务印书馆，2015
（中国京昆艺术家传记丛书）
ISBN 978 - 7 - 100 - 11670 - 1

I. ①清…　II. ①卢…　III. ①刘秀荣—评传　IV. ① K825.78

中国版本图书馆 CIP 数据核字（2015）第 245924 号

所有权利保留。
未经许可，不得以任何方式使用。

清扬端妍　隽逸翩然
——刘秀荣评传

卢　哲　著

商 务 印 书 馆 出 版
（北京王府井大街36号　邮政编码100710）
商 务 印 书 馆 发 行
三河市尚艺印装有限公司印刷
ISBN 978 - 7 - 100 - 11670 - 1

2015年11月第1版　　　开本710×1000　1/16
2015年11月北京第1次印刷　印张24¼　彩插 8 页

定价：66.00 元

总　序

谢柏梁

一

在宇宙的浩瀚星空中，我们人类所居住的地球，无疑是最有灵性的星球之一。

人类作为地球的主人，其源远流长的创造与发展变化的历史，主要由各行各业的杰出人物来代表，各色各样的奋斗历程来体现。

在美丽地球的东方世界，在古老而又年轻的中国，历朝历代的历史大家们，一向以对各式各类人物事迹的记述与描摹为己任。我国的人物传记体裁丰富多样，大约可以分为纪传（皇家大事记）、文传（文学化传记）、史传（历史家所写人物传记）、志传（各地方志中所记载的本地人物传记）这四大类别。四类传记彼此发明，互为补充，构成了中国传记文化的多元谱系。

从左史记言、右史记事的专业化分工，到《左传》《国语》《战国策》式的整体氛围感的描述，最后由司马迁振臂一呼，以人物传记为中心的宏伟《史记》横空出世。该书记载了我国上自传说中的黄帝时代，下至汉武帝元狩元年（前122）共三千多年的历史。概述历代帝王本末的十二本纪、记录诸侯国和汉代诸侯兴废的三十世家、描摹重要历史人物的七十列传，都使之成为号称"史家之绝唱，无韵之离骚"的中国历史上第一部纪传体通史。

在《史记》的《孔子世家》中所记的夹谷会盟中，孔夫子面对着"优倡侏儒为戏而前"，在严肃而又力图放松的外交场合下，做出了特别粗暴野蛮的极端化处置。这也是历代梨园子弟对孔子不够恭敬的原因。此后历代史书方志，都不同程度地涉及优伶们的言行事迹。

魏晋以降，文史两家由混成到分野，自一体而两适。文者重藻饰心曲，史家认材料事实，各臻其至，泾渭分明。隋唐而后，碑铭行传，五花八门，高手操觚，佳作如云。韩愈《祭十二郎文》情深委婉，柳宗元为慧能作碑文机趣横生。

北宋乐史作《太平寰宇记》，分地区而织入姓氏人物，因人物详及诗词、官职。"后来方志必列人物艺文者，其体皆始于史。"（《四库全书总目》）

太平世界，因人物而繁盛；梨园天地，赖优伶而生存。

美妙绝伦的中华戏曲艺术从唐代的梨园开始，至少存在了漫长的十个世纪。千百年以来，戏曲艺术一直在蓬勃兴旺地发展，成为中国人民雅俗共赏的朵朵奇葩、民族文化中不可忽视的重要部类、戏剧天地内中华文化的闪亮名片、国际社会审美天地中的东方奇观。

较早对优伶进行分类撰述的史书，是宋代大文学家欧阳修的《新五代史》。该书包含了分类列传四十五卷，这种分类列传的体例较有特色，其中就包括了《伶官传》。该传一向被人们所津津乐道。《五代史伶官传序》甚至还被收入中学教科书，内云："《书》曰：'满招损，谦受益。'忧劳可以兴国，逸豫可以亡身，自然之理也。故方其盛也，举天下豪杰，莫能与之争；及其衰也，数十伶人困之，而身死国灭，为天下笑。夫祸患常积于忽微，而智勇多困于所溺，岂独伶人也哉！"尽管欧阳修的本意是说祸患之起乃多方面的原因所累积爆发而成，但还是给表演艺术家们带来了较大的负面影响。

与东土中国的情形完全不同，西方世界中对于戏剧艺术家的看法与评价完全不一样。对以埃斯库罗斯、索福克勒斯、欧里庇得斯三大悲剧家和阿里斯托芬一大喜剧家为代表的古希腊戏剧家，对以莎士比亚、歌德、席勒等的西方戏剧界灿烂明星，西方人给予了无限崇敬和由衷热爱。

中晚清以来最早"睁开眼睛看世界"的中国人，是那些在西方世界出使、考察或者游学的官员士子。当他们观赏到西洋剧院建筑艺术之华美绝伦、内部装饰之金碧辉煌之后，不由得发出由衷的赞美，感叹西洋剧院其"规模壮阔逾于王宫"；特别是舞台上机关布景之生动逼真，变幻无穷，"令观者若身历其境，疑非人间"；至于西方的戏剧艺术家地位之高贵，更是令国人叹为观止，所谓"英俗演剧者为艺士，非如中国优伶之贱"，"优伶声价之重，直与王公争衡"！

　　人类的艺术天地，原本可以共同分享的。何以东西方对于戏剧艺术家的认同度与景仰度，相差之大犹若天壤之别呢？泱泱中华，文明古国，难道就没有有识之士站出来振臂一呼，为戏剧艺术家们说几句公道话吗？

二

　　江山代有才人出，是非终有识者论。

　　我国历史上对戏曲艺术家们首度给予全方位高度评价的文人，是元代的钟嗣成（约1279—约1360）。这位祖籍大梁（今河南开封）的人士，长期生活在素有天堂之称的杭州城。他先在杭州官学读书，师从邓文原、曹鉴、刘濩等名家宿儒，又与对戏曲有着共同爱好的赵良弼、屈恭之、刘宣子、李齐贤等人同窗攻书，其乐融融。有记载说，钟嗣成一度在江浙行省任掾史。他自己写过《寄情韩翃章台柳》《讥贷赂鲁褒钱神论》《宴瑶池王母蟠桃会》《孝谏郑庄公》《韩信泜水斩陈馀》《汉高祖诈游云梦》《冯驩烧券》等七种杂剧，但不知为何皆已散佚。

　　真正使得钟嗣成开宗立派、名传青史的著作，还是其为中华民族有史以来第一代剧作家描容写心、传神存照、树碑立传的《录鬼簿》。

　　《录鬼簿》上卷分"前辈已死名公有乐府行于世者""方今名公""前辈已死名公才人有所编传奇行于世者"三类。这三类名公才人之情形，乃其友陆仲良从"克斋吴公"处辗转所得，故"未尽其详"。下卷分"方今已亡名公才人余相知者为之作传，以【凌波曲】吊之""已死才人不相知者""方今才人相知者，纪姓名行实并所编""方今才人闻名而不相知者"四类。这上下两卷书大体依据时代之先后加以排列，一共记述了一百五十二位元杂剧及散曲作家的基本情况，同时也记录了四百余种剧目。

　　我很欣赏钟嗣成的"不死之鬼"说。在他看来，天地开辟，亘古及今，自有不死之鬼在，何则？圣贤之君臣，忠孝之士子，小善大功，著在方册者，日月炳焕，山川流峙，及乎千万劫无穷已，是则虽鬼而不鬼者也。

不死之鬼，是为不朽之神或曰永恒之圣。在钟氏的神圣谱系中，那些门第卑微、职位不振的剧作家，那些高才博识、俱有可录梨园才人，都值得传其本末，叙其姓名，述其所作，吊以乐章，使之名传青史，彪炳千秋，泽及后世。

因此，写作《录鬼簿》更为重要而直接的意义，还在于其对后学的直接指导和充分激励。"冀乎初学之士，刻意词章，使冰寒于水，青胜于蓝，则亦幸矣。名之曰录鬼簿"，唯其如此，则杂剧戏文创作之道，才可能被一代代年轻的才人们所自觉自愿地衣钵相传，推陈出新，生生不已，得到更加健康的发展。

元杂剧作为中国戏剧史上第一个黄金时代，需要有人进行认真地归纳和总结。从此意义上言，钟嗣成在中国的地位，因为其成书于至顺元年（1330）的《录鬼簿》之横空出世，甚至可以与西方的大学问家亚里士多德等人的《诗学》等书相提并论。

有明一代，在贾仲明所增补的天一阁蓝格钞本《录鬼簿》之后，又附有约成书于洪熙（1378—1425）、宣德（1425—1435）年间的《录鬼簿续编》一卷。该书直接受到《录鬼簿》的影响，以相同的体例记述了元、明之间一些戏曲家、散曲家的大致事迹，接续前贤，踵事增华，令人欣慰。

自兹之后，从总体上对于当代戏曲作家进行专门记载和研究的著作，从明清两代以至中华民国，皆未得见。中华人民共和国成立以来，王安奎的《当代戏曲作家论》和谢柏梁的《中国当代戏曲文学史》等相应的专著，都属于《录鬼簿》的悠远传统在新时代的传承、示范和发展。

三

与《录鬼簿》蔚为双璧的元代重要戏曲典籍，是生于元延祐年间、卒于明初的华亭（今上海松江）人夏庭芝所撰的《青楼集》。前者论作家，后者集演员，正好勾勒出元代戏曲艺术家中两个最为重要部类的旖旎景观和绰约风采。

《青楼集》成书于元至正乙未十五年（1355），该书记述了从元大都到山东、从湖广武昌到金陵、淮扬以及江浙其他地方的歌妓、艺人共一百一十余人的简约事迹。这些女演员各自身怀绝技，有的在杂剧、院本、诸宫调方面负有盛名，有的在嘌唱、乐器和舞蹈等项目上造诣颇深。有的演员如珠帘秀的弟子赛帘秀在双目失明之后，依然能在舞台上正常表演，"出门入户，步线行针，不差毫发"，脚步地位，规范犹在，这是多么高深的艺术造诣！

也正是因为她们的色艺双绝，声名鹊起，所以才引起了社会各界的热切关注和诸多应酬往还。书中除了记载与她们有过合作关系的二十多位男伶之外，还记录了她们与诸多文人士子的深厚交情。甚至连达官贵人、明公士大夫五十多人，都与这些女演员有着广泛交往。《青楼集》作为第一部简练而系统的表演艺术家史传，对研究元代演剧、表演艺术、演员行迹与时代风尚等，都具有非常重要的史料价值和文化意义。

与明清以来关于戏曲剧作家的记录相对寂寥的研究局面不一样，类似明代潘之恒《鸾啸小品》之类关于演员与表演艺术的文献，相对较多。表演艺术家们的优美声容及其较大的社会影响力，使之留下了较多的关注和充盈的记载。

清代的演员记录蔚为大观。《清代燕都梨园史料》中所收录的《燕兰小谱》《日下看花记》等几十种书目中，都对演员予以了主体性的关注。如小铁笛道人序其做传源起云：

> 唐有雅乐部。宋时院本始标花旦之名，南北部恒参用之。每部多不过四三人而已。有明肇始昆腔，洋洋盈耳。而弋阳、梆子、琴、柳各腔，南北繁会，笙磬同音，歌咏升平，伶工荟萃，莫盛于京华。往者，六大班旗鼓相当，名优云集，一时称盛。嗣自川派擅场，蹈跷竞胜，坠髻争妍，如火如荼，目不暇给，风气一新。迩来徽部迭兴，踵事增华，人浮于剧，联络五方之音，合为一致，舞衣歌扇，风调又非卅年前矣。……录成一稿，名之曰《日下看花记》。梨园月旦，花国董狐，盖其慎哉。余别有《杨柳春

词》一册，备载芳名，以志网罗无俾遗珠之叹。凡不登斯录者，毋怼予为寡情也。噫！

这段序言，既有史识在，又见人情浓，令人为之莞尔首肯。

近代以来，出版业的发达与报刊传媒业的勃兴，又使得关于演员的记载、评选和评论蔚为大观。例如王芷章（1903—1982）的《清代伶官传》（中华书局1936年版）辑录清代曾在宫廷内当差演剧的"内廷供奉"演员、乐师及检场、衣箱等人的小传；由徐慕云编著的《中国戏剧史》（上海世界书局1938年版）卷一专列《古今优伶戏曲史》，采用编年体形式，以研究家的眼光，纵述自先秦以来直到中华民国戏曲演员的大的历史线索与知名演员，颇具史家眼光。

近些年来，北京学者孙崇涛、徐宏图等人合著的《戏曲优伶史》（文化艺术出版社1990年版）和上海学者谭帆的《优伶史》（上海文艺出版社1995年版）先后问世，这都是关于中国历代戏曲演员事迹的研究著作。

本套"中国京昆艺术家传记丛书"所收人物的时间跨度，大抵在中华民国和中华人民共和国期间。某些独传与合传之人物，也可以上溯到明清两代。

四

中华人民共和国成立以来，戏剧艺术家的社会地位得到了前所未有的提高。在全国政协委员和全国人大代表的席位中，戏剧家特别是戏曲表演艺术家都占有一定的名额。

与此同时，关于戏曲表演艺术家的各种传记资料更加繁盛。最负盛名的自传性著作，是梅兰芳的《舞台生活四十年》。关于盖叫天的《粉墨春秋》，也激励过业内外的诸多读者。

20世纪末以来，关于戏曲艺术家的传记蔚为大观。诸如河北教育出版社、中国戏剧出版社、中国青年出版社、文化艺术出版社等多家单位，都出版过不少戏曲家传记。

有鉴于目前出版的一些戏曲家传记，还存在着收录偏少、体例不全的遗憾。随着新资料的发现，新人物的涌现，社会各界迫切需要一套相对系统完整的戏曲人物传记著述。这既是对于钟嗣成、夏庭芝等人开拓曲家与伶人传记之风的现代传承，也是在国学与民族艺术学越来越受到全民重视的前提之下，从戏曲艺术家传记方面所做出的积极呼应。

在中国已经崛起为世界第二大经济体的今天，在中国商品出口多、文化输出少的不相称的背景下，在国际社会与世界戏剧界关于中国民族戏剧的热切关注下，一部系统的中国戏曲家传记丛书呼之欲出。

作为中国戏曲人才培养与学术研究的最高学府，中国戏曲学院理所当然地担当起编纂中国戏曲艺术家传记丛书的重任。而且今天的戏曲艺术家丛书，既包括了演员与编剧，也不会遗漏著名的戏曲音乐家和舞美设计家等不同专业的代表人物。

中国戏曲学院的表导音舞美等不同系科，都对本专业的佼佼者了如指掌。在教师、研究生和本科生三结合的编纂模式下，在文献资料收集、当事人采访调查、专辑文本写作修改等较为漫长的过程中，学院都有着较为雄厚的人才基础。有道是铁打的校园流水的学生，也只有学院才能一直具备较为丰富而新鲜的专业化人力资源。

从2009年发端，在北京市财政局的大力支持下，在北京市教育委员会的慧眼关照下，在中国戏曲学院领导与师生的有效指导与大力参与下，在社会各界贤达众人相帮、共襄盛举的高尚姿态下，中国戏曲艺术家丛书中的"中国京昆艺术家传记丛书"终于正式立项，并从2010年开始，由上海古籍出版社、上海人民出版社、商务印书馆、中国文史出版社等相关出版社共同推出百种传记。目前本丛书的出版计划已经实现过半，近五年当可出齐一百部。

从2015年发端，在中国戏曲学院和中国文联出版社的共同努力下，在中国口头与非物质文化遗产戏剧传承人的前提限定下，关于地方戏曲艺术家的传记丛书也正式拉开了编写出版的大幕，评传工程将向着越剧、黄梅戏和豫剧、粤剧等各地地方戏的领军人物们华丽转型，持续推进。

积之以时日，继之以心力，伴随着梨园界各方贤达和海内外各界有识之士的支持，中国戏曲艺术家的系列评传，就一定能够在太平盛世当中积少成多，聚沙成塔，共同托举出中华文化中戏曲艺术家的辉煌群像。

五

"中国京昆艺术家传记丛书"已经出版的三十二种传记和即将推出的二十八种传记，已经构成了有史以来最成规模的京昆人物传记丛书。

昆曲，既是京剧之前最具备代表意义的"前国剧"，又是戏曲剧本文学性较强、表演艺术趋于典范精美的大剧种，还是2002年起首批被联合国教科文组织列入"人类口头与非物质文化遗产"名录、具备较大国际影响的古典型剧种。

从1917年开始，吴梅先生在北大开辟了戏曲教学的先例。在他的指导、启发和参与下，由上海的实业家穆藕初赞助，昆曲传字辈在苏州正式开班。涉非如此，兰苑遗音，古典仙音，险些儿做"广陵散"，斯人去矣，芳踪难寻。至于北昆的韩世昌、白云生等人，也都是正式拜过吴梅先生的嫡传徒弟。这些人，这些事，不可不写，不可不传。

京剧，被公认为中国戏曲最具备代表性的剧种，海内外的不少人索性将其称之为国剧，也能得到社会大众的认同。京剧表演艺术家，流派纷呈，各呈其盛，具备非常广泛的群众基础，在世界各国也都具备较高的知名度。这些角儿，这些流派，不可不述，不可不歌。

因此，昆曲类传记中，首先推出的是近代戏曲学术大师吴梅、昆曲表演大师俞振飞和素负盛名的"传"字辈老艺人；京剧类传记中，梅尚程荀等"四大名旦"的传记当然也会名列前茅。王卫民、唐葆祥和李伶伶等戏曲传记方家，给了我们莫大的支持，在此致以衷心谢忱。

细心的读者，很快将会发现，在本套丛书中，既有世所公认的戏曲界名家大师，也有正处在发展过程中的正当胜年的代表人物。或许有人要问：既然曰传，树碑立传，盖棺才能论定，中年才俊尚处于发展过程之中，缘何仓促为之写传？

此问有理，但又不全正确。须知任何一时代较有影响的人物，首先是被同时代的人们所热爱。举例说来，于魁智、李胜素和张火丁等人都还处在发展前进的艺术路上，可是他们也确实拥有大量的观众群。那些忠实的粉丝，迫切需要知道他们心中偶像的更多情形。那么，为同时代人们的戏曲界偶像树碑立传，实属必要。再比方今天我们的诸多梅兰芳传记，实际上更多的是具备历史文献的意义，因为现存的大部分观众，再也无缘得睹梅大师演出的现场风采了。

更有甚者，我们与《中国京剧》杂志的朋友们，老是在计划某月某日去采访某一位德高望重的艺术家。可是当我们如期去实地采访时，常常会发现老人家年事已高，对于昔日的风采与精彩的艺术，已经很难清楚地加以表述了。英雄暮年，情何以堪？

至于有时候看到讣告上的名家，原本已经列入我们要拜访的日程表，但是拜访者尚未成行，受访者却已驾鹤，远行至另外一个遥远而不可即的世界！天壤永隔，沟通万难，那就更属于永远的遗憾了。

有鉴于此，我们提倡两次写传法或曰多次写传法。此次先写名家的壮年时期，未来再补足传主的晚年事迹，这样的传记，也许更加齐备可靠一些。必要年老而可写，若等盖棺而论定，但后人对前辈艺术家知之甚少，叙之渺渺，称之信史，恐难采信。

评传的生命力所在，正在于其讲述一个个真实的故事，演示一出出人生的大戏。但是如何讲好故事，怎样使得故事讲得精彩动人，令人读后余香满口，味道袭人，实属不易。《史通》说："夫史之称美者，以叙事为先。至若书功过，记善恶，文而不丽，质而非野，使人味其滋旨，怀其德音，三复忘返，百遍无斁。"

戏曲艺术家们在舞台上创造了富于美感的各色人物形象，但在生活中还是一位凡人，或者说往往更是一位烦恼颇多的凡人。如何使得生活中的凡人和舞台上具备各色美感的佳人才子、贤士高官、英雄豪杰和其他各色人等有机地对接起来，更是亟须在传记写作过程中不断探索的难关。

传记包括家族身世、教育承传、艺术人生和舞台创造等部分，也酌选精彩而有历史价值的照片，以期图文并茂，赏心悦目。评传强调文献记载、口述历史与适度评述相结合。附录包括大事年表、研究篇目等。每位传主的评传大约二十万字，俱以单行本方式出版印行。至于清代伶官传和昆曲传字辈等一些合传，丛书也予以了部分收纳。

本套丛书所收人物的时间跨度，尽管曾经上溯到同光十三绝时期，但总体上还是聚焦于20世纪初叶到21世纪初叶的百年之间。百年之间，风云变幻，梨园天地，名家辈出。区区一套丛书，尽管编者力图使之相对完整系统一些，但挂一漏万、沧海遗珠的现象，还是会在所尽有。即便收入本丛书中的名家大师，由于多侧面历史的诸多误会以及材料的相对匮乏，由于诸多热情有余、经验不足的年轻人的参与，错讹之处，在所难免。尚求方家不吝指正，遂使学问一道，有所长进；梨园群星，光芒璀璨。这也正好呼应了马克思的人物传记理想，那就是写人物应当从感情气势上具备"强烈色彩""栩栩如生"，力求达到恩格斯关于人物形象应当"光芒夺目"的审美理想。

尽管为梨园界的艺术家们作传，从理论上看厥功甚伟，但是要做好任何事情常常会举步维艰。甚至梨园界的一些同人乃至某些传主的家属学生，也都会存在着不一定一致的想法。尽管前路漫漫，云雾遮蔽，甚至常常会峰回路转，坎坷难行，但是坚定的追求者和行路人还是会历经千辛万苦，抹去一路风尘，汇聚文章锦绣，迎来晨曦微明。

彼时彼刻，仰望戏曲艺术的长天之上，那一颗颗晶莹的晨星正在深情地闪烁着动人的光华。晨钟暮鼓响起，无限芳馨远播，那正是全体传记写作人和得以分享传记的读书人，以及关心本套丛书的戏迷和社会各界朋友们的无量福音。

2013年12月25日

序 一

贯 涌

京剧表演艺术家刘秀荣的传记，已见两部出版。前一部系传主自述，叙事抒怀淋漓尽致；此一部为学人采写，品人评艺周详妥帖。

作为国戏第一班学生，我与秀荣学姐同窗六载，相交六十余年，纵观其艺术人生，确乎与一位艺坛巨匠的创新学派密不可分。此位便是一代宗师王瑶卿。

瑶卿先生业京剧，工旦行，于生旦净丑诸行当无不精通，对编导音美等各门类无所不擅。早年变革皮黄表演，开辟花衫新路，推动京剧发展，时人誉为戏曲革命家。中年息影，传艺作剧，亲传弟子难以胜数，并且创作诸多经典传世之作。晚年出任中国戏曲学校教授、校长，艺事操劳不遗余力，为建设戏曲教育事业鞠躬尽瘁。瑶卿先生在长期舞台表演、教学与创作实践中，构建了独具特色的表演风格与远见卓识的艺术见解。"通天教主"之名虽是瑶卿先生解颐自嘲，"一代宗师"之实确为梨园所公认。

当王瑶老到校履职之际，秀荣学姐有幸立雪王门并深得钟爱栽培。我辈亲见：王瑶老教得细，讲得深，抠得严；秀荣学姐学得实，悟得透，用得俏。先生是欣慰满怀倾囊相授，学生是感激不尽勤学精研。

转眼间六十年过去！秀荣学姐秉持师承，发扬光大，王瑶卿的创新学派已化作刘秀荣的精、气、神。

王瑶老规划培养的刘秀荣，登上氍毹大唱《武家坡》《玉堂春》《孔雀东南飞》，再演《拾玉镯》《小上坟》《豆汁记》，更演《十三妹》《棋盘山》《珍珠烈火旗》……她能青衣，能花旦，能刀马，技艺全面，戏路宽阔，非寻常专攻一行者可比。但，这仅仅是传统意义上的唱做并能、文武兼擅、多才多艺而已。刘秀荣的艺术精蕴凸显之处，全在于践行王派精髓——"花衫"说。

业内熟知，"花衫"一说系瑶卿先生首创。但是，人们往往解读为"融合青衣、花旦、刀马旦的表演艺术，形成了'花衫'行当"。若从京剧表演程式着眼，把"花衫"视为兼容并包旦角各行的综合大行当也有些道理。然而，若把眼光放宽些，放深些，便会发现"花衫"一说大大超越了行当范畴，其实质、其本意是以角色塑造为核心，突破行当陈规羁绊，激活程式，综合四功，充分而恰当地选用各种艺术手段，塑造各种性格、各种艺术类型的人物形象。明确地讲，王瑶卿艺术学派的"花衫"概念，是见地卓越的一种艺术学说，同时也是一种切实可行的创作方法。

刘秀荣在全面继承的王派丰富遗产中取精用宏，把"花衫"观念作为艺术创作——无论老戏整理或新戏编排——的指导思想和根本方法。于是，她所扮演的王宝钏、穆桂英、白素贞、孙玉姣、罗昌秀等诸般人物，呈现着沉稳、端庄、活泼、坚忍、顽强等种种个性色彩，无一不是鲜活的"这一个"。追求实现恩师教诲："要'一人千面'，不要'千人一面'。"且看她身怀唱念做打般般技艺，表演程式严格规范，大胆变革程式，成功塑造了多个鲜明的人物形象——这便是刘秀荣的艺术根基与艺术精蕴。

记得有人评说：刘秀荣登台"闪放着磁性光辉"，赞扬她充满魅力的气质和气场。其实，秀荣学姐艺术光辉的"光源"，是她舞台表演所呈现出的浓浓的时代气息。

瑶卿先生明确指出"戏要跟着时代走"，并且大力推行，贡献卓著。刘秀荣坚定执行先师遗训，扎扎实实、勤勤恳恳、推陈出新，力求适应时代审美需求。反映在舞台上，她是如此的朝气蓬勃、激情四溢，这样的气韵生动、色彩斑斓，在人物刻画中透露出欣欣向荣的当代精神风貌。刘秀荣艺术之"气"，时代气息也。

刘秀荣在舞台表演和课堂授徒中高张王派大旗，苦心传承王瑶卿学术精华。在戏曲界，若论传承，特别是流派传承，总把"原汁原味""不走样"视为"正道",稍有差池即难免"大逆不道"之罪责。然而,王瑶老极其反对"克隆",最为赞赏"青出于蓝",扶持四位学生形成四大流派便是他老先生标志性的杰作。王派门下之刘秀荣,深切感受到恩师为她量身订制的特色培养,懂得王瑶老所言"一个猴一个拴法"的深刻内涵,在"不失原味"与"不要克隆"的矛盾纠结中,采取了中国美学的高追求和方法论层面的上上策——求神似。于是我们看到,秀荣学姐依王派声腔法则与特色,行腔、改腔和编腔,依王派身段规范,设计、表演和导演,似可叫作"守住神魂"。就艺术风格观察,王派具有爽朗洒脱、质朴俏丽的特色,刘秀荣的表演则在爽朗洒脱中平添几许刚健奔放,在质朴俏丽中显露几分妩媚灵巧,由此展现出既雄健又柔美,既古朴又清新之神彩。

总之,刘秀荣的精、气、神令她在观众中赢得盛誉,也使王派大旗耀眼飘摇。当向秀荣学姐致敬,为王派传承祝福。

以上粗浅识见,岂敢称"序",向读者提交一份心得笔记而已。惶恐,惶恐!

2014年1月8日于仰酸斋

序 二

崔 伟

刘秀荣老师的人生与艺术传记要出版,她命我作序,对我这个晚辈和外行来说是一件荣幸但又很难承担得起的大事。因为刘秀荣老师不仅是我非常景仰与钦敬的一位长辈,更是新中国培养的第一批在京剧史上会留下辉煌业绩、创造了不凡成就的杰出人才。她和张春孝先生几十年的舞台实践与精彩合作,不仅传承发展了前辈创造的京剧艺术传统,而且也形成了自身的鲜明风格与可贵创新。之所以不避浅陋仍有这篇文字,不仅是读过书稿之后,让我了解了主人公的人生与艺术经历,而且深切感受到其巨大成功背后有许多对今人极为重要的引导与启示,特别是结合当下京剧的现状的确是有着许多敬佩和感慨的话要说。

应该说,尽管京剧是一条源远流长的艺术历史长河,但汇就起这波澜壮阔的,恰恰是两百年来众多杰出艺术家建立在坚实艺术条件、刻苦艺术求索、成功艺术创造、扎实艺术创新基础上的巨大贡献。尽管京剧的美学特点和优秀传统是一脉相传的,但若没有不同时代杰出者的个性化创造和时代性创新,那么京剧艺术就必然会失去鲜活。而刘秀荣老师几十年来的艺术贡献恰恰是为京剧表演艺术添砖加瓦,锦上添花。

我们从这部书中可以真切地了解刘秀荣老师辉煌但又坎坷的艺术求索之路。刘秀荣老师的艺术经历具有着那个时代的鲜明特色。首先,她学习京剧是缘于自身对京剧的热爱、家庭氛围和极好天分。尽管学戏很苦,但她乐在其中,敏学不疲。其实,这对今天的艺徒还是非常有启发的成功经验。因为一个人对她从事的行当若没有真挚的爱,怎么能有追求钻研的强大动力和恒久毅力呢?而这又是成功的重要基础。这一点在刘秀荣老师他们这一辈人身上体现得尤其鲜明！其次，刘秀荣老师学戏并走上演员道路的时期又是一个名家云集，时代巨变的重要历史阶段。一大批叱咤舞台的老前辈成为了他们的业师，名师帐下得到倾心的亲炙与点拨，起点和所得也必然是不同一般。时代的巨大变迁，必然要求艺术家个人素质与艺术观念的与时俱进。刘秀荣老师之所以有后来的艺术创造和清新面貌，正因为她不但有着扎实的传统根底，更充满自觉的时代意识。再次，从这本书的记述和回味刘秀荣老师的代表剧目，我们可以感到环境、名师都是客观条件的便利，但最终能否修成正果，起关键作用的还是主观上的热爱，尤其是她具有的那种超出常人的苦研、巧悟、化己能力。

无疑，刘秀荣老师几十年对京剧艺术的孜孜以求，不辍研习，成功创造，所取得的成果是骄人的！这表现在她无论传统戏，还是现代戏创作上所取得的成就都是巨大且名标史册的。通过阅读此传，我们会更加深刻地了解刘秀荣老师那一部部代表作的艺术思想与创造精神及其背后的故事。应该说，在同龄人中刘秀荣老师的代表剧目和艺术成果是名列前茅的。她的《白蛇传》不仅是新中国最早一批新编优秀剧目，也可以说是奠定中国戏校风格和品格的开山之作；被拍成影片的《穆桂英大战洪州》在全面展示了刘秀荣老师允文允武的艺术身手背后，更重要的是用细腻鲜活的人物内心与性格刻画开创了新时代京剧表演特色；传统剧目《十三妹》继承了王瑶卿先生的表演精华，发挥出王派独有的神妙韵味，但经刘秀荣演来则更栩栩如生；现代戏《四川白毛女》则是中国戏校这一学院派京剧家群体尝试并成功表现现代生活的一部具有全国影响力和历史价值的力作……其他还有全部《穆桂英》《貂蝉》《孔雀东南飞》《珍珠烈火旗》《棋盘山》《得意缘》《豆汁记》《大英杰烈》《拾玉镯》《小上坟》《小放牛》《八仙过海》《百花赠剑》《奇双会》《朝阳沟》《红岩》和全部《彩楼记》等。优秀艺术家的最大价值与贡献无疑应该体现在创作成果的时代特色与艺术高度上。因此，刘秀荣老师这一系列代表剧目使我们不能不发出这样的感慨：在京剧这样一个以丰厚传统为底蕴的艺术门类中，能在传统基础上承前人显新意，这不仅需要过人的胆魄和不凡的才识，而且要有执着的探索精神，从这点上看刘秀荣老师的艺术经历和事业追求，以及她在学习、创造上的真知灼见，难道不是非常值得我们继承学习的宝贵经验吗？

《清扬端妍　隽逸翩然——刘秀荣评传》一书中对刘秀荣老师出国访问演出的丰富记述，对读者的启示意义也是很大的。走出去才能眼界开阔，见世面才会增长见识。刘秀荣老师他们这代人真是幸运的！1959年，她风华正茂就在第七届世界青年联欢节上崭露头角，获得国际金奖。六十年来，不仅驰骋国内京剧舞台，而且出访过世界各地的数十个国家和地区。她的出访不仅传播和宣传了京剧，也是她学习、观摩和吸收世界各地表演艺术的宝贵机会。刘秀荣老师的成功，不仅得自她在京剧传承创新实践上的刻苦努力，还与她注重提高京剧专业以外的文化素养有关。最令我难忘的还是那些她向王瑶卿先生学习的生动情节，字里行间我们可以体会到刘秀荣老师对前辈大师的敬重，以及对宝贵学习机会的珍惜，更可以通过王瑶老在对刘秀荣等后辈的悉心教学和无比关爱的种种细节，与主人公一起感受到大师传达出的艺术哲理。

刘秀荣老师岂止在艺术上是幸运的，书中让我们羡慕的还有与张春孝先生相濡以沫、终身偕老的爱情。他们的携伴不只是生活上恩爱关怀，难得的是成就了事业上的最佳搭档，两位老师相得益彰，盛开出了舞台与人生的奇葩！

总之，通过阅读这部书我们能更加走近刘秀荣老师，更加了解她艺术上所走过的道路与取得的成就，更加真切感受她之所以取得成功的学习经历、追求目标和艺术理念。

以上说了许多，不过是我作为一个刘秀荣老师的忠实观众以及一个读者的读后感受。这些年，由于工作之便，我与刘秀荣、张春孝两位老师接触很多，更加真切感受到他们对京剧艺术的深挚之爱与培养京剧人才的卓越之功。二位都是耄耋之龄，张老师身体也不好，但每有京剧活动二人都是热情襄助，真诚地献上他们的智慧与经验。对于培养学生更是不辞辛劳，完全把这当成了为京剧这个民族文化瑰宝传薪，为祖师爷传道的责任义务和神圣之举。他们的学生也遍及全国，甚至不止京剧，而学生中的不少人都是当今京剧舞台上青年演员中的佼佼者，王派艺术和刘秀荣的代表剧目也在当代焕发出无限的生机与活力。

是为序。

2014年2月16日

目　录

引言 / 1

第一章　润物无声春有功
 第一节　老生票友刘捷三 / 2
 第二节　师出名门的刘子元 / 4
 第三节　青衣刘维贞 / 5
 第四节　"天生戏痴"刘秀荣 / 6

第二章　祸福无常不待评
 第一节　屋漏偏逢连夜雨 / 9
 第二节　度日如熬煎 / 12
 第三节　哀哉！生母亡故 / 14
 第四节　善良的继母 / 15

第三章　清扬似玉须勤学
 第一节　寻找西苑兵营 / 18
 第二节　田汉与四维剧校 / 20
 第三节　剧校的生活 / 21
 第四节　粉墨初登场 / 24
 第五节　学业精进 / 27
 第六节　亲历开国大典 / 31

第四章　欲报师恩常念念
 第一节　"真是个'鬼妞儿'" / 37

第二节 援朝义演 / 41

第三节 广开戏路 / 45

第四节 王派名剧《珍珠烈火旗》/ 50

第五节 《貂蝉》的三重身份 / 56

第六节 文武全能《十三妹》/ 64

第七节 青衣戏《孔雀东南飞》/ 68

第八节 首演《白蛇传》/ 73

第九节 荣获会演大奖 / 79

第十节 打磨《白蛇传》/ 81

第十一节 师恩永难忘 / 93

第十二节 排练出国剧目 / 96

第十三节 《拾玉镯》的经典范式 / 101

第十四节 第一次走出国门 / 106

第十五节 东欧之行 / 111

第十六节 惊闻噩耗 / 119

第五章 两心不语暗知情

第一节 "直弓直令"的小生 / 123

第二节 加入实验京剧团 / 124

第三节 天作之缘 / 130

第四节 赴澳洲演出 / 138

第五节 白首成约 / 141

第六节 琴瑟和鸣 / 145

第六章 山雨欲来风满楼

第一节 剧团"大跃进" / 148

第二节 现代戏《四川白毛女》/ 151

第三节 喜获国际金奖 / 157

第四节 访问北欧 / 162

第五节　名动上海滩 / 165

第六节　《剑舞》参赛风波 / 169

第七节　聆听大师授课 / 171

第八节　拍摄戏曲艺术片 / 176

第九节　《穆桂英大战洪州》表演分析 / 181

第十节　这个调令不寻常 / 187

第十一节　在渣滓洞"坐牢" / 192

第十二节　在上海排演《沙家浜》/ 195

第十三节　"这个戏是表现地下党的" / 197

第七章　十年辛苦伴沧浪

第一节　红卫兵抄家闹剧 / 201

第二节　"少数派"事件 / 204

第三节　成为"反革命分子" / 206

第四节　夫妻伤别 / 209

第五节　咫尺天涯 / 211

第六节　送别"五七"战士 / 213

第七节　逆境见人心 / 215

第八节　在干校劳动 / 217

第九节　穷途之哭 / 220

第十节　腊尽春回 / 225

第八章　天地无私春又归

第一节　《穆柯寨》不减当年 / 230

第二节　赴美国及港澳演出 / 233

第三节　校戏的两度重排 / 238

第四节　当选妇联执行委员 / 241

第五节　新《十三妹》别开生面 / 243

第六节　《沉海记》与《金锁恩仇》/ 249

xix

    第七节　西欧四国巡演 / 253

    第八节　承包专业剧团 / 257

    第九节　举办纪念演出 / 260

    第十节　夫妻联手初导戏 / 264

    第十一节　再导《百花公主》/ 266

    第十二节　日本知音与《孙悟空》/ 269

    第十三节　出任全国政协委员 / 273

    第十四节　正宗王派传人 / 277

第九章　玉印相传世共珍

    第一节　表演艺术观 / 285

    第二节　王派艺术特点 / 288

    第三节　老校长们的"遗产" / 293

    第四节　学习"李氏"导演观 / 301

    第五节　京剧教育观 / 303

    第六节　演员成才论 / 307

    第七节　戏曲的民族精神 / 309

    第八节　抢救京剧的"药方" / 311

    第九节　"流派班"总结 / 313

    第十节　传统剧目与电影工程 / 315

尾声　流芳毓秀传茂荣 / 320

附录一　刘秀荣大事年表 / 326

附录二　刘秀荣源流谱系 / 350

附录三　刘秀荣研究资料 / 354

"中国京昆艺术家传记丛书"出版情况 / 362

引 言

梨园行有句俗语叫"看戏看角儿",往往是,戏的情节早已谙熟,观众却还是天天蹓戏园子,只为重睹角儿的魅力。台上看角儿还不够,痴迷者还定要在台下研究一番,研究什么呢?便是角儿是如何成为"角儿"的?

既如此,角儿究竟是如何诞生的呢?欲知答案,就要回顾角儿的一生,从童年至少年再至青年,直至艺术巅峰,那么父母、恩师、伴侣等一生中的重要人物,绝不可疏漏一位;学艺、首演、获奖等重要事情,也绝不可遗忘一件。

其实换个角度说也有道理,既要回顾角儿的艺术人生,那么非先研究其成才之路不可。

如今书页翻开,传主刘秀荣作为王派传人、当代旦行名宿、著名戏曲教育家,她门徒众多,拥趸甚众。要回顾刘秀荣的艺术人生,还是得先研究其成为角儿的过程。

第一章　润物无声春有功

说有心栽花也好，说无心插柳亦可。似乎每位艺术家的童年时期，总会出现一位或几位长者，为之导引艺术之路。在梨园家庭中尤是如此：从无到有，从懵懂无知到渐入佳境，启发加传授同步，熏陶与训导并重。艺术的启蒙，好比新生命的创造；而启蒙者，无疑是这个创造过程中至为重要和不可替代的角色。

第一节　老生票友刘捷三

大约是20世纪三四十年代，北平大四眼井胡同一座大宅院内。

一位京官结束了一天的公务，回到了自家宅院。甫一进内堂，他便闲坐在八仙桌旁，太师椅上。妻子递来热毛巾，他顺手接过，擦脸罢，洗手毕，一身的劳累顷刻间烟消云散，顿觉舒心自如。他喜从中来，笑吟吟不发一言，索性便唱起《斩黄袍》里那段【二六转散板】来了，从容不迫：

孤王酒醉桃花宫，韩素梅生来好貌容。寡人一见龙心宠，兄封国舅妹封在桃花宫。内侍臣摆驾上九重，高御卿发怒你为哪宗？

唱罢良久，余韵犹响，震彻屋宇。

京戏名伶刘鸿升当年红遍北平的这段唱腔，正符合这位官员高、宽、亮的嗓音特点。带着过足戏瘾的兴奋劲，他随手端起桌上的绿茶，美美地呷上一口。十足畅快！

这位嗜好京戏和绿茶的官员，名叫刘捷三，就是本书传主刘秀荣的祖父。

六十多年后，当誉满梨园的刘秀荣——这位"通天教主"王瑶卿先生的门下高徒——回忆自己艺术人生的时候，她最先想到了祖父刘捷三。正是这位儒雅温和的长者，为刘秀荣打开了京剧之门：

> 我从小儿受到祖父的影响和熏陶，对京戏产生了浓厚的兴趣，着了迷。应该说我的祖父是影响我走上京剧艺术之路的第一人！[①]

刘捷三旧居浙江山阴，并非北平人士，其祖上或务农，或为茶商，乃山阴望族。山阴是浙江省绍兴市的古称，此地历来号称"禀山川之灵气，汇江南之雅韵"。据考证，山阴刘氏一脉，属于西汉景帝之子长沙定王刘发的后裔。刘氏族人，世代以崇尚诗书为最高旨趣，明末一代大儒刘宗周，即出自山阴。

清朝末年，刘捷三的父亲，也就是刘秀荣的曾祖父乡试中举，入京为官，刘家这才离开祖籍，北上发展。刘捷三也得以随父亲至北平读书。

在北平，刘捷三一度官封吏部三品。清朝覆亡后，他继任民国京师警察厅中二区警察署长等职，期间又与旗人女子结婚，后生下二子一女，二子分别唤作刘维良（原名刘子元）[②]和刘维平，女儿则起名为刘维贞。

1935年8月26日，刘捷三的孙女，刘子元的女儿——刘秀荣——在北平降生。刘氏一家三世同堂，尽享和美富足，实可谓百福具臻，羡煞旁人。

在众多孙辈孩子里，刘捷三最偏爱刘秀荣，每当公事完毕，归府之际，刘捷三总不忘记唤孙女刘秀荣的乳名：

"荣儿，开门。"

[①] 刘秀荣：《我的艺术人生》，中国文联出版社2006年版，第3页。

[②] 因刘秀荣父亲有不少曾用名，为避免造成称呼混乱，故一般情况下，本书均以后来戏校师生惯称的"刘子元"一名指代其人，下文亦同，特此说明。

门环轻叩，长者站定。

"来啦！"

伴着一声清脆的童声，大门"呀"地打开了。

"爷爷您回来了！"小刘秀荣蹦跳着还没站稳，就高声问安起来。

刘捷三微笑道："嗳，好孩子。"一边说着，一边俯身摸摸小孙女的头。这边刘捷三抬起的腿还没跨进门，那边刘秀荣便已递过一把布掸子，为祖父拍打灰尘了。

周身和鞋帽拍打完毕，刘捷三才步履稳健地走向堂屋。

如斯场景，每日反复。

缘何刘捷三如此喜爱刘秀荣呢？有一个原因毋庸置疑：刘秀荣在孙辈中长得最漂亮，人最机灵，按刘捷三的说法是"又懂事又会说话儿"。另外一个原因，恐怕和刘秀荣打小儿爱听戏、唱戏有关。

同其他聪明的小孩儿一样，刘秀荣小的时候十分活泼好动，虽然是个姑娘家，可是她淘气起来连男孩子都比不过。作为家中长辈，刘捷三性情内敛，温和儒雅，面对孙女的顽皮，他从来不愿厉声呵斥或者打骂体罚，但他要是真想让孙女安静老实下来，也是有绝招的。什么绝招呢？那便是——唱戏。

闲暇时候，"听一声西皮，唱两口二黄"本来就是刘捷三的最大喜好，什么《逍遥津》《斩黄袍》等戏早已令家人听得熟稔亲切。待到刘捷三将"父子们在宫院伤心落泪"等名段唱响的时候，刘秀荣便真的放下淘气劲儿，拉着妹妹秀华一起，围坐在祖父膝下，一声不响。听到妙处，竟还忍不住拍掌叫好。方才玩闹蹦跳的心情，却早已被抛到"爪哇国"去了。

第二节　师出名门的刘子元

不唯祖父，在刘家这个氛围浓厚的梨园家庭里，刘秀荣的父亲和姑妈也对京戏痴迷甚深。

刘秀荣的父亲原名刘子元，学名刘维良，清光绪三十三年（即1907年，丁未年)8月11日出生于北平,在求学时就经常出入票房,工老生和老旦。由于嗓音清亮苍脆,扮相俊朗,在北平票友界中小有名气。

十九岁时,刘子元为了逃避包办婚姻而从朝阳大学法学系辍学,从此离家开始自谋生路。他曾在京师警察厅户籍室担任文书的工作,后来又与同事一道成立了律师事务所。工作之余,刘子元几乎每天都研习京戏。家中一旦有进账,他就将其中一半拿出来请老师教习唱念。

日子一长,刘子元发现自己的嗓音与李多奎先生酷肖,而李先生的艺术又颇为他自己所喜爱,便决定不再学唱老生,转而专工老旦了。

1938年6月,刘子元在北平正式拜李多奎先生为师。在老旦泰斗李多奎先生亲授下,刘子元掌握了许多诸如《钓金龟》《遇后·龙袍》《游六殿》《滑油山》及《四郎探母》《大登殿》等老旦正工戏。每学会一出戏,刘子元就照着李多奎先生的戏装样式定做一套戏装和龙头拐、手铐、锁链等道具。日复一日,技艺渐进,终成李门得意弟子。

四年后,刘子元将自己名字改为刘少奎,并舍去旧有工作,正式下海唱戏,以此表明自己传承李多奎老旦艺术之决心。后来在一次演出的时候,海报中误将"刘少奎"写为"刘少全",刘子元将错就错,取一谐音,此后便以"刘绍泉"作为自己的艺名。

刘子元每天都请专业琴师为自己吊嗓说戏,还请了赵春喜师傅为自己"跟包"[①],久而久之,刘子元声望日重,不仅演出屡屡叫座,还时常帮师父李多奎先生赶场应活儿。

父亲的痴迷和成功,进一步激发了刘秀荣欣赏京剧的兴趣。

第三节 青衣刘维贞

如果说,是祖父养成了刘秀荣听戏的瘾、父亲养成了刘秀荣看戏的瘾的话,

[①] "跟包"是梨园行中的旧称,指专为某个戏曲演员管理日常演出事务、负责演出时换戏服或"饮场"(场上递茶水)等其他杂务的人,"跟包"与今天的"助理"一词有相通之处,但并不相同,现在统称为"舞台工作者"。

那么让刘秀荣在不知不觉中养成学戏瘾的,则是她的姑妈刘维贞。

刘维贞起初是北平城里的名票,后来下海唱戏,成了专业演员,晚年定居在台湾。她年轻时也极痴迷京剧,尤其喜欢青衣戏。当时,刘维贞不但给自己请了琴师,还给自己置办了一身行头,几乎每天都坚持在家吊嗓、练台步、练水袖。她还请了专业老师,每周教一两次新戏。

这一下,可乐坏了刘秀荣,因为老师教青衣戏的时候,刘秀荣就可以站在一旁边听边学了。结果是,这一边姑姑的《女起解》还未练熟,那边的刘秀荣就哼哼唧唧把"忽听得唤苏三,我的魂飞魄散"唱会了;这边老师刚开始教《贺后骂殿》,那边刘秀荣就把"一见皇儿把命丧,怎不叫娘痛断肠"练熟了,欢喜得老师直夸这小丫头机灵,学得比大人还快。

等到姑姑准备学《六月雪》的时候,刘秀荣已经闹着要穿戏装、学走台步、学耍水袖,准备在家"搭台"演出了。

可大人的戏服小丫头也穿不上,刘秀荣就把母亲的毛巾、头巾、绣花鞋全借来当作戏服,再用口红把脸胡乱一涂,就算是扮过妆了。大人们看到她这幅怪样儿,全都乐得笑出了眼泪。

刘秀荣却不在意,她不许大人们走,强迫长辈们坐到一块,然后放开喉咙像模像样地唱起了大戏。一边唱,一边还加上身段,在家里翻起跟头、耍起把式来了,把一旁当观众的长辈们逗得前仰后合。

第四节 "天生戏痴"刘秀荣

刘秀荣小时候最喜欢的事,就是和妹妹秀华一起,跟着父母到前门外大栅栏戏园子看戏。因为在过足戏瘾的同时,姐妹俩还能顺便享受到一顿大餐,解解嘴馋。不过,活泼的小秀荣在戏园里总爱不停地问问题:"爸爸,花脸的脸是画上去的还是戴上去的啊?妈妈,旦角头上的两根鸡毛为什么那么长呀?……"

结果这边是刘子元夫妇迫不及待想要听戏叫好,那边是小丫头叽叽喳喳说个不停,片刻不得安宁,谁也看不好戏。

渐渐地,刘子元夫妇看戏就不愿意再带女儿去了。可刘秀荣的戏瘾还真不小,一听说有京戏就闹着要跟去看。闹得刘子元夫妇左右为难,不得不同意。

后来,剧场有演出的时候,刘子元就回家悄悄告诉妻子,故意不让女儿知道。

没想到有一天,夫妻俩小声商量着要去华乐戏院看戏时,被小刘秀荣听到了。她立马高兴地回屋换旗袍、穿皮鞋,准备同去。可鞋还没穿好,刘子元夫妇就已经上了车子要走了。任凭小刘秀荣在车后面怎么哭闹着要看戏,夫妻俩就是不回头。

刘秀荣与父亲刘子元

眼见车子越走越远,小刘秀荣只能提着鞋子站在马路中间,委屈至极……

气愤不过,小刘秀荣就奔回家中,一反往日的乖巧,把盘儿、碟儿、碗儿、筷子天女散花般乱扔了一地。她一边抹泪,一边拿管家李妈撒气:"放在那儿,谁也不许收拾!"连饭也不吃了。管家李妈也毫无办法。

等刘子元看完戏,回家见到如此场景,自然大发雷霆,狠狠训斥了女儿一番。刘秀荣的母亲却将宝贝女儿搂在怀中,心疼地说道:"这孩子怎么这么喜欢京戏呀……"

五岁那年,家人决定送刘秀荣去学堂读书。那家学堂遵循传统的私塾教育,整日都是一位老学究闭着眼睛"人之初,性本善""天地玄黄,宇宙洪荒""之乎者也"那么念着。刘秀荣从小爱唱爱跳自由惯了,非让她像木头人一样坐在椅子上跟老师念《三字经》《百家姓》《千字文》,她怎么可能高兴得起来?于是管家李妈每次上学都要磨破嘴皮子才能把刘秀荣带出门;给好吃的才肯坐到学堂里。可是李妈一转身,刘秀荣就偷偷跟着回家了。然后又是一番连哄带架,才送到学堂……

后来，家人看刘秀荣读私塾这么费劲，就把她送到前门司法部街小学上了洋学堂，那年她六岁。

在这所学校里，刘秀荣拢共读过两年书。两年里，学习的时光显得平淡无奇，反倒是唱京戏，给刘秀荣带来了很多欢乐。洋学堂怎么还唱京戏呢？原来，是因为刘秀荣从小爱唱戏，这让她成了学校里的文艺骨干。一逢周末联欢会，刘秀荣就小步一迈开，丹田一用力，痛痛快快地给老师同学们来那么一小段，尤其是拿手的那段"苏三离了洪洞县"，更是回回赢得满堂彩。

一遍又一遍，只要唱上了大戏，刘秀荣似乎根本不知疲倦为何物，一副"赴汤蹈火，在所不辞"的架势。

有一次，刘秀荣还真因为唱戏受了伤。那是她在母亲床上表演翻"轱辘毛儿"的时候，不小心把脖子扭伤了。结果十多天都无法行动，把她疼得直冒汗。刘秀荣可轻易不肯认输，她不喊也不哭，硬挺着，愣是熬过去了。

受了这么大罪，刘秀荣也该怕唱戏了吧。决不！为了唱戏，无怨无悔。脖子伤刚痊愈，小丫头行头重新扮上，氍毹上再演一番去也！

第二章 祸福无常不待评

做父亲的听戏、学戏、唱戏，做姑姑的下海唱戏、专工青衣，做母亲的衣装时尚、出入剧场，家中既有令人艳羡的职业作生活保障，又有高官后裔、梨园世家、李门高徒的身份做菊坛扬名之资。刘家的父辈们原本可以继续享受安逸自在，刘秀荣的童年原本可以继续幸福平静，然而生活的变故却突如其来，防不胜防。

第一节 屋漏偏逢连夜雨

厄运首先降临在刘秀荣的母亲身上。

刘秀荣的母亲名叫李怀锦，比刘子元小几岁。她生长在京郊大户人家，其父拥有许多地产，十分富有。李怀锦在家中排行第二，上有一个姐姐，下有一个妹妹和一个弟弟。

李怀锦自幼聪颖秀雅，热情开朗，事事要强又家教极好，毫无乡野之俗，反而颇具阔太太气质。她衣着打扮漂亮入时，言谈举止、待人接物都很有分寸。

刘秀荣无论如何都忘不了自己四五岁时常常见到的那个母亲：穿着一件乳白色镶嵌湖色边的旗袍，身披银灰色掐腰长大衣，手挽黑色光亮的小提包……真是美得难以用语言形容！

李怀锦和丈夫刘子元举案齐眉，恩爱有加，两口子几乎从未因为小事红过脸，拌过嘴。

　　李怀锦曾为刘家生过七个儿女，刘秀荣原本排行第三。不过当时的医疗条件不发达，先刘秀荣出生的两个男孩都不幸染上天花而早亡，"三妹"刘秀荣因此成了大姐。后来，李怀锦又生了一个女儿，这就是刘秀荣的二妹刘秀华。两年后，她又生了一个男孩，可这个小男孩出生一个月就夭折了。

　　短短几年，刘家接连遭受丧子之痛，一个又一个打击折磨着这对年轻的夫妇。

　　为了寄托对儿子的思念，李怀锦和丈夫一度将刘秀荣当作男孩来养：五岁之前，刘秀荣都留着男孩子才有的发型——小平头。

　　在失去小儿子三年后，李怀锦终于又生下一个小男孩，家人为孩子起名叫作刘长生，还给他起了乳名叫"三丫头"，借此希望这个孩子能像丫头们一样健康生长，不要重复"哥哥们"的命运。

　　恰好彼时，刘子元拥有一份收入可观的工作，繁忙之余以学戏玩票为乐；李怀锦负责料理家务，间或照顾刘秀荣、秀华，"三丫头"长生也有专人照看，一家人都显得清闲、自在。

　　生活带来的不再是压力和丧子之痛，似乎一切都朝着可以预见的幸福的方向行进着。

　　原以为日后生活将步入正轨，可李怀锦的运途却依旧坎坷不断。

　　看到"三丫头"刘长生健康快乐地成长着，悲恸略有平复的李怀锦便开始打算再为刘家添一个胖小子。

　　不过不能万事皆遂心愿，刘家第七个孩子还是个女孩。这倒也罢了，毕竟有刘秀荣这么个聪明伶俐的姐姐带着，没准将来这孩子也能长成个可人疼的姑娘。谁承想，这个可怜的小女孩生下来体质就很弱，外加营养不良，还常拉肚子，结果没活多久就夭折了。

　　一贯是刘家的女孩儿比男孩儿好养活些，如今连女孩子都逃不过夭折的命运。李怀锦终于没能战胜厄运，更没能说服自己，这些年由于丧子丧女而经受的创伤也再难痊愈……

　　此后，李怀锦一病不起，日渐消瘦下去。不久，她被医生诊断为子宫瘤。一

第二章　祸福无常不待评

年半当中做了两次手术，病情依旧不见好转。

那时节，看病、手术的费用也着实不菲。在这个节骨眼上，丈夫的事业又受到重创。

当时，身为警局文书的刘子元[①]由于工作关系，负责调查三里河木材厂囤积黄金烟土的情况。不想该厂不仅不配合调查，还派出三四个人持斧头砍伤了调查人员。

事发后，警局非但没有惩处砍人者，反而以"玩忽职守"之名将刘子元撤了职，草草了结此事。刘子元真是有苦难言，有冤难申。

离开警局之后，刘子元才弄清楚幕后的隐情：原来被调查的商家是当时自己所在警局局长钱某的至亲，难怪这木材厂能够如此蛮横无理，毫无法度，也难怪警局给自己胡乱定什么莫须有的罪名了。

祸不单行，由于社会动荡不安，经济萎靡不振，刘子元先前与人合作的律师事务所也很快因市面萧条关了门。他从此成了"自由身"。

由于断了稳定收入，全家人也只好从大四眼井一座大宅院搬到妞妞房一所狭小的独院里住了。

为了养家糊口，刘子元在师父李多奎先生的引介下，开始搭班唱戏。

刘子元原来只唱正工老旦戏，不会二三路老旦活。为了增强艺术本领，他又跟着戏路宽、会得多的时青山先生学戏。

能从事梨园行，这也对得起刘子元的秉性和天分。可搭班唱戏、赶场应活，毕竟"戏份儿"有限。几场演出下来，能拿到手的钱也只勉强够贴补家用的，怎么能让李怀锦安心治病？

无奈之下，刘子元只好业余做点儿小买卖，但他又不善经营，总是赔钱。

一家人手足无措之时，偏偏家里又两次被盗，真是屋漏偏逢连夜雨！刘家几乎一夜之间陷落到了山穷水尽、衣食无着的悲惨困境里去了。

[①] 当时"刘绍泉"这个艺名应该还未广泛应用在其工作事务上，故为与前文一致，仍以"刘子元"一名指称刘秀荣的父亲。

病床上的李怀锦心里焦急万分，可自己又重病缠身，还能做点什么呢？结果只能日日愁、夜夜叹，最终导致病情越来越重，刘子元却再没钱为她治病了！

李怀锦几乎要彻底垮掉了。

第二节　度日如熬煎

为了让李怀锦安心治病，李家的三妹——刘秀荣的三姨提出一个方案：把李怀锦接到乡下老家静养一段时间。

万般无奈之下，刘子元只好答应。

这么一来，刘家塌下了半边天。先前因为家境陡转直下，管家白妈、李妈都已辞退，如今家中无人操持内务，更没人专门照料刘秀荣三姐弟。刘子元是又当爹又当娘，又要做饭洗衣，又要养家糊口。

一人有难，全家动员。李怀锦的弟弟——也就是刘秀荣的舅父李怀忠为了解决刘家的困境，在密云车站为刘子元寻觅了一份工作。这份工作虽好，可是要独自离家远行一个月以上。

这也就意味着刘秀荣、秀华、长生三个孩子要被留在家里独立生活。

那时，最大的孩子刘秀荣，才刚刚八岁多一点。

要么出门赚钱，养活全家；要么留在孩子身边，承受"弹尽粮绝"的折磨。经过几番考虑，刘子元终于横下一条心，选择了独身一人出门工作。

临别前日，做父亲的刘子元把刘秀荣姐儿仨叫到跟前，语含酸涩地说："爸爸为了养活你们仨，一个人到外头去做事，我真不放心呢，大荣啊，爸爸知道你只有八岁多点儿，还是个孩子，你是大姐，我只有把这个家交给你了，好好看着弟弟妹妹，我会回来看你们的……"

夜里，爷儿四个一直没睡觉，刘子元再三叮嘱刘秀荣"关好门""有生人来了别开门""有急事打电报"，又教她怎么样打电报，还留下一个月的生活费，并用报纸把钱分成三十个纸包。

第二章 祸福无常不待评

许多年后,父女话别的场景,在刘秀荣看来,都仿佛昨夜一般,她甚至清晰地记着每个纸包的样子:

> 我记得每包儿里的钱只够吃窝头咸菜或者买点儿混合酱(芝麻酱、韭菜花儿、酱豆腐放在一起)。父亲还嘱咐我别把钱丢了,让我一天花一小包钱,小心别磕着碰着……千叮咛万嘱咐。①

天一亮,刘子元就匆匆赶路去了。照刘秀荣的说法,老爷子是怀着"那颗为我们操碎了的心,像老燕觅食似的去挣扎、去拼命挣钱去啦"。从此,大姐刘秀荣成了"一家之主",她带着六岁半的二妹秀华,年仅三岁的小弟弟长生,挨过一日又一日:

> 当时我觉得最难的是生煤球炉子,老生不着,急得我哭,弟弟妹妹喊肚子饿,炉子生不着,没法儿做饭,我们姐儿仨就饥一顿饱一顿过着艰苦的日子。②

一个月以后,刘子元终于回来了。

看到姐仨都瘦了,小儿子长生又咳嗽不止,刘子元心疼地直落泪。二话不说,先赶紧到街上买了条咸鱼,回来烤熟了给姐仨就着窝头吃。那滋味,在刘秀荣姐妹看来,简直连神仙也尝不到一般。真说得上是一家人多年难享的饕餮大餐。

"做得不错,好吃,"刘子元一边吃着刘秀荣蒸的热腾腾的窝头,一边不住地夸,笑着说,"就是窝头下面的眼儿小了点儿。爸爸知道你才八岁半,手太小。"

这既不是在夸,也不是在埋怨,分明是在心疼宝贝女儿!

---

① 刘秀荣:《我的艺术人生》,中国文联出版社2006年版,第9页。
② 同上。

吃罢，刘子元紧紧攥着刘秀荣的小手，像自言自语似的说道："孩子，等爸爸有了好事由，挣了钱，就不让你们受这个罪啦……"

第三节 哀哉！生母亡故

这种有上顿没下顿的生活，刘秀荣和妹妹、弟弟坚持了几个月。

突然有一天，屋门外有人喊："刘秀荣你妈回来了！"刘秀荣听到后"噌"地蹦了起来，飞也似跑去开了门。

谁知却看见门外停着的一辆木头大马车上，躺着一位皮包骨头般、满脸灰尘、脸色蜡黄的女人，她的头上戴着一顶红色棉制的风帽，瘦弱的身体被紧紧裹在一床被子里面。

天哪！这真是天天想念的妈妈吗？刚看到母亲的时候，刘秀荣真被吓傻了。李怀锦连眼皮都无力抬了，只连连摇头，眼角噙着泪水，轻轻地说："回家了。"

刘秀荣一头扑在母亲的身上，她万万也没有想到母亲会变成这样。然后她赶紧叫来妹妹和弟弟把母亲搀回屋里，放到床上，自己不停地哭。

刘秀荣忙为母亲擦脸、擦手、擦脖子，擦掉的却是母亲身上一层又一层干皮儿，她忍不住又是一阵痛哭。

李怀锦拉着女儿的小手说："我总算活着回家来啦，妈这会儿就想吃碗热汤面，孩子你能做吗？"

"能！"刘秀荣点点头。然后赶忙到街上买了一斤白面，满头大汗跑回来给母亲做热汤面，忙乱中却把自己手指切下来一块皮，直流血……

当热汤面终于端到床前时，李怀锦微微一笑，刘秀荣也笑了。可是李怀锦费了很大气力还是坐不起来，刘秀荣就一口口地喂她吃面，李怀锦一边吃一边说："真香，真香啊。"

吃了两口，李怀锦就拖着极度虚弱的身子不停地催刘秀荣，让她赶紧给父亲刘子元打加急电报，让他速速回家一见。刘秀荣连忙去办。

其实母亲这番行为的原因，刘秀荣或许已经猜出七八分了，但她绝不相信那会发生。

当天夜里，刘子元就赶了回来。一进门，他就冲着妻子高声说："怀锦，我回来了！"

那时李怀锦已经无力睁眼，昏迷过去了，根本就听不到丈夫的话。

刘子元又趴在妻子身边不停地喊："怀锦，怀锦哪，我回来了！怀锦，怀锦哪……"

过了许久，李怀锦才强睁开眼睛，她伸出颤巍的手把丈夫的头轻揽过来，紧贴在自己脸上，微微说道："还是家里好哇。"然后渐渐没了声音。

刘子元泣不成声，他把妻子抱起坐在床上，将被子衬在妻子背后，又为她换好衣服，接着让刘秀荣赶快给母亲梳头、洗脸。

刘秀荣可能还不知道发生了什么事，她不停地大声呼唤着母亲，希望母亲能再睁开眼睛说句话。可李怀锦就躺在丈夫的怀里，沉沉地睡着了，却再不能睁眼看一看自己的三个儿女。

母亲就这么走了，刘秀荣还是不肯相信。

第四节　善良的继母

李怀锦去世后，刘秀荣好像突然长大懂事了，也成熟了，她开始在家中学着母亲的样子操持家务、照顾妹妹和弟弟了。

刘子元自从失去了贤妻，就决定不到外地做事了，一者因为他看三个没娘的孩子太可怜了，没人照顾，于是留下来自己照看；二者是看到八九岁的刘秀荣瘦小身子，大脑袋，不长个却担负起那么重的家务活，特别心疼，所以更加舍不得走。

为了生计，留在北平的刘子元什么都干过，像搭散班唱戏这样的专长，肯定缺不了。只是演出少，挣钱不多，不能维持一家四口人的生活。

无奈之下，在亲戚朋友的帮助下，刘子元在中山公园门前树林子里摆起了小摊，卖酸梅汤、果子干。由于刘子元做事认真，为人实诚，小摊上卖的东西全用的是实材好料，成本很高，结果是"赔本赚吆喝"，名气倒是有了，可收入依然惨不忍睹。

后来，刘子元只好改行修理自行车。他把三个孩子带在身边，刘秀荣年纪稍大，最懂事，时常帮着清理摊内外杂物，给打气的人家扶着气筒子。到了中午，一家子就在附近买口吃的，晚上再推着车子一起回家。看到刘子元劳累一天，腰都直不起来了，刘秀荣就赶紧给他打水洗脸，待父亲休息妥当，她再去为全家人做晚饭。

一家人就这样辛苦拼命，可还是挣不到钱。堂堂京城大官之后，学问才华样样出众又吃苦耐劳的刘子元，却连一家生计都不能维持，更别说找个正当稳定的工作了。

怨愤命运的不公，呼号社会的衰颓都无济于事，其实刘子元唯独缺少的就是阿谀奉承的"本领"，以及低声下气才可能得到的、在当时独步天下的"兵器"——门路。

刘子元秉性刚直，不愿屈身主动求人，更不愿低头乞食。不过他人缘极佳，许多仗义热心的朋友都愿意在他陷入低谷时提供无私帮助。

李多奎先生有一位朋友姓景，刘秀荣姐弟仨叫他景大爷。景大爷见刘子元事业、家庭接连遭遇不幸，子女尚幼且无人照顾，非常同情，便在一次见面时，向刘子元提出了一个建议：让刘子元给姐仨找个继母，这样刘自己就能从照顾子女的家务中腾出身来，全心全意找个正当工作。

乍一听，景大爷的建议似乎对刘子元、李怀锦多年的感情不太公平，可仔细一想，也的确很有道理。毕竟三个孩子太小，家中必须要有稳定收入才能保证正常生活，刘子元才四十多岁，又有学问，只要有朋友帮忙，找份好的工作应该不成问题。可当时刘子元独自一个人忙里忙外实在太操劳，根本无法全力挣钱养家，所以，这个家里不能没有女人管理。

续弦，也不失为一个好的选择。

为了生者未来的幸福，刘子元为子女续娶继母，实属生活所迫，不得不为。李怀锦若泉下有知，应该也会理解丈夫的吧。

　　景大爷很热心，还专门为刘子元介绍了几个合适的人选。刘秀荣得知这一消息后，哭着跪到刘子元面前苦苦哀求道："千万别给我们找后妈。"她还以为是自己做女儿不够孝顺，就保证道："我能够照看弟弟妹妹，我能够洗衣做饭，帮着父亲摆摊……"

　　刘子元哭了，对乖女儿说："爸爸不能把你给耽误啦，爸爸得出去做事、挣钱，继续让你上学呀。"

　　几番劝说下，刘秀荣最终还是在家里见到了继母。

　　刘秀荣的继母叫韩智华，天津人，比刘子元小两岁。家中以从商为业，韩智华排行最大，下面有大弟韩品一，二妹韩智鉴，小弟韩介刚。

　　韩智华是个老姑娘，为人善良。尽管当时刘子元经济困难，但她并不嫌弃，也未提出过分要求，且对刘秀荣姐弟也很不错。她只在过门前提出唯一一个要求：新婚的被褥必须里面三新。

　　由于刘子元实在拮据，连这个要求都无法做到。他只买了一个新床单盖在了拆洗过的旧被褥上面。

　　韩智华在结婚的当天发现后，掉了泪，一言未发。为这件事，刘子元一生都感到内疚，总觉得对不起她。当然，这都是后话了。

　　韩智华嫁进刘家后，从没抱怨过生活的艰苦，而是悉心照料家务，全力照顾刘秀荣、秀华、长生这三个非己生的孩子。为的是让丈夫刘子元省得挂念儿女，专心挣钱。

　　不久，当年为刘子元拉胡琴的张先生便为其介绍了一份工作：在中央饭店烧锅炉。后来，刘子元还在华北电业公司变压厂当临时工。

　　生活虽然比摆摊、修车的时候有所改善，但是靠着这些微薄和飘忽不定的收入，维持一家五口人的吃穿日用，还是显得有些窘迫。

　　不，应该说是窘迫到了极点！

第三章　清扬似玉须勤学

第一节　寻找西苑兵营

1947年6月的一天。北平城。

韩智华从柜子里找出了两件小旗袍，匆忙间让刘秀荣穿上。旗袍都很短，那都是刘秀荣五六岁时候穿的。

事出突然，刘秀荣没时间精挑细选，只好将就着穿上，然后拉上二妹秀华，跟着父亲和一位赵姓大爷，直奔西苑去了。

那位赵姓大爷，就是过去为刘子元"跟包"、刘秀荣姐弟都喊他"赵大爷"的赵春喜。

去西苑的路途显得特别长，车也坐了很久，刘秀荣只依稀记得在西直门附近还倒过一次车。

一路上，刘秀荣脑子里都在回想一个星期前赵大爷来家时的情景。

那一天，赵春喜到刘家做客。一进门儿，身着国民党军官制服的他就让刘子元一家人大吃了一惊。一个梨园行的人，怎么和军队牵连上了呢？仔细一问，才知道赵春喜参加了国民党青年军二〇八师四维儿童戏剧学校。

从赵大爷的口中，刘秀荣头一次听说四维儿童戏剧学校这个名字。她绝想不到，自己未来的人生走向，将同这个陌生的剧校息息相关。

"那儿管吃、管住、管穿，还学本事，"赵春喜向刘子元推荐道，"秀霞现在就在那儿学戏。"

秀霞就是赵春喜的女儿，起初在剧校学小生，后来改学化妆。

"大姑娘从小爱唱戏，要不，您就送她上那儿学戏去吧，还能给家里减轻负担。"赵春喜边说边指了指一旁的刘秀荣。

一听要学戏，刘秀荣立马来了精神。

刘子元却不大同意，他担心刘秀荣从没离开过家，一个人出门在外不适应，怕她吃不了苦，又总觉得把女孩子送到军队兵营里不放心。

刘秀荣当然不想错过进剧校的机会，她忙接住赵大爷的话头，表示自己特别愿意去学戏，赵春喜也再三劝说。

最后，刘子元拗不过二人，就让赵春喜先给问问，要是剧校那边能接收，就让刘秀荣去几天试试。

一周的时间很快过去了，赵春喜送来信，说四维剧校同意了，不过当天就要往西苑兵营去找赵宝亭主任面试。

临出门前，刘秀荣提出让二妹刘秀华一块儿去。刘子元有些犹豫，不是舍不得，而是因为秀华从小胆子小，人又老实，身子不太灵活，刘子元生怕剧校不收。

在刘秀荣的再三恳求下，刘子元终于同意了："到那儿试试看，人家要是收，就让她也唱戏，将来给她姐姐挎刀[①]。"

于是才有了继母韩智华找旗袍、刘秀荣拉妹妹离家的那一幕。

由于事情来得突然，一点儿准备也没有，二妹秀华走在路上显得十分紧张，她不停地问刘秀荣："大姐，人家能收我吗？我到底行不行啊？"

当时刘秀荣虽已十一二岁了，但她从小没离开过家和父母。她其实心里也有些害怕，可她很有信心，像大人一样安慰道："能，能收。"

一路颠簸，总算到了西苑兵营。

---

① 指演二路角色。

远远地，刘秀荣和妹妹秀华就看见营房门前那两个站岗士兵手里端着枪，两个小丫头都觉得瘆得慌。

进了营门，刘秀荣一路东张西望，看见的都是灰色的两层房子，一排又一排，全是一个模样儿。锣鼓声、琴声隐约飘来。

赵春喜带着刘家父女沿着锣鼓声一路走，终于在声音发源的那栋楼里，见到了四维剧校三分校赵宝亭主任。

刘秀荣本以为要当场唱几句，谁料想面试的过程比想象中容易得多。赵主任先是问了问面前这两个女孩儿的姓名、年龄，然后只上下打量了一眼，就算入校了。

就这样，刘秀荣正式走进了京剧艺术的学堂。

第二节　田汉与四维剧校

四维儿童戏剧学校的前身是1942年在广西成立的四维平剧社儿童训练班，主办人是京剧演员出身的冯玉昆先生。四维之名，取自儒家古语"礼义廉耻，国之四维，四维不张，国乃灭亡"。它原是科班性质，主旨是为了培养新生一代接续京剧（当时叫平剧）事业的可造之才。最初的学员是于桂林等地招集的一批儿童，其中一部分是梨园行的子弟，还有不少则是来自沦陷区的孤苦无依的难童，年岁大的十四五岁，最小的仅七八岁。除了练功、学戏、排戏和演出外，学员还上文化课，同时接受进步戏剧观的启蒙和爱国思想的教育。

最初，四维儿童训练班以演戏得到的微薄收入勉强维持，经常在乡村的破旧庙台上进行露天演出。由于观众少，收入不多，租不起住房，学生经常住在马棚里，员工则睡在庙台上。一遇到刮风下雨，特别是寒冷的冬天，老师和孩子们可就苦不堪言了。

从成立之初开始，田汉就一直对四维儿童训练班的管理、教育寄予很大的希望，认为是戏剧改革的"火炬"，是新鲜血液，也是排演新平剧的实验场所，同时也给予很大的帮助。当他得知儿童训练班的情况后,四处奔走,几番同国民党军队接触,才终于使剧校搬进了一所炮兵学校的旧房子里借宿,令所有师生、员工有了栖身之所。后来,田汉的夫人安娥女士也跟学生们住在一起。

为了这群孩子,田汉夫妇还想方设法求得当局救济总署的接济,住进难童收容所,并得到过冯玉祥将军的夫人李德全女士的关注。田汉和安娥还为学生组织了关于戏剧革新问题的演讲会,闻一多、李公朴、吴晗等文化人士,都对学生们的演讲给予过赞许和鼓励。

国共合作时期,田汉还以军委政治部三厅戏剧宣传处少将处长的名义要求青年远征军收容四维儿童训练班,终于得到训练总监罗卓英的批准,下令由国民党青年军二〇七师接管,安排直属师政治部领导,正式改名为四维儿童戏剧学校。田汉担任名誉校长兼顾问,安娥任指导,冯玉昆为校长,并聘请当时追求戏剧革新的江南著名文武老生李紫贵为技术训练总负责兼导演。

自此,四维剧校的生活、演出终于有了保障,新剧实验的物质条件也已具备。学员在这一时期演出的大都是田汉编剧、李紫贵导演的新剧目,如:《江汉渔歌》《岳飞》《六国封相》等。

抗日战争胜利后,四维剧校在东北沈阳、抚顺两地成立了一分校和二分校。1946年又成立了三分校,初在长春,后迁到北平,隶属国民党青年军二〇八师政治部,驻在西苑师部所在地,由京剧丑行出身的赵宝亭为主任,主要教师有:梁连柱、韩长宝、郭文龙、陈月梅、郭仲福、李玉泰、徐鸣策等。

刘秀荣、刘秀华加入的正是三分校。

第三节　剧校的生活

新学员进四维剧校的头一件事,就是改名字。

按照惯例,剧校所有学生的名字一般是三个字,姓氏不变,中间都是"维"字。剩下那个字,女学员则多以带草字头的汉字命名,于是,就有了易维芝、胡

剧校四姐妹，左起：王诗英（王维蕊）、谢锐青（解维蓉）、
许湘生（许维喜）、刘秀荣（刘维蔓）

维芬、葛维莲、王维蕊、解维蓉等这样的名字。

刘秀荣也有了新名字，那就是：刘维蔓。二妹刘秀华则改名为刘维华①。

刚入四维剧校的时候，刘秀荣姐俩儿还穿着小旗袍，而周围的同学们都是不穿这种便衣的，他们全部身着军装。直到三天后，姐俩换上拆大改小的士兵军装，打上裹腿，戴上船形帽儿，才得以和同学们一起早点名，排队出操。

军事化管理——这恐怕要算是四维剧校有别于其他戏曲学校的最大的特色吧。当然，令刘秀荣印象最为深刻的，却是唱校歌②。晨起点名出操前，先唱校歌；一日三餐前，先唱校歌；后来参加演出，开演前还是先排队唱校歌，然后才能开戏。

校歌的词作者就是田汉先生。十几岁的女娃，还没有办法完全理解歌词承载的革命进步意义，刘秀荣只觉得这词写得鼓舞人心、真实奋进，曲子谱得也好听、带劲，如此而已。

四维剧校不同于旧科班，它是用新的思想、新的方式管理和教育学生。不供祖师爷，不烧香磕头，不搞迷信，破除陈俗陋习，学员也不能有"小老艺人"的作风。一切按军事化管理，无论做什么都必须集体行动。早操、上课、吃饭要排队，宿舍要求整齐一律，脸盆一字排开，毛巾搭在绳子上必须上下一条线，被子

---

① 当时"华"字写作"華"，本身就有"艹"字头。

② 四维剧校校歌歌词全文：我们是铁火里锻炼的钢条，我们是风雨中生长的新苗。我们踏遍了千万重山海，我们忍受了七八载的辛劳。我们要为新时代歌唱，我们要替老百姓呼号。同学们，这是艰难的工作，但也是伟大的创造。进步的必须学习，腐败的必须丢掉。我们要把锈铁磨成针，我们要在逆水里撑篙。同学们，我们虽然幼小，将使人民夸耀。坚持改革的旗帜，走向光明的大道！

第三章 清扬似玉须勤学

也要叠得见棱见角。

为了达到军营的要求、适应营地的生活，同学们在每天轮流做内务值日时，还真琢磨出来不少高招。比如说有的男学员为了叠好方块被，不惜用牙咬，找木板垫在被子里面，远远望去还真像那么回事；又比如说，当时卫生设施不完善，营地一两个月才能组织学员到海淀镇的一个小澡堂子洗一次澡，刘秀荣和刘秀华刚去的时候，头上、身上传上了很多虱子，难受得要命，实在没办法，刘秀荣就把自己和二妹的长头发都剪掉，干脆留了个小平头，男孩子似的，结果把二妹秀华气得直哭。

不过，学员在组织纪律上符合军人要求的同时，在生活待遇上也可以达到军人的标准。也就是说，四维剧校确实如赵春喜大爷说的那样：管吃、管住、管穿。军装、鞋袜，甚至连裤衩都按季节发给老师和学员。

刘秀荣和二妹秀华到四维以后，跟其他同学一样，每人发一个脸盆、一条毛巾、一块香皂。香皂用完下月还会再发，毛巾用破回头还能更换。

剧校的这种安排，至少令刘秀荣和刘秀华在基本生活需求上，再无后顾之忧，也无须父亲、继母再操心了。不过此刻的刘秀荣、秀华可没光想着自己"享福"。

刘秀荣同秀华一商量，决定合用一条毛巾、一块香皂。这样的话，每个月都会节约下来一份物资。同样，每天早点发给各人的鸡蛋，两个人也只吃一个，省下的鸡蛋全部攒起来。

一个月后，赵宝亭主任放刘秀荣和秀华两天假，让她们回家探亲。姐俩拿上攒下的东西，在赵春喜大爷的护送下，兴奋地互相抱着，转着圈奔回了家。

家门打开，刘子元一看到两个神气的女兵出现在他面前，一把将姐妹俩搂到怀里，韩智华领着小长生站在一旁，也激动地哭了。

接着，刘秀荣从军用黄色帆布背包里拿出她和二妹节省下来的毛巾、香皂还有鸡蛋，双手恭恭敬敬地递给父亲，并对父亲说道："我一定好好学戏，有了本事，挣了钱，我给您买透亮米吃。"

刘子元哽咽了，他将两个乖女儿搂得更紧了。

探亲的时光总是短暂的。两天后，刘秀荣和二妹又回到四维剧校。她们只能在心里盼望下次假期的来临。

大约又过了三四个月，赵春喜又来到刘家。赵大爷的到访，总能给刘家带来好事情，这次也不例外。

原来，四维剧校没有教老旦的教师，听说刘子元是李多奎先生的徒弟，赵宝亭主任就托赵春喜前去刘家商请，希望刘子元能到剧校教戏。

刘子元一寻思，这样的话既能有份固定的收入，又可以顺带照看刘秀荣和秀华，何乐而不为呢？于是当即拍板答应，将韩智华和小儿子长生一安顿好，他立马就来到四维剧校报到。

就这样，刘子元也穿上了尉级军官制服。不久，赵主任又了解到刘子元的法律背景和管理才能，就又请他掌管四维剧校的财会工作。为了免去刘子元的后顾之忧，赵主任干脆批准把韩智华和刘长生也都接到四维剧校，跟梁连柱老师、郭文龙老师的家属同住一屋，当时，刘秀荣的弟弟刘长生只有六七岁，他后来也参加了四维剧校，改名刘维颐，学演小花脸。

韩智华、刘长生生活的条件虽然简陋——在学生宿舍的另一侧用军用毯子隔成的小屋子——但毕竟全家得以团聚，还脱离了生活困顿的日子，刘秀荣、秀华也可以学戏、练功、演出了。

天底下还有比这更完美、更能令人欢呼雀跃的事情了吗？对于当时的刘秀荣来说，别无二件了吧。

第四节　粉墨初登场

按照老戏班的规矩，徒弟拜师学艺后，一般要学满几年才能出科。首次登台，也非旦夕之功可以成就。即便登台，一般也都是跑跑龙套，或者演些二三路的角色。

由于条件所限以及新办学思想的启迪，四维剧校没有采用老戏班的教学传统，学员们也没有先跟师父把表演精华学到手以后再去演出。他们采用的是边教边演的方式，这既是现实所迫，也是教师们对新教学方式的一种探索。

鉴于此，四维剧校的学员很早就有机会参与排演了。

刘秀荣头一次登台演出，是在她刚到剧校报到的第六天。

那是1947年6月。那天，剧校到长辛店俱乐部的剧场去演出，刘秀荣背着大包，跟着老师和同学一起坐军用大卡车前往目的地。演在剧场，住也在剧场：教员和男学员睡舞台上，女学员在剧场二楼打地铺。

起初刘秀荣只把这次随队演出当成一次观摩实践，根本就没想太多。于是她放下行李，开始准备铺床。

床刚铺好，一位叫陈月梅的老师就在楼下观众池子里喊："刘维蔓，下来。"

既然进校改了名，"刘秀荣"这个名字自然就被"刘维蔓"代替了。

刘秀荣赶忙跑下楼去。

人还没站住，陈月梅就迎着面说了句："明儿个演《二进宫》，你来个徐小姐。"

听到这话，一贯嘴灵心巧的刘秀荣霎时没了话去应答。

"事儿不多，两句唱，几句词。"陈月梅望着打愣儿的刘秀荣说道。

演出？登台？刘秀荣心里打着小鼓：这机会来得也太快了，没听错吧？

"成吗？"陈月梅接着问道。

"成！"刘秀荣再没多想，爽快地答应了。其实，她从来没见过《二进宫》这出戏是个什么样，更不知道徐小姐是什么样。

小丫头这股冲劲儿，正合老师的脾气。陈月梅挺高兴，把刘秀荣招呼到一旁，说："来来来，我给你说说戏。"于是就在当院，连词带唱带身段带站位，陈月梅一遍来过，然后说了句："你去背背吧，明儿个演出。"转身就走了。

那个年代，没有统排、响排、彩排这样的说法，一般的角色，说说戏就得能台上见，学戏的必须得有好脑子。

虽说才入学六天，可学戏丝毫难不倒刘秀荣，怎么念、怎么唱，该站哪儿、该比划什么，刘秀荣凭着记忆，一晚上的工夫全给练熟了。这也多亏她天生脑子活泛，人也机灵、悟性高。

第二天眨眼就到。在后台，师兄师姐帮刘秀荣抹彩、梳大头，赵春喜也亲自帮着穿好行头。刘秀荣戴上头面对着镜子一瞧，心里美滋滋喊了一声：棒极了！

这身打扮，若遇着古代小说家，必定这样描述——但见：身着浅粉色箭衣，腰系皎月大带，外披黑镶金的马褂，肩搭三尖，头戴浅蓝色带银点的七星额子，两颊边上挂穗子，腰间斜挎宝剑，活脱一个飒爽英姿！

快开戏了，刘秀荣还在那边对着镜子欣赏自个儿扮相呢。陈月梅把场，对刘秀荣叮嘱道："沉住气，别慌。"话音刚落，锣响戏开。

只听李艳妃后台一句内白"唉！先王啊"，【小锣帽头】就起了。锣鼓毕，【二黄慢板】过门起，刘秀荣随着过门节奏小碎步走到"九龙口"，大眼睛一瞪，拉着山膀就是一个亮相。别看刘秀荣年龄小，还是头一次登台，这幅直弓直令的劲头，还真像"坐科"好几年似的。她也真能存住气，阵脚丝毫不乱。

当时的人们特喜欢看小孩演戏，觉得好玩，刘秀荣的个头又小，因此一上场，先增加了几分人缘。

接着，李艳妃"自那日与徐杨决裂以后"的【慢板】唱过，便是徐延昭、杨波同四公子上场，徐杨对唱、铜锤交付杨公子后，就轮到徐小姐了。

刘秀荣人小嗓门大，一张嘴接四公子一句唱："你是何人击宫墙。"声高嗓亮，满堂回响。接下来她念道："启禀国太，徐杨二家宫门候旨求见。"几句词干净利落，嘴皮子利索有劲。

唱白毕，刘秀荣下意识朝上场门看了看，只见陈月梅满面微笑，冲着她伸出了大拇指。这下，刘秀荣算是吃了定心丸了，踏实地站在李艳妃的旁边。

谁想到再望后，差点出了事故。待到杨、徐、李三人对唱的时候，一旁的刘秀荣忽然一阵两眼发黑，脚下开始不稳起来，她刚想控制一下，胃里面就开始上翻，直想吐。原来是扮戏稍早了些，恰巧又是头回登台，毫无经验，把大头梳得紧了，后边的线尾子又长又沉，把个又大又重的脑袋坠得直往后，时间长了头晕缺氧，跟上了刑似的。

陈月梅发觉了这一情况，冲刘秀荣连连摆手，招呼她赶紧下来。

刘秀荣起初还想硬扛一阵，后来实在难受得不行，但又怕影响别人演戏，所以没敢扭身跑下台，而是假装镇静，拉着山膀、走着脚步回了后台。刚一到后台，就哇哇直吐。

陈月梅给刘秀荣松开盔头绳，问她："怎么样，成吗？不成就别上啦？"

不上？那哪儿成？还有句唱呢。刘秀荣一边擦嘴，一边应道："没事儿，没事儿。"定了会神，又打下场门上去了。

虽然难受得要命，刘秀荣还是坚持着接唱了李艳妃的一个下句："双手付与老年高。"满宫满调，观众立马报以喝彩声，丝毫看不出有什么异样。

戏散了。刘秀荣终于可以歇口气了。一下场，陈月梅就给她摘了盔头、脱了戏服，不住地夸道："头回上台，唱的、念的都不错，小嗓子还真响堂啊。"然后，从挂在墙上的帆布挎包里拿出一个蜜桃塞到刘秀荣手中，高兴地说："好孩子，有出息，将来错不了，老师奖赏你个大蜜桃！"

刘秀荣拿着手里那个足有半斤的奖品激动地不停鞠躬，连声说道："谢谢陈老师，谢谢陈老师。"

第五节 学业精进

打长辛店一回来，刘秀荣在剧校领导和老师眼里可就有点不一样了。你想，刘秀荣才刚刚入学，就敢答应上台；只教一遍，场上就能演得熟，加上天生一副好嗓子，身子骨也灵巧，这个刘秀荣，还真是令人刮目相看，用"卓尔不群"四个字形容一点都不过。

既然发现了好苗子，剧校自然倍加重视。果然，没多久，陈月梅就开始正式给刘秀荣教戏了。

这次是真教戏，可不再是简单说说戏了。

陈老师教的第一出戏，还是《二进宫》。不过，这回教演的角色可不是徐小姐，而是主角李艳妃了。

老师教得仔细，徒弟学得也认真。没几天，李艳妃这个角色，刘秀荣就学得格外瓷实了。

学会了，立马舞台上检验。于是，便有了刘秀荣的再次登台，地点还是长辛店，唱老生的是赵维鸿，唱花脸的是方维炳，都是同龄的小伙伴。三个"小不点儿"还都有嗓子，一场戏下来，喝彩声无数，观众光是喊"好"都喊过瘾了。那台上呢？还能怎么样，也算红了一把，鞠躬谢幕吧。

　　从此，观众缘算是立起来了，刘秀荣的自信心也提起来了，学戏也有劲儿了。

　　在很短的时间里，陈月梅陆续又教刘秀荣学了《三娘教子》《法门寺》《贺后骂殿》《女起解》等戏，这些戏一出比一出难度大，不过那个时候刘秀荣特别用功，又有点聪明劲儿，悟性又强，所以学起戏来也就特别地快。

　　戏学会了，就去演，演得好不好，观众爱不爱看，当时便见分晓。这样也好，散了戏，刘秀荣就明白哪儿该纠正，哪儿该改善了，几回演下来，戏就会越来越熟，艺也能越来越精了。

　　据说，几乎每次演出，都挺受欢迎的。

　　看着自己的爱徒一天天在进步，陈月梅也很欣慰。陈月梅其实打心眼里喜欢刘秀荣这个徒弟，所以很少打骂，更谈不上体罚了。不过遇到爱徒闹脾气，陈月梅也还是十分严厉的。

　　有一次，陈月梅教《三娘教子》，说到出场的时候，陈老师让刘秀荣把捂肚子的两只手往高里抬一点儿。也巧了，那天刘秀荣不知怎么了，把手使劲往上提，陈月梅说太高了，让她放下来点。刘秀荣可好，一赌气又使了劲往下放。

　　这下可把陈月梅惹火了："嗬！好大的脾气，你还没成角儿呢，就耍角儿的脾气！"说着，便顺手抄起了小藤杆，揪住刘秀荣的胳膊狠劲儿地抽。

　　都没见过陈老师这么对刘秀荣的，练功房里的老师、同学全都愣了，可谁也不敢过去劝。刘子元当时也在给学生教戏，看到这一幕，知道是老师管学生，也不好过去拦，只能怪自己女儿不听话。

　　直到最后，还是梁连柱老师连说带劝，才把陈月梅拉开，坐在一旁。在小板凳上，陈月梅气得浑身上下直哆嗦。

刘秀荣见老师真动了怒，赶紧跑过去跪在陈月梅跟前，反复哀求道："老师我错了，下次不敢了，您别生气啦。"这时候，她心里满是自责，怪自己刚才真不该跟老师耍小孩脾气，惹老师发这么大的火，生这么大的气。想着想着，不由得放声大哭起来。

陈月梅见刘秀荣哭了，真知道错了，就把她扶起来，跟什么事儿也没发生似的说了句："从头来，上场。"

话音刚落，陈月梅嘴里又念起了小锣的锣经。

老师技艺精湛，和善中不失严厉，且又认真细心、宽宏大量，这自然是学生成长为好演员的极好的条件，不过，"师傅领进门，修行在个人"，能不能进步，还得靠学生自己，更何况，"学艺是苦不堪言的"。[1]

说苦不堪言，其实一点也不夸张。那个时候，学员们一天的活动安排很满。早晨，军营里的起床号一吹，所有人都要集合出操；然后整个上午练功，包括基本功、毯子功、把子功转车轮似的一遍又一遍练：

> 我最发怵的是每天雷打不动的跑20个圆场儿，梁连柱老师和陈月梅老师负责我们女生组练功，在练跑圆场儿的时候，二位老师一位在圈里，一位在圈儿外，都拿着小藤杆儿，嘴里喊着："快！"手里的小藤杆不停地抽，虽说是连喊带吓唬，小藤杆儿梢上还真不轻，这二十个圆场跑下来，腿肚子胀的跟面包似的，两脚发木，不管是夏天还是冬天儿，浑身冒热气，汗珠子叭嗒叭嗒地往下流，那个难受劲就甭提了！[2]

虽说跑圆场令刘秀荣感到困扰，可这毕竟能给她在舞台上运用和展示技艺带来极大的好处。时间长了，场上的刘秀荣一到表演圆场就随心所欲，得心应手，行家里手经常赞誉有加。

---

[1] 董绍琦：《菊苑燕侣》，中国戏剧出版社2007年版，第9页。
[2] 刘秀荣：《我的艺术人生》，中国文联出版社2006年版，第20页。

后来曾任中国戏曲学校校长的史若虚老先生就经常拿刘秀荣做例子，给青年演员和学生们现身说法："你们看她的脚底下为什么那么好，她的圆场儿是下过真功夫的。"

退出舞台后的刘秀荣也常常向自己的弟子和青年演员们强调跑圆场、练步法的重要性：

刘秀荣（左）与史若虚教务长（中）、戴新兰（右）

不管她们有多大的道行，我首先叫她们走脚步儿、练圆场，我认为脚步、圆场儿是我们戏曲演员的必修课，是百练之祖！①

除了训练严格，"苦不堪言"还表现在另一个方面——挨打。从前旧科班强调"打戏"，即"想学好戏就要挨打"。其实"打戏"这个词，原意是指"打本子"，也就是"写本子""编剧"的意思。久而久之，"打戏"竟演变成了"打人"的意思，据说"不打学不到真本事，不打成不了好角儿"。

四维剧校虽说有新思想的指导成分，可"打戏"这一规矩却沿袭了下来。毕竟这是老祖宗们总结出的教学方法，尽管欠了些人道，但只要能让学生们把戏学好，也还算是个可以拿来就用的好法子，再说，那个时候，尚未出现教学效果等同或略高一筹的方法可以替代"打戏"的。

只是学员们就难免吃苦了。"只要谁犯了一点错就要挨打，甚至一人偷懒，全体学员都要挨打。谓之'打通堂'。"②旧科班里，不光"打戏"司空见惯，就连"打通堂"也是家常便饭。四维剧校同样如此。不过，学生学戏挨打，没有一个怨恨老师的，反而愈加尊敬、感恩老师，因为真能学到本事。

---

① 刘秀荣：《我的艺术人生》，中国文联出版社2006年版，第20页。
② 董绍琦：《菊苑燕侣》，中国戏剧出版社2007年版，第10页。

为了学戏挨打没什么，但有时候挨打却令人提心吊胆。

四维剧校驻地营房附近有所大学，有些进步青年大学生常跟四维剧校的学生在一起搞夏令营，或联欢活动。剧校演京戏，大学生们演话剧。有一次，一位叫王亚民的大学生，为了帮助剧校学员们接受点新鲜事物，就在某个假日带着刘秀荣（刘维蔓）和钮维骠、李维燕、解维蓉等人进城去，到真光电影院看了石挥、张伐、童芷苓、魏鹤龄等主演的《粉墨筝琶》。看完电影回去的路上，几个人还在合作社买了糖果、花生米。

原本大伙都激动开心不已，谁知刚到驻地门口，他们就看见一位校领导横眉立目站在那儿，几个小家伙顿时吓得魂都飞了。这位领导不容分说，把他们拉到练功房就是一通狠打，打得几人浑身上下全是血疙瘩。

这个校领导，就是赵宝亭主任。赵主任脾气很怪，他常常无缘无故冲学员们发火。一发火，学员们就倒霉，挨打肯定是免不了。有时候，赵宝亭还掏出自己的手枪恫吓学员们，惹得学员们是又恨他、又怕他。

第六节　亲历开国大典

1948年底，中国人民解放军包围了北平，这座千年古都一下子变得紧张起来。

消息传入城内，国民党二〇八师的军政大员们纷纷撤退，争先出逃。四维剧校上上下下也搞得人心惶惶。到底该怎么办？剧校中每个人都有这样的疑问。

剧校的长官紧催老师，要学员们收拾行装，随部队一起逃往台湾；天津办理公务回来的梁连柱老师却带来田汉的口信说："如果北平发生什么事情，大家千万不要动，想尽一切办法留守在北平，我会想办法和你们联络。"

是去还是留？老师和学员们拿不定主意，心情都很不平静，乱成一团。

就在徘徊不定之时，北平四周响起了枪炮声，年纪小些的女孩子吓得直哭。此刻，接任赵宝亭担任主任的张方田当机立断，决定大家先躲进北平城再谋主意。

剧校搬迁谈何容易？兵荒马乱之际，四处只找得到一辆大卡车，剧校领导只好安排教师家属和年纪小的女孩先上车，同戏装道具一道往城门里开去。其他大部分老师、学员则徒步进城。有背大包的，有提尿桶的，大伙也顾不得狼狈相了，一路小跑。

刘秀荣被安排在大卡车上。当车开到离城门不远的时候，她亲眼见到子弹在头顶呼呼乱飞，耳畔尽是大炮的巨响声，所谓"枪林弹雨"，也不过如此了。

不过总归还算顺利。最后一名学员后脚刚迈进北平城，西直门城门就关闭了。

进城后，剧校全体师生老幼先在位于虎坊桥的后孙公园小学安置了下来，一两天后又搬到梁家园小学里。没有宿舍，大家就在教室里打地铺。

特殊时期，剧校实行封校管理，尤其严格。先是规定任何人不准随便出入，出门必须请假，继而又下命令说："谁要是随便离队就枪毙！"原本刘子元不愿意一家老小离开家乡逃往台湾，早已领着刘秀荣姐弟三人同韩智华一起回家了。可第二天赵春喜来刘家一转达张方田主任的命令，韩智华就劝刘子元改了主意。刘子元也担心张主任真拿自己家人开刀，就领着刘秀荣姐弟又回到了剧校。

重回剧校后，全家人和其他师生一样，挨过了若干个惶恐不安的日子。一天清晨，睡梦中的刘秀荣突然听到外面一阵锣鼓喧天，歌声嘹亮，鞭炮震耳。还没弄明白怎么回事，就听见院子里张方田操着唐山口音大声喊道："老师同学们，快起床吧，解放了！"

忽地一下，大门口拥满了老师、学生。大伙跑到街上，只见各家各户都红旗高挂，标语满墙，身着黄色军装、头戴黄色军帽的战士们威武雄壮地行进在大街小巷……

中国人民解放军入城，北平和平解放。刘秀荣见证了这个历史时刻。

伴着解放军万象更新般的步伐，戏曲界也开始了变革。

北平和平解放后，中国人民解放军成立了北平市军事管制委员会，下面又设立了文化接管委员会、文艺部，由田汉、马少波、马彦祥等人领导。四维剧校也被文化接管委员会、文艺部接管。后来，全部师生学员们还获颁了起义证，作为随傅作义将军起义参加革命的奖励和证明。在中国人民解放军的护送之下，四维剧校一行迁到了北池子草垛胡同，校名暂定名为军管会北平平剧实验学校。从此，过去被人歧视的"戏子"们，开始了崭新的生活。

"解放区的天是明朗的天，解放区的人民好喜欢"的歌声在北平城四处回荡，大街上一队队的解放军战士高唱着："革命军人个个要牢记，三大纪律八项注意。"真是改天换地一派新气象。

"原四维剧校的教师和学生对政治概念很模糊，只受了些爱国和礼义廉耻方面的教育"。[①] 被重新接管后，上级派来了以史若虚为首，包括李紫贵、曹慕髡、刘乃崇、何海生等人组成的负责人员队伍，加强了对师生的政治教育。

教育的方式以宣传为主，讲解的内容主要围绕中国共产党的政策方针展开。既宣讲"革命的道理和目的"，也宣传"新型的社会结构和人际关系"，以及"党的文艺方针和对艺术领域的各项政策等。并对他们从政治到业务提出了除旧迎新的要求，使得剧校师生们一下子明白了许多的革命道理"。[②] 当时，最受学员们欢迎的是废除了封建旧科班制度，从此再不用挨打、挨骂了。还有令人振奋的人人平等的思想观念，这就意味着唱戏不再是"下九流"的行当，而是属于与作家、音乐家、画家同等地位的文艺工作者了。

不仅是学员，还有文化艺术界、戏曲界知名人士，也都切实地感受到了尊重和温暖。文化接管委员会的田汉、马少波、马彦祥等就多次亲自登门看望京剧界的老艺术家们，非常虚心地、诚恳地听取他们的意见，热心地为老艺术家解决生活困难。有的老艺术家的家里揭不开锅了，委员会马上把小米亲自送到家里。当时实行供给制，货币体系尚在混乱中，所以没有现金，一切物资都得用小米兑换结算，这小米可解决了老艺术家生活上的后顾之忧了。

四维剧校业已成为历史，如今的新戏校师生真可谓精神焕发、面貌一新。

新戏校成立后参加的第一个重要演出，不是在剧场，而是在天安门广场；排演的第一个节目，无关乎生旦净丑，而是扭秧歌。

因为，他们很快就将见证另一个历史瞬间——开国大典。

---

① 董绍琦：《菊苑燕侣》，中国戏剧出版社2007年版，第11页。
② 此部分引用内容均参见董绍琦：《菊苑燕侣》，中国戏剧出版社2007年版，第11页。

为了参加开国大典的游行队伍，戏校请来了歌舞队的演员，专门教学生扭秧歌。虽与戏台身段差异较大，但是大家练起来比学戏还认真。其中尤属刘秀荣跳得最自然、最规范，也最有精气神。一位秧歌女老师就曾对大伙儿说："你们扭秧歌的同学当中就属刘秀荣同学扭得好，她两个膀子甩得开，幅度大，两条腿分得开，跳得高，落地还轻，特别是有心里劲儿。"男生里张华森同学跳得也不错。于是，这位老师总让两人做示范，从早到晚不停地在院子里跳，就等参加开国大典了。

1949年10月1日，天安门广场，举世瞩目的开国盛典马上就要举行了。

早晨五点多钟，戏校的学员就整装待发了。男女学员们有的化装成工人，有的化装成农民。刘秀荣上身穿一件蓝色小褂，下身穿一条浅蓝色的裤子，腰间围着一个饭单，头上系了一条白毛巾，活脱一个农家打扮，随着戏校同学们一起到长安大街东面加入到中学生方队中。

顺便一提，为什么戏校要参加到中学生的行列里呢？因为当时北平戏曲实验学校是唯一的一所戏曲专科学校，也是当时唯一组建的艺术院校，从本质上说呢，戏校学员都还是学生，又多是青少年，不便参加文艺家队列，所以安排在中学生的方队里参加庆典和游行。

中学生方队尽是充满青春气息的孩子们笑啊、跳啊，显得比其他队伍都热闹。当扩音器里传出来欢快的音乐，播音员用激动地声音高喊"毛主席和中央首长健步登上了天安门城楼"的时候，全场都热情高涨起来。刘秀荣亲耳聆听到毛泽东主席在天安门城楼上庄严宣布："中华人民共和国、中央人民政府成立了！中国人民从此站起来了！"顿时，刘秀荣随着全场所有人一起沸腾了：掌声、欢呼声雷鸣般经久不息，响彻天空！远播世界！

游行开始，中学生方队经过天安门广场的时候，刘秀荣和人群一样

刘秀荣（前排右一）与戏校学友

发自内心地振臂高挥，久久不愿离去，直到扩音器里一再催促"游行队伍不要停留，向前行进"后，队伍才不舍地继续向西单前进。

中学生方队到了西单就解散了，各归各地。可戏曲学校的队伍却依旧精神抖擞扭着秧歌，有的男同学翻起了跟头，刘秀荣也在情绪感染下走起串儿翻身儿，不停歇地从西单走到西四，再走到西什库、故宫和沙滩，最后才回到了戏校驻地北池子草垛胡同。吃完了晚饭，刘秀荣和同学们一起又在院子里扭秧歌、唱歌、跳舞，没有一个人喊累，没有一个同学去睡觉。就这样，兴奋的劲头直延续到天亮，同学们才在老师的提议下回宿舍休息。

躺在床上，刘秀荣还是难以抑制激动的心情，久不能寐。开国大典的画面不停地在她脑中闪回。刘秀荣当时的心情唯有"庆幸"二字可以概括：

  我庆幸自己不再过挨打受骂、担惊受怕的日子；我庆幸自己不再是被人看不起的小戏子；我庆幸我们这些昔日的小唱戏的今天被列入到中学生的行列；我庆幸自己亲身参加了新中国的开国大典；我庆幸自己亲耳聆听毛主席的声音；我更庆幸自己亲眼见到了伟大领袖毛主席！我庆幸自己赶上了新中国的成立，我更庆幸自己从此成为新中国的公民！[①]

[①] 刘秀荣：《我的艺术人生》，中国文联出版社2006年版，第26页。

第四章　欲报师恩常念念

古典小说《封神演义》中有个人物叫通天教主。传说盘古开天死后，盘古的元神一分为三，后来，这三个元神被鸿钧道人发现，并收为弟子点化之。大弟子是太上老君，二弟子成为元始天尊，而三弟子就是通天教主。

通天教主住在金鳌岛碧游宫，乃仙之极致，称混元大罗金仙，是位圣人。这位通天教主后来创立了截教，与太上老君的人教、元始天尊的阐教并称三教。三教中，尤以截教门下仙人数量最多，是势力最大的派别。

通天教主，也是京剧大师王瑶卿先生的一个众人皆知的名号。

曾有论者认为，与其说"清末四大徽班进京是在孕育着京剧的形成"[1]，毋宁说"京剧史的起点应自谭鑫培、王瑶卿两位艺术大师活跃于京剧舞台之时算起"[2]。这足可见王瑶卿大师在京剧史上不可动摇的地位了。

王瑶卿先生艺术造诣十分深厚，编、演、导、音乐无一不精，他又主张"有教无类"，因此拜在其门下的弟子极多。享誉天下的"四大名旦"、芙蓉草（赵桐珊）、筱翠花（于连泉）、荣蝶仙、徐碧云、张君秋、程玉菁、王玉蓉、荀令香、杜近芳等名角儿，均曾受教于王瑶卿先生。

据刘乃崇先生统计，拜王瑶卿为师的至少有四百人。[3] 门下弟子众多，恐怕

---

[1] 程玉菁：《承前启后，一代大师》，载中国戏剧出版社编：《说王瑶卿》，中国戏剧出版社2011年版，第157页。

[2] 同上。

[3] 参见刘乃崇：《王瑶卿与四大名旦》，载中国戏剧出版社编：《说王瑶卿》，中国戏剧出版社2011年版，第80页。

是王瑶卿先生得名"通天教主"的主要原因吧。

不过也有人认为，最初称王瑶卿大师为"通天教主"的文人们，是不怀好意的，只是原本的贬低之意，"早已为历史所正名、另有新解了"①。

董绍琦先生则认为王瑶卿得名"通天教主"，除去弟子众多这一原因外，还与他"六场通透""因材施教"的特点及"创立花衫""改革创新"这些丰功伟绩关系莫深。

姚保瑄则认为"通天教主"之得名，有两种说法，一种是褒义，一种是开玩笑。褒义是指王瑶卿先生戏路极宽，见闻极广，文武谙熟，创腔极速，弟子无数，因而得名，其要义在于一个"通"字；开玩笑的说法是指王先生弟子中有各式各样的人，徒弟们也有叫"多宝道人""火龙圣母"的，因而诙谐地称王瑶卿先生为"通天教主"，也就不足为怪了。

不管怎么说，"通天教主"和"王瑶卿"这两个名词对于所有梨园界子弟来说都是神圣的。如果不是新中国的成立、新戏校的组建，刘秀荣恐怕做梦也不会想到自己会向王瑶卿先生——这位京剧史中里程碑式的人物——学艺。

第一节 "真是个'鬼妞儿'"

中华人民共和国成立后，北平改称北京，成为首都。1950年1月28日，戏曲改进局戏曲实验学校正式成立，隶属文化部戏曲改进局，田汉兼任校长，史若虚为教务长，由原四维剧校三分校和军管会平剧实验学校等师生组成。

这是新中国第一所戏曲学校，刘秀荣成为该校第一批学生。

当时，京剧界许多名望颇深的老艺术家都被邀请成为戏校的教授，王瑶卿先生是第一位，还有王凤卿、萧长华、谭小培、尚和玉、马德成、金仲仁、鲍吉祥、郝寿臣、刘喜奎等诸位老前辈陆续到来，为学生倾囊相授。1951年，中国戏曲研

---

① 史若虚《革新精进的先驱，继往开来的宗师——纪念王瑶卿先生诞辰一百周年》，载中国戏剧出版社编：《说王瑶卿》，中国戏剧出版社2011年版，第26页。

究院成立，北京戏曲实验学校又更名为中国戏曲实验学校，王瑶卿还被文化部正式任命为戏曲实验学校的校长。此为后话。

北京戏曲实验学校刚成立的时候，没有固定校址。校方暂借北京证章厂的一座两层小楼房，作为办公和老师宿舍及女生宿舍；楼下一间大屋子，就作为排练厅和上文化课的教室，练功、排练、学习、开会，到了晚上，男学员就在这个屋子地上铺上被褥睡觉；更没有餐厅，大伙全都蹲在院子里吃饭。条件虽然艰苦，但是刘秀荣还是喜欢和同学们在一起，很少回后院的家属宿舍同父母居住。

那么，刘秀荣是怎么见到王瑶卿先生的呢？

还得从建国不久说起。戏校更名后，排演了第一个新戏，名叫《红娘子》。剧本是根据延安平剧院原版本加工而成的，导演是李紫贵先生。剧中人物李信由张春孝扮演，红娘子由谢锐青扮演，刘秀荣演一个小丫鬟。

《红娘子》在前门鲜鱼口大众剧场[①]演出的时候，王瑶卿先生恰好就坐在观众席上，在史若虚的陪同下看戏。

戏演到一半的时候，王瑶卿忽然指着台上的小丫鬟问史若虚道："这个演小丫鬟的叫什么名字？"史若虚回答道："她叫刘秀荣。"新中国成立后，任教务长的史若虚先生又把刘秀荣的名字从带有四维剧校印记的刘维蔓改了回来。王瑶卿点点头说："这孩子嗓子真好，有灵气。"

看完《红娘子》，王瑶卿转天来到戏校，同教务长史若虚研究完教学工作走出楼来，正遇上刘秀荣和同学们蹲在院子里吃炸酱面。

王先生一眼就看见刘秀荣，问她道："你就是那个演小丫鬟的吧？"刘秀荣赶快站起来回答："是，先生。"王瑶卿先生上下打量了刘秀荣一番，对史若虚说："这孩子两只大眼睛挺有神。"史若虚点了点头。

接着，王先生转过脸来对刘秀荣说："明儿个上我家学戏你也一块去。"

---

① 建国前名为"华乐戏院"。

第四章 欲报师恩常念念

"谢谢王先生！"刘秀荣激动地喊了出来，内心已经高兴得分不出东南西北了。"王瑶卿"三个字何等神圣，何等令人敬畏、高不可攀，能够跟他老人家学艺，真是想都没敢想过哪！刘秀荣顾不得平息兴奋的情绪，她飞也似跑到后院的家里，把刚才这个天降的大喜事告诉了父亲。

"这可真是件大好事呀，"父亲刘子元听后也难掩兴奋，"王瑶卿那可是'四大名旦'的老师，这是多好的机会呀，你可要好好用功，好好地学呀，孩子你要走运了。"

"明儿个学戏你也跟着一块去"，就是王先生这句看似轻松的话，改变了刘秀荣的未来走向，带来了重大转机，实现了多少梨园子弟敢梦而不敢想的心愿，将刘秀荣列入了"通天教主"桃李芬芳的门墙！

更重要的是，王瑶卿的这句话为刘秀荣打开了一个用之不竭、取之不尽的艺术宝库！

学戏的日子到了。刘秀荣跟父亲要了点钱，买了两根红头绳儿，梳了一个歪小辫，用头绳扎了一个蝴蝶结，穿上了戏校校服——灰色"列宁式"制服衣裤，还翻个小白领。跟着谢锐青、王诗英、许湘生三位师姐一块坐当当车① 在珠市口下了车，步行进煤市街，最后才拐进大马神庙胡同。

大马神庙胡同王宅，在一般人看来只不过是座普通的住宅，可是在梨园行里，这个宅子几乎等同于圣地！这座宅子，曾经陶冶了无数的艺术大师，研创出无数艺术精品。大马神庙胡同，就是一座宝藏丰富、令人流连忘返的艺术学宫。

推开两扇半旧的黑色大门，就进入了王宅大院。院子分左右两个部分，左边院住的是王瑶卿先生的胞弟——老生行的前辈王凤卿先生，右边院住的就是王瑶卿先生。院内有好些个大鱼缸，里面养了很多的金鱼，刘秀荣看见其中一个鱼缸里还饲养着大荷花和绿毛龟。

正面三间大北房，就是王先生居所，一明两暗。走进正室，中间横阁眉抬头

---

① 即有轨电车，那时北京还没有其他公交车。

刘秀荣与恩师王瑶卿先生

可见"古瑁轩"三字横幅。西边内屋朝南的大玻璃窗下,刘秀荣看见王先生正坐在红木方桌旁的靠背椅上。靠墙有一个大立柜,里面藏满了传统剧目的脚本,大多是王先生自己编写的。起居室房门正中高悬一张一尺多高的《十三妹》的剧照,从中可以一睹王瑶卿先生当年的舞台风采。

刘秀荣跟着三位师姐走进王先生的屋里,依年龄、个头依次站好,刘秀荣站在最后一个。王先生看了四人一眼,微笑着说:"咱们开始吧。"就教起了他独创的拿手名剧《珍珠烈火旗》:

行围射猎游郊外,
弯弓带箭出城来。
飞禽走兽都射坏,
虎豹豺狼齐缚来。
施巧计,各比赛,
逞豪气,满胸怀。
跨下驹,行得快,
剑戟森森宝光埋。
多少的英雄齐喝彩,
凛凛的威风显将才!

这段唱词,王先生先让四个学生念了一遍,然后才开始教唱。

那时候就是口传心授，没有录音机，全凭脑子强记。

王瑶卿先教了一遍，又叫四个人齐唱了一遍，然后再让一个一个的单独唱，谢锐青、王诗英、许湘生三人依次先唱。每人唱完以后，王先生都对其一一评点，并指出不足之处。"你唱的腔太直，没变化""你唱的嘴皮子没劲，发飘""你吐字不清楚，没味儿"等。

刘秀荣在一旁观察着，早将王先生的点评都默记在心里了。她还注意到王先生手里拿着的一块红木小戒方。先前师姐们唱时，王先生就用戒方来打板，根据唱腔节奏的变化，戒方不时地左右旋转，上下提拉，忽而快，忽而慢，忽而停顿。小小戒方，居然能千变万化，奥妙无穷。

有了！刘秀荣悟到了窍门。

当王瑶卿对刘秀荣说道"你唱一遍"时，刘秀荣就紧盯着王先生手里的小戒方，放开了嗓子，跟着王先生的手势控制着自己节奏的快慢，声音时抑时扬，有顿有转，从头到尾唱开了。唱时，脑中还不时闪现出刚才王先生的点评和提出的要点："虎豹豺狼齐缚来"唱完就转慢，"逞豪气"这几句要垛得干净利索，"剑戟森森宝光埋"这句紧上去，最后"显将才"仨字蹲住了……劲头什么时候该足，什么时候该轻，以及发音吐字问题，她全都注意到了。

唱完这段唱腔，刘秀荣自认为是原原本本遵照王先生要求的。

停了一会儿。王瑶卿满面笑容地说："别看她在一边不言语，她心里有数儿，我要求的劲头，她都唱出来了，我纠正你们仨的地方儿，她都注意了，这孩子真机灵，真是个'鬼妞儿'。"

从那天起，王瑶卿老人家一见刘秀荣，就喊她"鬼妞儿"。"鬼妞儿"这名字，听起来就像王老给自家孩子起的名儿似的。

第二节　援朝义演

1950年，朝鲜内战爆发。同年底，中国人民志愿军开赴朝鲜战场，抗美援朝战争正式开始。

1951年6月1日，抗美援朝总会发出通告，号召全国各界同胞捐献飞机、大炮。各界人士纷纷响应，并在随后不久掀起了全国范围的"抗美援朝，保家卫国"的热潮。文艺界反响非常强烈，纷纷组织捐献义演。著名豫剧表演艺术家常香玉先生，就通过组织义演为前线捐献了一架飞机，命名为香玉号飞机。这一爱国义举轰动了全国。据相关资料记载，到1951年9月25日为止，全国共捐献飞机2481架，捐款入库的达9970亿元。

在北京，新成立的戏曲学校在王瑶卿校长和史若虚副校长的提议下，组织全校师生积极投入捐献义演活动，得到了师生的纷纷响应。连许多年事已高的老教授如谭小培、郝寿臣、萧长华、尚和玉、姜妙香、贯大元、雷喜福、鲍吉祥、刘喜奎、李桂春[①]、马德成、张德俊等都积极要求参加捐献义演。

考虑到老教授们年岁已高，且正值炎夏，出于安全因素考虑，王瑶卿和史若虚起初力劝老先生们不必参加演出，由戏校中青年教师带领学生参加义演。孰料老教授们再三请缨，二位校长只好改劝待天气稍凉爽之后再组织捐献义演。没想到这样依然难阻老教授们的爱国热情，马德成先生毅然决然地把留了二十多年的长须剃掉，以示义演决心，郝寿臣老先生也表示："我的胡子从五十六岁留起，到现在已经十几年了，为了抗美援朝我把胡子剃了，等到抗美援朝最后胜利了，我再把胡子留起来，也算是我对抗美援朝尽一点心意吧。"马德成、郝寿臣两位教授的惊人之举感动了全校师生。

学校最终向上级领导请示并获批成立了"捐献飞机义演工作组"，由王瑶卿校长担任舞台监督，实际上是整个捐献义演的艺术总监、总指挥，史若虚副校长和李紫贵导演担任剧务工作，实际是总策划，王誉之秘书负责对内对外总务工作。

在王瑶卿组织召开的义演会议上，老教授们不顾年迈酷暑，纷纷献计献策，强烈要求演出自己的拿手好戏，以示拳拳爱国之心。马德成先生提出演《百凉楼》，尚和玉先生拿出自己多年不演的《晋阳宫》，郝寿臣先生提出演《打龙棚》和《乐毅伐齐》，贯大元和雷喜福先生要合作演出《搜孤救孤》，张德俊先生

---

① 李少春之父，艺名"小达子"。

(张云溪先生的父亲)笑着说:"在座的我最年轻(张先生当时已是六十多岁了),我愿给老先生们当配角,派我演什么都行。"刘喜奎先生三十多年前脱离舞台后,一直没有参加过任何演出,这次也主动提出一定要求校领导为她安排一个角色(饰演《法门寺》中的宋巧姣)。著名京韵大鼓演唱家白云鹏先生得知捐献义演之事,强烈要求为他安排30分钟,来演唱一段京韵大鼓《木兰从军》。

经过充分酝酿和讨论,"捐献飞机义演工作组"最后确定了三场演出的剧目,演出地点设在北京前门大众剧场,每场演出四个小时,票价为旧币四万元(折合人民币四元)。刘秀荣与同学们都被安排了重要角色。

第一场演出定在1951年6月17日。第一出戏是王瑶卿先生亲授的《樊江关》,刘秀荣饰薛金莲,谢锐青饰樊梨花;第二出戏是《搜孤救孤》,贯大元饰程婴,雷喜福饰公孙杵臼,梁连柱饰屠岸贾,于玉蘅饰程娘子;第三出戏是《百凉楼》,马德成饰吴桢,宋富亭饰蒋忠,李甫春饰朱元璋;压轴戏《晋阳宫》,尚和玉饰李元霸,田中玉饰道长;大轴戏是《法门寺》,谭小培饰赵廉,萧长华饰贾桂,郝寿臣饰刘瑾,刘喜奎饰前宋巧姣,华慧麟饰后宋巧姣,鲍吉祥饰前宋国士,常少亭饰后宋国士,刘子元饰国太。萧长华先生当时正随梅兰芳先生在武汉演出,闻讯特地赶回北京参加了义演。

第二场演出定在1951年7月29日。第一出戏《金雁桥》,赵雅枫饰张任,张春孝饰赵云,杨启顺饰张飞,柏之毅饰黄忠,袁国林饰魏延,王荣增饰诸葛亮;第二出戏《双下山》,张启洪饰小和尚本无,刘秀荣饰小尼姑色空;第三出戏《武松打店》,方连元饰孙二娘,宋富亭饰大解子,奎富光饰小解子,薛盛忠饰张青;第四出戏《审头刺汤》,雷喜福饰陆炳,张永禄饰汤勤,罗玉苹饰雪艳,袁国林饰张龙,朱秉谦饰郭义,王荣增饰戚继光;最后一个剧目《乐毅伐齐》,郝寿臣饰伊立,贯大元饰前田单,谭小培饰后田单,萧长华饰前齐泯王、后饰皂隶,梁连柱饰乐毅,田淞饰田法章,江新蓉饰邹妃,李甫春饰侍儿,刘子元饰乳娘,萧盛萱饰侯栾,汪荣汉、赵荣欣饰衙役,刘秀荣饰娥云。

第三次演出定在1951年8月31日。第一出戏《杨排风》,许湘生饰杨排风,贺春泰饰焦赞,王荣增饰杨延昭,许德福饰孟良,张春孝饰岳胜,侯正仁饰任堂惠，袁国林饰韩昌，郭世华饰耶律休哥；第二出戏《失印救火》，雷喜福饰白槐，张永禄饰金祥瑞，毕鑫如饰白简，朱秉谦饰白起；第三出戏《狮子楼》，张德俊饰武松，荀令香饰潘金莲，赵雅枫饰西门庆，汪荣汉饰王婆，李连甲饰何九叔，杨启顺饰大公，张启洪饰郓哥；第四出戏《清风亭》，谭小培饰前张元秀，贯大元饰后张元秀，萧长华饰贺氏，苏鸣宝饰张继保；大轴戏《打龙棚》，郝寿臣饰郑子明，鲍吉祥饰柴荣，李甫春饰赵匡胤，田淞饰高怀德。

　　三场义演，场场客满。首都文艺界给予高度赞扬。许多观众是专程从外地赶来北京观看演出的，还有很多因故未能到场的观众，纷纷来信要求增加演出。当时姜妙香先生因随梅兰芳先生到外地演出，没有参加以上三场义演，回京后强烈要求参加捐献义演；老艺术家李桂春先生当时正在霸县老家，闻讯特意赶到北京，找到戏校领导，积极争取参加捐献义演。戏校领导经过研究报请上级批准决定再增加两场演出。

　　第四场演出定在1951年9月29日。第一出戏《红桃山》，许湘生饰张月娥，侯正仁饰林冲；第二出戏《打渔杀家》，雷喜福先生饰萧恩，华慧麟先生饰萧桂英，王福山先生饰大教师；第三出戏《普球山》，萧长华饰窦氏，宋富亭饰蔡庆，方连元饰蔡金花，范富喜饰李桂兰；第四出戏《黄鹤楼》，姜妙香饰周瑜，张德俊饰前赵云，马德成饰后赵云，谭小培饰刘备，贯大元饰孔明，梁连柱张飞；大轴戏《逍遥津》，李桂春饰汉献帝，郝寿臣饰曹操，赵荣欣饰华欣，李甫春饰穆顺，罗玉萍饰曹妃，于玉蘅饰伏后。

　　第五场演出定在1951年10月31日。头出戏《当锏卖马》，谭小培饰秦琼，萧长华饰王老好；大轴戏《巴骆和》，李桂春饰骆宏勋，郝寿臣饰鲍自安，华慧麟饰九奶奶马金定，张德俊饰九爷巴信，奎富光饰胡理，方连元饰鲍金花，宋富亭饰黄胖，梁连柱饰花振芳，范富喜饰胡赛花，赵荣欣饰余千。谭小培先生演出当天因感冒发烧不能参加演出，谭富英先生亲自到大马神庙王瑶卿家里，提出代父登台的请求。王瑶卿盛赞谭富英先生为观众负责的精神，特地于演出前在剧场出了一块水牌说明谭小培染病，谭富英代父演出的情况，观众见此水牌，立刻报以热烈的掌声。

当时的老先生们几乎都是"台上见"——没怎么排练,也没什么统排、响排,单给配演和乐队鼓师琴师说说戏,就可以等着上台演出了。可见那一代京剧表演艺术家功力之深厚。别看老先生们都是六七十岁的高龄,可是一上台,就像青年人似的生龙活虎,艺术上炉火纯青,潇洒自如,配合默契,简直达到了登峰造极的程度。观众也从来没有见过这么高质量、这么高水平的演出,叫好声、喝彩声像炸了锅一样。

刘秀荣那时才刚十六岁,作为一个尚未毕业的戏校学生,有机会和老前辈、艺术大师们同台演出使她既兴奋又紧张。义演的第一台戏、第一个剧目就是刘秀荣参演的《樊江关》。演出当天,王瑶卿先生很早就来到剧场,不顾年迈,亲自检查前后台的准备工作。当王瑶卿看到刘秀荣的薛金莲扮相时,一边给她整理斗篷和蝴蝶盔上的翎子,一边亲切地嘱咐道:"鬼妞儿,你可是第一出戏,咱们争取来个开门红,可也别紧张,放开了演。"听了这句话,刘秀荣心里顿时特别踏实,情绪也非常饱满,她心里暗想:毕竟这出《樊江关》是先生手把手教出来的,现在有先生坐镇,一定要演出彩来,一个马趟子就要下两个满堂好……后来的事实证明,那天刘秀荣和师姐谢锐青的配合非常默契,剧场效果异常好。

此次义演,反响巨大,影响空前。京剧界如此众多的名家大师,云集一处,同台演出,堪称空前绝后。这是真正意义上的"群贤毕至"。与大师同台的经历,从此成为刘秀荣艺术生涯中最宝贵的一页。

第三节 广开戏路

王瑶卿先生开始给刘秀荣教戏的时候,已是古稀之年了。他很喜欢"鬼妞儿"这孩子的机灵劲儿,但绝不会因此而放松对刘秀荣的要求。

一天,刘秀荣去王先生家学戏。刚一进门,王瑶卿就问:"几点钟起床的?"

"五点钟起床的。"刘秀荣答。

"起床以后怎么安排的?"先生接着问。

"同学们还没起床，"刘秀荣接着答道，"我先练了一遍腰腿功，等大伙儿都起床后我就开始练嗓了。"

听完刘秀荣的回答，王瑶卿满意地点了点头道："这就对了，'鬼'劲儿还得加上刻苦劲儿才成呢！"

刘秀荣天赋极好，难得之处就在于她并不恃此而偷闲躲静，相反，她比其他人付出了更多的精力。为了不让老师失望，刘秀荣每天要练四遍功，把王先生的点滴要求都做到才肯停歇。

别人是将勤补拙，刘秀荣呢，则是勤巧互长。用不多时，刘秀荣新学的技艺就炉火纯青了。王瑶卿先生逢人便夸："（刘秀荣）这孩子像块儿玉似的，怎么雕怎么是。"

后排左起：谢锐青、蔡淑卿、刘淑芳、刘秀荣与王瑶卿先生（一排正中）

王瑶卿曾同史若虚一道，为戏校订立了一个教学方针：凡是优秀的学生都要为之广开戏路，以使其能适应各种角色。不过，广开戏路也要有一个循序渐进的过程，须根据学员的根底和优长，从易到难地训练，切忌急功近利地对待"成名成角"这一问题。

诚然，不希望"成名成角"的演员不是好演员，但是在学习阶段要有正确的态度，要重视方式方法，更要知道什么是真正的"角儿"。王瑶卿曾有两句话透彻地说明了这一问题："一种是成好角儿，一种是当好角儿。成好角儿是从开打锣戏唱起，一直唱到大轴戏；当好角儿是自己组班唱大轴，自己想造成好角儿的地位。"[①]

可见，"成好角儿"强调渐进，而非速成。

[①] 梅兰芳述，许姬传记：《舞台生活四十年》（第一集），平明出版社1952年版，第115页。

那么如何才是渐进呢？涂沛先生在观察研究后认为，刘秀荣师从王瑶卿的过程是解释"渐进"的一个最好的例子：

  渐进是从折子戏、小单出打基础，由简到繁，由易到难。这从培养刘秀荣的剧目可见一斑。刘秀荣原来学《下河南》、《打钢刀》等小戏，是以念白为重，在此基础上，王先生给她排了《豆汁记》——《牛郎织女》——《貂蝉》——《棋盘山》——《珍珠烈火旗》——《白蛇传》等戏。《豆汁记》是在偏重念的基础上加进了唱句较少的唱段，《牛郎织女》、《貂蝉》的唱、念和舞蹈结合起来，《棋盘山》除了唱、念、做，还有少量的武打，《珍珠烈火旗》唱、念、做、打并重。有了这些戏的底子，《白蛇传》这出戏就有可能胜任了。可见，本戏都是有了折子戏的功底而后功到自然成的。①

据刘秀荣自己回忆，当时她不仅学青衣戏，还学刀马旦、花旦、闺门旦，甚至于泼辣旦的戏。比如《下河南》②这出小戏里，刘秀荣就扮演了其中的媒婆一角。演出前后，刘秀荣心里一百个不情愿，一是觉得媒婆这个形象太丑，再就是一会儿学《烈火旗》《棋盘山》，一会儿又学《下河南》的，行当转换太频繁，十分不适应。

事实上，随着舞台阅历的丰富，这种教学安排的重要性才被刘秀荣认识到：全面的教学剧目，让刘秀荣掌握了旦角中几乎所有细行的表演特性，当她在舞台上真正成熟以后，处理任何角色、塑造任何形象都可以相互吸收技艺，从而丰富表现手段了。

"当时我这么一个小姑娘，演彩旦、小花脸，真觉得寒碜，不适应。现在，才真正体会到老师用心的良苦了。"③ 这恐怕也和治学上所谓"由博返约"的道理如出一辙吧。

---

① 涂沛：《继往开来　一代宗师——纪念王瑶卿先生》，《戏曲研究》1980年第3辑。
② 又名《罗锅抢亲》。
③ 王文章：《艺术体制改革与管理初探》，华夏出版社1993年版，第337页。

王瑶卿晚年把极大的精力都放在培养学生上，刘秀荣是最大的受益者之一。

1951年4月，原戏曲实验学校划归中国戏曲研究院，王瑶卿任第二任校长。据刘秀荣的回忆，王先生在就任校长的大会上，曾发表过动情的演说，其中有这样一句令刘秀荣终生难忘的话："我已经是七十一岁的人了，看到了新中国，看到了艺人翻身，国家瞧得起我，我还有什么说的呢，我只有发誓献身于人民，全心全意地为人民服务！同学们，你们要好好学习，凡是我所会的，将毫无保留地倾囊以赠！"

从这一时期开始，王瑶卿以校为家，参与制定教学规划，建立和加强各种教学制度，对戏校每个教师和学生的特长都充分地进行了解，对每个教师所教的剧目，都要经过审查，彩排合格后，才能对外演出，质量不过关，要重新加工，有些重点戏，最后必须经老人家亲自加工，直到满意时方能上演，而且提出了"随排、随演、随改"的要求，并形成制度。

刘秀荣正是在这样的背景下开始单独接受王先生传授的。

尽管校务工作很忙，但王瑶卿依然坚持每天向刘秀荣传艺。几年下来，竟然在校务繁忙之余教会刘秀荣近四十出戏。

这近四十出戏，除了上面提到的《珍珠烈火旗》《棋盘山》《下河南》之外，还有《孔雀东南飞》《三击掌》《十三妹》《貂蝉》《牛郎织女》《穆柯寨》《龙凤呈祥》《宝莲灯》《打渔杀家》《审头刺汤》《汾河湾》《玉堂春》《万里缘》《穆天王》《女起解》《彩楼配》《平贵别窑》《长坂坡》《五花洞》《樊江关》《得意缘》《宇宙锋》《大保国》《二进宫》《四郎探母》《武家坡》《算军粮》《大登殿》《芦花河》《三娘教子》《桑园会》《法门寺》《梅龙镇》《虹霓关》（头二本）及部分《战太平》等。这些戏都是王派经典，唱念做打并重，包罗万象。[①]

王老给刘秀荣教戏，都是一招一式、一字一句手把手地示范，处处要求质量过关，还常训示道："唱戏的不能没根，根深才能叶茂。"

---

① 剧目统计参考董绍琦《菊苑燕侣》一书和刘秀荣《频添沃壤培桃李，永铭严师诲谆谆——纪念瑶卿老师》一文，特此说明。

第四章 欲报师恩常念念

京剧界老前辈贯大元曾感慨万千地对刘秀荣说:"刘秀荣啊,你算赶上了好时候了,王大爷什么时候这么教过徒弟啊?你可是得天独厚啊!"

从教学中,似乎也能看出王瑶卿先生对刘秀荣资质的肯定和欣赏,以及王老对刘秀荣承继王派旦行艺术的信任和期许。

据董绍琦先生的研究可知,刘秀荣在向王瑶卿先生学戏期间,还被王老安排向萧长华先生学习了《拾玉镯》,向萧莲芳和萧盛萱先生学习《小上坟》,向叶盛兰学了《木兰从军》,向章小山学了《贵妃醉酒》,向华慧麟学了《霸王别姬》,向荀令香学了《豆汁记》等戏。

> 这些戏,最后再经王先生加工、排练、对外公演。不仅如此,在这段时间,王先生为参加繁荣戏曲艺术而编创新戏的实践当中,又给刘秀荣主演的《牛郎织女》、《白蛇传》等戏里,设计新动作、创编新唱腔。①

终于有一天,王瑶卿老对刘秀荣说:"鬼妞儿呀,凡是台上用得着的,我都给你说了。学会了搁在肚子里馁不了,早晚都可能用得着。"这也就意味着,王瑶卿老已将自己所藏所悟都赠予了爱徒刘秀荣。王老"让刘秀荣这棵好树苗的根脉,牢牢地扎进了戏曲艺术肥沃土壤的深层"②。

向"通天教主"学得越多,刘秀荣越感到王派艺术的博大精深,时日一长,她发现自己已经全身心投入其中,如痴如醉了,简直连血液中都融入了王派艺术的精华。

刻苦钻研和常年演出的过程里,刘秀荣对于王派经典剧目也颇有所悟。从前恩师传授的一点一滴,她都铭记于心,半个世纪后,刘秀荣将当年所学一一记录在自传《我的艺术人生》中。后来,这部自传竟被青年京剧演员和戏校学生视同学习王派精华的表演教材。董绍琦先生也于2007年根据刘秀荣的自传内容,在《菊苑燕侣》一书中重述了王瑶卿老传授技艺的细节。

---

① 董绍琦:《菊苑燕侣》,中国戏剧出版社2007年版,第21页。
② 同上。

为了详尽反映刘秀荣的学艺过程以及舞台辉煌，下文拟以《我的艺术人生》《菊苑燕侣》两书所述为蓝本，在前辈基础上参考其他论者文章，选择要点、再次简要回顾刘秀荣在学习、排练代表剧目时的过程，力求全面概况刘秀荣舞台生涯经典剧目的精华。

第四节　王派名剧《珍珠烈火旗》

《珍珠烈火旗》又名《双阳公主》。该剧以大宋国狄青与鄯善国双阳公主的爱情为主要线索，讲述围绕"日月骕骦马"和"珍珠烈火旗"两宗宝物展开的智斗故事。这出戏是王瑶卿的独擅剧目。王老对此戏的唱念安排都倾注过大量心血。贯大元先生回忆说，当年，王老常请"影戏"——滦州皮影戏——到家里来演，据说，《珍珠烈火旗》就借鉴了皮影戏。[①]

戏校成立后，王瑶卿手把手地把这出戏传给了首批学生。虽然门下弟子众多，可是唱过他拿手戏《珍珠烈火旗》的学生却极少。"不是王先生不教，而是找不到对工的人。"[②]

刘秀荣头一次去王先生家学戏，学的就是《珍珠烈火旗》。[③]她自述特别喜欢该剧，不仅被其独特、脱俗的艺术风格所感染，更被双阳公主勇敢、豪放、矫健、洒脱、天真、爽朗的个性所打动。

双阳公主上场趟马亮相就与众不同。双阳上场前，一队鄯善国男女兵士追赶几只野兽过场，随后一头黑熊中箭受伤逃下，这时双阳公主才左手持弓，右手挥马鞭，急速飞奔，追赶猎物上场。

[①] 参见贯大元等：《缅怀王瑶卿先生》，载中国戏剧出版社编：《说王瑶卿》，中国戏剧出版社2011年版，第47页。

[②] 史若虚：《革新精进的先驱，继往开来的宗师——纪念王瑶卿先生诞辰一百周年》，载中国戏剧出版社编：《说王瑶卿》，中国戏剧出版社2011年版，第26页。

[③] 金秋：《京剧旦角好手刘秀荣》，载中央人民广播电台文艺部编：《戏曲群星》（第三集），广播出版社1984年版，第32页。

王瑶卿一反旧有的程式动作,让双阳公主从后台直冲到舞台中间亮相,睁大眼睛四下观望。这种上场指向性很明确,观众一眼就能看明白她是在寻找被射伤的猎物,而且显得双阳公主生动可爱。

下场也很别致。一般趟马最后亮相都是面对着观众,而王瑶卿老的处理则是:双阳公主手持弓和马鞭走一个鹞子翻身,面朝后台、背对观众亮相。这么处理旨在突破"为了亮相而亮相"的窠臼,营造出她试图继续追赶猎物的场面感。这么个小马趟子走下来,不用张嘴唱念,双阳公主的人物性格和心理就被描成立体的了。

《珍珠烈火旗》中,双阳公主的表演有文有武,都有讲究。王瑶卿先生教文场戏的时候常对刘秀荣说:"京戏的基本功是唱念做打,所谓的'四功',唱居首。唱,还得合辙押韵,唱腔好听,观众才能给你叫好。《珍珠烈火旗》没有大段儿的【慢板】【反二黄】什么的,可是别唱'官中'了,'大路活'不成。"

纵观《珍珠烈火旗》整出戏,上板的唱只有三个地方:"行围"的【西皮流水】,"金殿"的【二六】,"追夫"的【南梆子】。在王老看来,不管唱多唱少,哪怕是【摇板】【散板】,都得讲究个"字儿""劲儿""味儿"。

就拿双阳公主"行围射猎游郊外"这段【流水板】唱腔来说,中间"虎豹豺狼齐缚来"唱的时候要嘴皮子有劲儿,尤其是"齐缚来"的"来"字,要顿住,

《珍珠烈火旗》,刘秀荣饰双阳公主,张春孝饰狄青

不能晃,不能拉拉音儿。这样,底下"施巧计"那几句最要紧的垛句就好唱了,鼓师也好掌握分寸了。

"施巧计，各比赛，呈豪气，满胸怀。跨下驹，行得快"，这几句垛句，唱得要有弛有紧，要唱得很俏皮，切忌平平地、没紧没慢地唱。只有通过唱法上的疾徐有致，才能引起节奏上的变化，进而表现出双阳公主俏丽活泼的性格。当然，最重要的一点，是务必唱得干净利落，不拖泥带水，唱起来还要有劲儿，这样观众听起来才能有味儿。

　　除了"字儿""劲儿""味儿"这些演唱技巧之外，王瑶卿还尤其强调刘秀荣要理解、体会不同的人物性格。因为明晰、掌握了人物性格之后，角色的外部动作才会准确地表现出来。

　　比方说，王瑶卿在教授"金殿"一场中"父王母后容儿禀，细听双阳奏详情"这段【二六】时，就问道："这出戏的【二六】，跟'大登殿'王宝钏唱的'讲什么忠孝两双全'，还有《玉堂春》里苏三唱的'这场官司未动刑'不能一样，鬼妞儿，你说说为什么不一样？"

　　刘秀荣略想了想，用试探的口气问："是不是扮演的角色不一样？"

　　"对呀，"王瑶卿听后显得很高兴，接着说，"人不是一个人，所以唱就不能是一个劲儿。"

　　然后，结合剧情和情境，王瑶卿又分析了这个唱段的处理方法："这是双阳在跟父王母后介绍刚才发生的事情，双阳又看上狄青了，这段唱就要突出'为首之人叫狄青'了，唱这句的时候要提神提音，又怕父王母后看出她的心思，不能大声，可还得引起父王母后对狄青印象深点儿，又让观众听见，这地方吐字要清楚，小疙瘩腔儿要唱得俏，要唱得舒展。"

　　可见，角色不同，人物性格就不同；情境不同，人物心理也会不同。体会越深，形象越真，艺术手段也会更完美。

　　至于后面"追夫"一场的【南梆子】。其实也没什么花哨腔，可是不能唱得太平，总得让观众听出点意思来，特别是唱里还加念白，唱了念，念了又唱，处理好了是个"玩意"，戏就演活了。

　　"旗马。"讲授完唱，王瑶卿老突然蹦出这么两个字来。

　　懂戏的刘秀荣一听就听出门道来了，这是老师在示范念白呢！

第四章　欲报师恩常念念

"千斤念白四两唱。"别看这简单的"旗马"两个字，在王老念来就着实与众不同，十足的"风搅雪"滋味。

这两个字就出现在"派兵"一场，双阳公主吩咐狄青手下大将季青的时候，有这么一段词："命你保定驸马调换旗马，若是旗马到手，随定驸马速回我国不得有误。"

"'旗马'两个字要念成'气妈'，逢上（声字）必滑'马'字往上挑，才能出韵，"这边说着，那边刘秀荣和师姐们就照老师的要求练上了，王老生怕孩子们不明白，又缓缓道出这么一句，"所谓韵白，念出来就得有韵。"

许是对刘秀荣格外有种喜爱，王老讲念白的间隙，冷不防把她叫住了："鬼妞儿，你没事多拿念白练嗓子，咬字要有力，嘴皮子要有劲儿。"

老师如此训诫，刘秀荣自然不敢怠慢。其实，学这戏的那阵子，她早就悟到些"风搅雪"的妙处了。

就拿"派将"这场来说，双阳公主韵白念"驸马听令"时，狄青答"在"，接着双阳公主突然变成京白："你呀，你可小心着点儿。"这么一处理，将战场上的威严之气暂时一扫而空，瞬间掺入了小夫妻调笑恩爱的生活气息，又表现出双阳公主的爽朗性格，观众在这突变中收获的自然是轻松和幽默，所以在后来的每次演出中，这一场这一句都能惹得台下哄堂大笑。

"追夫"一场也有类似处理，刘秀荣在自传中如此描述：

在此前半场念的都是韵白，当狄青绝情不肯回返时，双阳公主念："当真不回去。"狄青念："当真不回去。"双阳再念："果然不回去。"狄青念："果然不回去。"双阳念："你不回去我就要——"狄青念："怎样？"双阳念"绝情了！"二人对打，架住，这时候双阳一下子从韵白变成了京白："得了驸马，别捣乱啦，还是跟我回去吧。"这地方的"风搅雪"用得恰到好处。如果完全用韵白显得呆板，夫妻间过于严肃，如果光用京白像个小花旦，不符合双阳这位少数民族公主的身份，用"风搅雪"完全贴切双阳公主的人物身份、性格，以及夫妻关系和此时此刻的情境。①

先前说，"打"也是本戏"吃功夫"之所在。王瑶卿对学生在打戏上的总体要求是"不能一般化，不能打普通套路的'荡子'（群打），要有特色"。② 这个特色，就是符合双阳个性和身份的武打套路。当然，对于初学此戏的学生们来讲，靠自己领悟出特色的武打套路不现实。王瑶卿给刘秀荣和她的师姐弟们是这么安排的：先是由王瑶卿自己定下合适的总体方案，再请郭文龙先生具体设计并负责排练。据刘秀荣自己回忆，这出戏从开打就显得尤其别致：

> 比如双阳和上乘国女将海飞云的对打"勾刀"，就很个别。过去舞台上常见的是两个男角或者一男一女打"勾刀"，而这出戏却是两个旦角打"勾刀"。跟我打对手的是我的师姐许湘生，她是唱武旦的，脚底下特别快，面对强手我不能示弱，因为这是剧情的需要，必须战胜敌人，这也是双阳公主的性格，必须打败对方。为此，我首先注意打情，打出人物，以人物的气势压倒对方。在武打的技法上，我掌握住脚底下的步眼，怎么上步，怎么撤步，脚底下对了，打起来自然就快了，而且我把两个膀子伸开，手里的"家伙儿"就显着大了，另外我打的是"上把"，我总抢"下串"半步，争取主动，这样就形成了对方总处于被动，招架的地步，尤其是最后跟海飞云一绕两绕，双阳起大刀花儿左移转身儿，海飞云一个倒"提柳儿"右转身儿小蹦子低头，双阳顺势擦着海飞云后背狠狠地一个削头、亮相，每次演出到这儿，准是一个兜底儿的掌声。③

排练开打的时候，王瑶卿老总是站在一旁观察着。有一次，刘秀荣刚打完一套"勾刀"，王老就点拨道："鬼妞，你这'假遛'劲儿对了，舞台上不能真使

---

① 刘秀荣：《我的艺术人生》，中国文联出版社2006年版，第34—35页。
② 同上。
③ 同上。

劲,真使劲那就拙了,要脆而不拙,不能光图火炽,丢掉了人物身份,这就叫快而不乱,武打也得讲究个份儿,做到了武戏文唱,那才是好角啊。"这话说得恳切,说得明白,说得老人家按捺不住兴奋,还以手杖做大刀躬亲示范。

其实整出戏里最吃功夫的是双阳公主和海飞云的"扎九枪"[①],这套打在过去多用于武生对武花脸,而两个旦角在舞台上打这套程式,这还是头一出。这套"扎九枪"是一组难度极大的技巧,要领在于把握"稳""准"和"狠"。

何谓稳?意即拿稳手中的枪。何谓准?意即刺点要准确。何谓狠?意即下手必须有狠劲儿,绝不能点到而已。要让观众感到像武术一般真打真杀。

这套"扎九枪"的开打,用在剧末。因为此时双阳公主痛失父母、国破家亡,为强调她遇见仇人时满腔的怒火,故用此套路表现其唯愿全力拼死的心理和行动。并由此向观众传递了这样的信息:这位双阳公主并非如普通公主那般娇宠、傲慢,她也有英勇、坚强、不屈不挠的一面,甚至胜过须眉,十足可爱。

刘秀荣当时学演文戏比较多,武功不是太好,《珍珠烈火旗》恰恰武打吃重。不过刘秀荣从来不会从京剧学习中轻易退缩,她发挥了一贯的韧劲,不断挑战自己的极限,终令王瑶卿老点头满意。20世纪50年代初刘秀荣将此戏演遍了北京城,"大众""吉祥""长安""西单""北京""开明""圆恩寺""小经厂"等剧场,以及后来建立起来的北京市工人俱乐部等,场场爆满。《珍珠烈火旗》从此成了刘秀荣的保留剧目。

杨蒲生、穆守荫是北京的两位老戏迷,据二位先生的回忆,《珍珠烈火旗》几乎隔不了几周就会上演一次,而且上座率不低,他们在《火炽热闹的〈珍珠烈火旗〉》的文章中描写道:

在戏曲学校早期剧目中,北京演这出戏曲的"只此一家、别无分号"。尚小云在一九五九年的国庆献礼中曾经演出过《双阳公主》,但其内容和此

[①] 按照刘秀荣自己的描述,所谓"扎九枪",顾名思义就是正面人物要在反面人物的脖子、胸前、背后连续快速扎九下,用在此处就是双阳公主对海飞云打这套"扎九枪",然后抄海飞云"飞脚""骗腿儿""砍身儿"连着挑海飞云"抢背"。

戏不尽相同。《珍珠烈火旗》是老校长王瑶卿的独擅剧目，对此戏的唱、念、安排，王老都注入了大量心血，戏校成立后，王校长又手把手地传给了首批学生，可以说这出戏是当时戏校的看家戏之一。

戏曲学校演出结束后的"谢幕"惯例，也是从《珍珠烈火旗》开始的，尽管这在今天已是司空见惯的事。杨蒲生、穆守荫两位先生在上述文章中也提到，那是1952年2月3日的白天：

（那天）戏校又贴演了《珍珠烈火旗》。那天虽已是正月初八，但过年的气氛仍然很浓，观众的情绪热烈。刘秀荣和许湘生的两员番邦女将的大开打极精彩，以至观众的掌声持续不断，直到闭幕后更为热烈。后台的老师见此情景，就让重启大幕，刘秀荣、许湘生等也毫无精神准备，一个个羞红着脸向台下的观众鞠躬致谢，舞台上下的情绪都很喜庆。由于当时戏校的每周演出都有一些必到的老观众，所以这次算开了头，以后演出的谢幕次数也多了起来。

《珍珠烈火旗》是王瑶卿擅演的剧目，唱念做打、情节走向、唱腔设计中无不凝聚王老毕生的艺术精髓，同时又是从正面描写少数民族人物艺术形象的一出优秀京剧，实可谓不可多得的王派经典。

一个是自己得意之作，一个是自己得意门生，王瑶卿老倾囊相授，将纯正的《珍珠烈火旗》传诸"鬼妞儿"刘秀荣，是再备美不过的事了。每逢海外宾客来访，校长田汉先生都乐意让刘秀荣一展"珍珠烈火旗"之神韵。那时节之情景，正似两句诗中所述："今日华堂看洒落，四座喧呼叹佳作。"

第五节 《貂蝉》的三重身份

王瑶卿先生对于旦角最大的贡献，不仅在于继承创新以求发扬光大，更在于

他善于将这种继承创新从精神到形式代代相传,绵延不绝。正如民国初年一篇剧论中所言:

> 谭鑫培革命,只本身成功;王瑶卿革命,给别人开路。谭鑫培以后,老生没一个赶得上鑫培;王瑶卿以后,旦角风头出到十足。[①]

正因为此,拜入王门的梨园弟子们便收获了福荫。在"通天教主"的系统指导下,年轻的旦角演员们不但能学到表演基本功,更能学到体会人物的方法和锐意创新的思想。

全本《貂蝉》,就很考验演员刻画人物的能力。

该剧取材于妇孺皆知的三国故事,是王瑶卿早年的佳作。在王瑶卿眼中,貂蝉的形象具有极高的综合性。他说:"这个戏有唱,有念,有舞,更多的是表演,既要有大青衣的端庄,又要有花旦的灵活劲儿,是一出极需功力的戏。"刘秀荣认为,想吃透这句话,就不得不重新回顾一下貂蝉的经历,了解貂蝉在剧中拥有的三重身份。

起初,貂蝉是以王允府中歌姬的身份出现的,这是她的第一重身份。由于貂蝉自幼父母双亡,司徒王允怜悯之,故将其收养在府中,教以

《貂蝉》,刘秀荣饰貂蝉,张春孝饰吕布

[①] 笔歌黑舞斋主:《京剧生旦两革命家——谭鑫培与王瑶卿》,载梁淑安编:《中国近代文学论文集(1919—1949)戏剧卷》,中国社会科学出版社1988年版,第115页。

诗书，颇晓大义，虽名为歌姬，实王允待之如义女。当貂蝉得知王司徒因董卓、吕布父子专横乱政致使百姓遭难一事而夜不能寐时，她立刻表示愿舍身为国除奸，既报王允养育之恩，又替百姓除害。这才有了后面的"连环计"。此身份以"拜月"一场为代表。

貂蝉的第二重身份表现在她第二次出场时，即"小宴"。这也是"连环计"的第一步，目标便是以貂蝉之美貌魅惑吕布。在这场戏中，貂蝉的身份是"王司徒的千金"。既是千金，就须有闺秀风范，绝不能露出歌姬、养女的端倪。因此，这一身份的表演就要求端庄稳重，温柔秀丽，高雅含羞，行不动裙，笑不露齿，外柔内刚，气度非凡。

令吕布为己着迷之后，貂蝉急需接近董卓，牺牲贞节以讨得董卓欢心。这就有了"大宴"一场。此时的貂蝉，拥有了第三重身份——俏歌姬。只不过，这与第一重歌姬截然不同。为了使董卓陷入"连环计"的圈套，貂蝉必须投其所好，尽量以媚而不妖、艳而不俗的形象"勾摄"老贼。如果说第一种身份是貂蝉的本真面貌的话，那么第三种身份则是貂蝉最不愿意却最需假扮的面貌。

身份不同，情境不同，自然表演也不尽相同。

作为王府歌姬，"拜月"一场的貂蝉理应是最本真的形象。王瑶卿先生强调要通过台步来突出王府歌姬这一身份。他说："貂蝉第一次出场是歌姬的身份，穿的是古装，裙子，腰箍儿，不要水袖，手里拿着一块红手绢，这样的穿着，是根据她的人物身份，既不能按青衣压着步，慢慢一步一步走出，又不能像花旦小碎步跑上，要介于两者之间，近似闺门旦的劲头。"要言之，台步中一定要拿捏把握貂蝉那种端庄大方、含蓄不凡、清白自守的气度。这也是刘秀荣在一遍一遍练习中领悟出的道理。她对于老师的要求是这样处理的：

> 脚下的步子比青衣夸张点，比花旦稳重点，又有点闺门旦不快不慢，四六劲儿，腰里微微摆动，左手轻轻按住腰间，右手垂直，压着脚步，前后微微甩动。[1]

---

[1] 刘秀荣：《我的艺术人生》，中国文联出版社2006年版，第39页。

再说"小宴"一场。

这是貂蝉以第二种身份（即王府千金）出现。貂蝉上场前，王允已借故将吕布诓至本府饮宴，酒酣耳热之际，王允吩咐家院请小姐出堂。由于身份和心境与上场大不相同，故王瑶卿要求此时的貂蝉务以"沉稳"二字为要，细语轻声，含而不露。

刘秀荣初学此戏时，饰演吕布的是张春孝，王瑶卿对张春孝说："吕布是个武夫，又是酒色之徒，什么样的女人都见识过，所以当貂蝉进门来的时候，吕布还在和王允饮酒闲谈，并没有注意貂蝉，不能貂蝉一进门吕布就死盯着，这就不适合吕布这个人了。"吕布与貂蝉的最初交流，也要演出反差来。貂蝉愈是娇羞，吕布就愈是大胆；貂蝉愈是沉静，吕布就愈是冒失。而在貂蝉娇羞、沉静的背后，却藏着"引君入瓮"的意图；在吕布大胆、冒失的心态外面，却裹着故作斯文、彬彬有礼的假象。这不仅考验演员自身的技艺，更考验男女演员之间的配合。刘秀荣与张春孝是一对领悟能力极强，且又具有十足默契的好搭档，老师略一点拨，这出"小宴"就被二人演得生动自如了。王瑶卿也非常满意二人的表演。

此时，王允见吕布已被迷得神魂颠倒，就借故离席，欲留下貂蝉一人和吕布周旋。貂蝉心领神会，嘴上虽然说"啊爹爹，你要快些回来呀"，故作娇羞姿态，心里却说的是"爹爹你要慢些回来呀"。因为当着吕布的面不便实言，所以念这句词的时候，王瑶卿要求做一个与台词相反的摇手动作，暗示王允慢些回来。这一动作看似微不足道，其实极为重要，因为它巧妙地传达出貂蝉的聪明、机智和彼时彼刻不可为外人道的心里话。王瑶卿还说："这句词要念得甜，话是说给吕布听的，脸上还要带着笑，这个笑脸也是给吕布看的。"

吕布也不能无动于衷，王瑶卿对张春孝说："这节骨眼你也得做戏，留意听着貂蝉和王允的对话，因为貂蝉是说给吕布听的，你不注意听就没戏了。"

张春孝半侧身，左手背在身后，右手捋穗子，翘起右脚尖做一个笑势。然后利用王允下场的【小锣五锤】转过身来面对貂蝉，念："小姐请坐。"遵照王瑶卿的要求，张春孝这句台词念得非常清脆，以显示吕布的少年本性和在年轻女子面前故意做出的雅致。

接着，貂蝉含情脉脉地念道"温侯请坐"，然后起【大锣五锤】。王瑶卿说："下头的【大锣五锤】你们两个人都要吃上锣经，摽齐了。"

【大锣五锤】可以表述为"答，匡切，匡切，匡"。刘秀荣琢磨，想要达到老师的要求，首先步法迈得要准确，她是这么处理的：

> 我就在单楗子要打"答"的时候抬眼看吕布，头锣"匡"迈左步，垂眼皮，饶钹"切"迈右步，大锣二锣"匡"迈左步，饶钹"切"放长音，就势抬眼看吕布，马上垂眼皮，低头右转身，正好大锣末一锣"匡"慢慢坐下，我找到了动作的准确地儿，并且吃上了锣经，吕布和我对称，脚步我是左右左，吕布是右左右，只是眼睛一直盯住貂蝉，目不转睛。这点身段并不是什么高难度的技巧，但是走好了也不容易，关键是锣经要吃准了，还得用活了，不能和机器人似的，主要是心理劲儿，两个人得默契，鼓师还要配合好。我们经过排练和实践把老师的要求体现在舞台上，效果确实不错。①

后来有一次刘秀荣与张春孝在长安大戏院演出《貂蝉》，特请方富元老先生司鼓，方富元打得严丝合缝，二人感到非常提神，配合得也默契，步法也一致，锣经吃的也准，内心活动也充实，单是上述的那个【五锤】归座就博得了观众的喝彩声。

"小宴"一场，貂蝉使吕布中计并非关键，更重要的是借机使吕布目空一切，无限膨胀其骄傲自负的心态，让吕布理所当然认为董卓的权势都是仗着自己的威武，为其父子成仇埋下伏笔。

所以当吕布表示有爱慕之情的时候，貂蝉有句台词："唉！只是未遇英雄耳。"王瑶卿说："貂蝉这句词要一语双关，既对吕布表示有好感，又有点刺激他，你真是英雄吗？"

吕布紧接着念："英雄么？小姐，想俺吕布自出世以来，赤兔马踏平天下，画杆戟震动乾坤，俺吕布可算是英雄么？"这是吕布在貂蝉面前显自己的本领，

---

① 刘秀荣：《我的艺术人生》，中国文联出版社2006年版，第43页。

夸耀自己英勇无敌,王瑶卿对张春孝说:"这段词要念得干净利落,高亢激昂,声音洪亮,身段动作幅度要大,要夸张。"

张春孝后来回忆这段学戏经历时说:"我听老师讲得非常有道理,按照老师的要求我就这样的处理,当念到'想俺吕布自出世以来'右手在胸前指着自己,全身上下颤动(用杨派的劲头),表示不可一世,震天动地,接下来念'赤兔马踏平天下',急步冲到台口,以示自己有万夫不当之勇,接着念'画杆戟',我双手一拍,然后长身,大丁子步,再将双手分开,作持戟的动作,一锣亮住,然后念'震',左手掏左边翎子,再念'动',右手掏右边翎子,左转身,念'戟',双手绕翎子,'坤'字出口,双手分开,左手压腕往下,右手抬到头顶,变脸亮相,然后在【住头】的锣鼓经中双手合拢,撒翎子,端带,面朝貂蝉,心里非常得意地念:'俺吕布可算是英雄么?'"张春孝为了更好地表现吕布的刚烈、威猛,借鉴了武生的劲头,达到了项羽"力拔山兮气盖世"那种震慑寰宇、气吞山河的气势,实在算得上是绝妙的处理。

在吕布这段表演中,刘秀荣为貂蝉也安排了恰当的动作,特别是当吕布念到"震动乾坤"的时候,她左手翻水袖,上左步,跟右步,右手撩水袖至眉尖,目视吕布,两个人组成了一个协调的造型。

貂蝉看到吕布已上钩,假意以身相许,吕布欣喜若狂,马上跪在地上对天盟誓:"吕布若负貂蝉女,死在千军万马营。"貂蝉见吕布已陷入不能自拔的地步,心中暗想将来挑拨其父子关系,借吕布之手除掉董卓,指日可待,故表示:"将军多情奴心领,誓

《貂蝉》,刘秀荣饰貂蝉

愿白头不负盟。"吕布迫不及待欲将貂蝉搂抱在怀。此时，在门外偷听的王允却突然出现。

王瑶卿说："这节骨眼貂蝉对王允使个眼色，并微微地点头，暗示王允连环计第一步已经成功，王允也点头示意貂蝉知道了，二人心照不宣，王允假意，但又要做出真生气的样子，呵斥貂蝉退下，貂蝉目视吕布，面带羞涩跑下。"

单是一个"眼神"，就极大地扩展了舞台演出的时空和内容，王瑶卿对于表演技艺的理解和对人物心理的揣摩，实在可以用"深不可测"来形容！

最后是"大宴"。

此时的貂蝉，面对的是老奸巨猾、专横弄权而又沉迷酒色的当朝太师董卓。此时的"歌姬"貂蝉看似与第一场无异，其实截然不同。"拜月"时，貂蝉只是随王府乐班弹唱歌舞的普通女子，"大宴"时，她则肩负舍身报恩、除奸报国的大任。

貂蝉出场后，先是一段【南梆子】："领群芳卖风流宴前立定，似嫦娥离月府降下凡尘，两旁里陪衬着佳人红粉，故意儿争献媚眉眼传情，似蝴蝶穿花丛飞翔隐隐，又好似莲池畔出水的蜻蜓，寻花枝拂翠柳宴前舞定。"貂蝉边唱边舞，一方面做出风流、娇媚、轻佻的样子，一方面又通过表情和动作表现出她违心装扮、以使董卓老贼尽快中计的潜台词。

王瑶卿要求唱这段【南梆子】时将重点放在"似嫦娥离月府降下凡尘"和"故意儿争献媚眉眼传情"这两句上。

根据恩师的传授，刘秀荣在唱"似嫦娥"的时候双手往后高处指，表示指向天上月宫；在唱到"离月府"时双手向左前方指；当唱到"降下凡尘"这一句的时候，先是双手两个慢涮水袖，然后一个软翻身，紧接着双手两个车轱辘快涮水袖，再甩出双水袖，一个造型。

唱"故意儿争献媚眉眼传情"时，刘秀荣扮演的貂蝉从台口先慢后快，小碎步圆场，走到正中堂桌前突然慢下来，两眼瞧着董卓，故作媚态，双手用水袖在董卓眼前一扫，像勾魂似的让董卓坠入迷魂阵，随即飞快圆场至上场门台前卧鱼，翻脸微笑对着董卓。董卓猛地站起身来，双手推着桌子，向貂蝉探身，张大嘴垂涎惊喜，而后哈哈大笑。这一高一低构成了词义、动作融为一体的画面，不仅造型美，而且极准确地表现出两个人物的不同心态，演出的时候每到这个地方，观众都会为王瑶卿首创的这一别具用心的艺术构思，报以热烈掌声。

"貂蝉这场戏都是在做戏，她的一举一动都要掌握住尺寸，不能过于风骚，又不能太放份，这个筋劲儿不好拿，这就要看演员的火候了。"王瑶卿先生这句话的意思是说：表面上，貂蝉在"大宴"这场戏中，是个纯粹的歌姬，用她的能歌善舞和她的妩媚挑逗董卓，然而内心深处却对董卓充满了憎恨和厌恶。刘秀荣很好地理解了老师的要求，为此在【南梆子】歌舞和跟董卓对话时她都是以少女的天真、爽朗、伶俐为主来表现貂蝉的第三种身份——歌姬，但不是荡妇。尤其在给董卓敬酒念"太师请用酒"和回答董卓的问话"一十八岁了"时声音特别清脆，特别甜，特别的流利，丝毫不带那种软绵绵挑情的劲头儿，以求达到王瑶卿"不能过于风骚，又不能太放份"的要求。

"大宴"的结尾是董卓终于被貂蝉成功迷住，欲纳其为妃妾，立即带回太师府。貂蝉迅速更衣，随董卓同车而行。车上，董卓左手搂着貂蝉大笑不止，貂蝉则假装笑脸，故作娇羞将脸转向右边，面朝观众，并在这一瞬间把她对董卓的愤恨、连同无限痛苦的心情通过面部和眼神充分地表现出来，缓缓下场。这一细微之处，如不加以注意，瞬间就过去了。王瑶卿先生名之曰"带戏下场"，只轻轻点缀一笔，就传达了貂蝉的守身如玉的本性和自己顷刻就要失去贞节的无限悲愤和酸楚。

为了塑造貂蝉这一奇女子形象，王瑶卿还运用了其他艺术手段，也都尽数传授。除了上面说的几场戏，他还在"梳妆掷戟"一场安排了大段【慢板】，诸如"舍身只为除国害，连环之计巧安排……"等，以抒发貂蝉内心的苦痛和报国之情。还有"凤仪亭"一场几段念白极有王派特色。

尤其是在"除董"一场，王允早已安排妥当，先假传天子诏书诓董卓入长安禅位，在受禅台上由吕布亲自刺死董卓。貂蝉事先得知计划，心中大喜，但为了不使董卓生疑，她劝酒献舞。王瑶卿根据历史资料，在这一场中创造设计了"朱干玉戚"舞蹈，别致新颖。

戏台上所用"朱干"是一个短杆，杆头呈斧状，上面插着三根一米长的雉尾翎子，斧头的下面挂着一排用丝线结成的小短花穗子，短花下面是个小枪纂。"玉戚"也是一个短杆，杆头呈戟状，其余部分与"朱干"几乎完全相同。这两个道具都在三尺多长，耍起来比双剑、双刀和双鞭难度都大，特别是上面有雉尾翎子，很不好掌握，但舞起来极具观赏性，配合着"大刀花""回花""面花""皮猴""翻身"等技巧，很受观众欢迎。

舞"朱干玉戚"，不像《霸王别姬》里虞姬舞剑，还要注意人物身份、情节，貂蝉此时的舞蹈是为取乐董卓，所以刘秀荣舞起来洒脱、利索、欢快，无须拘束，这一段"朱干玉戚"舞演出时好几处都有热烈的喝彩声。

此外，该段舞蹈还能起到提神的作用。因为惯常某剧快要结束时，观众容易坐不住，即俗话说的"起堂""抽签"，末尾安排这么一段舞蹈，戏就不会虎头蛇尾。

学习全本《貂蝉》，是刘秀荣全面提高的一个契机。不过，王瑶卿可不是单教刘秀荣一个人，他教戏最大特点是"教全堂儿"，也就是说，除了教刘秀荣演貂蝉，也一并教张春孝演吕布，教王荣增演王允，教杨启顺演董卓，教钮骠演李儒。而且每个行当，每个角色，王瑶卿都是手把手地教，都有"绝活"。

20世纪50年代，刘秀荣领衔的《貂蝉》红极一时，看过的都说："到底是'通天教主'教出来的，玩意就是地道呀！"

第六节　文武全能《十三妹》

上一节曾经提到，王瑶卿先生教徒弟，教的不仅是经过革新的戏，还有革新的精神，只不过他并不像理论家那样，用大量抽象的词汇去宣讲自己革新的精神，而是在潜移默化中，让徒弟慢慢领悟。

王瑶卿先生三十岁时就开始了大胆革新的尝试，尽管当时他已经名播四海了，很多戏迷都在捧他，但王瑶卿并不满足现况，也不墨守成规，而是勇于突破传统形式的束缚。以周密的观察、充沛的精力，热情、乐观、自信地改变着舞台上的凝滞状态，进入圆融灵活的境界，创造出新的艺术风貌。

刘秀荣进入王门学艺时，年纪尚轻，只知道王派艺术好，但是为什么好却不甚理解，原以为梨园界所敬重王瑶卿的，是他的技艺和地位，后来才明白，原来大家推崇的主要是他老人家的革新精神，而最能代表这种精神的剧目，在刘秀荣看来，是《十三妹》。

《十三妹》的故事取自八本《儿女英雄传》中的两折，即"悦来店"和"能仁寺"。"在王瑶卿之前，第一个把《儿女英雄传》的演出模式固定下来的，是活跃在清末舞台上的杰出的武旦演员余玉琴。"[①] 余玉琴的跷功最为著名。据说，人称"跷功大师"的他能踩跷在舞台上做诸如"倒挂金钟""翻桌子过墙"等难度极高的动作。

《十三妹》，刘秀荣饰何玉凤

20世纪初，尚且年轻的王瑶卿"顶着雷、挨着骂"，毅然废弃踩跷，改为"大脚片"。有一种说法认为，王瑶卿"废跷"和他幼时练习时的一次事故有关，那次，他差点因为踩跷而折断了脚骨。因此，王瑶卿认为"踩跷"这种技巧，对于小孩子是一种身体的折磨，是不利于小孩子的正常发育的。还有人说，这种思想，显然是受了辛亥以后尊重人本的新思潮的影响。不管怎样，这一行为彰显了王瑶卿向不合时宜的保守思想挑战的勇气。

最初编写的剧本，几乎纯粹是为了表现余玉琴的高超武功。对于十三妹的内

---

① 《十三妹（京剧）》，载宋光祖主编：《折子戏赏析》，上海书店出版社2011年版，第79—80页。

心世界和外在形象的塑造关注不够。王瑶卿恰恰十分喜爱十三妹这个人物，他认为这是一个令男人相形见绌的女人，是他理想中的女性形象。于是，他大胆地将该剧改编为"在挺秀之中蕴含着柔媚"的刀马戏，使不擅长武功的旦角演员也有可能扮演这一历来由武旦胜任的角色。从而塑造出侠肝义胆、疾恶如仇、豪爽刚健、健美英武的十三妹的形象。

扮相上，王瑶卿也进行了一系列改革：

> 余玉琴踩跷，王瑶卿足蹬红色小蛮靴；余的站立姿势呈踏步或双脚紧靠，王发明了旦角丁字步；余的舞步大多是小碎步，王却以男脚步出现；余穿普通淡蓝色袄子，王穿红色打衣；余穿普通彩裤，王穿红色彩裤；余扎白色腰巾子，王扎红色腰巾子；余无战裙，王增添了红色战裙；余的头部装饰是绸子包头，王戴的是红色风帽。仅从扮相上来看，王瑶卿已经为十三妹来了个彻底的变化，从头到脚一身红，就像一团火焰。打衣上绣什么花，腰巾子下边的两截也绣什么花。这种装束一直沿用至今。①

最下功夫的还是念白的处理。虽然余玉琴也是念京白，但彼京白又不同于此京白。由于曾在清宫中演出，王瑶卿先生有机会听到宫中的满人，甚至慈禧本人讲话的腔调，加上他善于将生活语言提炼加工，因此王派的京白个性鲜明，别无二家，特别是抑扬顿挫，吐字发音，适当地拖长音节，四声、尖团、抑扬顿挫，软硬气口，非有严格训练和当面传授，绝难做到纯正传神、富有满人语调韵味。

王派的"京白"还富于变化，并非"一字韵、一道汤"，面对不同的人物要用不同的态度、不同的语气和音调来表达。比如，十三妹对丑恶的赛西施，是厌恶，嘲讽戏耍："我看你这么美不劲儿的，你是这能仁寺里里外外、上上下下，怎么个人儿，哪么个人儿，你是个什么东西呀？"念"你是个"时留一个小气口，

---

① 《十三妹（京剧）》，宋光祖主编：《折子戏赏析》，上海书店出版社2011年版，第79—80页。

再把"什么"念为"神马",最后念"东西呀"这三个字,用一个音,干板垛字,扬起来念,以此表现十三妹对赛西施的厌恶和气愤。

王瑶卿先生曾对刘秀荣说:"鬼妞儿,常言说'十戏九不同',一出戏有一出戏的念法,不能全一个味儿。"刘秀荣这么多年学戏下来,的确深有体会:同样是京白戏,英姿勃勃、性情豪放的多情少女窦仙童与威武英勇、为国杀敌的巾帼英雄穆桂英在运用语言、语气、语调上当然不同,也不能相同。程砚秋先生曾这样称赞王瑶卿独具特色的念白:"这一成功的念法是王瑶卿先生毕生的创作。他为京剧旦行在念功上开辟了一条新的路径,丰富了戏曲念白的艺术。"

在"悦来店"一折结尾,十三妹有句念白:"待我急急赶上看他二人是怎样动手便了。"王瑶卿要求刘秀荣在这里要边念词边走动作,在念到"怎"字时,扬左手的包袱,念"样"字时,扬右手马鞭,念"动手"两个字,还是重复扬左右手,但要加快速度,念到"便了"两个字时,右手将马鞭做上驴的动作,左脚在前原地连作三个挫步,然后垫腿儿快翻身亮相。这一连串动作,既达到了"俏""帅""巧""脆""美"的审美要求,又表现了十三妹在仓促决定后急切赶路的心情。

"能仁寺"一折,王瑶卿在教刘秀荣与二和尚虎面僧的"单刀枪""夺刀"开打的时候,说道:"十三妹是个女侠,能仁寺的开打要打得惊险、真实、洒脱。"他还兴致勃勃地用手杖做刀枪亲自示范。王瑶卿幼年间,曾与名武生茹莱卿先生、名武净钱金福先生一起打把子练武功,得到过高明传授,因此不仅腰腿功夫稳练,脚底下亦轻软自如。刘秀荣学戏时,王瑶卿先生已是七十多岁的高龄,又有腿疾,但是依然手中利落,脚下步眼清楚,而且一遍一遍示范,直到徒弟掌握才罢手,这令刘秀荣感动非常。

在亲身演出之后,刘秀荣悟出了"能仁寺"一场中的武打中

《十三妹》,刘秀荣饰何玉凤

的诀窍：目的明确、精而不繁、快里有稳、美中有俏。

十三妹的形象，精彩之处在于革新，没有革新，十三妹只是一个武功超群的侠女，毫无个性，而革新，则让这一形象活了起来，使得侠肝义胆、疾恶如仇、豪爽刚健的典型性格和端庄健美、英武雄丽的精神气质完美地结合起来。正如李洪春先生所说："王先生的何玉凤，虽不踩跷，武功也不如余玉琴，但他却能从人物性格这方面下功夫。他是把刀马旦与花旦糅合起来演这位旗人姑娘的。语调上是京白，念得落落大方，唱腔上刚劲有力，眼神表情上显露机智与善良，武打干净利落。可以说身上、脸上、手上、脚上都有戏，把一个受人陷害而隐姓埋名、不拘礼法的女英雄演活了。"

当然，刘秀荣从恩师那里继承的不仅仅是矫健挺拔的身段动作，精雕细琢、异常传神的念白和浓郁的生活气息，她还有锐意进取的勇气和大胆革新的精神，只不过，这种勇气和精神还只是一粒种子，只待日后生根发芽。

第七节　青衣戏《孔雀东南飞》

刘秀荣天赋异禀，嗓子尤其好。王瑶卿曾多次对戏校的领导说："鬼妞儿这孩子这条嗓子好、高、宽、亮非常难得，将来她应该是'青衣花衫'。"为了发挥刘秀荣的特长，王瑶卿和校领导商量后决定："给她说几出青衣戏。"《孔雀东南飞》便是其中之一。

王瑶卿有句名言："戏要跟着时代走。"1950年5月1日，新中国颁布第一部《婚姻法》，此时推出"孔雀东南飞"，正好配合新《婚姻法》，宣传反对封建包办婚姻和买卖婚姻、轻视妇女、婆婆虐待儿媳等现象，古为今用，很有现实意义。

角色很快便安排妥当：刘秀荣饰刘兰芝，张春孝饰焦仲卿，李鸣岩饰焦母胡氏，张启洪饰刘洪，戴新兰饰焦月华，魏克虞饰刘母，钮骠饰朱奋。

常言道："子弟无音客无本。"唱戏的没有嗓子，就如同做生意没有本钱一样糟糕。王瑶卿先生欣赏刘秀荣，有心着重栽培她，除了看中她聪明刻苦，认真勤奋这条原因之外，更喜欢她的嗓子。所以王瑶卿一面吩咐所有角色把唱词抄下来回家去背诵，一面让刘秀荣先到大马神庙自己的宅邸"吃小灶"——给她单独说说戏。

刘秀荣虽然年纪尚轻，只懂学艺，但她也能体察老师的一片爱才苦心。她知道老师年纪大了，腿又有病，为了不让老师太操心费力，刘秀荣给自己定下一条规矩：不管是唱腔、念白或者身段，争取两遍就拿下来，绝不让老师教三遍。

头一回去大马神庙之前，刘秀荣就抓紧一切业余时间背唱词，甚至晚上熄灯铃打过之后也不放松。见到王瑶卿后，她就把刘兰芝的词背给老师听。王瑶卿非常高兴，接下来的说戏便愈发精神头十足。

《孔雀东南飞》中的刘兰芝属正工青衣，因此王瑶卿先生对于脚步的要求格外严格：脚底下要压着步，慢慢地稳着一步一步走上，不要紧步、快步；不能直，也不能横，更不能迈大步，脚底下要一步一步交叉着往前走，就像孔雀开屏走路一样。这种台步又被称作"孔雀步"。

青衣大多扮演贤妻良母、大家闺秀，属端庄严肃和正派的人物。"孔雀步"虽可以凸显出青衣行当的特点，但这并不等于说所有剧目中青衣的脚步都要一模一样。正如王瑶卿曾说："演员在台上扮演各种各类角色，表现各种各样的人物身份，特别是演旦角的台步要有所不同，不能什么戏、什么角色都走一样脚步儿。唱念不能一道汤，台步也不能一道汤，一定要有区别。"

刘兰芝这一角色的出场脚步，

《孔雀东南飞》，刘秀荣饰刘兰芝，
张春孝饰焦仲卿

使刘秀荣受益良久，尤其是王瑶卿对于旦角脚步特点的精辟总结及活学活用的教诲，时常能在刘秀荣排演新戏时浮现出来，给予她新的活力。梨园界同行们和戏曲爱好者们一致认为刘秀荣的台步堪称一流，而且绝不雷同，饱含感情。

当然，众人夸赞台步，是有实例为证的。

"文化大革命"结束后，刘秀荣排演了新剧目《沉海记》，轰动一时。在河北省演出后，专家、票界朋友专门组织了一次座谈会。会上，有几位票界朋友对刘秀荣在戏里的台步发生了浓厚的兴趣，他们说："刘老师的青衣台步非常规范，而且每一场根据不同的情节，都有变化，特别是'送别'一场，一步一回头，不仅美，而且有人物，我们从刘老师的台步看出了刘老师深厚的功力。"此为例证之一。

还有一证：20世纪80年代时，中国京剧院挖掘上演一批传统老戏，刘秀荣排演了王瑶卿先生亲授的《虹霓关》。在响排的时候，刘秀荣饰演的东方夫人刚上场，坐在台底下的老艺术家张春华先生便对身边的人说："你们看刘秀荣的这个脚步，这个劲头儿，这个沉稳劲儿，这才是大青衣的脚步呢。"殊不知，这全仰仗王瑶卿先生当年对刘秀荣的指导和启发。

古人云："授人以鱼，不如授人以渔。"刘秀荣在学戏时也领悟到了这个道理。她明白王瑶卿先生并不只是为了教会学生学会一出戏，王瑶卿先生擅用启发式教学，是让学生"知其然"更"知其所以然"。这相当于传给学生一把钥匙，艺术宝库的大门就在那儿，什么时候打开，怎么打开，打开后收获什么，全凭学生自己决定了。这些道理，在刘秀荣成为老师后，也发挥了极好的作用。当然，这是后话了。

回到《孔雀东南飞》的学习。

台步之外，王瑶卿对该剧的另一个严格要求是"唱"。其实"唱"在任何一位老师那里都应该是学戏的核心，更别说王瑶卿先生这位对演唱尤其讲究的大师。

王瑶卿对发音、归韵、落音、板、眼、尺寸、气口、收放、控制、字准、音正，都有严格要求。在【摇板】【散板】【快板】的演唱技法上，王瑶卿堪称一绝。他说："整段上板的唱儿比如【原板】【慢板】固然重要，但是比较好唱，因为有板管着呢，可是【摇板】【散板】就不一样了，唱起来似乎没有固定的节奏，但是演唱的时候，无论是语气，或者是吐字、归韵、落音，都要跟打鼓的板槽相互呼应，实际上应该是'散板不散''摇板不摇'，而且还要做到'散而不拖''摇而不晃'。"

刘兰芝第一次上场的四句【摇板】，唱词是"夫妻恩爱甚和顺，最苦难欢婆母心，忽听妹子来叫应，走向前来问分明"，刘秀荣知道，唱词头一句就已经讲明，小两口非常恩爱，因此演唱要舒展无异；第二句着重在"最苦"的"苦"字上，刘秀荣用的是低音拉长、弱收，表现刘兰芝在焦家终日过着挨骂受气的日子，下面的"难欢婆母心"，刘秀荣唱"难"字时扬起来，"欢"字时低下来，"婆母心"三个字，一字一板垛着唱，以表现刘兰芝小心翼翼也难得到婆母欢心的无奈和焦急之情。

在焦母命刘兰芝去换衣服再来织绢时，刘兰芝下场唱的四句【摇板】，唱词是："奴自幼在娘家颇知礼义，十三岁学织素十四裁衣，十七岁过了门不堪驱使，看起来焦家妇果是难为。"第三句"十七岁过了门"的"门"字，刘秀荣用低音、悲音唱，字断音不断，"不堪"两个字连起来唱，嘴皮子用力；第四句"焦家"的"家"字用小弯，嗖音"妇"字用颤音，"果是难为"的"难"字后面有一个气口，"为"字先扬后收。以声调、吐字、落音，来表现刘兰芝在焦家委曲求全、艰难度日、苦熬岁月的心情；以情带声，既符合人物的思想感情，又不会把【摇板】唱散。

对于【快板】，王瑶卿要求根据不同的人物，不同的情节，不同的感情采取不同的演唱方法，比如刘兰芝最后一场唱的【快板】："焦郎休要将妻怨，莫把兰芝当等闲，夫妻恩爱情非浅，岂能忘却盟誓言。母兄逼迫无挽转，忍耻含羞裙反穿，假殷勤把酒劝，灌得新郎醉倒床边，欲寻一死无刀剪，潜身逃出往后院，妾身之行唯天可鉴，投鱼池一死要报夫男。"结合这段【快板】，王瑶卿强调主

《孔雀东南飞》，刘秀荣饰刘兰芝，张春孝饰焦仲卿，
刘长生饰焦母，宋奕萱饰丫鬟

要注意尺寸和气口，什么地方要劲儿，要恰到好处，唱过劲儿了，听起来不悦耳，【快板】不快，也不能平铺直叙，一字一板，要有起伏，欲扬先抑，欲抑先扬，唱【快板】要顶着板唱，不能在板后面坠着，不能大缓气，要偷气。

在演唱技法上，王瑶卿还强调以字带腔，着重气口，什么地方收，什么地方放，不能乱来，唱字不要腔，唱腔不要字。

当然，不仅是唱，刘秀荣还从王瑶卿那里继承了许多独创且恰当的动作。比如"机房"一场中的"跑灯"等，在刘秀荣的自传《我的艺术人生》中，记述十分详尽。

《孔雀东南飞》彩排的时候，全校师生都出席观摩，连教师亲属都到了现场，像梁连柱先生的老伴梁大妈，郭文龙先生的老伴郭娘，薛盛忠先生的老伴薛娘，毕鑫如先生的老伴毕娘等。刘秀荣的母亲带着小妹妹秀英也很早就来到了排练场，一边看戏，一边抹泪。特别是刘秀荣的母亲，一边擦眼泪，一边嘴里还不停地说："这戏真苦真苦。"

戏刚结束，刘秀荣的师娘们围着王瑶卿和史若虚副校长、李紫贵教导主任就议论开了。毕娘说："这出戏真好，就是苦点儿，我手绢都擦湿了。"薛娘说："这几个孩子演得真好，尤其是李鸣岩这个婆婆演得真像，真有那个狠劲儿。"郭娘还激动地说："刘秀荣将来要真遇上这么个恶婆婆，看我不把她揍扁喽！"你一言，我一语。

王瑶卿对史副校长说："老史，你看见没有，这戏把这些老太太打动了，她们认可了，这出戏就对了，赶明儿个演出错不了，观众准爱看。"果不其然，后来《孔雀东南飞》在剧场演出，反响很好，观众十分欢迎。

第八节　首演《白蛇传》

刘秀荣做梦也不会想到，1951年的一出剧目会使"刘秀荣"这三个字成为新中国京剧发展史上的一个重要名字，并给自己带来一生的好运。这出剧目就是田汉先生整理改编的《白蛇传》。

当时，中央文化部在周恩来总理的关怀之下，决定于1952年在北京举办新中国成立后第一届全国性的戏曲观摩演出大会，此次会演规模空前、声势浩大。全国各大剧种的代表人物都收到邀请，如京剧界的梅兰芳、周信芳、盖叫天、尚小云、程砚秋、荀慧生、谭富英、杨宝森、裘盛戎、李少春、袁世海、叶盛章、张世麟；越剧界的袁雪芬、范瑞娟、傅全香、徐玉兰、王文娟；河南豫剧的常香玉、陈素贞；川剧杨友鹤、刘成基、周企何、陈书舫，汉剧陈伯华，桂剧尹羲等。

为了展现新中国年轻一代戏曲人才的教学成果，文化部决定戏曲实验学校参加全国会演，这是唯一一个以学生身份参加会演的艺术表演团体。全校师生感到莫大的荣幸，一片沸腾，奔走相告。

戏校领导对参加会演极为重视，在校务会议上讨论决定，根据田汉先生修改加工后的《金钵记》剧本进行重新创作、排练，另起炉灶，以定本《白蛇传》参加会演。王瑶卿先生亲自挂帅，亲任艺术指导兼唱腔设计，史若虚副校长统筹全局总负责，并参与唱腔设计，由时任戏校教导主任、著名的导演艺术家李紫贵先生担任导演，著名鼓师阎宝泉先生任音乐设计兼司鼓；业务老师分为文、武两个组，文戏组由梁连柱先生负责，成员有荀令香先生、赵荣欣先生、汪荣汉先生等；武戏组由郭文龙先生负责，成员有赵雅枫先生等；舞台监督是梁连柱和奎富光两位先生；剧务为赵雅枫、赵荣欣、王诗英、安莉；另由时任校委会秘书的王誉之负责一切有关行政、经济后勤工作。大家分工合作、各尽其职、严格把关。

后来的刘秀荣回忆起这次《白蛇传》的排演，更是将其视作天赐良机。

主创班子确定以后，王瑶卿和史若虚把刘秀荣叫到会议室说："我们商量叫你演白蛇，参加明年全国会演。"

"真的？我行吗？"刘秀荣听到这个消息，激动地跳了起来，拉着老恩师的手

刘秀荣首演《白蛇传》时留影

兴奋地问。

王瑶卿微笑着说:"鬼妞儿啊!你可是我点的将,我打了保票的,我心里有底。"

这句话使刘秀荣感到心里热乎乎的,她当时激动得两只手不停发抖,对老恩师和史副校长说:"我感谢领导对我的栽培,我一定把戏排好,不给您丢脸。"王瑶卿笑着,慈祥地抚摸着她的头。

史若虚副校长一贯严肃的脸上也露出了笑容,对刘秀荣说:"去吧,好好练。"刘秀荣向二位老师深深地鞠了一躬,快步跑出了会议室。

刘秀荣一跃蹦下了台阶,小燕子似的飞奔到宿舍,拉着二妹秀华的手对她说:"告诉你,这次参加会演的《白蛇传》,领导上决定让我演白蛇了。"刘秀华一听,高兴地蹦起来,兴奋地说:"哎呀,太好了!大姐你生活上什么都甭管了,全交给我了,你就专心地练功排戏吧。"

刘秀华平时就是无微不至地照顾姐姐刘秀荣,这一下她更是不辞辛苦地每天帮姐姐打洗脸水、洗脚水、洗换练功服,还留饭给姐姐,而且都是在保证不耽误自己上课、练功、学习的情况下利用业余时间,牺牲休息,帮助姐姐做的事,为的是能让姐姐专心地练功、排戏、学习。

那个时候,刘秀荣给自己规定每天必须坚持五遍功。第一遍功大约在凌晨五点。同学们还没起床,她就轻手轻脚地穿好了练功服,登上练功鞋,从床底下拿出练功用具刀和枪出门了。自从接受了《白蛇传》任务以后,她又增加了单剑、双剑、单枪、双枪、旗子、云帚的训练。到练功厅后,刘秀荣先练一遍"私功",

听到起床铃后，赶紧收功。这时，刘秀华早已打好了洗脸水，只等姐姐刘秀荣洗完脸后，一起去吃早点。

第二遍功，刘秀荣和同学们一起练基本功、毯子功，或者学戏、排戏。第三遍功是午饭后，同学们午休或午觉，刘秀荣则去练功厅练功、背戏。

下午，先上文化课，然后把子课，男女合练，为的是让男同学抄串翻身，或者打快枪，一个接一个打完上串儿打下串儿，谓之"赶绵羊"，练速度和耐力。遇有特殊情况，下午就集中排戏。这便是刘秀荣的第四遍功。

第五遍功是晚饭后，同学们自由活动，刘秀荣又到练功厅去练功。她当时只有十五六岁。这个年龄的女孩子，正是爱美的时候，可是刘秀荣整天就那么一身练功服，由于出汗多，练功服都洗得褪色了；脚底下总穿着一双练功鞋，也由于练功勤，鞋比其他同学坏得要快。为此，校领导总是多发给她一双鞋。

刘秀荣天天早起晚睡，又累又困，有时候实在乏了，躺在练功厅地毯上就睡着了，稍微一打盹马上就惊醒过来，用练功的宝剑打自己的腿，提醒自己不能休息，抓紧练。

"台上一分钟，台下十年功"，刘秀荣知道天上不会掉下馅饼来，勤勉刻苦是唯一正道。她永远记得老恩师王瑶卿的一句名言："要成好角儿，不能当好角儿，成好角儿是靠艺术上勤学苦练，一年三百六十五天，汗珠子掉地上摔八瓣练出来的；当好角儿，是吹捧架哄起来，立不住的。"

刘秀荣之所以拼命练功，不仅出于自己对京剧艺术的喜爱，更主要的是感到压力巨大。她当时虽然演过一些传统戏，在《金钵记》里也曾演过水族、小青，可现在戏校要求自己在很短的时间里拿下《白蛇传》这样的大戏，况且在此之前一点思想准备也没有，她能不拼命吗？

当时刘秀荣唯一的想法就是别给老师、同学们丢脸。所以，从早到晚，刘秀荣都抱着练功用具，出入在练功厅。同学们开玩笑说刘秀荣是《甘露寺》里"东吴大将贾化"——十八般兵器件件不离身。面对这善意的玩笑，刘秀荣总是面带微笑和颜悦色地说："笨鸟先飞呀。"心里却说：《白蛇传》里的白蛇，唱、念、做、打、舞，那么多玩意儿，那么多高难技巧，可不是闹着玩儿的，不练成吗？

时间过得很快，戏校要开始排戏了。

校领导抽调了各个年级的同学参加《白蛇传》的排练，角色分配是这样的：

白素贞：刘秀荣

青　儿：许湘生

许　仙：朱秉谦

法　海：杨启顺

鹤　童：张春孝

鹿　童：柏之毅

知客师：张启洪

县　官：钮　骠

太　太：李鸣岩

陈　彪：王荣增

许　氏：张曼玲

南极翁：逯兴才

艄　翁：钮　骠（兼）

小沙弥：刘长生

陈上官：金　桐

收生婆：曲素英

塔　神：钱浩梁

韦　驮：郭世华

知客僧：吴钰璋、马名骏

法　本：赵德芝

病　人：萧润增　周长云　佟熙英　王望蜀　毕英琦

神　将：张春孝　柏之毅　郭世华　钱浩梁　苏　移
　　　　孙洪勋　俞大陆　张宏逵　贯全城　武春生
　　　　袁国林　许德福　奎福才　李定坤

水　族：侯正仁　史燕生　吴春奎　谢超文　李　可

第四章　欲报师恩常念念

李景德　张华森　叶庆荣　戴新兰　蔡淑卿
刘秀华　苏　稚　和　玲　郭锦华

排戏时，全校师生，包括教职员工和伙房的师傅们都"钉"在排练场看，什么时候排完戏，什么时候开饭。有时排戏到深夜，大师傅们就把热腾腾的热汤面端到演员面前，还说"多搁了香油增加营养"。有一位叫李刚的师傅，外号叫"金玉奴"，别看这位师傅满脸络腮胡子，大高个儿，可还爱唱花旦，整天嘴里不停地喊："奴家金玉奴。"每当刘秀荣练功排戏饿了，到伙房要馒头吃，李师傅总是给她在馒头里抹上一勺芝麻酱加一勺红糖。后来刘秀荣回忆起来，觉得这馒头比奶油蛋糕还香。

当时演员都是十几岁的孩子，不图名，不争利，全心全意只为排好《白蛇传》这个戏。周恩来总理特别指示中央文化部对中国戏曲学校给予特殊的关照，为此，周扬、刘芝明等文化部副部长轮流到戏校督阵，现场办公解决难题（包括服装、布景等的费用问题），并随时向周总理请示汇报。田汉当时是戏曲改进局局长，又是《白蛇传》的编剧，每天和大家一起在简陋的排练厅"鏖战"；王瑶卿年过古稀，拄着拐杖从早到晚坐镇在排练厅，史若虚自不必说，一边监督《白蛇传》的排练，一边还要关照着全校的工作；李紫贵导演寸步不离排练厅，上厕所都是跑着去跑着回来，就连点烟的工夫都省了，总是一根没抽完，又把另一根接上了。为了争分夺秒，全校日夜奋战。

刘秀荣将《白蛇传》的排练室视作一个特殊的课堂，从某种意义上说，这个课堂中的一天，甚至比得上她在其他课堂学十年。此话绝不夸张，试想，诸位名家教师，倾尽毕生所学，尽数传授于刘秀荣一身，这对于刘秀荣而言，是何等的幸运！

在《白蛇传》的排练中，李紫贵导演对刘秀荣的影响最大。从把握人物性格、思想感情，到具体的表演身段、技巧，李紫贵导演都亲自指导、示范。像"盗仙草"一场白娘子的出场，"巡山""飞桨""金山寺"中白蛇、青蛇两个人在【搓锤儿】里走的身段，特别是"水漫"中舞令旗等都是李导演精心设计，而且不厌其烦地一招一式教给刘秀荣的。不仅躬亲示范，并且看着刘秀荣练，直到熟练为止。作为超伦轶群的导师、长辈，李紫贵从没跟刘秀荣发过一次脾气，这点令刘秀荣十分佩服。业务教师梁连柱、郭文龙、荀令香先生都给予过刘秀荣莫大的帮助。

经过一年的奋战，经过王瑶卿校长、史若虚副校长、戏曲研究院梅兰芳院长、马少波副院长等的共同努力，最终，《白蛇传》通过文化部周扬、刘芝明副部长，戏曲改进局田汉局长等领导的审查，以崭新的面貌参加1952年10月份在北京举行的第一届全国戏曲观摩演出大会。

《白蛇传》安排在长安大戏院、北京剧场（现在的中国儿童剧场）演出。当时戏校参加演出的都是学生，没有精神负担。虽然是新编戏，可一招一式都是王瑶卿、李紫贵等老师口传心授的，因此刘秀荣在台上演出时心态放松，发挥正常。结果，剧场效果特别强烈，领导、专家、观众看到出现这么一批年轻可爱的学生，非常兴奋，纷纷给予鼓励、肯定和赞许。专家和观众一边向王瑶卿先生表示祝贺，一边感谢他为戏校培养了新人才。

《白蛇传》首演大获成功，刘秀荣一剧成名，成为新中国扮演"白娘子"的第一人！

演出后，召开了座谈会。会上，专家们一致赞扬《白蛇传》演出的那种"一棵菜"的精神，认为学生的戏整齐、好看。

越剧艺术家范瑞娟、傅全香两位先生说："学生们演的《白蛇传》，不仅主要角色演得好，群众演员也非常好，特别是水族，在'水漫金山'里面的舞蹈像刀剪的那样齐整，尤其是

《白蛇传》，刘秀荣饰白素贞，张春孝饰许仙，刘琪饰小青

当众神将追杀白素贞，水族营救白娘子，水旗一起一浮，上下翻滚，太动人了，我们都感动得流泪了。"

著名的越剧表演艺术家袁雪芬先生说："扮演白娘子的小姑娘虽然是个学生，可是演出了成年演员的水平，很有发展前途。"她对扮演青儿的许湘生、扮演许仙的朱秉谦都给予了好评。

老艺术家们还对刘秀荣弟弟刘长生扮演的小沙弥特别感兴趣，因为刘长生当时只有十一岁，个子又小，招人喜爱。虽然只有一场戏，可是他最受欢迎，一上场就来个碰头好，一张嘴念词儿、一走身段都有叫好，他走矮子下场，掌声一直把他送到后台，真是红极了。

第九节　荣获会演大奖

《白蛇传》在演出后，受到文艺界的一致好评，获奖的呼声特别高。

评委会专家们经过认真讨论，一致决定将最佳编剧奖授予《白蛇传》的编剧田汉先生。田汉先生以自己是评委会的负责人为由，放弃了这个奖项。

最后荣誉奖颁给了王瑶卿先生。王瑶卿先生作为《白蛇传》一剧的艺术指导，亲自主持唱腔设计、创作排练，贡献巨大，为京剧世界创造了珍贵财产，功绩卓著。因此他是此次会演唯一没有登上舞台表演而获此殊荣的人，众望所归。同时获得荣誉奖的还有梅兰芳和周信芳、程砚秋、盖叫天、袁雪芬、常香玉等大师级的艺术家。李紫贵导演获得了会演中唯一的导演奖，戏校获得了集体二等奖；刘秀荣获得了演员二等奖，扮演小青的许湘生、扮演许仙的朱秉谦，获得演员三等奖。

此项京剧界演员的获奖情况是这样的：

演员一等奖：李少春　马连良　吴素秋　张云溪　张春华　裘盛戎　叶盛章　杨宝森　谭富英

演员二等奖：李万春　李宗义　李盛藻　李洪春　张君秋　张世麟　云燕铭　赵荣琛　刘秀荣

清扬端妍　隽逸翩然——刘秀荣评传

演员三等奖：尹月樵　朱秉谦　李金泉　李幼春　李麟童　徐和才　景荣庆　娄振奎　许湘生　杨盛春　赵炳啸　骆洪年

评奖过程中还有一段插曲：评委会原定给刘秀荣评为演员一等奖，许湘生和朱秉谦为二等奖，扮演小沙弥的刘秀荣的弟弟刘长生被为三等奖。史若虚副校长得知消息后，找到评委会，说刘秀荣还是个学生，年纪小，和老艺术家得一样的奖，不利于她的进步和发展，一定要往下调。最终，在史若虚的再三要求之下，刘秀荣和同学们的奖次依次往下调，原来三等奖的刘长生被取消了获奖资格。

颁奖仪式在中南海怀仁堂举行，周恩来总理亲自颁奖并和大家合影留念。获奖的主要演员中刘秀荣年纪最小，只有十七岁，所以周总理对她格外关注。拍照时，周总理亲切地问道："小白蛇在哪里呀？小白蛇，来来来，到我这里来。"刘秀荣赶忙从人群后面跑了过去，激动地蹲在周总理身边拍下了珍贵的照片。

田汉先生十年磨一剑，此次《白蛇传》在全国会演中大获成功，反响强烈，他自然非常兴奋，当即决定设宴，邀请王瑶卿等同仁一道庆贺。戏校的秘书王誉之负责安排。

地点最终选在了丰泽园饭庄，因为此饭庄就在王瑶卿老的住宅大马神庙附近，设为晚宴地点，田汉十分中意。

庆功宴当然少不了刘秀荣。史若虚、李紫贵先乘车将刘秀荣送至王瑶卿家，以让她候老师更衣。

"你的奖章戴着了吗？"王瑶卿见到爱徒，微笑着问道。刘秀荣点头说："戴着哪。"王老点点头，开始穿中山服。刘秀荣赶忙过去帮恩师系上扣子，拿手杖搀着王老上车。

饭庄就在胡同口，步行便到，但为了表示尊重，也为了照顾王瑶卿老，众人还

荣获会演大奖时的刘秀荣

是请王瑶卿老乘车前往。

田汉早在饭庄门前等候,一见王瑶卿,他立即迈步向前,搀扶挽手同进饭庄。刘秀荣接过王瑶卿老的手杖,跟在史若虚、李紫贵后面。晚宴气氛之欢快、融洽,自不必提。刘秀荣作为晚辈,给老人家们斟酒布菜,也理所应当。

席间,田汉突然爽朗地对王瑶卿说:"王老啊,我看你很喜欢刘秀荣这孩子,就收了这个小徒弟吧,来来来,给老师鞠躬。"刘秀荣听闻,赶忙跑上前去给老恩师深深地鞠了三个躬。王瑶卿见状非常高兴,频频点头。田汉老在一旁对刘秀荣说:"业精于勤,好好学老师的艺术。"刘秀荣连连说是。于是,在田汉看似无意的提醒下,刘秀荣完成了一个特殊的、别开生面的拜师仪式,令其终生难忘。

《白蛇传》在全国的会演,不仅成就了刘秀荣舞台生涯的飞跃,更成就了当代戏曲舞台的一个经典,多年后,张关正曾这样评价:

> 《白蛇传》这个代表剧目,既集中体现了刘秀荣老师的表演艺术的精髓,同时也是中国戏曲学校建校六十多年来教学成果的一种集中展示。[①]

这段话也早已被当今梨园界其他专家所公认。

《白蛇传》首演之后,全国各大剧种、各地剧团、众多名家相继争排,如获至宝一般。如当时的中国京剧院杜近芳,云南省京剧团的关肃霜,北京燕鸣京剧团的赵燕侠等都先后排演了《白蛇传》。其风靡之势,真可以用"遍地开花"来形容。

第十节　打磨《白蛇传》

古人说"十年磨一剑",我可算磨了它十二三年了,而且不是我一个人

---

① 引自2013年10月12日笔者对张关正的采访录音。

磨，是好些人在一块磨。

这段话，是田汉先生在1955年5月15日出版的《白蛇传》定稿序言中写下的，他尤其感谢这次集体创作中的核心人物："其中首先是李紫贵同志，是他和金素秋同志最初演出这个戏……新中国成立后，紫贵同志为中国戏曲实验学校排这个戏，先后由谢锐青、刘秀荣同学演白娘子，她们又都演过小青。剧本在周扬同志——他是那么地喜欢这个故事！——的帮助下经过多次修改，成为今天的《白蛇传》。"[①]

田汉先生还在序言中写道："这里还必须感谢的是王瑶卿先生的宝贵的贡献。许多人知道，《白蛇传》和《柳荫记》的唱腔是王先生晚年精心之作，他不喜欢我们的唱词写得太规矩了，说那样唱腔上反而难有华彩。因此我才写出像'断桥'白娘子对许仙唱'你忍心将我伤……'的句子；王先生不只是为《白蛇传》创腔，他对这样结构也提过许多意见。"

应该说，如果没有剧校诸同学，如果没有王瑶卿先生和李紫贵导演再三反复地改变表现方法、不断地舞台实验，以及当时前所未有的创作环境，《白蛇传》这个戏，可能还停留在之前初级的阶段。

田汉在会演后曾对刘秀荣和同学们讲："十年磨一戏，要不断加工，才能成为精品。"在老一代艺术家的心中，真正的艺术精品是需要不断打磨加工的，获奖不是终极目的。

1954年，由中国京剧院吕君樵和郑亦秋导演，叶盛兰、杜近芳等主演的《白蛇传》，创作团队就对场子和唱腔进行过一些不同的处理。这件事也被田汉先生重点关注过。

会演后，田汉先生和其他主创人员都认真思考过修改的问题，并最终决定复排。

[①] 柏彬等编选：《田汉专集》（上），载《中国当代文学研究资料》，江苏人民出版社1984年版，第168页。

首个重大修改就是角色行当问题。王瑶卿提议说："我看着这大嗓小生别扭，总像爸爸跟闺女谈恋爱，我看还是小生演许仙合适，干脆让张春孝来吧，我看他不错。"经过一番研究，决定由刘秀荣饰白娘子，张春孝饰许仙，谢锐青饰青儿，王荣增饰法海。

《白蛇传》，刘秀荣饰白素贞，张春孝饰许仙

复排时，很多艺术问题是在排练厅现场解决的，比如后来成为经典的"断桥"一场。起初唱少做多：白素贞见到许仙之后只有简单的几句【散板】，相反青儿愤怒追杀许仙时却大量运用了变脸、蹲树墩等技巧，许仙配之以抢背、吊毛等动作。王瑶卿对田汉说："老田哪，这仨人见面不能光瞧青蛇、许仙在那儿折腾，白蛇在旁边傻愣着，得给白蛇写段词，加段唱，把白蛇对许仙的怒呀、怨哪、气呀、恨哪、爱呀，全道出来。你的词甭太规整，长短句都成，要让白蛇数落数落许仙。"李紫贵导演一听说立刻表示："对，我也觉得这地方缺点儿东西。"史若虚在一旁也赞成说："有道理。"

田汉听到建议后马上答应说："好。"话音一落，只见田汉在练功厅背着手转了两圈，突然停住了脚步，摘下眼镜，取出钢笔，拿过纸，躬身伏在旁边红漆木桌上写起来，挥笔如飞，不一会儿的工夫便发出爽朗的笑声。

接着田汉疾步走到众人面前，高声说道："写出来了，大家听听。"然后像朗诵诗一样念道：

你忍心将我伤，
端阳佳节劝雄黄；
你忍心将我诓，
才对双星盟誓愿，

你又随法海入禅堂；

您忍心叫我断肠，

平日恩情且不讲，

不念我腹中还有小儿郎？

你忍心见我命丧，

可怜我与神将刀对枪，

只杀得云愁雾散、波翻浪滚、战鼓连天响，

你袖手旁观在山岗。

手摸胸膛想一想，

你有何脸面来见妻房？

一念完这段唱词，排练厅顿时响起一阵掌声。田汉转过头来对王瑶卿说："王老，你看成不成啊？"

只见王瑶卿接过唱词，坐在他专用的藤椅上，边看嘴里边小声哼哼起来，不大会儿工夫，王瑶卿抬起头来，笑着对田汉说："老田哪，你听听怎么样，合适不合适？"

众人聚精会神地聆听。当王瑶卿唱完最后一句"你有何脸面来见妻房"的一瞬间，排练厅就像开了锅似的，掌声，喝彩声，经久不息，田老开怀大笑，赞不绝口："哎呀王老啊，你这段唱腔真是绝妙无比呀。腔不多，也不华丽，可是准确地表达了白素贞此时此刻的复杂心情，真把白素贞一腔愤怒与怨恨全部表现出来了，令人折服啊！"王瑶卿笑着说："老田哪，没有你这么好的唱词，那儿来我的好唱腔呀。"说完两位老人都爽朗地大笑起来。

就这样，诞生了后来传唱不已的那段【西皮碰板流水】。

"断桥"一场，是全剧高潮，也是戏胆，田汉、李紫贵和王瑶卿都为之付出很多心血。花费的功夫最大，磨排的时间最长，可说是呕心沥血。刘秀荣为这场戏吃的苦、流的汗也是最多。

这一场的修改，是一字一句、一点一滴反复推敲，精心加工而成。例如：白娘子唱的【西皮导板】原词是"杀出了金山寺怒如烈火"。王瑶卿老在第二次排练时,对田汉和李紫贵说:"怒如烈火,这个'怒'字,不足以反映白素贞拼杀出金山寺后,对法海和许仙满腔愤恨的心情。"于是田老现场妙笔一挥,把"怒"字改成"恨"字。这一字之差,却使得人物内心的感情和艺术效果起了强烈的变化。刘秀荣在演唱的时候,感觉顿时不一样了:"怒"字使不上劲儿,感情有点低沉,而"恨"字,声音扬起来了,人物的内心感情立刻就激昂了,把白娘子一腔愤恨一下子倾泻出来了,在人物上场之前先用声音扣人心弦。

在"断桥"一场的结尾,田汉老妙笔一挥,写下了极为感人、又切合主题的词句:

> 难得是患难中一家重见,
> 学燕儿啣泥土重整家园。
> 小青妹搀扶我清波门转,
> 猛回头避雨处风景依然。

借景抒情,诗意盎然。王瑶卿为此段设计了【西皮散板】的唱腔。散板不散,凝聚着白娘子不堪回首,却又挥之不去的情思,此时的白娘子的脸上才露出一丝欣慰的笑容。

2003年9月,中国京剧院二团再次排演《白蛇传》,赴澳大利亚公演。由著名青年京剧表演艺术家李胜素(刘秀荣的入室弟子)、于魁智及优秀青年演员黄桦等主演。刘秀荣和先生张春孝作为前辈指导了此次排演。为使"断桥"一场的结尾情韵更浓,更有意境,刘秀荣借助"猛回头"三字,将演员唱"避雨处"时的舞台位置,由下场门转移到前台方向,使整个调度、表演、视线,始终不离昔日雨中西湖柳下借伞,如今"风景依然"的方向,令观众与白娘子一起沉浸在美好、幸福的回忆之中,表达出"断桥"一场白娘子、许仙、小青,一家人历经磨难,终又团聚,和好如初,相伴而行的结局,意味隽永。

其次,在舞台呈现上,《白蛇传》的最大功臣当属李紫贵导演。

复排时，李紫贵改变了会演时口传心授、一招一式的传统教学法，代之以上表演课，教演员创造角色的新式教学法。新式教学法参考了当时流行的西方表演课经验，旨在引导演员独立思考，结合内心体验，从而运用京剧艺术形式和手段来塑造内容更为丰富的人物形象。这一创举也意味着京剧步入了健全导演制度的时代。

在排"断桥"这场戏时，李导演就提示刘秀荣始终不要忘了白娘子怀有九月身孕。为此，刘秀荣是这样处理的：

在唱完【干哭头】后，随着打击乐慢【脆头】的锣鼓点，她双手左右甩水袖，捂肚子倒步至台口（乐队方向），猛觉一阵腹痛，双手揉肚子，下蹲。乐队伴以【搜场】，紧接着乐队起由慢渐快的【脆头】锣鼓点，她撩头上的小甩发，双手指上场门，示意厮杀出来的战场金山寺，同时也是恨指法海和许仙，脚底下小蹉步，表示行动艰难。到舞台中心，身体难以挣扎，一个软屁股座子，昏倒在地。这里，刘秀荣借鉴了芭蕾舞剧《天鹅湖》天鹅的舞姿，左臂扬起，向后伸展，右臂向前方支出，两头抻，头部向前，两眼微闭，这个造型既不失生活真实感，从艺术角度来讲，也十分美观。

李紫贵先生在导演《白蛇传》中加强了导演总体构思，着力刻画有血有肉有灵魂的人物，以此来深化剧本的主题思想，紧紧地抓住白素贞与法海的矛盾冲突，更注重剧作风格的体现，着意开采田汉剧作所蕴含的诗情、诗意，以及诗的节奏，使整个演出含蓄而富有魅力，这是一个更高的艺术境界。在《白蛇传》中，这种对诗美的追求，是从许多有如"断桥"这样场面的精心处理中体现出来的。

在"水漫"这场戏当中，李紫贵导演就有相当大的出新。出新，意味着突破，无破则无立。

"水漫"即"水漫金山"，惯称"水斗"。这是最能突出表现白娘子不怕牺牲和勇敢斗争精神的一场戏，以武戏为主。

昆曲中，这一场只有白娘子与小青在同一曲牌节奏中的载歌载舞，舞台气氛不强烈，不足以突出白娘子与法海势力做坚决斗争的气势和追求幸福美满的精神。田汉变昆曲为皮黄，王瑶卿为之设计了动情悦耳的【西皮散板】【快板】唱腔。情节环环相扣，情绪层层递进：白娘子先与法海说理，法海理屈词穷，蛮不讲理，搬来天兵天将来擒拿白娘子；白娘子终于忍无可忍，请出众水族前来相助，奋起反抗，直至水漫金山。

李紫贵导演首先突破了原来的鱼、鳖、虾、蟹等"形儿"的形象，取而代之的是一律"俊扮"（脸上不勾形象脸谱），身上不穿戴"形儿"的服装，男女水族一律浅湖色打衣裤，蓝色绣银披肩，小挎子，男水族蛙背图案，女水族是鱼麟图案，男水族头戴软胎儿蛙盔，女水族蓝色绣银小鱼盔，打小粉"椅子"，男女水族一律穿蓝色水族服，造型非常漂亮，一改过去被视为"乌合之众"的水族形象。

再者，李紫贵在这一场中加强了舞蹈和武打的集体特征。这与以往戏曲舞台场面中，以一当十，以少数几个将士代表千军万马的状况大不相同。因为"水漫"这场戏，正需要众水族和众神将的列阵来烘托白娘子战斗的舞台气氛。两三个兵将不足以表现白娘子的孤身奋战的大无畏的精神。

原来剧中有支【二犯江儿水】的曲牌，田汉专为这个曲牌改写了唱词：

份份水宿，
哎——齐簇簇，份份水宿，
五海任遨游；
闹垓垓爬跳，
跃去来游，
似蛟龙在江上走。
看白浪似珠球，
威风千丈游；
跃舞江头，
敌忾同仇，
齐奋起来争斗。

安排剑矛,
早整顿安排剑矛;
江声如吼,
都把那秃驴诅咒,
活生生折散了凤鸾俦!

根据田汉新的唱词,李紫贵和赵雅枫等设计了新颖别致的水族舞——即众水族持水旗一齐表演变化多端、整齐一致的舞蹈,以表现波涛汹涌、上下翻滚的水浪。这一组舞蹈,既美观奇妙,又符合唱词,更为剧情所需。

此外,李紫贵导演还突破了原有的"令旗"程式,创造了新的"红旗"舞。传统【金山寺】中表现白娘子指挥众水族时,手持一杆令旗,一晃两晃,就开打了。李紫贵突破固有的程式,利用【水仙子】曲牌,结合田汉的新唱词,设计了白娘子手持红旗的舞蹈。

田汉为【水仙子】曲牌填写的新唱词是这样:

丈丈丈法力高,
丈丈丈法力高;
俺、俺、俺、俺夫妻卖药度良宵。
却、却、却、却谁知法海他前来到,
教、教、教、教官人雄黄在酒内交。
俺、俺、俺、俺盗仙草受尽艰劳,
却、却、却、却为何听信那谗言诬告?
将、将、将、将一个红粉妻轻易相抛!
多、多、多、多管是老秃驴他忌恨我恩爱好,
这、这、这、这冤仇似海怎能消!

在李紫贵的巧妙安排下,唱词的情、曲牌的声、红旗的形,通过演员的载歌

载舞的渲染，使技与戏圆融一体，将白娘子的意志和心情完整呈现出来，天衣无缝，又包含象征意味，极富创意。

刘秀荣对这组舞红旗下了一番苦功夫，她首先练习舞旗的基本技巧，如翻、转、扳花，结合翻身扔旗、接旗等；接着掌握旗子的性能、尺寸大小、旗和杆儿的分量；还要学习根据不同风向掌握舞旗的角度等，熟练到使旗子不卷、不缠、不掉；最后，也是最重要的，是体会和想象白娘子的内心活动，不能单纯卖弄技巧，要做到技中带情，情技结合。

功夫不负苦心人。在李紫贵导演的指导之下，经过苦练和舞台实践，刘秀荣这组舞红旗得到了文艺界同行、专家和广大观众的肯定及好评。每次演出，剧场效果都非常强烈。

"文化大革命"结束后，刘秀荣随中国京剧院演出团赴北欧演出的时候，演出团团长、中国京剧院副院长、著名导演王一达先生就对她谈到"水漫金山"中的这段红旗舞："'水漫金山'这个戏，全面展示了你的表演才华，我特别爱看你舞红旗，旗子耍得自如、干净、漂亮、技巧多，还不脱离人物，这舞红旗可是你的专利呀！"他还评价道："水斗的武打，我看过很多剧团的，你们的这个套路与众不同，武戏打出了感情，打出了人物，特别是群体精神强，不落俗套。"

当然，王一达先生最欣赏的还是刘秀荣对于角色体验的深刻，以及情感的丰沛："刘秀荣啊，我从1952年，你参加第一届全国戏曲观摩会演，就看你首演田老的《白蛇传》，这次在国外陪着外宾连续看了三场你这出《白蛇传》，

《白蛇传》，刘秀荣饰白素贞

外宾满意，我更兴奋。我是搞导演的，一般情况下，我看戏不大爱动情，可是看你演'白蛇传'，我是随着剧情，跟着你的表演而入戏，我觉得你不是在演戏，你是完全进入到角色里去了，是在演人物，所以非常感人。"

的确如此，在导演"水斗"这场时，李紫贵没有简单从"斗"字着眼来处理，因为"斗"字强调武打场面，忽视美感表达，而运用舞蹈创造特定情景，借助水旗的江水浩瀚汹涌，利用水旗舞的连续动态美，把水变成了形象画面，突出一个"漫"字，如此既让观众从戏中感受到了水旗波涛滚滚漫向金山的气势，又带给观众以特定的审美感受。

1979年，刘秀荣随中国京剧艺术团赴朝鲜、日本、加拿大访问演出。在日本东京时，中国驻日本国大使馆文化参赞唐家璇和艺术团团长、中央文化部副部长贺敬之先生为庆祝中华人民共和国成立三十周年，决定用《白蛇传》招待各国使节。起初大家有些担心，这样的大文戏，外国友人能接受吗？结果演出结束，掌声不断，大受欢迎，演员多次谢幕。尤其是"断桥"一场的结尾，掌声持续长达两分多钟。外国朋友说，《白蛇传》的演出，在东京犹如放了一颗巨型"原子弹"。中国大使馆的领导特别是贺敬之团长非常兴奋，尤其是对刘秀荣"水漫金山"中舞红旗大加赞赏，说这组舞红旗相当有意境，万绿丛中一点红，而且做到了情和技的统一结合，独具特色。

《白蛇传》中的另一位重要角色——许仙，也承蒙几位艺术大师的倾力指导，脱胎换骨，成为了经典形象。

"王瑶卿的一句话：'许仙还是小生演合适。'说到了点子上，令人叹服。小生从声腔上接近旦角，表演上跟旦角比较贴切，人物也年轻了。由少男少女演绎这段美丽动人的爱情故事，更加可信，更加好看。"对此，后来许仙的饰演者张春孝先生深有体会。

张春孝先生过去只见过小生行演唱"金山寺捻香""断桥"两折昆曲戏，且与田汉新编的《白蛇传》中的许仙这个人物有不同的要求。在李紫贵和王瑶卿的教导、指拨之下，他大胆摸索、不断尝试，最终塑造出新的许仙的艺术形象。

李紫贵导演首先要求张春孝不要演行当，即不要受行当程式的约束，为完成程式而表演。要始终把握住许仙善良、忠厚、纯朴、内向的性格，时时处处注意表现许仙热情、乐于助人、品德高尚的本质，对女性不能轻浮。还屡次提示张春孝：许仙是药店的伙计，不是文弱书生，他的举止行动不能斯文，要有年轻人的朝气，该动的地方就要动起来，要突破小生行当的界限，以表现人物为准。

张春孝迈出塑造许仙艺术形象的第一步，是从许仙第一次出场开始的。起初他觉得既是小生行演许仙，就得按照文生的要求，讲究身上、脚底下漂亮。于是他就一手拿着雨伞，一手前后摆动，迈着方步，不慌不忙、慢条斯理的上场。

坐在导演身边的阎宝泉先生，当时也就二十多岁，性子又急，沉不住气了，对李紫贵说："导演，许仙这么上场可不成，在这儿遛公园呐，我这【扭丝】白打了！"

李紫贵导演从来不着急，笑着对张春孝说："你要注意规定情景，这是下雨天，虽然杭州西湖没有暴风雨，可这是小青施展法力下的雨，不是蒙蒙细雨，你琢磨琢磨想好了再来。"

带着感情启发演员，帮助演员运用艺术形式和技巧规范，准确地为演员做示范，并且力求化为演员自己从内在到外部统一的表演，这是李紫贵公认的导演方法。在李导演启发点拨之下，张春孝开始按照人物和剧情的需要，思考表演方案。他首先想到许仙是在西湖的泥泞道路上，归心似箭地奔回家中，于是他左手提着褶子，双手撑着雨伞急步上场，冲到台前，放下褶子，抬起雨伞，眼睛注视前方风雨天气，撤步，左手持伞，右手抖水袖，不是示意乐队开唱，而是掸身上的雨水，用较快的节奏唱【西皮散板】：

> 适才扫墓灵隐去，
> 归来风雨忽迷离。
> 百忙中那有闲情意！

原剧本中此处本有"风吹柳叶丝丝起，雨打桃花片片飞"二句，李紫贵导演虽认为此二句很有诗意，但与情境不合，因为此时许仙要赶快回家，节奏不能拖沓，怎能诗兴大发？于是在二度创作时把这两句减去了。

按照上述规定情景，张春孝在这三句唱中脚底下不停顿，当唱到"百忙中哪有"的时候，脚底下一个滑步、涮伞、垫步、顶风、亮相，然后提褶子、寻路，接唱"闲情意"。李紫贵导演认为这个出场不错，阎宝泉先生还在张春孝唱的"百忙中哪有"身段中加了一个【丝边一锣】，严丝合缝，这一出场为许仙整出戏奠定了很好的基调。

这里还有一个不大被人注意的地方，就是当许仙在行进中，突然身边滑倒一个人。出于他善良的本性，急忙伸手去搀扶，发现是一个女子，古人常说男女有别，于是许仙要下意识将手收回。李紫贵导演对这一表演的要求是："出手要快，回手要慢。"虽是微不足道的动作和八个字，却把许仙的性格和品质，以及他的内心活动表现得十分准确、恰当。

李紫贵既是传统的继承者，又是传统的革新者。在传统的继承中有革新，在传统的革新中有继承。他在《白蛇传》中的革新已经深深嵌入诗情画意的舞台场面中，深化在优美的舞台形象中。李紫贵是京剧导演中心制的开拓者之一，《白蛇传》则可谓是他最佳杰作，而他的"李氏"导演艺术也得到了公认，成为当代戏曲导演历史上的高峰。

《白蛇传》数十年盛演不衰，也离不开王瑶卿先生的付出。王瑶卿是《白蛇传》的艺术总监，无论是剧本、导演、演员，乃至音乐、舞美，他都有具体细致的指导，可谓功勋卓著。特别是王瑶卿亲自设计的唱腔，充分体现出王派的艺术特色，唱腔中抒情与渲染气氛相结合，细腻委婉中韵味浓厚又不失纤巧，"收着放"（渐强的声音处理）和"放着收"（渐弱的音量处理）两相配合，结合人物的内心和情节的发展变化，微妙地掌握节奏，自然地催上去、扳下来，字音和声情相结合，体现出高、低、快、慢和抑、扬、顿、挫，遥相呼应而又对比鲜明的美，使唱腔设计进入了化境。

王瑶卿、田汉、李紫贵三位大师的精心培育和呕心沥血，不仅给后世留下了宝贵的艺术财富和戏曲人才，更为后世留下了持之以恒的革新精神。作为演员中的主要参与者和贡献者，《白蛇传》的名垂青史和三位老师的艺术佳话，都令刘秀荣一生引以为荣。

第十一节　师恩永难忘

应该说，王瑶卿老晚年十分中意刘秀荣这个门生的超凡天赋、艺术潜质和刻苦钻研的精神，所以他不顾年纪和腿疾，尽可能多地向刘秀荣传授自己的艺术知识、技法和思想。刘秀荣在拜师王门之后，学习欲望弥增，练功刻苦程度弥增。她对于京剧旦角表演艺术，也到了痴迷的地步，尤其是恩师的王派艺术，在她心中甚至可用"无与伦比，完美无缺"来形容。一个全心全意教，一个尽心尽力学，于是这对师徒只要是论起学戏，都铆足了劲，以至到了"拼命"的程度。

王瑶卿先生一给刘秀荣教起戏来从不休息，经常是教一个戏的同时又说另一个戏，而且王瑶卿老不顾腿疾，不厌其烦地一遍遍示范，还让刘秀荣跟在身后随着一起表演，边唱边做，时常累得气喘吁吁、额头冒汗。

每到这时，刘秀荣就赶快收了动作，扶恩师坐下，一边拿毛巾给老人家擦汗，一边忙着去倒茶。王老总是笑着说："不累、不累。"

茶点敬上，王老不忙着喝，反而对刘秀荣说道："鬼妞儿，你也喝口水，歇会儿。饿了吧？茶几下面瓷罐子里有点心，自己拿去。"刘秀荣忙说："我不饿。"王老知道她不好意思，就说："拿两块点心咱们爷儿俩一块儿吃。"王老自己拿一块正吃着，抬头一看，刘秀荣已将一块点心吃下去，他马上用慈祥的声调说道："再喝点儿水，慢慢儿吃。"

当时，戏校里张春孝、钮骠、杨启顺、张启洪等年轻人也常到大马神庙跟王老学戏。大伙经常是下午开始学戏，到晚上十点左右才回戏校。为此，戏校专门给他们每个人提了一角五分钱的伙食费，让他们晚饭到珠市口附近小饭铺吃炒饼，再喝一碗免费"高汤"。

每当下午六点钟左右，王瑶卿就止住学戏，对学生们说："先排到这儿，大家伙儿吃饭去吧。鬼妞儿留下，我再给你说说刚才有几个地方还不对，你们先吃饭去吧。"同学们都走了，还真以为师父要再纠正刘秀荣。没承想王瑶卿是怕刘秀荣在外面吃不好，特意把她留下和自己一起吃晚饭呢。当时刘秀荣演出、排练安排日程很满，又常演大戏，吃不饱睡不好，身材很瘦小。王瑶卿看着心疼，总想给她增加点营养。在恩师家里，刘秀荣吃了很多美味小吃，比如茯苓饼、大八件、小八件、果脯、榛子仁，等等。

有一天，王老教刘秀荣《孔雀东南飞》里的唱段，刘秀荣聪明，悟性高，只花了一个下午就把一大段【二黄慢板】学下来了。老人家一高兴，专门留刘秀荣在家吃炸酱面。这也是刘秀荣第一次在恩师家吃炸酱面。王瑶卿还特地让保姆白妈多抻一碗面给刘秀荣。

王瑶卿吃面是很讲究的，必须很多小菜做面码，再备上一小碗儿干炸酱，一小碗肉松，一小碗高级酱油，另外还有一小碟青豆，一小碟黄瓜条。只见保姆白妈端来两碗抻面，王瑶卿的碗里只有小半碗面，刘秀荣的那碗面却是一满碗。刘秀荣没吃过这么讲究的炸酱面，就学着王老的样子把各样小菜都往碗里放一点儿。王瑶卿见她不敢放佐料，忙说："多来点儿肉松。"刘秀荣这才连忙照办。

佐料和面码都放完，刘秀荣还是不敢先吃，待看见王老端起碗吃了一口，她才拿起碗来吃了一大口。哎呀，别说，这面还真是味醇香极！刘秀荣从没吃过这么讲究、这么入味的炸酱面，很快一碗面就已下肚。她把碗筷放在桌上，盯着老恩师不敢吱声。王瑶卿抬头看见空碗，慈祥一笑，说道："再来一碗？"刘秀荣不好意思说话，只微微点点头。王瑶卿就让白妈又做了一碗面端上来。

没多大会儿工夫，第二碗面又悄无声息被"消灭"了，王瑶卿忙说："鬼妞儿，咱们还得来一碗吧？"刘秀荣红着脸一个劲儿笑，王瑶卿老也哈哈大笑，盼咐白妈说："再拿一碗来。"

王瑶卿一边把桌上所有小菜还有肉松都放进刘秀荣第三碗面里，一边笑着说:"这孩子吃饭真香。瞧着你吃饭我也能多吃点儿。"刘秀荣忙说:"那我天天陪着您吃饭,您的饭量一定能长。"王老又是一阵开心大笑。

王瑶卿老还常带刘秀荣去丰泽园饭庄吃饭。他爱吃糟溜鱼片儿、鳝鱼丝、糖醋小排、乌鱼蛋汤、炸烹大虾、红烧海参等菜,每次点的菜都不重样。事实上这满桌子的好菜王瑶卿老自己吃不了几口,几乎都是为了改善刘秀荣的生活,好让自己这个得意门生补充点营养,不要因为学戏饿坏了身体。

1953年春节期间,刘秀荣去老恩师家拜年。王瑶卿老看到她兴奋地说:"过年了,走,咱们爷儿俩逛厂甸去。"说着已戴上水獭帽子,系上特长的围巾,穿上大棉袍,手里拿上手杖。王老那身形象和气魄,好像电影里走出来似的。

厂甸每年春节都有庙会,且离王先生家也不远。刘秀荣扶着恩师出了大马神庙大门,向左走,拐了一两个胡同,没多久就到了厂甸。庙会上商家很多,店铺、摊位林立。一见王瑶卿到来,很多商家主动上前打招呼,恭敬称道:"王大爷,您好哇!""王大爷,今儿个出来逛逛?"

王瑶卿高兴地说:"今儿个带着我这小学生到厂甸溜溜,看过她演的《白蛇传》吗?我教的,嗓子好,文的武的全成,这次全国会演得了奖了,得空看看她的戏。"很多商家老板听了,都说:"您教的那一定错不了,我们捧场去。"

逛厂甸胡同的路上,王瑶卿老逢人便将刘秀荣推介一番。作为梨园界的老先生,大名鼎鼎的"通天教主",居然不遗余力地向戏迷、大众推介自己年轻的学生,此情此景起初令刘秀荣不太好意思。后来她才明白,这不仅是因为恩师打心里喜欢、赞赏自己,就像自家孩子一样,逢人便夸;而且也是王瑶卿老的"推销"策略,他借着自己的声望极力介绍爱徒,是为了让刘秀荣赢得更多人的认可,让刘秀荣的艺术道路更加顺畅,从而取得比前辈更高更好的成就。这是王老对刘秀荣的期冀,也是王老对刘秀荣的良苦用心。

那天在厂甸,王瑶卿就像一位领着亲孙女逛街的老爷爷般。当爷儿俩走到一个百货摊前时,王老给刘秀荣买了一本相册,对她说:"鬼妞儿,拿着,回去把咱爷儿俩的照片还有《貂蝉》《白蛇传》的剧照都贴上。"走到玩具店的摊上时,又给刘秀荣买了一个红色皮球和一个"捻捻转儿",刘秀荣对老恩师说:"我都这么大了,您还拿我当孩子。"王瑶卿老微笑着说:"鬼妞儿啊,这个皮球着地就起,'捻捻转儿'用手一捻就能飞上天去,咱买的不光是这玩意儿,咱要的是这个意思。你明白了吧?"刘秀荣当时还小,个中道理不能全懂,只隐隐觉得恩师是在勉励自己不断进取。后来,她渐渐领悟到了此话的奥妙:好演员要踏实,更需要天赋,一点就明,一点就透,绝不能像个榆木疙瘩,重重敲打也不见得有闷响;也不能平时很聪明,关键时刻脑袋犯晕。平时练功的时候不能抖机灵,真上了台则不能犯糊涂。总之,要是块好料,还要用对地方。就像皮球,平时闷不作声,一拍就灵,越用力越能蹦老高,或者像"捻捻转儿",看似无甚本领,一捻就转,劲儿越大飞得越高。这两样玩具,绝不是王老心血来潮买来的,而是早有寓意和打算的,他也不明说道理,而是将期望和经验之谈隐入看似平常的小玩意里,靠学生在将来的人生中慢慢明白、层层体会,之所以这么做,恐怕既出于王瑶卿老对刘秀荣表演天赋和才能的肯定,也出于对刘秀荣领悟能力的信心吧。

其实,在逛厂甸之前,王瑶卿老就表达了对刘秀荣的这种肯定和期望。当时王瑶卿正在教刘秀荣学《棋盘山》,学到一半,他忽然兴致勃勃地叫刘秀荣拿来笔墨,蘸墨挥毫在刘秀荣的笔记本上画了三只可爱的雏鸡,并题写"刘秀荣同学留念,一鸣惊人。王瑶卿"等字,送与爱徒。刘秀荣接过恩师的墨宝,激动地不知该说什么好了,只不停地说:"谢谢您老人家,谢谢您老人家!""一鸣惊人",简单的四个字,寓意深远,既是勉励,也是鞭策,更是期冀,是希望刘秀荣这一代京剧人能真正有所作为,不仅能在自己的艺术田园中开拓进取,而且能在京剧艺术的继承和发展中有所贡献,成为真正的展翅鲲鹏,自由翱翔于艺术天地之中,不鸣则已,一鸣惊人!

第十二节 排练出国剧目

刘秀荣能够在几年间迅速崛起于菊坛,固然离不开王瑶卿等先辈的悉心栽培,然而,中国戏曲学校在成立之初为学生提供的绝佳的成才环境也是不容忽视的重要原因。据贯涌回忆，当时的中国戏曲学校在办学上主要开创了两大优良传统，其一是确立了开放的艺术观念，学校鼓励并积极帮助学生吸收姊妹艺术的表演经验，刘秀荣在校期间就曾扮演过四川方言话剧《抓壮丁》中的三嫂子这个人物；其二是注重文化交流，在国内外艺术交流中开拓学生视野，提升学生的表演才能。1952年，在田汉先生的安排和陪同下，以木偶戏专家谢尔盖·奥布拉兹卓夫、舞蹈家珈丽娜·乌兰诺娃、歌唱家马克西姆·米哈依洛夫、哈利马·纳赛罗娃和拉西德·裴布托夫等为代表的前苏联艺术使节团访问了中国戏曲学校，当时十七岁的刘秀荣在表演了《白蛇传·水斗》后，以学生代表的身份参加了随后举办的小型艺术座谈会，芭蕾舞大师乌兰诺娃特别拉上刘秀荣同其他小演员合了影，"这对于小朋友们真是无上的荣誉"[①]。这张照片后来被报刊引用，并配以这样的文字说明："大天才拥抱小天才。"

  起码这个可以说明，当时从校内到校外，对刘秀荣的这种认定和赞许都是有的。一是认为她是个小天才；二是认为刘秀荣能够跟一个大天才对上话，成为中国新一代演员的一个代表，这意味着中国新一代演员能够跟世界级演员展开一种交流和拥抱，意味着中国的传统艺术也可以拥抱世界。[②]

当然，中国戏曲学校的文化交流不仅仅局限于"请进来"这一个方面，还包括"走出去"。

1953年初的一天，正在练功的刘秀荣连同谢锐青、王荣增、张春孝、侯正仁、钱浩梁、贺春泰、吴春奎（后改名刘洵）、谢超文等九个同学被召集到戏校会议室。几个年轻人都不知道这次突然召集意味着什么。

看到大伙坐下来之后，王瑶卿校长满面慈祥，微笑着说："有件好事跟你们说，老史你讲吧。"

"老校长说的好事，"一贯严肃的史若虚副校长竟也微笑道，"就是学校派你

[①] 田汉：《我们彼此发现了诗》，《人民日报》1952年11月17日。
[②] 引自2013年10月2日笔者对贯涌的采访录音。

们九个同学跟中国京剧团一起参加今年七月中旬在罗马尼亚举行的第四届世界青年与学生和平友谊联欢节。"说完这段话，史若虚停顿了一会儿，看了看面前的九个小演员，接着说："我注意到同学们相互看了一眼，心里一定都很高兴，是呀，这确实是件大好事，第一次出国，到国外见识见识很有好处，但是我要提醒你们千万不要受各方面不良的影响，你们是代表学校出去的，要给学校增光，不能给学校抹黑，一定要遵守纪律，搞好内外团结。"

"别光顾了玩儿，功夫别搁下。"王瑶卿校长补充道。

史若虚接着说："老校长说的对，你们参加完"世青节"，还要到东欧几个国家访问演出，大约需要三四个月，时间可是不短哪，越到后期越容易出现这样或那样的问题，你们思想上不能松懈，千千万万不能犯错误。这次校领导决定由李紫贵同志带着你们出国，王荣增刚入党，虽然还没转正，但他是你们同学当中唯一的党员，作为你们同学的小组长，负责你们学习和生活方面的事情。出国期间组织机构听从人家的安排，过几天就到中国京剧团集中排练、学习，预祝你们圆满胜利归来。"

兴奋的刘秀荣和几位同学分享完这个消息，刚要走出会议室准备欢呼庆贺的时候，忽然听到背后史若虚说道："鬼妞儿，你留一下。"

在史若虚的示意下，刘秀荣将王瑶卿搀扶进史副校长的办公室。这是一间不大的耳房，用一个大书柜隔开，一半是办公室，一半是宿舍。二位校长坐定之后，史若虚非常严肃地对刘秀荣说："鬼妞儿，知道为什么把你单独留下来吗？"刘秀荣摇摇头说："不知道。"

王瑶卿笑着说："老史别太严肃了，把孩子给吓着。"史若虚也忍不住笑了一下，然后又郑重其事地对刘秀荣说："学校，特别是老校长培养你多不容易呀，你心里得有数，这次出国你处处都要加倍注意，因为有'前车之鉴'，你得给我写保证书，出国期间不许交男朋友，不许谈恋爱，还得给我签字画押。"说着从办公桌抽屉里拿出来笔和纸，让她当场写保证书。

刘秀荣知道这是老恩师的格外关爱，于是接过笔，毫不犹豫地写下了这么几行字：

这次出国期间，我一定不辜负领导，老师和同学们对我的关心和希望，坚决保证不交男朋友、不谈恋爱、不犯任何错误，请领导放心。

刘秀荣写罢，在后面签上了自己的名字，然后恭恭敬敬地交给了史副校长。王瑶卿和史若虚两位老人家会心地点点头。

接着，王瑶卿亲切地对刘秀荣说："鬼妞儿，你去年《白蛇传》得奖是十七岁吧？"刘秀荣点头说："是。"王瑶卿又说："你今年十八岁，可你还是个孩子，又没见过世面，真得处处留神，注意身体，保护好嗓子，记住天天练功啊。"老人家这几句慈父般语重情长地嘱咐，令刘秀荣万分感激，心里热乎乎的。

几天后，由李紫贵先生带领，刘秀荣和同学们坐着从中国戏曲研究院借来的大客车，由西城赵登禹路（戏校驻地）前往位于北池子的中国京剧团集合。上午排练，下午前半部分时间学习，后半部分时间仍排练。

京剧队由著名京剧艺术家李少春任队长，著名京剧表演艺术家叶盛章和著名导演艺术家、中国戏校教导主任李紫贵任副队长，名武生吴鸣申任秘书，中国京剧团参加的演员有黄玉华、阎世善、娄振奎、李幼春、李元瑞、钮凤华、李益春、赵鸣复、谷春章、王江华等，演员中还有刘秀荣等九个同学，乐队有鼓师王德林、琴师李铁三，另外还有霍文元、张春发等老先生，舞台队有李庆福、宋兴成等。

剧目有《闹天宫》《雁荡山》《三岔口》《秋江》，以及刘秀荣主演的《水漫金山》和《拾玉镯》等。

剧目角色分配是这样的：

《闹天宫》，由李少春饰孙悟空，娄振奎饰天王，钱浩梁饰巨灵，叶盛章饰罗猴（后改由李元瑞饰演），钮凤华饰哪吒，李幼春饰青龙，赵鸣复饰白虎，刘秀荣和谢锐青前面演仙女后面赶饰红鸾、月白，张春孝前头童子后赶饰"风雨雷电"，其他角色京剧队演员扮演，李紫贵先生也扮上了小猴。

《雁荡山》，李少春饰孟海公，李幼春饰贺天龙，叶盛章饰号兵（后改由谷春章扮演），孟兵和贺兵由京剧队全体男演员扮演，李紫贵先生跟青年演员一起扮上了贺兵。

《三岔口》，李少春饰任堂惠，叶盛章饰刘利华，李幼春饰焦赞，谢锐青饰刘妻。

《秋江》，叶盛章饰艄翁，黄玉华饰陈妙常，刘秀荣饰B组陈妙常（黄玉华获奖后，基本上由刘秀荣陪着叶盛章先生演）。

《水漫金山》，刘秀荣饰白娘子，谢锐青饰青儿，王荣增饰法海，钱浩梁饰蛟仙耍大旗，其他水族神将由京剧队全体武戏男演员扮演。

《拾玉镯》，由刘秀荣扮演孙玉姣，张春孝饰傅朋，谢锐青饰刘妈妈。

当时排练花费时间最多的剧是《雁荡山》和《拾玉镯》。

或许有人提出疑问了。《雁荡山》是一出武戏，不仅技巧性强，而且集体舞蹈要求整齐一致，费功夫理所当然，可《拾玉镯》是出文戏，主要以表演为主，又没有大段唱儿要合乐，为什么也花费不少时间呢？

原因是这样的：《拾玉镯》开始排练的时候，当时艺术室的黄克保、傅雪漪两位导演给刘秀荣和张春孝指导加工。二位导演想把前苏联斯坦尼斯拉夫斯基体系运用到传统京剧上来。于是在排练之前，黄、傅先给演员们讲解了许多斯氏表演理论。这些抽象概况和外来的理论一股脑袭来，令刘秀荣和张春孝招架不住，一时消化不了，舞台上也体现不出来，结果把二位演员搞得头脑发胀，却丝毫不见成效。

直到有一天，李少春先生、李紫贵先生来看刘、张二位排练，才一眼看明白了解决问题的关键所在——必须把抽象理论转化成具体实践。李少春先生对黄、傅二位导演说："您二位说的，学生们一时也表现不出来，明天请您二位，我再把孙盛武同志找来，您们做一个示范演出，让学生们学习学习。"

第二天上午，黄克保、傅雪漪二位导演扮上戏，在中国京剧团小礼堂做示范演出，京剧队全都去观摩。示范演出后，几位艺术大师才大体有了改进和排练的现实方案。

李少春决定请李紫贵为刘秀荣和张春孝排练，加工《拾玉镯》，他自己也时常参观排练，出了很多高招。

加工第一项是压缩全剧。即把原来四五十分钟的戏，缩减成三十分钟左右。

删掉不必要的表演，如将原剧孙玉姣上场的"引子""自报家门"等全部删去，改【南梆子】过门为轻快地跑上，唱两句"孙玉姣我这里梳洗已过，女儿家为什么愁多虑多"，后来又改为"清晨起我这里急忙梳洗，喂雄鸡习针织母女相依"，然后喂鸡，做针黹。

加工第二项是美化舞台。使舞台形象更美观，把原来纳鞋帮，改成绣手绢；把傅朋见到孙玉姣用扇子扇孙玉姣的脚等挑逗表演去掉，变为一对青年男女一见钟情、健康恋爱；把刘媒婆改为邻居热情助人的刘妈妈，也不拿大烟袋，改用一把好看的团扇儿。这样一改，戏的格调就提高了，成了一出内容健康、艺术完美、人物可爱、生活气息很浓厚、很能展现演员表演技艺的优秀剧目。

刘秀荣最初表演《拾玉镯》是在1950年。那年，十五岁的刘秀荣从萧长华先生那里学习了传统《拾玉镯》，并参加了中国戏曲学校迎接外宾的演出。由于《拾玉镯》重身段表演，曲白不多，几乎没有语言障碍，加之风格诙谐幽默，因此该戏很受外宾欢迎。后来，《拾玉镯》就成为了戏校招待外宾和教学的保留剧目。1953年，经李少春、李紫贵两位先生加工排演，刘秀荣表演的《拾玉镯》有了新的面貌，最终创造了《拾玉镯》经典的标准演出版本，当年中国艺术团在罗马尼亚等东欧诸国的访问演出中，《拾玉镯》是重点剧目之一，也就是此次国外之行，刘秀荣第一个把改进版《拾玉镯》带到国际舞台上演出。此后的数十年，刘秀荣演出过无数场《拾玉镯》，常演常新。《拾玉镯》成了刘秀荣历次出国演出的保留剧目，同时也成为京剧团出国必演剧目。

第十三节 《拾玉镯》的经典范式

今天回过头来再看，在"孙玉姣"这个人物身上，刘秀荣渗透了三十多年的心血。她在吃透传统程式韵味的基础上，给该剧的表演增添了不少经过了舞台检验的创新。从20世纪50年代初到如今半个多世纪时间里，无论是各地剧团演出，还是戏校教学，《拾玉镯》一剧的表演，都基本依循刘秀荣创造的这个演出版本。

刘秀荣在加工《拾玉镯》过程中始终秉承两个原则：一是给孙玉姣的性格定位为"天真活泼"；二是重视生活体验。"天真活泼"是人物动作改编的最重要宗旨，刘秀荣的大部分加工都是围绕"天真活泼"进行的。以出场为例，孙玉姣在上场的引子话白之后，要唱一段【南梆子】。首先，为了加强人物"活泼"的一面，刘秀荣在【南梆子】过门中加入了这样一套动作：孙玉姣甩着辫子，迈着轻盈的碎步跑上场，到台中，扔辫子，然后亮相。这样，就为过去平淡的表演增添了一抹亮色，给观众留下一个深刻的印象。再者，在传统演出中，【南梆子】的唱词是"孙玉姣清晨起梳洗已过，女儿家为什么愁多虑多"，显然，"愁""虑"有碍"天真"少女的形象塑造，因此刘秀荣将戏词改为"清晨起我这里急忙梳洗，喂雄鸡习针黹母女相依"，这就使一个"无邪"少女的可爱一面凸显出来了，并交待了她的家境。【南梆子】唱完后，孙玉姣开始开门出屋，刘秀荣为了表现剧中人爱美的天性，特意在开门前加了一套准备动作：在门前突然停住，先整理耳鬓上的花朵，再掸去身上并不存在的灰尘。

开门后是轰鸡、喂鸡。从这一段开始，刘秀荣尤其注重在生活真实的基础上进行艺术夸张。比如，在表演给鸡喂小米时，刘秀荣在"咕咕咕"的喊鸡声中，右手先向脚外撒一圈鸡食，然后以脚为中心，用低着的头从左至右画个半圆，这是在告诉观众，鸡已经听熟了主人的声音，早就围在主人脚下了。

接下来是做针线活，为了简便和雅致，刘秀荣将这一场的纳鞋帮改为了绣手绢。并且她规定为锁手绢边，因为在生活中锁手绢边需要粗硬些的线，这样舞台上既可保留原先挑线、搓线的传统表演技巧，又可以使这一细节更符合情理。

针线活段落表演的要义在于手指的灵活运用。主要是通过手势表现出乡间少女那种天真活泼、无忧无虑、干净利落的性格。刘秀荣为此专门在台下反复练习弯手、折指，保持

《拾玉镯》，刘秀荣饰孙玉姣，张春孝饰傅朋

手指灵活性。

在之后孙玉姣与傅朋见面的几个段落中，刘秀荣的改编同时体现了上述"天真少女"与"生活体验"两个原则。比如，傅朋开口问话时，刘秀荣专为孙玉姣设计了这样一个动作：先理一理头发，再整一整衣服，这就把孙玉姣既羞涩又兴奋的心情刻画得深刻真实。谈话间，孙玉姣用韵白，但刘秀荣将之严格区别于青衣的念白，声音清脆甜润而又含蓄适度。

《拾玉镯》全剧表演最精彩的段落是"拾镯子"。这是剧中傅朋离开前故意扔在孙玉姣门前的"试情之物"。孙玉姣一方面被傅朋的潇洒英俊所打动，一方面又羞涩胆怯，怕外人猜破自己的少女情怀，故而在表演中多了几份含蓄和纠结。刘秀荣在设计这段表演时坚持用心理真实关照舞台动作，同时又用舞台动作来传达真实心理。比如，在孙玉姣第一次出屋门，见到地上的镯子后，她毫无顾忌地跑过去，不假思索地要捡起来，可是刚要弯腰却顿住了，因为她想起了这个镯子的主人——傅朋，若是普通路人，捡则捡了，还了便是，可偏偏是这位多情公子的物件。这分明是傅朋要试探孙玉姣情意：你若捡起，便是有意；若不捡起，便是无情。孙玉姣从心底是极愿捡起的，可是害羞阻碍了她的行动。到底捡不捡？她犹豫起来。片刻后，她还是决定拾起镯子，但是要动作迅速，以免被人看见，于是刘秀荣在拾镯子时用了花梆子碎步，既俏皮又迅速。这时，恰好傅朋回来，孙玉姣本想捡起玉镯双手奉还，可一想到这样便是向傅朋表露了内心的秘密，她就羞赧而退，旋即转身回屋，关上屋门，奔向桌前，胳膊肘撑在桌上，越想越羞，忽的紧紧捂住双面，任傅朋在外敲门而不顾，拼命蒙脸摇头。孙玉姣岂知，尽管自己极力掩饰，可是方才一举一动全被刘妈妈看在眼里。

傅朋几番敲门无果，只好暂时告退，这便开始了孙玉姣第二次拾镯子的表演。此时，她较先前更加紧张，因此处处显得小心翼翼。为免再次被人看见，出门前，孙玉姣特意先倚墙听屋外动静，而刘妈妈恰在此时悄悄来到屋外，躲在角落里侧身听屋内的声音，于是一里一外，一老一少，相衬成趣。待到确认无人后，孙玉姣才慢慢打开房门，蹑足背手，再查看傅朋动静，直到确认他已走远后，才又开始对镯子动起脑筋来。只见她先不弯腰，反而用眼看着镯子，手搓衣襟，转动手绢，思索万全办法。不经意间她看到了手绢，立刻有了灵感：孙玉姣一边用短促而略带颤抖的声音喊着"啊，妈妈，天不早了，你怎么还不回来啊"，一边用脚把地上的镯子往门口踢，然后故意把手绢丢到地上，盖住镯子。拾镯子时，孙玉姣依然是花梆子碎步，但与第一次略为不同：手指着镯子，在胸前摆动，脚的动作很快，而人整体前进得很慢，表现出欲速不达。拾起镯子后，她更快地跑进屋子，拿镯子的右手放在背后，在极度紧张过后，她左手拍胸，才慢慢定下神来。

　　定神以后，情绪缓和了。孙玉姣把镯子戴在手上，忽然想起鸡还在门外，于是赶快出门轰鸡。她的手随着步子轻轻晃动，眼睛却始终注视着手腕上的镯子，若有所思。恰此时，傅朋再次出现，孙玉姣登时莫知所措，慌忙中手中镯子又摘不下来，她只好索性把手伸过去要傅朋"拿了去"，定神才发现傅朋早已走远。孙玉姣向傅朋的背影招手，又羞得用手绢蒙住了脸，这时，她看见了那些小鸡，便手叉腰，一指鸡，把一肚子的尴尬都发泄在小鸡身上，然后把它们赶进窝里去。

　　孙玉姣与刘妈妈的一段戏更有趣味。刘妈妈性格直白，希望促成亲事，孙玉姣却娇羞不愿承认对傅朋的情意，因此孙玉姣的外部动作和内心动作形成了相互矛盾的两套系统，这两套系统要在舞台上同一时间表达出来，有时是需要突破行当成规的。比如，当刘妈妈把自己所见全学演给孙玉姣看时，孙玉姣要表现出被"揭发"后的无地自容和气急败坏。刘秀荣是这样处理的：先用双手交替着不停地拍腿，最后用力一拍，跳起，拧身、蒙脸，就势往椅子上一坐。这一段表演，就闺门旦行当来说是较破格的，

《拾玉镯》，刘秀荣饰孙玉姣，
　　刘长生饰刘妈妈

但又完全是从生活出发，符合人物性格和当时规定情景的设计，因此剧场效果相当强烈。

刘妈妈是孙玉姣的长辈，孙玉姣可以任性，但毕竟对长辈有敬畏之心，故而表面上总是甜言蜜语，心里却埋怨生气；刘妈妈虽然热情，可是遇到孙玉姣的反常态度，面子上总是过不去，故而表面上也是会有脾气的。两人的这段对戏因此而富有生活情趣和诙谐风格。试看刘秀荣的一段表演场景自述：

> 下面的一段戏是孙玉姣被刘妈妈连说带比划，弄得哑口无言，低头看到手中的镯子，心说："都是你，把我弄得这样狼狈"，与此同时用手帕轻轻抽打手中的玉镯。刘妈妈说："打它干什么？那会儿别捡好不好！"这句话更使孙玉姣感到难堪，忙过去赔笑脸，讨好地叫声："啊妈妈！"这句话要说得很甜，要把对方的气消下去。谁料刘妈妈不吃这一套，"恶狠狠"地说："呆着吧！妈妈，还蛤蟆呢！"说完转身，扭脸，在这一刹那之间，我忙用手指刘妈妈的背后，不料刘妈猛一回头，伸出去的手指一时难以收回，为了遮僵，我将手指慢慢收回，然后放到唇边，用牙轻磕指甲。这一组连贯性的动作完全是为了刻画孙玉姣这个少女的天真无邪的心态。[①]

《拾玉镯》原是《法门寺》中的一部分，后来才成为单独上演的折子戏。在过去演出时，该剧结尾部分依旧保持原貌，但总有草率和不完全之感，观众的观赏情感也无法得到真正满足，因此在结尾部分，刘秀荣特意在孙玉姣叮嘱刘妈妈说媒三天为限时加入了不少喜剧化表演：

> 在近似尾声的音乐中，孙玉姣急忙后退，用手比划着"三"，表示三天等回音，刘妈妈向前边追着孙玉姣。然后孙玉姣用手抓住刘妈妈的腰，推着她快走，脚在向前跑时用力向后踢，像是一个农村天真活泼的小女孩一样，

---

① 刘秀荣：《我的艺术人生》，中国文联出版社2006年版，第193页。

最后拍手碎步跑下。①

总体而言，刘秀荣在《拾玉镯》中的设计紧紧把握住"心理"和"生活"两个重要维度，她重视开掘"心理动作"的张力和深度，在生活和表演的辩证互补中丰富了孙玉姣这个人物的"天真活泼"的性格，也更加具有喜剧化特征，更为真实可信，受人欢迎。与此同时，她在必要的段落大胆突破了闺门旦的程式，避免了因为格式而牺牲人物生动性的僵化思路。

第十四节　第一次走出国门

经过一个多月的紧张排练，经国务院、中央文化部、团中央有关领导审查，出国演出和参赛的剧目最终得以确定。

在共青团中央大礼堂，出访团队举行了誓师大会，由时任共青团中央第一书记胡耀邦主持会议并宣布中国青年代表团人员名单。胡耀邦任总团团长，艺术团团长是当时中央文化部艺术局副局长周巍峙。舞蹈家戴爱莲，音乐家李凌，歌唱家周小燕、林俊卿，钢琴演奏家周广仁、傅聪等知名艺术家都是该代表团的核心成员，还有朝鲜战争空军英雄鲁珉和五位表演狮子舞的农民兄弟，以及一个杂技队，都加入了这次代表团。

艺术团中京剧队最为壮观，特别是李少春先生、叶盛章先生都是久负盛名、早已红遍大江南北的艺术家，所以当念到李少春先生的名字的时候，大家不约而同地把目光都集中到李先生的身上，刘秀荣坐在他的身边，都能感受到万人敬仰和尊重所带给一个艺术家的荣誉和光辉。

胡耀邦团长还在大会上讲，这次中国青年代表团的出访，周恩来总理非常关心，特意委托外交部领导给全团做国际形势报告，讲解外交礼仪、纪律和注意事

---

① 刘秀荣：《我的艺术人生》，中国文联出版社2006年版，第193页。

项等，还安排全团成员在莫斯科餐厅大宴会厅向外交部礼宾司的人员学习怎样吃西餐。

当时绝大部分成员都是第一次出国，因此提起吃西餐，还真是一件新鲜事儿。起初大部分人都坐在位置上你看着我，我看着你，你一言，我一语。

就在大家一同探讨这顿西餐吃法的时候，一位外交部的负责人站起来拍了几下巴掌，大厅登时静了下来。

这位负责人说："我受周总理和外交部领导的委托教大家怎么吃西餐，别看吃饭是小事，可它是关系到外交礼节的大事。我首先要讲的是吃西餐要讲风度，外国人讲究绅士派，第一不能大声喧哗，像跟到中国餐馆吃饭那样说笑就有伤大雅啦。下面跟着我做，先把餐巾拿开，放到腿上或放到衬衣领子的中间，如果有较大的宴会就由服务员来做这件事情。"正说着，服务人员为每个人端上来一盘汤，有鸡茸汤，有红菜汤，这位负责人接着说："咱们中国人是先吃饭后喝汤，人家外国人讲究先喝汤，后吃饭。"

有的人刚要端起碟来喝汤，这位负责人马上说话了："请把手里的碟放下，吃西餐喝汤必须用小汤勺舀着喝，开始先从外往里，汤少了再用左手撬起碟来从里往外舀，把汤送到嘴里，慢慢喝，不要出声音。"

汤喝完了，该上菜了，负责人说："咱们中国人吃饭用筷子，外国人用刀、叉，使用上也有规矩，摆放好的刀叉从外往里拿，是按照上菜的顺序摆放的，吃什么菜用什么刀叉，左手拿叉，右手拿刀，把大块切成小块，用叉子往嘴里送，可别拿刀子往嘴里放东西吃，小心把嘴给划破了。"逗得大家一阵好笑。

刘秀荣后来打趣形容说这顿西餐吃得比练功还费劲儿。别说这次东欧之行，就算以后再出国都不用请外交部负责人教吃西餐了，甚至自己都能做老师传授怎么吃西餐了。

临行前，刘秀荣也抽出时间来到大马神庙老恩师家里，到学校找史副校长讲她的学习和排练情况。戏校还专门给每人发了制装费。可刘秀荣第一次出国，不知道怎么样打扮自己，发了钱也不知道该买什么东西。于是她就去找李紫贵先生寻求建议。

李紫贵是位极有耐心的长者,他先带刘秀荣到出国人员服务部买料子做了件旗袍。当时女生出国必须穿旗袍,这也是上级领导规定的,因为如此能够代表中国女性形象。李紫贵还带着刘秀荣做了西装衣、裙、夹大衣,又买了绿色鹿皮的高跟皮鞋、绿色西服上衣裙子配套、真丝绣花白色短袖衬衣,以及一个非常好看的小手提包。临出发的前几天李紫贵还带刘秀荣到王府井鼎新理发店烫了一个"飞机头"。

　　临出发的最后一天,戏校还专门给刘秀荣放了假,特批准刘秀荣当晚回家探亲。史若虚副校长还让刘秀荣二妹刘秀华陪着她一起回家去住。刘秀荣家当时就在戏校马路对面,斜对门。刘秀荣的父亲母亲看见自己的亲闺女回家来了,高兴得合不拢嘴。小妹妹刘秀英围着刘秀荣转来转去,用小手摸着她的新衣衫,欢喜极了。

　　刘秀荣用自己新买的化妆品给小妹妹抹上口红,小秀英却张着小嘴一动不动。刘秀华让她闭上嘴,小妹秀英却说:"不能闭嘴,待会儿嘴唇上的口红掉了怎么办?"这句天真的对话逗得全家人哈哈大笑。当晚,母亲给刘秀荣做了当时最好吃的饭食——饺子,全家人围坐在一起像过年一样开心。

　　吃过饭,刘秀荣向同住在一个院的梁连柱老师、郭仲福老师、郭文龙老师和众位师娘一一辞行。夜里就跟父亲母亲,还有小妹妹挤在一个床上。由于家里房子小,秀华和长生就又回戏校宿舍睡觉。

　　这一夜,刘秀荣父亲不停地跟她说着话:"刘秀荣啊,你是'科里红',在学校众星捧月惯了,头一次跟老演员出去,要虚心向人家学习。"一会又说:"你没离开过学校,这回出去,你们几个就像过去搭班一样,处处多留点神。"没过多大一会儿又嘱咐道:"这回在外头,跟那些大人在一起要多长点心眼儿……一个人在外头,多注意身体,尤其是要保护你这条嗓子,这可是本钱哪。"足足聊了一宿,天都快亮了,父亲还在千叮咛,万嘱咐:"出去想着跟大伙在一块,别单独行动,别丢喽。"刘秀荣长这么大第一次离开父亲出远门,老人家这一夜的叮嘱,说得刘秀荣心里真是酸溜溜的。

　　尽管一夜没睡,刘秀荣第二天依然精神抖擞到学校集合出发。史副校长和

第四章　欲报师恩常念念

部分老师、同学热情地为他们送行。刘秀荣的父亲、母亲、小妹妹刘秀英也到戏校门口来送行，小弟弟刘长生也早早起来跑前跑后，不离左右，特别是二妹刘秀华帮着刘秀荣拿东西，拉着她的手久久不愿撒开，上车前，刘秀荣和秀华姐妹俩还紧紧地拥抱在一起。姐妹俩始终形影不离，今天虽然是暂时分开，也是难舍难离。

刘秀荣强忍着眼泪登上了汽车。汽车缓缓地开向北京火车站，她的眼睛一直望着母校，望着老师同学，望着亲人……不久，刘秀荣就将踏上国际列车开始自己第一次出国旅程，首站——莫斯科。

从满洲里途径伊尔库斯克、赤塔、新西伯利亚等地，才能到达莫斯科。沿途大小站都有当地群众欢迎，遇有大站，当地领导还要安排欢迎会，胡耀邦团长或刘导生副团长还要讲话，然后唱歌、跳集体舞。这种场合男同志都要穿上西服，打上领带，女同志必须穿旗袍，还得擦粉抹胭脂，离站则换回便装。

如此这般折腾，一天内有好几次，大伙觉得太麻烦，太不方便了，就请示领导。后来经领导讨论决定：一般小站男同志可以不打领带，可穿翻领衬衣，女同志可以不穿旗袍，可穿西服上衣或者衬衣，下身穿裙子，但是不许穿西装裤，上年纪的也可以不下车。

这一下随团成员们可"解放"了。京剧队成员每遇有欢迎集会，下车之前都先问："大扮小扮？"，然后再决定自己的穿戴打扮。这是梨园界行话，穿戴整齐叫"大扮"，一般穿戴叫"小扮"，所谓"扮"就是"扮戏"，穿行头，京剧界叫作"扮戏"。如此称呼，既简洁又有特色，很受京剧队成员青睐，于是当时就传开了。到了后来，其他京剧团出国访问演出，有集会、宴请，领导接见，成员也先得问："大扮小扮？"逐渐成为惯常。这便成了京剧界的一桩佳话。

刘秀荣那时候吃不惯西餐，尤其是在列车的餐车里，闻见那股子味就恶心，红菜汤刚一到嘴边就要吐，没办法，只能干吃面包就点白砂糖。李少春先生的胞弟李幼春先生是位热情、乐观、热心肠的人，他看见刘秀荣什么都不吃，连汤都不喝，就关切地问道："刘秀荣，你怎么干啃面包不吃菜呀？"刘秀荣直截了当说:"吃不惯,闻见就恶心,吃一点儿就吐。"幼春先生说:"嘿,我给你块宝贝,管保解决你的问题。"边说边神秘地从兜里拿出来一个玻璃小瓶,慢慢地打开盖,用兰花指拿出来一块四四方方的东西,跟她说:"这是贵重东西,要小口儿品尝,不能多吃呀。"刘秀荣接过来吃了一小口,嘿,原来是六必居的咸酱疙瘩,此时此刻比吃山珍海味还香,她连声说:"谢谢,谢谢。"随手把没吃完的半块咸菜包起来,像灵芝仙草似的保存起来,慢慢吃。

幼春先生给了刘秀荣一两次之后,用他那幽默的语言和语气对刘秀荣说:"达娃利士,咱们的宝贝可不多了。""达娃利士"是句俄语,意思为"同志",那个时候同事间不称呼先生、老师、女士、小姐,最亲切的称呼是叫"同志"。

"可不能白送了,"看着刘秀荣疑惑的表情,幼春先生故意顿了一顿,最后笑着说道,"得用纪念章换啦。"

纪念章是当时沿途欢迎会上代表团和当地群众互换礼品得来的。代表团送给对方小手绢、画片,对方就送给代表团纪念章。有大点的,有小点的,有圆的、方的、五角星的,各式各样,十分精致。刘秀荣得的最多,幼春先生早有耳闻,所以用咸酱疙瘩换她的纪念章。开始一个换一块,后来变本加厉,得用两三个纪念章换一块咸酱疙瘩,再后来幼春先生又长调门啦,跟刘秀荣说:"哎,达娃利士,普通纪念章不行了,得要带坠的啦。"当时两人就像两个四五岁孩子似的活泼有趣,倒也驱散了旅途的疲劳。

经过十天的旅程,中国青年代表团终于抵达了莫斯科。当晚,前苏联有关方面领导举行了隆重欢迎会。第二天上午,演员们就到莫斯科大剧院排练、走台,晚上接受"老大哥"的审查。

当晚的节目有男女声大合唱《斯大林颂》、女声小合唱《半个月亮爬上来》,另有歌唱家周小燕、郭淑珍、楼乾贵、黄虹的独唱。刘秀荣最喜欢听黄虹演唱的云南民歌,歌词是这样的:

"小乖乖哎小乖乖,我们说给你们猜,什么长长上天,哪样长海中间,什么长长街前买,什么长长根线喽。"

黄虹这首《小乖乖》唱得又甜,又轻快,又好听,刘秀荣特别欣赏,所以在那次东欧之行里，刘秀荣特意向黄虹学唱了这首歌曲，两人还因此成了好友。后来戏校组织文艺联欢，刘秀荣演唱的这首云南民歌《小乖乖》，竟也成了她的保留节目。

那天接受审查的节目还有周广仁、傅聪两个人合奏的钢琴协奏曲，王范地的琵琶独奏《十面埋伏》，舞蹈《红绸舞》《荷花舞》《采茶扑蝶舞》《狮子舞》等，另外还有杂技"飞车""空竹""花坛"等。京剧剧目有《秋江》，最后大轴是李少春先生主演的《闹天宫》，这一出最受欢迎。

演出结束后，全体演员集体谢幕，当地姑娘们献花篮、鲜花，台上台下高唱中苏友谊之歌。最后刘秀荣随老演员们到后台，大家相互握手、拥抱，祝贺演出成功。

审查演出后的第二天晚上，代表团一行人就乘坐火车离开莫斯科，前往此行的目的地——罗马尼亚首都布加勒斯特参加第四届世界青年与学生和平友谊联欢节。

第十五节　东欧之行

到达布加勒斯特后，中国驻罗马尼亚大使馆把中国青年代表团接到大使馆，王幼平大使设宴款待。刘秀荣终于又吃到了可口的中式饭菜。王幼平大使即席祝酒讲话，还特别对体育代表团风趣地说："你们这次参加比赛，一定要拿金牌，得了奖要嘛儿给嘛儿，要是拿不到金牌咱们可就给嘛儿吃嘛儿。"大家听后笑着鼓掌，夜深了代表团成员才离开大使馆各回驻地。

据相关资料的描述："世界青年与学生和平友谊联欢节每两年举行一次，具体时间不定。这个节日是由世界民主青年联盟和国际学生联合会等团体联合发起的。目的在于加强各国青年保卫和平的斗争，促进各国青年的友谊、合作与文化交流。参加联欢节的有各种政治见解、宗教信仰的青年、学生组织和文化、体育团体。联欢节上举行大小集会，放映各种影片，举行音乐、舞蹈和体育竞赛，优胜者授予奖金和奖章。从1947年起，已举行过多次联欢节。"[1]

京剧界参加"世青节"始自1951年，当时也是新中国成立后，"京剧第一次以国家名义被派往国外"[2]，从1951年第三届直到1959年的第七届，中国京剧代表团历届都参加，每届都获有重奖。

第四届世界青年与学生和平友谊联欢节如期在布加勒斯特广场隆重举行，罗马尼亚党政领导和胡耀邦团长等在主席台上就座。全世界各地青年学生代表组成的游行队伍在嘹亮的音乐声中阔步行进，刘秀荣也走在中国青年代表团的队伍中。第一次出国，第一次参加国际性活动，第一次和全世界青年朋友一起游行，她的内心激动不已，两只眼睛比在舞台上演出瞪得还大，她脚底下有圆场功，走起路来又轻快，又有劲。当队伍行进到广场中央主席台前时，刘秀荣感到自己犹如扎身海洋之中，四周欢呼声震耳欲聋，头顶蓝天中成百上千只象征和平的鸽子在飞翔，盘旋……

开幕式结束后，各项赛事的比拼正式开始。

经过几场展演，京剧队的演出获得了盛赞。最终，李少春、李幼春、娄振奎等演出的《闹天宫》和《雁荡山》均获集体表演金质奖章，《秋江》主演黄玉华获民间舞蹈表演金质奖，扮演老艄翁的叶盛章先生因超出参赛年龄，因此没有得奖，另外黄玉华还以《霸王别姬》舞剑参加比赛，获得铜奖，她自己放弃，未领奖。另有娄振奎参加歌唱比赛，清唱京剧《锁五龙》，获民族歌唱铜质奖章。

数日后，中国青年代表团在胡耀邦团长率领下载誉回国。艺术团中的杂技队在秘书长王松生带领下随代表团一起回国。

受国务院委派，刘秀荣所在的中国艺术团在团长周巍峙、副团长戴爱莲、李凌、秘书长李超率领下赴民主德国、波兰等东欧国家，继续进行访问演出。

一路依旧美景如画，笑声不断。当时的民主德国首都东柏林车站附近，热情的迎宾队伍早已夹道等候远方来客。刘秀荣和同行的艺术团成员刚走出火车站，

---

[1] 何承钢、麻太原编：《节日通》，广西民族出版社1998年版，第271页。
[2] 北京艺术研究所、上海艺术研究所组织编著：《中国京剧史》（下卷第二分册），中国戏剧出版社1999年版，第2399页。

第四章 欲报师恩常念念

就看到了专门前来迎接的车队——团部领导乘坐的小轿车以及其他团员分乘的几部豪华客车,前有摩托车队开道,后有全副武装的军车以及荷枪实弹的部队官兵压阵,浩浩荡荡,威风凛凛,完全是国家元首级的礼仪待遇。

其实,之所以如此规模接待,一来是东道主向中国客人表达友好及尊重之意,二来由于当时德国尚未统一,东德西德还处于敌对状态,迎接中国艺术团的车队须经"柏林墙""凯旋门"等东西德交界处,恐有意外,因此戒备森严。

中国艺术团到达东柏林后,全部被接到中国驻德意志民主共和国大使馆。当时的大使是后来任外交部部长的姬鹏飞。访问演出前,民主德国总理格罗提渥在中国艺术团下榻的宾馆接见全体成员。

格罗提渥总理不仅仪表堂堂,而且讲话流畅、风趣,他在讲话前先用小勺在玻璃杯上面轻轻地敲了三下,然后爽朗地笑着对大家说:"刚才大家听到的像不像中国供佛念经时候敲钟器的声音?"这个别致的开场白既亲切又风趣,立刻引发了场内一阵欢快的笑声和热烈的掌声,气氛马上活跃起来,大家感觉到这不像是一个国家领导人接见,倒像是朋友聚会谈心说话,大家心情非常舒

左起:刘洵、贺春泰、钱浩梁、刘秀荣、李少春先生在民主德国合影

畅,接见后,格罗提渥总理还设宴招待中国艺术团全体成员。

艺术团经过各种准备工作后,在民主德国首都东柏林大剧院举行了首场演出。开演前德国皮克总统接见团部领导和主要演员,刘秀荣也荣幸地参加了接见仪式。艺术团中两个年龄最小的演员——少先队员吴春奎、谢超文向皮克总统和格罗提渥总理献花,并给两位领导人戴上了中国少先队的红领巾,随后皮克总统和格罗提渥总理等观看了中国艺术团访问民主德国的首场演出。

除歌舞之外,首场演出中还有京剧《秋江》,最后的节目是京剧《闹天宫》。

113

此次负责扮演《秋江》中老艄翁的，依然是叶盛章先生，而扮演陈妙常一角儿的，不是在罗马尼亚获金奖的黄玉华，而是刘秀荣。

为什么会出现这样的情况呢？内中情由还要从头说起：当时艺术团离开北京已经两个多月了，而且每天演出、参观，最多时一天两场演出，确实很辛苦。尤其是李少春、叶盛章先生，还有黄玉华、李幼春，这些年纪稍大一些的演员要抓紧时间休息，睡觉。刘秀荣那时年轻，精力旺盛，不知道累，从不睡午觉，自己不是练功就是看书，总不闲着。于是在去民主德国前夕，李紫贵先生就对刘秀荣说："黄玉华同志近来身体不好，《秋江》换你演陈妙常。"

从北京排练时刘秀荣就跟着学习《秋江》，出国后，叶、黄二位每场演出《秋江》，刘秀荣一直在后台用心地看，场场不落，所有的小节骨眼都看得清楚，记在心里，并且经常默戏，因此刘秀荣对于出演这一角色很有把握和信心。她向李紫贵导演保证，一定完成演出任务。

虽然是第一次演《秋江》，又是在德国的首场式，刘秀荣却丝毫不紧张，而是非常重视、珍惜这大好时机。以往每次到剧场，刘秀荣总是先换上练功服练一遍功，出一身汗，再洗脸化妆。可演出那天，她花了很多时间仔仔细细地化了遍妆，也没有先练功。

舞台队容装师傅宋兴成给刘秀荣贴片子，他一边贴一边乐着说："今天我给我们刘角儿扮得漂亮点儿，新角儿打炮。"刘秀荣化好妆，穿好戏服，早早地到上场门候场。当听到报幕员说道"下一个节目京剧《秋江》，演出者叶盛章、刘秀荣"时，刘秀荣特别激动，她真是做梦也想不到自己能和鼎鼎大名的叶盛章老师合作。

整个戏演下来刘秀荣自己感觉发挥挺好，所有在船上的动作和表演，包括急浪中行船的一起一伏，每一个圆场，每一个云步，观众都给予热烈的掌声。在演出中叶先生的每一个眼神，每一个动作，所有的唱念做舞都无比的传神。在刘秀荣看来，场上的叶先生就像一位指挥家，自己是在他的指挥棒下完成的舞台表演和角色塑造。

戏演完了，叶盛章和刘秀荣谢幕多次，观众掌声不断。到了后台，李少春和阎世善先生鼓励刘秀荣说演得不错，李紫贵老师却说："演得不错，就是有点紧张，再松弛点会更好。"刘秀荣连连点头称谢。

刘秀荣也顾不得卸妆，她赶紧跑到叶盛章先生面前请他指教，叶盛章只淡淡说了句："演得还成，明天早点起床在旅馆门口等我。"

因为演出《秋江》前中午也没休息，演出时又太铆劲儿，刘秀荣实在累透了。当夜，她一回住处便倒头大睡，睁眼时太阳已经出来。她赶忙起床，梳洗打扮，跑到饭店门口。

只见一位翻译正在门口等着，刘秀荣好奇地问他："叶先生让这么早出来干什么？"翻译说："叶先生要坐船。"

刘秀荣听后心下寻思：坐船？难道是叶先生想坐船散散心，松弛一下？

正想着，叶先生来了，见刘秀荣只说了声："走吧。"翻译就和刘秀荣一起跟着叶先生来到饭店附近的莱比锡河岸边。

早有一条小船在那里等候，叶先生轻快地跳上船，然后招呼刘秀荣赶紧上船。那天刘秀荣穿了西服裙很不方便，迈不开步，很费力才上了船。

叶先生拿起船桨，将船划到河当中。突然间叶先生使船左右晃动，上下摇摆。刘秀荣毫无心理准备，吓得哇哇直喊："哎呀叶先生，您这是怎么了？"叶先生既不说话也不理睬，仍然摇摆着船，看着刘秀荣喊叫。

刘秀荣哀求叶先生道："我们回饭店吧，吓死我了，别掉河里，快上去吧。"叶先生笑了，还是一言不发，慢慢把船划到了河岸，这时才说了一句："今天晚上就这么演。"

当晚还是演《秋江》，可当晚和前一天晚上演得不太一样。当刘秀荣演到上船以后，马上就想起清晨坐船的体验来了，立刻找到了感觉，完全进入了情景。既有真实感，又很自然，把观众也带到了戏里，剧场效果比头一天更加热烈。

演出结束，还没等刘秀荣找到叶先生，叶先生就一边卸髯口一边走过来高兴地说："你今天演得才像这么回事，以后就这么演。"这句话既像是叶先生对着刘秀荣说的，又像是冲着后台所有人说的。刘秀荣连声说谢谢，打心眼里佩服老艺术家：他们可真有本事，不仅有高超的演技，而且有生活依据，从生活出发，所以他们把戏演活了。

莱比锡河的划船课给了刘秀荣新的启发，让她重新认识了生活与艺术的关系。与老艺术家同台演戏，也使她学到了从前在课堂、书本上学不到的知识。老艺术家的传、帮、带，看似简单的点拨，也许是许多演员多年苦练也领悟不到的。就好比隔一层窗户纸看透亮，原本昏暗朦胧，老艺术家只轻轻捅破，后辈便豁然开朗，一下子开了窍，从而有了质的变化，大的飞跃。

在柏林期间，周巍峙团长和李少春、叶盛章先生、李紫贵先生，一起商议安排了一场京剧专场演出。第一出剧目是《将相和》，由李少春饰蔺相如，娄振奎饰廉颇，王荣增饰虞卿，李元瑞饰赵王，谷春章饰门客。第二出戏《拾玉镯》，刘秀荣饰孙玉姣，张春孝饰傅朋，谢锐青饰刘妈妈。那个时候搞戏曲改革，京剧队虽然有唱丑行的谷春章，但不允许男扮女，所以由谢锐青演刘妈妈，俊扮，贴片子，按旦角演，略有夸张。大轴戏是《三岔口》，李少春先生饰任堂惠，叶盛章先生饰刘利华，李幼春先生饰焦赞，谢锐青饰刘妻。李少春前文后武，令人叹服。

李、叶二位的《三岔口》珠联璧合，各显神通，刘秀荣在台下没怎么见二位排练，可一到舞台上，无论是对刀、对拳、摸黑儿，两人配合得相当默契，天衣无缝，不仅台下观众叫好，连站在侧幕条两边看戏的艺术团晚辈都把手拍疼了。

柏林演出后，艺术团又到其他省市演出，除了大的省会由于演出场次多，所以成员住饭店旅馆，其余大部分时间成员们都住在专列火车上。下火车、到剧场、装台、走台、晚上演出、吃夜宵、回专列休息睡觉……艺术团每到一个地方，几乎都是如此，火车权作旅馆。开始刘秀荣很不习惯，连夜的火车轰鸣，还有不停地晃动，搅得她无法入睡。后来她习惯了，把火车当摇篮，把响动的声音当作摇篮曲，没声音不摇晃刘秀荣反而睡不着了。

在民主德国演出的后期，天气渐渐变冷。很多人都没带厚衣服，有些身体弱的年纪大点的演职员也感冒了。刘秀荣第一次出国，没经验，带的都是夏装，早晚间冻得浑身发冷。起初依仗着自己年轻火力壮，总穿着夹大衣，时不时地活动几下，把两条腿用围巾裹起来，倒也能挡点风寒。

第四章　欲报师恩常念念

　　后来，艺术团领导了解到大家的情况，经过请示，决定给每个演职员赶做一件厚大衣。这种厚大衣被叫作"树皮"大衣，因为团里都传说大衣的材料可能是"树皮"。刘秀荣的大衣是咖啡色，收腰，齐脚长大衣，既保暖又好看。

　　近一个月后，艺术团东德之行告一段落，全体成员回到柏林，总结、安排下一阶段工作。团长周巍峙宣布，艺术团原副团长戴爱莲、李凌两位因国内有工作提前回国，改由李少春先生任副团长，叶盛章先生担任艺术指导。艺术团的下一个工作任务，即奔赴波兰民主共和国进行友好访问演出。

　　刘秀荣早就听闻波兰首都华沙是座美丽的城市，她曾经看过波兰影片《华沙一条街》，对这座曾受过战争洗礼的名城有所了解，身未行而早有期待。

　　艺术团抵达华沙后，在华沙大剧院举行了首场演出。节目还是京剧《秋江》《闹天宫》，同在德国的开幕式一样。波兰总统贝鲁特莅临剧场，并在演出后接见了艺术团领导和主要演员。

　　华沙的首场演出非常成功。集体谢幕时，观众掌声、欢呼声此起彼伏，像开了锅似的。大幕开了关，关了又开，足有七八次之多。最后索性不关大幕了，李少春先生带头和台下

艺术团在波兰肖邦纪念碑前合影，二排右一为谢锐青，二排右二为刘秀荣

观众握手，其他演员也一齐涌到台口，这一下又掀起了一阵高潮。

　　在波兰期间，刘秀荣和同行一起参观了纳粹集中营罪行展览，还参观了世界音乐大师肖邦故居等，感触颇深，受益匪浅。

　　王荣增、张春孝、侯正仁特别欣赏肖邦的发型。参观肖邦故居后，他们几个人每天都把头发梳理成高高的、整整齐齐的波浪头，美其名曰"肖邦头"。只不过当时没有摩丝，也没有发胶等其他固定剂，只有发蜡。白天抹上晚上还要洗头，不然就把枕巾和被子弄脏了，实在麻烦。

　　有一天，张春孝等几个好哥们发现李少春先生的头发梳理得非常整齐，波浪挺挺的，又不像是抹了发蜡，就向李先生讨教。

李先生神秘地说："这里有诀窍，走，跟我来。"李少春带着一大帮人到了自己房间，叫张春孝把头发洗了。张春孝洗完擦干，头发还未干透，李先生就一边用梳子帮他梳理，一边顺势往他头发上抹香皂。不一会工夫，只见张春孝的头发就梳理得顺顺溜溜，弯弯曲曲，整整齐齐了，一根跳丝都没有，还有高高的波浪。

当时到李先生房间去的男男女女一大屋子人，刘秀荣也在其内看热闹。大伙看到李先生这手绝活，不禁跟观赏李先生演《闹天宫》似的一阵阵叫好，拍案叫绝。李少春先生得意地说："我这个发明不错吧？可就是有一样，遇见下雨赶紧往屋里跑，不然该流肥皂沫了。"逗得大家哈哈大笑。

在波兰演出期间，正赶上传统中秋佳节。艺术团组织了一个内部联欢会，八仙过海各显神通，要求所有节目不演本行，全部反串。刘秀荣印象最深的节目是李少春先生表演的单口相声，这也是最受欢迎的一个节目。节目开始，只见平常一本正经的李少春先生一反常态，一上台，笑容可掬地拿起话筒，用纯正的山东怯口说："今天是什么天气？今天是讲演的天气……"令人忍俊不禁。然后一段单口《怯讲演》逗得满堂大笑，掌声不断。大伙只知道李少春先生京剧演得好，文武昆乱不挡，唱念做打俱佳，殊不知相声说得也不赖，《怯讲演》一点不露怯。刘秀荣不禁感慨：好角儿，干什么都是好角儿。

还有一个受大家欢迎的节目，是著名武丑谷春章的男声独唱。谷春章先生和吴鸣申、赵鸣复、张春孝都是先在李万春先生创办的鸣春社坐科，后拜叶盛章先生为师的，天资聪颖，是武丑行中的佼佼者。

只听主持人报道："下面一个节目男高音独唱意大利歌曲《快乐的理发员》，由著名男高音歌唱家谷春章先生演唱，钢琴伴奏著名钢琴演奏家钱浩梁，大家欢迎。"众人一阵热烈鼓掌，谷春章先生开始演唱。由于他嗓音洪亮，学歌唱家林俊卿特别像，不但大伙叫好，连林俊卿先生本人都不住鼓掌。唱到后来，不懂外文的谷春章先生终于"露馅"——他根本不会意大利语的原词。只见谷春章先生眼睛一转，借着意大利歌曲的味，临时编了几句中国词，什么"一对沙发，我的姑妈，门框胡同的酱牛肉，肥个啰……"，唱得大伙前仰后合，边鼓掌叫好，边跺地板捂肚子。刘秀荣也把眼泪都笑出来了。

原定波兰访问后艺术团还要到其他东欧国家以及英国访问演出，后来大使馆接到周恩来总理的指示调中国艺术团回国待命，另有任务，于是艺术团准备提前回国。中国驻波兰大使馆为中国艺术团举行了告别宴会，当时的大使是后来担任外交部副部长的曾涌泉先生。曾涌泉先生先用中文后用英语讲话，非常流畅，风度潇洒，很有气派，连外宾都不住点头称赞，令刘秀荣印象深刻。

艺术团途径匈牙利、保加利亚作短期停留，参观市容，然后又回到了莫斯科。

在莫斯科，刘秀荣跟着艺术团先到红场参观，瞻仰了列宁、斯大林遗容[①]，后又参加了前苏联十月革命节的庆祝活动，生平第一次站在红场观礼台上观看阅兵式和群众游行。

刘秀荣还念念不忘第一次来莫斯科时看到的一套俄式茶具，她想起恩师王瑶卿喜欢喝茶，本想在东欧之行结束后，将沿途表演所发生活费都用于购买这套茶具，回国后送给恩师以表孝心。无奈在莫斯科时，刘秀荣辛辛苦苦积攒的钱意外丢失在宾馆，交涉无果，气愤不已，却无济于事，令她懊恼至极。

回国的列车终于开动，刘秀荣结束了第一次的出国旅程，这是一次历时四个多月紧张而愉快的巡回演出。看着远去的莫斯科，她细细品味着沿途的趣事和满载的收获，怀着盼见亲人故友的心情踏上了回归的路程。

第十六节　惊闻噩耗

从莫斯科开来的火车终于抵达北京。

首都文艺界的领导、戏校老师和学生代表都到北京火车站欢迎中国艺术团访

[①] 当时列宁墓一边躺卧着列宁遗体，一边是斯大林。后来前苏联当局把斯大林遗体迁出列宁墓，只留列宁一个人供大家瞻仰。

欧归来。刘秀荣走下火车,发现戏校王誉之秘书站在远处向自己招手、使眼色,像是有话要说。

刘秀荣快步跑到王秘书跟前,发现王秘书神情严肃,面带忧伤,在一片热烈欢快的气氛中,显得很不协调。刘秀荣先向王秘书问好,然后忙问发生了什么事情。

王秘书拉住刘秀荣的手,小声地说:"王校长突发脑溢血,住院了。"

这句话简直就像一道霹雳打下!刘秀荣听后顿觉浑身发冷,还未来得及说话,眼泪已不住流下来。王秘书叮嘱刘秀荣不要哭,暂时不要声张,回学校后再细说。

刘秀荣像丢了魂似的,神情恍惚地往学校走,如何跟大伙儿一起上的汽车,如何到的戏校,全然没有感觉,只觉路途显得分外遥远。一到学校,她直奔会议室,见到史若虚副校长,赶忙问明情况。这才得知王瑶卿先生是在刘秀荣出国期间,为中国京剧院杜近芳设计《柳荫记》唱腔时因过度劳累突发脑溢血的。刘秀荣听说恩师就住在北京医院,她马上请求要到医院看望,史副校长答应安排她明天就去探视。

第二天一早,王誉之秘书就带着刘秀荣坐车到北京医院。进病房之前,王秘书特意嘱咐刘秀荣不要哭,以免王瑶卿先生情绪激动。刘秀荣保证用最大的克制力,不在老恩师面前掉泪。但当她一进到病房看到病榻中的老师时,她还是克制不住自己的情绪,一下子扑到王瑶卿身边。

王瑶卿用一只能够活动的手,颤抖地拍着刘秀荣的后背,泪已盈眶,嘴唇微颤,却因失语而一言不发。刘秀荣实在控制不住也呜呜痛哭起来。

刘秀荣哭了一阵,忽然冷静下来,她猛地意识到不能让老人家太激动,于是强忍泪水,开始转换话题改变气氛。刘秀荣向王瑶卿汇报了这次出国跟李少春先生、叶盛章先生同台演出的情况,还把在国外的所见所闻、趣闻轶事都说了,先生听后显得很高兴。这时,护士和王秘书提醒刘秀荣,该让先生休息了。刘秀荣就对恩师说:"您安心养病,我一定常来看您。"没想到先生听后又哭了,把刘秀荣拉到怀里,爷俩脸贴着脸,默默告别。刘秀荣只好不住安慰着老师,最后哽咽着说："您好好养病，等您病好了，我还得跟您学戏呐！"

王瑶卿先生的病情稍一稳定，就开始安排刘秀荣跟华慧麟学习《奇双会》和《霸王别姬》。华慧麟是王瑶卿的弟子，因此对这件事特别重视。在教刘秀荣之前，华慧麟特意到梅兰芳先生家里，请梅先生再一次细致加工后，再教刘秀荣。华慧麟也曾拜梅兰芳为师，也演梅派戏。尤其是《霸王别姬》，华慧麟深谙其道。刘秀荣学得非常努力、扎实。后来她每次去医院看望王老先生，都把学习情况向老人家汇报。王瑶卿自然十分高兴。

1954年6月3日，刘秀荣学完了整出《霸王别姬》，开始彩排。戏刚排到中间，刘秀荣听到一个如雷轰顶般的消息：老恩师王瑶卿与世长辞了！

刘秀荣只记得当时自己在后台哭得稀里哗啦的，脸上、眼窝里化好的妆都被泪水冲得一塌糊涂。史若虚副校长马上到后台对老师和同学们说："大家不要难过，把戏演完。"

后半出的戏，刘秀荣自己都不知道怎么演的，最后演到虞姬自刎时，她再也无法控制，声泪俱下。她多么希望这不是事实，多么希望继续聆听恩师教诲，继续感受恩师慈父般的关爱。还未及报恩，就已天人永隔，这对于正处在艺术成长期的刘秀荣来说无异于擎天柱倒，山河摧崩。此时，刘秀荣又忆起从前在剧场演出时，恩师或端坐观众席中，用手杖为自己拍板击节，或端坐上场门边，为自己把场坐镇，如今戏台仍在，恩师却已驾鹤西去，戏文仍在，师徒却永不复相见！

那一刻，恩师王瑶卿生前的点滴关爱和只言片语洪水般浮现在刘秀荣的头脑中，恩师的坦荡胸襟和大恩大德也显得弥足珍贵，一生报答不尽。刘秀荣犹记那时自己买了一小包点心孝敬老人家时，王老先生却语重心长地对她说："孩子，你是学生，又正是长身子骨的时候，不要给我买吃的，你对我最大的孝心莫过于把戏学好，比什么都强，比我吃什么都痛快。"如今，做徒弟的纵有千言万字感恩之词，再说与何人听？

刘秀荣任眼泪流淌，任记忆回溯。刘秀荣明白，尽管恩师音容从此将永存心间，尽管悲恸追思在所难免，但如今报答师恩的最好方式，便是沿着恩师为自己开拓的艺术道路继续前行，继续去寻找属于自己的坐标，继承王老革新独创的艺术风格，继承王老鞠躬尽瘁、百折不挠的精神，使京剧艺术永续薪火，使王派艺术世代相传！不如此，则无法告慰王老培育之恩，不如此，则哭痛心肠亦百无一是！

"恩师啊，我永远怀念您老人家！"

"恩师啊，我给您老人家跪拜送行了！"

千言万语，刘秀荣只有泣血相告。

第五章　两心不语暗知情

张春孝是闻名遐迩的小生演员，也是与刘秀荣相携白首的伴侣。这对情深伉俪从十几岁学戏时起就一直在舞台上合作演出爱情戏，步入专业院团后，两人开始了简单却浪漫的爱情之旅，1957年二人结为夫妻。此后半个多世纪的时间里，二人比翼齐飞，鸿案相庄，无论是在舞台上，还是在生活中，乃至在课堂里，两人都相伴相随，心意相通，彼此已经成为生活中、甚至生命中最重要的另一半。梨园界曾赠予这对荣谐夫妻以"菊苑燕侣"的美称，二人的爱情也早被传为佳话，甚至可与古典戏曲中最纯美的爱情故事媲美。故此，提及刘秀荣的生活、甚至坎坷经历，都免不了提到张春孝的名字。

第一节　"直弓直令"的小生

事情还得从剧校学员的行当分配不完善说起。

当时，四维剧校能够"直弓直令"唱小生的学员一直欠缺。真要是遇到小生的一些小活儿，剧校就安排女同学如安维莉、王维蕊等来应场。

1948年初，为了充实四维剧校行当的欠缺、扩大学员队伍，郭文龙老师从刚刚停办的鸣春社引荐过来十多名学生。其中就有唱小生的张春孝。因为原先所在科班也有先改名后学戏的惯例，所以这些学员原来的名字都以"鸣"和"春"字排辈，到了四维剧校，才以"维"字代替。故张春孝入校后才改名为张维孝。

张春孝当时也只有十三岁，由于他有表演基础，所以他的到来不但弥补了剧校中小生行的空缺，同时也填充了剧校演出的队伍，再加上老师们的点拨和教导，张春孝很快就在演出剧目中担任了重要角色。像《飞虎山》《辕门射戟》《玉门关》等小生重头戏，都是张春孝向李玉泰、毕鑫如两位老师学习后上演并获得如潮好评的。

《江汉渔歌》《武松与潘金莲》这两部戏，也十分考验小生的表演功底。《江汉渔歌》中的赵观，是台上戏份最重的角色。[①]特别是"别母"一场，赵观要连唱带"武"：大嗓唱，连带走抢背、僵尸，后头还有开打，很见功力。《武松与潘金莲》一剧中的西门庆，也是小生的角色。"狮子楼"一场，张春孝扮演的西门庆要从桌子上往下翻抢背，跟武松对打、夺刀。因为是新戏，不是老戏的"挑帘裁衣"，所以西门庆也用大嗓演。演员只有"文武兼备"才能博得观众喝彩。

张春孝处理这些角色都显得游刃有余、干净漂亮。陈月梅就曾经这样评价张春孝："这个小生不错，能文能武，身上帅，扮相漂亮，台上有火候，有了小生，这回旦角儿戏就宽敞多了。"

不多时，四维剧校"当家小生"的名号便非张春孝莫属了。此后四维剧校所有上演的剧目，凡小生的活儿，都由张春孝饰演。刘秀荣在清河、沙河、东坝、门头沟、长辛店、良乡等地演出的时候，也常作为正旦和张春孝搭戏。《虹霓关》《十三妹》《奇双会》《查头关》等戏，都是二人的常演剧目。

自此，刘秀荣、张春孝两人未来近六十年的舞台合作生涯也正式宣告开始。

第二节　加入实验京剧团

在戏校中，刘秀荣以专业学习为主，以演出带学习，不仅表演技艺突飞猛进，而且舞台经验也日益丰富，在戏迷中渐渐有了名气。这时期，她演得最多

---

① 据刘秀荣回忆，当时演出中还没有党仲升这个人物，男主角当中除去阮复成，就属赵观的戏最重。

的剧目是《白蛇传》，还有《牛郎织女》《江汉渔歌》《花木兰》《豆汁记》，以及《三打祝家庄》里的顾大嫂，《长坂坡》里的糜夫人等；此外演出的剧目绝大部分都是王瑶卿亲授的，如《孔雀东南飞》《珍珠烈火旗》《十三妹》《玉堂春》《貂蝉》《棋盘山》《宝莲灯》等；还有由王瑶卿委托、安排其他名角儿教授给刘秀荣的，如刘秀荣向章小山先生学的《贵妃醉酒》，向华慧麟老师学的《霸王别姬》，向萧长华老先生学的《拾玉镯》，向萧莲芳先生、萧盛萱先生学的《小上坟》及《小放牛》等。

1954年王瑶卿逝世后不久，中央文化部将东北戏校合并到中国戏校，任命原东北戏曲研究院院长、著名戏剧家晏甬先生为校长，萧长华老先生、史若虚先生和原东北戏校校长刘仲秋先生为副校长，王连平先生为京剧科主任。

并校后，原东北戏校很多著名的戏曲教育家如赵桐珊、孙盛文、萧莲芳、孙盛云、李香匀、马宗慧、邢威明等先生都来中国戏校任教，这些先生都是全国京剧界颇有声望、久负盛名的名师。刘秀荣就曾向赵桐珊先生、萧莲芳先生学了不少花旦、刀马旦的戏，这些戏里有些是业界公认的绝活，使刘秀荣受益匪浅。

这段时间里，刘秀荣已渐渐脱去学生演员的稚气，艺术上更加成熟，理论上也开始有了自己的思考，她已经正式成长为一名年轻的知名京剧演员。

就在老中国戏校不断发展壮大的时候，史若虚先生又做出了一个后来看来十分英明的创举：他经过深思熟虑，决定在戏校成立实习剧团。成立实习剧团有两个宗旨，一是发掘、继承和发展我国优秀的民族戏曲艺术遗产，不断进行艺术改革、实验，并创作新编历史剧和表现现代生活题材的现代剧目，同时为

刘秀荣在实验京剧团期间留影

戏校的教学积累教材，培养师资；二是以刘秀荣这批新中国戏校培养出的青年演员为基础、骨干，把此后历届毕业生的顶尖人才都留在实习剧团，建立一个全新的青年京剧团。

1956年，新成立的实习剧团正式更名为中国戏曲学校实验京剧团。刘秀荣和同届毕业生直接进入实验剧团，隶属中国戏校领导，由戏校刘仲秋副校长兼任团长，原演出科长吴宝华为副团长，先后聘任沈三玉、张盛禄二位先生为业务指导。

刘秀荣是实验剧团的领衔主演，但是当时的史若虚校长要求剧团主演在积极创作新剧目的同时，也为后进演员进行表演示范，这事实上是给刘秀荣等主演创造了"边演边教"的机会。张关正是这样回忆的：

> 当时，刘秀荣老师在自己舞台上最好、最繁忙的时候，就已经开始教学了。我们大概在四五年级的时候，她就在这儿兼课了，因为史校长要完成人才的衔接，实际上是人才梯队的建立。所以，刘秀荣老师不但是一个舞台上非常优秀的艺术家，是传统技术扎实、艺术能力全面、富有创新精神的这么一个艺术家，而且呢，她很早就进入了艺术教育的领域，又是一个非常出色的戏剧教育家。[①]

这一支年轻的京剧艺术表演群体，在社会上引起了广泛的关注，被公认为是具有真才实学且继承了王瑶卿、萧长华、梅兰芳等老前辈和众多名家宝贵艺术财富的、掌握了不少绝技的优秀演员，是未来中国京剧界的顶梁柱和希望之星。同时期进入中国戏曲学校的一批学生经常能够欣赏和学习刘秀荣等人的演出，他们后来忆及此事时几乎都难掩崇拜之情，张关正便是其中代表：

> 刘秀荣老师，应该说是中国戏曲学院的骄傲，也是中国戏曲学院的一个极具代表性的毕业生。当然也是我们这个年龄校友的崇拜对象，因为我进中国戏曲学院时，刘秀荣刚刚毕业进入中国戏曲学校实验京剧团，她是领衔的

---

① 引自2013年10月12日笔者对张关正的采访录音。

主演。我们是在以刘秀荣老师为代表的、中国戏曲学院的老毕业生们的影响下成长起来,最终进入京剧界的。可以说他们是我们在艺术上和做人方面的一个楷模,一个偶像吧。①

实验剧团中这些从专业戏校毕业的年轻演员,不仅掌握了传统京剧艺术的法则要领,而且学习了斯坦尼等西式表演体系,同时较早地学会运用民族舞、芭蕾舞、体育、杂技等艺术素材来丰富京剧表演艺术,可以说是融贯中西,打通不同门类艺术的全面发展的表演人才,具有鲜明的时代性。

在组成上,实验剧团的成员都是新中国成立后经由专业院校培养的一代有文化的新型演员,不同于过去专重业务、忽视文化修养的京剧演员;在性质上,实验京剧团是表演艺术家团体,不是过去存在某种弊端的"江湖戏班",不以营利为目的,专注于京剧艺术的发展;在生活上,实验剧团也注重成员的管理和教育,特别是生活作风方面,要求严格,全团充满活力和朝气。因此,实验京剧团的成立也具有强烈的革新性。

总而言之,实验剧团的成立,在中国京剧史上的地位不容低估,其对于当代京剧艺术的改革创新过程,起着重要的推动作用。

几十年后,文艺界,特别是戏曲界的老领导、老专家,还有老观众们提起当年的中国戏曲学校实验京剧团仍然赞不绝口。著名戏剧家马少波先生曾在公众场合不止一次地讲:"当年中国戏校成立实验京剧团,我是赞同的、支持的,因为这批年轻人大多受到过名师的传授,有真才实学。当时京剧处于鼎盛时期,'四大名旦''四大须生'以及众多的老艺术家、名演员都活跃在舞台上。这批青年能够站住脚跟、受到承认和欢迎,凭借的就是名师传教,真正的、名副其实的亲传。就拿刘秀荣来讲,她今天的成名不是一朝一夕,应该说是'拼杀'过来的。她是被誉为'通天教主'、'四大名旦'的老师王瑶卿先生的得意门徒。那是得到了王老的真传,她是根基雄厚、文武昆乱不挡啊!我是看着他们长大的。我不是偏

---

① 引自2013年10月12日笔者对张关正的采访录音。

爱，而是实事求是来评价这一批新中国我们党培养的第一代戏曲演员。"

老戏剧家赵寻、刘厚生老先生也曾表示过对实验剧团这批年轻人的喜爱。赵寻曾对刘秀荣说："你1952年参加第一届全国戏曲观摩演出大会。首演田汉先生的《白蛇传》，我就看你的戏。那时候评价你们是学生演出了成年演员的水平。后来你们成立了实验京剧团，我们这些老戏曲工作者，包括我在内，也最爱看你们的戏。从你们身上看到了前辈老艺术家的真东西，而且你们又有新发展。你们这一代是京剧艺术承上启下的中间力量。刘秀荣你是王老的学生，学得多，演得多，看得多，真是难得的人才呀！"刘厚生先生也对刘秀荣说："我最爱看实验剧团的戏，有人说你们是学院派，规规矩矩的，可我就是爱看你们这些年轻人，从戏校走出来的演员演的戏整齐、一棵菜，看着带劲儿！"

著名戏曲理论家龚和德先生说起当年的事非常动情。他多次在不同场合对众人说："我和刘秀荣他们是同一代的人，年龄差不多。我大学毕业后从上海分配到北京，开始在中国戏校工作。我永远忘不了当年刘秀荣他们在老戏校旧址西四赵登禹路礼堂排演《白蛇传》，当时条件不好，根本谈不上暖气、空调，冬天就一个大炉子。我是南方人怕冷，围着大炉子看戏，入了神，连棉裤烧煳了都不知道。他们演戏不陈旧，有新意，看着过瘾。我后来虽然调到中国戏曲研究院工作，但是实验京剧团演出，只要我有时间必看。我们是同一个时代的人，有一种特殊感情。"

文艺界的许多老艺术家年轻时都喜爱实验京剧团，是刘秀荣的戏迷，也是她的好朋友。著名影视明星王铁成先生，是周恩来总理的扮演者，不仅是一位超级戏迷，而且是"四大须生"之一奚啸伯先生的入室弟子，能拉会唱。他在刘秀荣的一次收徒仪式上说："我是刘秀荣的追星族，上中学时骑自行车走到半道，无线电正放刘秀荣的《白蛇传》《断桥》，听了一整出，直听到'学燕儿衔泥土重整家园……'一看表过了上课时间了，一想，干脆打道回府，让我爸爸写个病假条，这一天的学不上了。多大的瘾头，刘秀荣的戏我全会，往后你们徒弟们有不会的找我来，我教你们。"

有一次刘秀荣应邀参加中央电视台举办的迎春晚会，到会者有很多中国文联各协会的艺术家们。和刘秀荣坐在一张桌子上的，是北京人艺著名话剧表演艺术家郑榕先生，他非常兴奋地对刘秀荣说："我们人艺因为经常演出田汉先生编写的话剧，所以很早就知道你是首演田汉先生《白蛇传》的小白蛇，我年轻的时候就爱看你们实验剧团的戏，脱俗。看得出你们吸收了话剧的表演方法，所以你演的白蛇不是在演戏，而是着重刻画人物，很有深度，很感人。"

老戏剧家、老艺术家对实验剧团的赏识和鼓励，一方面体现出实验剧团的实力和重要性，体现出老戏迷们心中对中国戏曲的挚爱，以及对戏曲发展革新的盼望；另一方面也给予刘秀荣这一代京剧人以信心和决心，更赋予了他们以重任，这意味着，刘秀荣为代表的新中国第一代京剧人，不仅要时刻勉励自己、继续成长、迅速成熟，更要担负起传承传统京剧的大任，担负起再续京剧辉煌的大任，还要担负起向年轻一代、向世界人民传播戏曲文化的大任，使京剧艺术和中国传统戏曲艺术成为世界艺术森林中的常青树。刘秀荣这一代京剧人完全具有担当大任的资格，也理所当然应该担负起这样的责任。如此，才不负先辈和恩师的悉心培养，才不负先辈和恩师的冀盼。

当时，以青年演员为基础的实验剧团不止一家，那个时候，似乎实验和革新成为了青年京剧界的主流话题。在中国戏曲学校实验京剧团之后，中国京剧院成立了四团，这是以中国戏校第二届毕业生杨秋玲等为主的青年团，也是以实验改革、新创剧目为主的青年团。继后又成立了以张学津等为主要演员的北京戏校实验京剧团，该剧团以中山公园内的中山音乐堂作为排练和演出基地。当年北京市实验京剧团的代表剧目有《雏凤凌空》《箭杆河边》。

"文化大革命"后，史若虚校长复职，又成立了以郑子茹、裘少戎、陈淑芳等为主的新的中国戏曲学院实验京剧团。

2004年，天津艺术学校的毕业生陆续调入天津京剧院，成立了实验京剧团。刘秀荣的入室弟子王艳，便是这个实验剧团的当家旦角演员，其他还有蒋亦珊、吕洋、陈瑗、王嘉庆、黄奇峰、李宏等。他们除了继承前辈的艺术之外，主要工作是进行艺术实验和创新。天津实验京剧团于2004年创演了新编京剧《妈祖》，在创排和演出中做了许多大胆的尝试，具有名副其实的实验性质，该团青年演员王艳在创排过程中得到了恩师刘秀荣从剧本、人物塑造、艺术处理到唱腔以及服装方面的全方位具体指导。

从1956年到2004年，从中国第一个实验京剧团，到天津实验京剧团。四十八个春秋，"实验"二字始终和刘秀荣有着千丝万缕的联系。这不仅说明了京剧"实验"之于刘秀荣的某种缘分，更可见出京剧艺术创新的某种重要性和延续性。

从1947年初入剧校到1956年加入实验京剧团这近十年间，刘秀荣在边学戏边演戏的过程中不断成长，她身上的王派艺术"种子"开始生根发芽。尽管刘秀荣的身份还是戏校的学生，但是在艺术水平上，她已经达到了许多专业演员都难以企及的高度，从首演《白蛇传》到与大师同台、并列获奖，再到出国访问，这一系列的成就为刘秀荣一生的舞台风采铺垫出璀璨夺目的底色，加入中国戏曲学校实验京剧团，也就意味着刘秀荣正式告别了学生生涯，开始步入专业演员之路。

第三节　天作之缘

女孩子十八九岁时，正值碧玉年华。彼时正值韶光，是爱美的年纪，也是情窦初开的年纪。刘秀荣执迷于京剧，又谨遵恩师王瑶卿先生"功要天天练，勤能补拙""不能当好角儿，要成好角儿"等教诲，一门心思只想练好功，当好角儿，似乎与一般喜好打扮的女孩子不同。

一年四季，寒暑更替，刘秀荣整天就是一身洗得干干净净的练功服、一双练功鞋，倒也别具一番风格。每天晨起后，她都坚持练五遍功，雷打不动，一天不练，浑身难受，吃不下饭，睡不好觉。

稍有空闲，刘秀荣脑子里就琢磨戏，简直到了"疯魔"的程度。一次，刘秀荣的师弟金桐的姨母到戏校看外甥，正好在饭堂附近碰到刘秀荣，只见刘秀荣一手拿着饭碗，一手拿着勺，低着头，一边走，一边嘴里喏喏道："儿呀，秦府官宝是何人打死的？"这句《宝莲灯》中词，令那位姨母印象极为深刻。许多年后，当那位姨母再次在剧场遇到名角儿刘秀荣时，还忍不住提起这段往事，不住夸赞刘秀荣的刻苦精神。

第五章　两心不语暗知情

那时候，刘秀荣的心思都在戏上，从来没有考虑过梳妆打扮的事，更不会去想谈恋爱的事。当然，那时候中国戏曲学校对于学生的专业学习和日常生活也有严格和明确的规定。为了不让学生分心，戏校曾有这样一条规定：

> 学生在校学习期间不准谈恋爱，男女生除排练演出以外，不许私下接触，不准个别交谈，违背者批评教育，乃至开除学籍。

尽管有这样严厉的规定，尽管刘秀荣一心学戏的决心和热情使她没有任何空闲主动追求爱情，可似乎真的是姻缘天注定，刘秀荣的初恋还是在悄无声息中萌芽了。

刘秀荣人生第一个、也是唯一的恋人，就是与她同窗学习、长期搭档演出、相识近八年的小生演员张春孝。

张春孝与刘秀荣为同年生人。1948年张春孝从鸣春社科班转入四维剧校学习后，就一直与刘秀荣在一起学戏、搭档，那时，二人都才十二三岁。尽管在近八年的时间里，二人在舞台上常演爱情戏，但是台下的刘秀荣和张春孝，竟连一句话都没说过，一个眼神都没对过。

如果没有1956年的朝鲜之行，刘秀荣绝想不到那个长相俊朗却略带羞涩、偶尔有些清高、私下里几乎"形同陌路"的张春孝，会走入自己的感情世界。

艺术团在朝鲜合影，一排左五为刘秀荣

刘秀荣作为正式演员的第一个任务，就是随中国人民赴朝慰问团一道，跨过鸭绿江，赶赴朝鲜民主主义人民共和国去慰问"最可爱的人"——中国人民志愿军和朝鲜人民军。朝鲜之行，将带给刘秀荣人生以最值得珍惜的美好回忆。

当时实验京剧团为第一分团，随总团一起乘专列去朝鲜。沿途逢大站停靠有领导和群众迎接，逢小站停靠全团自由活动。

一般到了小站，大多数人都会走下车厢，在车站走动走动，活动活动筋骨。刘秀荣因为身体不舒服，没有下车，就靠在卧铺上看车窗外面。

正发呆呢，突然刘秀荣看到张春孝走到自己窗前边比划边说："你下来呀，下来透透空气。"刘秀荣顿觉惊奇。因为这是二人排练演戏之外的第一次私下交流。刘秀荣心下寻思：平时和张春孝遇到他总绷着脸，连个照面都不打，今儿个怎么突然这样关心起自己来，是什么意思呢？她也没再多想，只冲窗外摆了摆手，表示不舒服，也没回话。这事也就过去了，刘秀荣自己也没在意。

虽然只是短短的一句关切，却无意间拉近了两人的距离。刘秀荣隐隐觉得，张春孝这句简单的关心似乎在两人中间建立了某种特殊的联系。

到达朝鲜后，慰问团受到隆重接待，被安排住在平壤大饭店。刘秀荣住下后，当即投入排练、走台和准备演出的工作中。

首场慰问演出在平壤大剧院举行。朝鲜最高领导人金日成首相和朝鲜党政军领导，中国人民志愿军杨勇司令员等首长，中国驻朝鲜大使和全体使馆人员以及中国人民志愿军、朝鲜人民军和朝鲜各界人士出席观看。

第一个戏是《三岔口》，刘匡捷饰任堂惠，刘习中饰刘利华，王仲玮饰焦赞，郭锦华饰刘妻。第二出戏是《秋江》，谢锐青饰陈妙常，张启洪饰老艄翁。第三出戏是《拾玉镯》，刘秀荣饰孙玉

刘秀荣在朝鲜演出《拾玉镯》后受到金日成等人的接见

第五章 两心不语暗知情

姣,张春孝饰傅朋,李鸣岩饰刘妈妈。最后一个剧目是《闹天宫》,侯正仁饰孙悟空,袁国林饰天王李靖,曲颖叙饰二郎神,刘洵饰哪吒,王仲玮饰巨灵神,钮骠饰土地爷,郭世华、贺春泰饰青龙、白虎。慰问团全体演员一齐上阵,剧场效果相当热烈。演出结束后,朝鲜和中方诸位首长上台接见,并合影留念。观众的欢呼声此起彼伏,响彻剧院!

为祝贺首演成功,朝鲜方面在平壤大饭店举行隆重的庆祝晚宴。大伙喝酒跳舞,直到深夜,意犹未尽。那晚,团长吴宝华和舞台队队长蒋世林也喝多了,几个小伙子连闹带架把二位送回房间。

一贯斯文的张春孝也醉了,连说带笑,几个师兄弟费劲气力才把他扶到楼上房间,张春孝躺在床上,不但不消停,还闹"醉猫"。这样一反常态的张春孝,一屋子同学都没见过,男男女女围着他忍不住开心大笑。

因为第二天要演出全部《白蛇传》,刘秀荣担心张春孝影响工作,也前去看个究竟。门敞开着,刘秀荣刚走到屋门口,只朝门内看了一眼,还没说话,烂醉如泥的张春孝就一下子扒开众人,冲着房门口大声喊:"刘秀荣看我来了!刘秀荣看我来了!"在场所有人都不约而同扭过头来,把目光一下集中到刘秀荣身上。也不知是害羞,还是生气,刘秀荣赶忙抽身走开,回到自己房间。

一个是无意,一个是有心,一个是不知所措,一个是醉眼迷蒙;两个年轻人在舞台上不知练习过多少次对视,可在那天晚上的四目相对面前,之前的一切练习都显得虚幻无力。刘秀荣发现,张春孝的醉眼,已经看透了两人朦胧却不敢明言的心思。从小站上的一语,到宴会的一醉,再到宿舍的一喊、门前的一视,张春孝已无须再用过多语言来表达自己。

第二天晚上演出全部《白蛇传》,刘秀荣饰演白素贞,谢锐青饰演小青,张春孝饰演许仙,王荣增饰演法海。台上,刘秀荣发现,酒醉醒来的张春孝比吃过灵芝仙草死而复生的许仙还要精神!感情也更加真实!两人配合这么久,似乎没有一次比得上这一场默契,比得上这一场自然。好像这已不是表演,而是真实的生活,好像自己和张春孝已经与戏中的人物融为一体。这种体验对于刘秀荣的情感世界和艺术经验而言,都是崭新而美好的:

可以说这是我自1952年获全国大奖后，重新排演《白蛇传》以来，最成功的一场演出。白娘子与许仙在西子湖畔相识相恋，我和张春孝也在美丽的朝鲜平壤开始了我们甜蜜的初恋！①

爱情是全人类共通的主题。《白蛇传》的演出，虽然没有字幕，但不妨碍台下朝鲜观众的理解和热情，掌声此起彼伏，热烈之极。剧终谢幕，观众全体起立，长时间鼓掌，大幕几次关闭又拉开。

《白蛇传》的演出结束后，张春孝神秘地递给刘秀荣一封信。信件拿在手里沉甸甸的。刘秀荣打开一看，竟然是一封长达八页的情书。张春孝在信中述及自己的家庭状况和学艺过程，还有与刘秀荣在艺术上的合作等情况。尤其用了大段文字夸赞刘秀荣的人品和性格，比如生活作风正派，思想传统，性格内敛、温顺等；还说刘秀荣是"标准的闺门旦"，希望与她交朋友。不过张春孝也同时表达了内心的顾虑：刘秀荣在做学生的时候就是尖子生，众星捧月，毕业后又是剧团的挑梁演员，况且，刘秀荣那位做老师的父亲刘子元先生又视女儿如掌上明珠，对刘秀荣寄予颇高期望，将来一定会找一个"门当户对"或者"达官显贵"来做养老女婿……张春孝担心刘秀荣和家人可能看不上自己这个普通的小生演员，只好在信中如实相告，真诚希望刘秀荣能够考虑。

刘秀荣看完信后，满脸通红，心里打鼓似咚咚直跳。其实，这段时间与张春孝的几次接触，以及这封诚恳的情书已经敲开了刘秀荣的心门。但这是她第一次收到异性写的情书，心神慌乱之余却左右拿不定主意，何况又关乎终身大事，更不敢擅自做主。最后，她决定写信给父母，连同张春孝的情书一起寄回国内，征求长辈意见。

那时国内外通信不便，信件要通过中国驻外使馆信使队带回国内，再发往各自家中。回信也必须先寄到中国外交部，然后再由信使队带到中国大使馆转给本人，往返要半个多月时间。

---

① 刘秀荣：《我的艺术人生》，中国文联出版社2006年版，第157页。

第五章　两心不语暗知情

就在信件往返期间，张春孝抓住一次在宾馆楼梯相遇的机会，小声问刘秀荣："信看了吗？"刘秀荣如实相告："看了，我寄家里了，看我父母怎么说。"张春孝听完一愣，心里嘀咕：怎么把信寄家里了？万一刘老师不答应，或者责备下来，可如何是好？寻思了一阵，张春孝还想和刘秀荣聊点什么，一时琢磨不定，几番欲言又止。刘秀荣原本就羞涩紧张，又怕被别人看见自己同张春孝私下交谈，于是不等张春孝回过神，一抽身就走开了。

过了一段时间，刘秀荣随慰问团正在部队基层演出的时候，大使馆派人送来了国内家中回信。刘秀荣急忙打开信封，只见父亲在回信上这样写：

我二老还有秀华看了你的来信，很高兴，关于你和张春孝的事情，我们经过商量，认为很好。你们两个人很般配，很合适。首先你们是同学，一块儿长起来的，彼此都了解，再加上你们经常在舞台上一块儿演戏，你们俩要是真好喽，将来对你的业务一定会有帮助，另外在一个团里也有个照应。张春孝这孩子，人挺老实，台上玩意儿也不错，扮相还挺漂亮，文的武的都成，你们俩配起戏来，没比了！我们都挺赞成。

读完回信，刘秀荣完全放下心中不安，藏着心底的一丝喜悦和激动，故作平静起来。不多时，张春孝得知使馆派人给慰问团送来家信的消息，带着惴惴不安的心情，急切地问刘秀荣道："家里回信了没有？怎么说的？"刘秀荣沉住气，只简单地说出四个字："家里同意。"张春孝长舒一口气，随即心潮澎湃起来。

自此后，张春孝处处关心、照顾刘秀荣。刘秀荣演出的时候，张春孝帮她拿彩鞋、彩裤；刘秀荣演累了，张春孝趁戏中休息给她递茶水"饮场"；刘秀荣演完回宿舍，张春孝就买来苹果给她补充营养。有一次刘秀荣给家里写信，不巧钢笔坏了，张春孝得知后赶忙到军人服务社给她买了一支当时当地最好的"金龙牌"钢笔。这是张春孝送给刘秀荣的第一件礼物，也是刘秀荣有生以来接受的第一件男生赠送的礼物，因着两人初恋的甜蜜，这支普通的钢笔也具有了特殊而珍贵的意义。

就在赴朝慰问演出即将结束的时候，吴宝华团长接到志愿军司令部的紧急电话，被告知第一分团在结束部队的慰问演出后，速回志愿军驻地，为杨勇司令员和总政治部任荣主任安排演出刘秀荣的戏，并且特别要求不要大戏，不要武戏，就要看刘秀荣的拿手戏——文戏。

吴宝华团长随即召开会议做传达，并与参加会议有关方面的负责人，排练组的钱浩梁、张春孝及乐队、舞美队队长等一起研究剧目，进行安排，做好充分准备。

演出在志愿军司令部大礼堂举行，大院内悬挂两幅红布白字大标语，一边是"慰问最可爱的人——中国人民志愿军"，另一边是"衷心感谢祖国亲人的关怀和慰问"。当晚，杨勇司令员、任荣主任与其他首长都来到现场，志愿军司令部京剧团的主要演员方荣翔等及全团演职员也都陪同首长来观看。

这场演出的剧目安排很有特点，也很讲究。第一出戏是刘秀荣主演的《三击掌》，由王荣增扮演王允。这出戏是王瑶卿亲授全部《王宝钏》中的一折。唱、念、做并重。文而不火，且极具王派特色，既是文戏，又能体现刘秀荣的特点，正符合首长要求。

第二出戏《连升店》风格稍异，这是一出讽刺喜剧，以念白见长，正好给首长和官兵调换一下口味。由张春孝扮演举人王明芳，张启洪扮演势利眼店家，钮骠扮演老秀才崔老爷。

第三出压轴戏是刘秀荣主演的《断桥》，由谢锐青饰小青、张春孝饰许仙。由于此前不久刚在平壤演完全部《白蛇传》，再加上刚与张春孝建立恋爱关系，所以面对当晚单折《断桥》，刘秀荣驾轻就熟，与张春孝配合更加默契，情感更加饱满。

中间休息十五分钟后，大轴戏《玉堂春·三堂会审》上演。《玉堂春》也是王派名剧，"四大名旦"均曾向王瑶卿先生学习该剧，并根据自身条件演唱出四种不同风格的《玉堂春》。刘秀荣得王瑶卿真传后，一直保持原汁原味。张春孝饰王金龙，朱秉谦饰刘秉义，王荣增饰潘必正，三人也都是王瑶卿手把手教出来的。如此一来，该剧唱、念、做独具王派艺术特色，反倒显得与众不同。

第五章　两心不语暗知情

在唱功上，刘秀荣尤其流畅自如。她牢牢把握住王瑶卿先生在唱腔上的技法要求，抑扬顿挫，轻重音、气口、劲头均娴熟运用，配以苏三惧怕受刑的紧张心情，表演真实，引人入胜，令台底下报以兜底、炸窝的满堂好！特别是唱到后面，观众一句一个叫好，掌声不绝于耳，直到最后一句"悲悲切切出察院，我看他把我怎样施行"唱完，刘秀荣退入后台，掌声才渐渐消隐。

这出《玉堂春》，竟收获了此前其他任何剧场所得不到的强烈效果，令刘秀荣始料未及。

"大家辛苦了，我代表志司机关向同志们表示衷心的感谢！"演出一结束，杨勇司令员，任荣主任和志愿军司令部其他首长上台与演员一一握手，然后亲切地对大家问候。

热烈掌声过后，杨司令员对刘秀荣说："刘秀荣同志呀，在平壤首场慰问演出，我看了你的《拾玉镯》，以后又看了你演的全部《白蛇传》，文武全才，年轻有为。今天又看了你的几出戏，嗓子好，唱得好，扮相好，表演好，是个了不起的演员哪！"接着，杨司令员回过头来又对任荣主任和其他志司首长们说："我单点刘秀荣演一个晚上的戏，看来是点对了，没有叫你们失望吧？"志司首长们用愉快的笑声、掌声表示满意。接下来杨司令员又对张春孝说："这位小生演员很英俊，戏也演得很好。"然后杨司令员故意提高声音对吴宝华团长说："团长啊，我想把刘秀荣同志和那位小生演员调到我们志司京剧团，你舍得舍不得呀？"吴团长不知如何表态，嘿嘿的一个劲笑，在场的方荣翔等也使劲鼓掌，表示欢迎。最后，杨司令员爽朗大笑，对众人说："大家辛苦了一晚上，太累了，休息吧。"刘秀荣向杨勇司令员表示感谢，杨司令员和演员们一一握手道别。

对于刘秀荣而言，志愿军司令部这场特殊演出，更像是自己与初恋情人张春孝的专场晚会，一切都像是水到渠成，早已注定的一样。这场萌发于异国的姻缘，既浪漫又富有戏剧性。台上、台下、戏里、戏外，刘秀荣与恋人的每个有情瞬间都在朝鲜转化成美好和甜蜜的回忆，镌刻在心中。

第四节　赴澳洲演出

1956年3月，中央文化部指派实验京剧团与中国京剧院部分演员组成中国艺术团，赴澳大利亚和新西兰进行友好访问演出。当时，刘秀荣刚结束赴朝鲜慰问演出，归国未久。

这是新中国第一次派团赴澳演出，中央领导对此十分重视，专门委派由时任中央文化部部长助理的徐光霄为中国艺术团团长。由部长级干部率艺术团出国访问，在当时还是一件稀罕事。第一副团长由中国京剧院常务副院长、著名戏剧家马少波先生担任，全权处理艺术团一切事务；北京军区文化部部长张少庭大校任副团长。艺术团下设京剧队，队长是时任中国京剧院二团团长的著名高派表演艺术家李和曾先生，实验京剧团的吴宝华任副队长。

演员阵容也很强大，不仅包括中国京剧院的江新蓉、景荣庆、王清乾、罗喜钧等，还包括实验京剧团的刘秀荣、谢锐青、张春孝、侯正仁、袁国林、王荣增、钱浩梁、曲颖叙、李鸣岩、王威良、王仲玮、杨少春等颇具实力和发展潜力的青年演员。乐队队长是著名鼓师白登云先生。此外，还有一支由武汉歌剧院组成的歌舞队随团出访。

由于澳洲华人、华侨众多，且多喜文戏，所以这次出国公演，艺术团准备了许多文戏，像李和曾、江新蓉主演的《辕门斩子》《空城计》《除三害》《贵妃醉酒》等。

刘秀荣是当时艺术团中除李、江之外排名第三的重要演员，也是实验京剧团的领衔主演，带去的剧目文武兼备。如《白蛇传》中的一折《水漫金山》，与罗喜钧合作的《小放牛》和与张春孝、李鸣岩合演的《拾玉镯》。《水漫金山》被安排为大轴戏之一，足见精彩；[①]《小放牛》载歌载舞，掌声不断；《拾玉镯》广受欢

---

① 另两出大轴戏一个是由侯正仁主演的《闹天宫》，另一个是由曲颖叙、袁国林等主演的《雁荡山》。

迎,生活气息浓,动作以虚代实,观众如身临其境,连外国人看了都掌中带笑。

舞蹈队的女孩子们也喜欢《拾玉镯》,因为剧中"圆场""花梆子"等技巧自然优美,与舞蹈有相通之处,值得借鉴。后来,这些漂亮女孩子们一见刘秀荣,就把她围拢起来有说有笑,还学她在舞台上轰鸡的声音——"欧嘘、欧嘘",学完了甜甜地一笑。当时京剧队的女演员少,这些舞蹈队的女孩子也不时"跨界"演出一下,在《霸王别姬》里扮个女兵,或在《贵妃醉酒》中演个宫女。惹得京剧队好些小伙子心生爱慕,甚至大胆追求。当然,张春孝是个例外,因为他当时心有所属,与刘秀荣正处在热恋之中。

除了拿手好戏外,马少波团长还亲点刘秀荣与张春孝在李和曾先生的《辕门斩子》中扮演角色。刘秀荣演穆桂英,张春孝演杨宗保。为了增强舞台效果和改革旧剧,马少波先生特意让二位革新扮相。穆桂英的老扮相是穿改良靠、披斗篷、戴粉色或皎月绒球的七星娥子,马少波先生让改成扎大红色的硬靠,戴大红绒球的七星娥子、翎尾;杨宗保的老扮相是穿褶子、戴武生巾,改成扎粉色大靠,戴紫金冠、翎子。当时刘秀荣和张春孝都年轻漂亮,经马团长这么一改扮,穆桂英更显英姿飒爽,杨宗保也更加英武俊朗。刘秀荣刚出场,就来了个"碰头好";张春孝一亮相,也是个满堂彩。后来张春孝对别人说,他演了这么多年杨宗保,但《辕门斩子》里的宗保有"碰头好",实在前所未有,这不能不归功于马少波先生的高明改扮。

《辕门斩子》中刘秀荣和张春孝的出场,只占较小的戏份,但这么点戏,就惹得在场观众和同团的演员连声叫好。当时,刘秀荣和张春孝的恋情开始为人所知,二人台上的表演又掺入真实的情感,所以一到爱情戏上,两人就与众不同起来。尤其是刘秀荣在《辕门斩子》中唱"你不爱他,我爱他"的时

刘秀荣与张春孝在澳洲合影

候,舞蹈队的女孩子们就边喊"快来看精彩镜头",边跑到侧幕条后面伸长了脖子,笑着看场上刘秀荣和张春孝的表演。那情景既天真又调皮,刘秀荣后来回忆起来,也觉得颇有意思。

澳洲之行持续了三个多月。除演出外,刘秀荣还随团参观了悉尼动物园、新西兰毛利族人聚居地和博物馆等。不仅见到了树熊、袋鼠等稀奇动物,还与毛利族人一起举行了篝火晚会。

美中不足的是饮食问题。因为习惯吃中餐的主食,所以在西餐馆吃饭的时候,面对一两片面包实在有些吃不饱。尤其是男演员们,都是二十岁左右精壮的小伙子,又要排练演出,身体棒,吃得多,一摞面包吃起来也和没事人似的。就连张春孝,同行伙伴也笑称他"台上是小生,台下吃饭是摔打花脸",足见他饭量之大。可是西餐厅就是那么几样精致的吃食,怎么办呢?

只见大长桌子两头各摆有一盆汤面,一头坐着钱浩梁,另一头坐着张春孝,一个人抱着一盆,旁若无人地吃开了。其余人看着两人的吃相哈哈直乐,两个小伙子也不管,狼吞虎咽,吃得一根面条也没剩。还没吃饱,就跟服务员要面包,一片不够,来一打,不够再来一摞,面包不够再来别的,直到最后把餐馆的存货都吃光了。老板从没见过这样食量的年轻人,无奈地看着眼前这些还没吃饱的小伙子们,皱着眉头,耸着肩膀一个劲儿地说:"NO,NO,NO……"

马少波团长得知这个情况后,专门为演员们在后台准备了面包、黄油、果酱、点心、火腿、香肠、水果等丰富的西式食品,这才解了"燃胃之急"。大伙也纷纷称赞马先生的善解人意,佩服他的管理才能。

演出结束的前两天,艺术团给演员们发生活费,允许自由购物。热恋中的刘秀荣和张春孝把钱凑到一块买了几件生活用具,给刘子元先生买了一个特别的小烟斗,还看上了世界闻名的澳洲毛线。张春孝

刘秀荣与张春孝在澳洲留念

喜欢紫色，刘秀荣就买了些，准备回国后给他织毛衣。

艺术团的这次出访演出，在当时意义重大。当时中国与澳大利亚和新西兰尚未建交，更没有贸易往来。中国艺术团的到来，无疑起到了文化交流和沟通三国友好关系的重要作用，无意间书写了新中国外交史上的重要篇章。对于刘秀荣而言，这既是他艺术之路上的一抹亮色，更是她与张春孝情感历程上的甜蜜回忆。

第五节　白首成约

事实上，刘秀荣和张春孝各自都不乏追求者。朝鲜之行后，张春孝和刘秀荣的恋爱关系才逐渐公开。戏校、剧团的老师、同事和师兄弟们大多认为，刘秀荣和张春孝无论在台上还是在台下都很般配。二人的结合，是意料之中的事。

从朝鲜归国后，张春孝提出要上门拜见刘秀荣父母。刘秀荣却认为不必要。因为刘秀荣父亲刘子元一直是戏校的教师，母亲韩智华也作为家属常住学校，抬头不见低头见，都是看着张春孝长大的。平时张春孝总管刘秀荣父亲叫"刘先生"，管刘秀荣母亲叫"刘娘"，刘秀荣父母有时还亲切地喊张春孝"小白脸"，相互之间非常熟悉。如今恋爱关系确定，却突然要郑重拜见，反而不自然，显得生分了。

张春孝一贯斯文正统，拜见父母并无他意，只是出于尊重，合乎传统规范，于是对刘秀荣说："这是礼节，一定要拜见。"刘秀荣见他言辞诚恳，就把原话和父母说了。二老听后忍不住直笑说："其实天天见面，挺熟的，张春孝这孩子懂事，那就明天中午来家一起吃顿饭吧。"

刘秀荣母亲包的饺子好吃，薄皮大馅，褶儿多。为了款待张春孝，她特意多买了一毛钱肥肉馅。这三毛钱肉馅的饺子，在当时普通人家已是高级别的盛宴佳肴了。

第二天中午，练功排练结束后，张春孝特意花些时间改换衣装，脱掉练功服，穿上1953年出国时的浅灰色西服走出宿舍，刘秀荣一见就笑着说："呵，扮上了。"张春孝不说话，一个劲儿地笑。

二人走进刘秀荣家门，张春孝突然脸通红起来，见到二老，他嘴里嘟嘟囔囔也不知道称呼了句什么。刘秀荣母亲韩智华赶忙去煮饺子。

平时张春孝见到刘子元先生有说有笑，伶牙俐齿的，可今天却一反常态，不仅拘谨起来，而且一下子笨嘴拙舌，一言不发起来。刘子元先生为免张春孝尴尬，就跟他找话题聊，张春孝也只是羞红着脸简单应答。

聊不多时，韩智华把煮好的饺子端上来，让刘秀荣招呼张春孝和小妹秀英一起吃。张春孝只吃了几个饺子就放下筷子，一动不动，刘秀荣知他不好意思，就往他碗里夹饺子。夹一个吃一个，夹两个吃两个，不夹就不吃。张春孝在男同学当中素以食量豪爽著称，今天却这般紧张，刘秀荣见状觉得既可笑又可爱。刘秀荣怕张春孝太客气，吃不饱，就不住地往他碗里夹饺子。没承想，一直坐在一边观察的五岁小妹秀英不高兴了，她抛下筷子，跳下椅子，径直跑到屋外大声喊道："妈，大姐老给那个哥哥夹，不给我夹。"韩智华听后抿着嘴直笑。刘秀荣和张春孝也只好羞赧地对视而笑。

饭毕，张春孝又坐着聊了一会，就先行拜别，尊长循礼，恭敬有加。张春孝走后，刘秀荣父母高兴地直夸张春孝老实、有教养。

"不过有一个问题，"刘子元话锋一转，故意问刘秀荣道："刚才张春孝一进家门叫我什么来着，我没听清楚。"

刘秀荣笑着说："我也没听出来叫您什么。"全家人听罢都笑了。刘子元先生也笑个不停，心中对于张春孝却十分中意。过了一阵，刘子元笑着说："张春孝这孩子真有意思，我看找个好日子你们把婚订了吧，就都踏实了。"

后来，吉日选定。双方家长约定：在长安大戏院看两个孩子搭档演

刘秀荣、张春孝订婚照

第五章 两心不语暗知情

出的全部《貂蝉》前，就近在西单老长安大戏院旁边大地西餐厅举行订婚仪式，刘子元特请好友兼同事、戏校秘书王誉之先生出席并主持。

当晚，张春孝和刘秀荣带着内心的欢愉和甘甜完成了整场演出，自然比平时更加投入和默契。观众的掌声，似乎也成了对二人爱情的嘉许，抑或祝福。订婚仪式简朴却隆重，幸福洋溢。

那个年代新婚必备"四大件"，即手表、自行车、缝纫机、樟木箱子，还有四季衣服。刘秀荣不要求这"四大件"，连内衣裤袜都自己准备。她只向张春孝提了一个条件："结婚当天我必须穿婚纱，坐彩车。"在今天，这是迎娶新娘最起码的要求，可在当时却很时髦，当时很多普通人结婚时，在新郎新娘每人胸前各带一朵大红花就算办完喜事了。在刘秀荣心中，婚姻是人生中最大的喜事，必须要认真、庄重，但也不能流俗，应该有些超前意识，总不至于太随便吧。张春孝听完刘秀荣的要求后，毫不犹豫，即刻答应，并带她到王府井紫房子婚纱摄影馆租了婚纱和彩车，还拍了婚纱照。幸福的时刻，幸福的纪念，这张婚纱照，刘秀荣一直挂在房间里。

刘秀荣、张春孝结婚留影

1957年10月2日，刘秀荣和张春孝在王府井翠华楼饭庄举行婚礼。由张春孝的父亲出资摆了近三十桌酒席。席间坐满了亲朋好友，以及戏校老师和实验剧团的师兄弟们。萧长华老校长和张春孝的恩师茹富兰先生，还有雷喜福老教授、程玉菁先生等都送来厚礼。由于二人是戏校毕业生中第一对结婚的，又是一对艳羡旁人的才子佳人，太值得众人恭喜拜贺了，因此这场婚礼整整热闹了一天。

刘秀荣和张春孝这对相识已久的年轻人，终于能够单纯而美好地结合在一起,自此,无论台上还是台下,无论戏里还是戏外,二人都会用诚挚的深情相携相伴。遥想婚礼当天场景,猜度两位新人心意,恐怕正如宋人词中所言:

  索酒子,迎仙客,醉红妆。诉衷情处,些儿好语意难忘。但愿千秋岁里,结取万年欢会,恩爱应天长。①

  田汉先生得知刘秀荣和张春孝喜结良缘的消息后也非常高兴,特地把两位年轻人接到自己家里设宴款待,庆贺大婚,还欣然命笔,准备题写祝词,以表心意。只不过,由于田汉先生临时接到一个紧急会议通知,刘秀荣和张春孝并没有当场拿到这个题词。直到"文化大革命"结束后,田老的大公子田申才把当年的题词转交给刘秀荣和张春孝。田老的题词是:"加倍努力为社会主义民族戏剧更高度的发展而奋斗。"

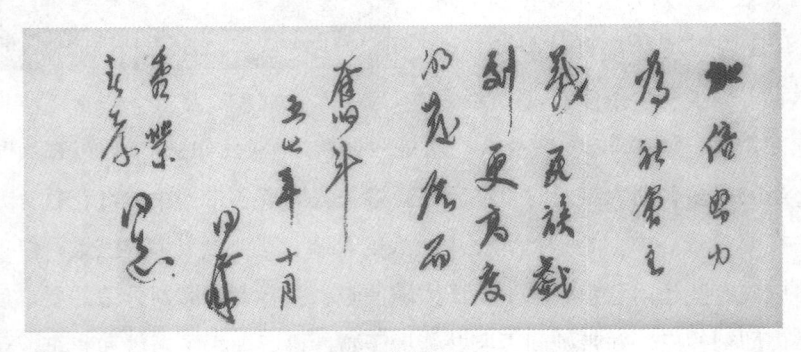

田汉先生题词

  时光如白驹过隙,多年沧桑磨砺后,再回首看到当年田老遥祝之词,夫妻俩感慨良多。如今,词捧于手,刘秀荣和张春孝足以敬告:二位不曾辜负田老期望,二位虽已不再年轻,但亦无时无刻不将田老规训牢记心间,不敢懈怠,决心不遗余力,勉励奋斗。

---

 ① 哀长吉:《水调歌头》,载朱德才、杨燕主编:《增订注释全宋词》(第三卷),文化艺术出版社,第740页。

刘秀荣与张春孝一对伉俪，同样是男女相携白首，却因为发展民族戏剧的大业宏图而变得不流凡俗、崇高雅致起来。

第六节　琴瑟和鸣

婚后，刘秀荣搬进张春孝的家里，和公婆、哥嫂住在一起。刘秀荣的公公有四间坐东朝西的房子，一间给小夫妻俩住，一间给张春孝的哥嫂，带着孩子住，一间公婆住，另外一间全家人吃饭、孩子们做功课用。

公婆非常疼爱儿媳刘秀荣，且两公婆一向秉性忠厚，又善解人意，体贴入微。老公公每天早起准备早点，晚上又做好夜宵，等着小夫妻俩演出回家，什么热烧饼、焦圈、煮鸡蛋、豆浆，什么糖火烧、烤白薯、小米粥、酱菜、拌白菜心、花生米，等等，每天不重样儿，还总对刘秀荣和张春孝说："想吃什么，言语一声儿，别不好意思说。做什么都是做，不费事儿。"言语诚挚感人，让刘秀荣这个从没离开过父母的新媳妇感到贴心窝子暖和。

老公公农民出身，睡惯了土炕，在城市的家里也烧热炕。可刘秀荣睡热炕会上火，影响演出，实在接受不了。老公公得知后，马上请人拆掉土炕，买了一个木板床。雷厉风行和善良周到的态度令刘秀荣感激不已。

起初，和张春孝家人同住的日子温馨而甜蜜。时间一长，就出现了一些问题。这个问题和公婆哥嫂之间无关，和工作距离有关。当时，刘秀荣老公公家住东四弓箭大院，剧团在宣武区自新路，中途要换乘两三次，在只有公交车的日子里，距离实在太远。剧团要求又很严格：每天早上八点钟集合点名，一个小时练功、调嗓之后排练，下午政治学习，有时晚上还要加班排戏，因此来回之间时间非常紧张。

刘秀荣和张春孝每天早晨五点半就起床，边吃早点边挤公共汽车，即便如此，还经常迟到；晚上回家时已是深夜，又打扰了老人家的休息。天天如是，小夫妻疲劳至极，还总觉对剧团和家人都过意不去。于是小两口希望剧团能借间房子。

当时剧团设在中国戏曲学校内,只能安排几间男女演员的集体宿舍,实在没办法给夫妻俩解决困难。无奈之下,刘秀荣、张春孝只好托剧团舞台队的祥永平帮忙,在里仁街一个酱油厂附近租了一间九平方米左右的小房间。这间屋子本是酱油厂堆杂物用的,只能放一个双人床,一张桌子,两把椅子,一个小衣柜,一个水缸。小水缸紧挨着门口儿,人进屋子还要侧着身子,否则进不去。屋子里连走动的地方都没有,四面透风。到了冬天,阴冷潮湿,连床板带褥子都沾着水气。不管怎样,这总算是夫妻俩独自搭建的第一个爱巢,只要夫妻俩能够互相关怀,互相慰藉,这点生活上的磨砺,真的算不上什么。更重要的是,对于刘秀荣和张春孝来讲,在事业上全力奋斗、大展宏图才是真道理,这间小屋正好能够免除上下班奔波劳累之苦,留出更多时间让夫妻俩在各自的工作上。

正在小两口要专心投入戏曲舞台的时候,刘秀荣怀孕了。刘秀荣本想过两年再考虑孩子的问题,先排演几个新戏,但没想到小家伙提前投娘胎来了。刘秀荣是个要强的女人,她既想事业蒸蒸日上,在生活上,也想要一个完整的三口之家。

1958年春,刘秀荣和张春孝的第一个儿子降生。当时张春孝正跟着实验剧团到京西农村劳动,白天干农活儿,晚上给老乡们演戏。听说宝贝儿子降生后,他高兴极了,可因为种种原因,张春孝没办法请假回家,只好委托团长助理王荣增回家看望,顺便捎去家信。信中,张春孝难以抑制自己的幸福和喜悦,还对爱妻说自己查阅字典,给儿子起了好些响亮的名

刘秀荣、张春孝与儿子永光

字。刘秀荣觉得信上写的一二十个名字都挺好听,挺文雅的。正拿不定主意的时候,刘子元先生说:"还是外公来起吧。我也想了半天,我孙子的大名就叫张永光,永远为国增光。"

就这样,活泼可爱的张永光,从此成了刘秀荣、张春孝夫妻俩生活中新的重心。初为人母的刘秀荣,在欢欣和幸福之余,增添了更多对孩子的牵挂和更多的来自事业上的挑战。

第六章　山雨欲来风满楼

1957年是刘秀荣人生中最甜蜜幸福的一年，也是她走向成熟专业演员的转折点。这一年，刘秀荣与张春孝正式结婚，此后二人一直相守相亲，渐传为梨园佳话。从婚后到1966年"文化大革命"爆发前夕这近十年时间里，刘秀荣的舞台生涯和生活虽有过些许坎坷，但在她取得的光辉成就面前，这些磨砺显得太微不足道。这个时期可谓刘秀荣专业演员时期的"第一个黄金时代"，总体趋势是不断上升和奋进的。

可以说，刘秀荣首演《白蛇传》并创造了一个经典是她学生时代取得的最高成就，而在其专业生涯首个黄金时代，刘秀荣则不仅创演了《四川白毛女》等现代戏，还主演了《穆桂英大战洪州》等经典的戏曲电影，并凭借《春郊试马》一剧荣获国际金奖，她擅长的王派剧目和新编戏广播大江南北，剧场号召力及艺术影响力足以比肩当年《白蛇传》。如果没有后来的政治和社会原因，刘秀荣这个名字，在菊坛还可以再光辉熠熠些。当然，这是后话。

第一节　剧团"大跃进"

1958年是新中国历史上特殊的年份。是年，"大跃进"在全国开展起来了，还出现"超英赶美，自力更生，大炼钢铁，粮食夺高产，各条战线放卫星"的口号。全国经济生产领域呈现一派"大跃进"的高潮。在这种思潮的影响下，文艺

第六章　山雨欲来风满楼

界,尤其是戏曲界也开始了"主抓艺术创作,多排戏,出好戏"的热潮。首都戏曲界创作之风尤盛。

1958年初,中国戏曲学校实验京剧团在京外演出的时候,就确定了排演新戏的计划。得知这些消息时,刘秀荣产后才不到一个月。刘秀荣好强,不想错过这次机会,就跟母亲韩智华商量能不能在屋子里先练练腿,提前准备一下。

"绝对不行,那会受伤的,怎么也要过四十天。"母亲一听就严令禁止,摆着手严肃地回答。

"四十天?"刘秀荣心里着急道,"哎呀妈呀,可急死我啦。"

"急也得等着,绝对不行。"

就这样,刘秀荣一天一天地盼着,与时间对峙着。终于盼到儿子永光满月,她已然急不可耐。早上起床,刘秀荣安顿好儿子,跳下床,偷偷拿起练功鞋练功裤直奔排练场。压腿、踢腿、跑圆场,曾经熟悉的一切练习又一项一项重复起来,好在耽搁时日不多,这些基本功还没生疏。只是腰功略为欠妥,刘秀荣只觉腰间疼痛,费大力也弯不下去。不过这点她不担心,只需稍加训练就能恢复。

"哎呀,你不要命啦?"母亲韩智华见到刘秀荣满头大汗在练功,惊呼道。

"我就活动活动,没事,放心吧。"轻描淡写一般,刘秀荣一边安慰母亲,一边继续下腰。

一周后,剧团返回北京,张春孝也回家了。刘秀荣一直忘不了张春孝第一次见到儿子的情景:他爱怜地把两只手伸向永光,想摸摸小宝贝,却不知把手放哪儿好;想亲亲小宝贝,又不敢把脸凑太近,最后只好扒在小床前,左看右看,一个劲儿傻笑,还不停地说:"叫爸爸,叫爸爸。"逗来逗去,好像心灵感应一般,刚满月的小永光竟咧着小嘴笑了。

1959年刘秀荣、张春孝与儿子永光在中国戏曲研究院合影

剧团回京后只休整了两天，就投入了紧张的排戏中。在"大跃进"精神的"感召"下，领导提出一项要求：十天内排出《刘介梅》《红色风暴》《智取威虎山》《碧波潭》四个大戏。

刘秀荣因为有之前的恢复训练，如今也同张春孝一道顺利参与到不分日夜的紧张排戏中。《红色风暴》中刘秀荣扮演林祥谦的妻子，张春孝则扮演美国领事；《智取威虎山》中刘秀荣扮演栾妻，张春孝扮演定河道人；《碧波潭》中刘秀荣扮演鲤鱼仙子，张春孝扮演张珍；此外，张春孝还在《刘介梅》中扮演刘汝梅。

时间紧，任务重，因此四个戏几乎是同时排，全团三十多个演员共同担负。要求十分严格，甚至残酷：全团所有演员必须守在排练场，随叫随到，饿了就在排练场吃，困了就在排练场地毯上睡觉。谁也不要计较角色大小，名次排名。全团的生活只有一个主题：排戏。

十多天的时间里，刘秀荣随实验京剧团一道，克服了常人难以想象的困难，终于完成了这个几乎不可能完成的任务：四个大戏如期完成。戏校专门邀请领导和组织观众到中国戏曲学校排演场观赏彩排。经检验观众反响很好，质量上也有保证。最终，审查获得通过，剧团领导决定带着这批剧目到山西、河北省巡回演出。

当时全国都时兴"大炼钢铁"，剧团到了山西才发现，人人都在大炼钢铁，顾不得看戏，因而戏票推销不出去。团长思忖良久，决定更改原先的演出计划，全团演职员干脆不演了，一起投入山西省的"大炼钢铁"运动。

于是，在当地文化局负责人的安排下，原本戏台上的名角儿大腕们开始每天为炼钢炉运砖。早上八点，几辆大木板车出动，男士们驾辕拉车，女士们在两边扶板推车，往返几十里地，头顶烈日，脚踩滚烫的马路，满脸通红，汗流浃背，直到晚上六点。

刘秀荣当时产后不到两个月，身体还没完全恢复，也主动参加劳动：

> 我被这"大跃进"精神所感染，像个小伙子似的和大伙儿唱歌推车运砖，一天运送几次，渴了喝口凉水，饿了就吃自带干粮，高粱米面窝头（深

紫色的像砖头那么硬)。[①]

几天后，全剧团上下一致认为：与其在山西运砖，还不如回北京自己炼钢。因此全团又拉回北京，在中国戏校院内搭起一个个小炼钢炉，炼起钢来。领导更是动员所有人把自家铁器、门环等都拿到戏校炼钢，一天二十四小时轮番守在炼钢炉旁。

剧团十天排完四部大戏并赴外地演出，却遇观众冷场，无奈之下又和当地人一起拉车运砖，演员不演戏，竟全力炼钢……种种情形，在后辈看来似乎难以理解，颇觉荒诞，但在当时的政治环境下，这恐怕是每个普通人都无法选择和逃避的相似经历。初为人母的剧团挑梁旦角演员刘秀荣，又怎么能例外？

第二节 现代戏《四川白毛女》

在"大跃进"思潮的影响下，中央文化部筹划于1958年下半年在北京举办全国现代戏调演。为积极响应这次调演，中国戏曲学校实验京剧团决定创排现代京剧《四川白毛女》。

白毛女的故事当时已家喻户晓，主要归功于歌剧《白毛女》在延安时期的风靡。那部歌剧是根据民间传说中"白毛仙姑"的故事编写的，其中的代表人物如杨白劳、黄世仁等妇孺皆知。

中国戏校实验剧团创排的京剧《四川白毛女》却与歌剧《白毛女》大不相同。京剧《四川白毛女》取材于四川一个真实的故事，曾登上过川剧舞台，原剧名为《罗昌秀》。史若虚、钮隽、殷野几位先生根据川剧本《罗昌秀》和相关资料重新编写后，形成了《四川白毛女》的最初剧本。刘木铎先生导演，刘秀荣扮演女主人公。这是刘秀荣第一次担任现代戏的主演。

---

① 刘秀荣：《我的艺术人生》，中国文联出版社2006年版，第174页。

根据《京剧文化词典》所载，该剧剧情大意如下：

> 贫农何锡朋被地主何锡章强霸田产，并抢走其子女昌保、昌秀，罚作苦役，何含恨而亡。昌保兄妹逃走被捕，惨遭毒打。长工周大叔设法救二人脱险，兄妹逃至断头山。昌保寻食时被狗腿子杀害，昌秀躲藏深山12年，鬓发皆白。四川解放后，地主何锡章亦逃至断头山，遇昌秀惊惧再逃，被我军捕获，昌秀得救，与家人团聚。①

其实，将歌剧《白毛女》照搬或移植到京剧舞台上更为方便。这个道理谁都明白，可当时的艺术家们不愿投机取巧，不愿简单模仿，偏要塑造一个新的"白毛女"来。要知道，这么做是有很大风险的，一者没有现成经验可循，难度很大；二者歌剧《白毛女》的影响已经深入人心，新"白毛女"极有可能"费力不讨好"。况且戏中原型罗昌秀还生活在现实生活中，这又给创排增加了难度。贯涌后来在回忆中则认为，当时排演《四川白毛女》的难度不止这两点：

> 在京剧里面，纯青衣型的这种戏难编难演，而四川白毛女和原来那个白毛女有很大的一个不同，就是那个白毛女是从歌剧来的，即便是杜近芳演的，她还是走的闺门旦的路子，而四川白毛女，是以正工青衣为基础，来刻画这个人物的。尽管四川白毛女年龄不大，但是，她要求从容稳重，再一个呢，当她变成完全白发的时候，又要展现她在山里的野性，那么就要求唱做并重。②

面对种种预想中和预想之外的困难，刘秀荣和全剧团凭着一股创新的激情，坚定地认为："没有捷径，唯一可走的道路只有——闯和创！"

排演第一步是熟悉剧本，了解人物：

---

① 黄钧、徐希博主编：《京剧文化词典》，汉语大词典出版社2001年版，第463页。
② 引自2013年10月2日笔者对贯涌的采访录音。

第六章　山雨欲来风满楼

我熟读剧本，仔细查阅有关报道资料，使我了解到罗昌秀这位四川贫农的女儿，当地的恶霸团总欲谋占罗昌秀一家赖以生存的二亩所谓"风水宝地"，残忍地杀害了昌秀的父亲和哥哥昌宝，放火烧了罗家的栖身之地——两间破草房，罗昌秀被迫孤身逃到断头山，躲藏二十余年，过着野人般的生活，四川解放后才得获救，回家与亲人团聚。我被罗昌秀的经历和悲惨遭遇深深感动和激励。决心塑造一个新的、现代的"白毛女"的艺术形象。[①]

由于当时不提倡照搬现实中的人名，所以罗昌秀在《四川白毛女》被改为何长秀。

刘秀荣深知，戏曲不同于歌剧和话剧，对于人物的理解不能简单停留在"体验"阶段，还必须考虑如何将人物借助唱、念、做、打来体现出来。当然，体验是基础。没有对内在性格的把握，何谈塑造外部性格？反之，只有对内在性格的体验，却没有外化，没有通过表现手段传达给观众，又如何能称得上是演戏？如果将内在性格归纳为"戏"字，将外部性格归纳为"技"字的话，那么"戏""技"要有机融合才行，京剧观众不仅要看"戏"，还要欣赏"技"，缺一不可。只重"戏"，或者只重"技"，都是偏颇的。

因此，在熟悉人物之后，刘秀荣面临的新难题，就是如何"戏"中加"技"。

运用京剧固有程式强化内心活动是基本方法。在排演"哭兄"一场时，刘秀荣就运用了这一方法。这一场讲述何长秀随哥哥何长宝逃出家门，途中长秀口渴，长宝为妹妹寻水的途中遭遇恶霸派来的打手，惨死在荒郊。何长秀等候良久，不见哥回，返身寻找，却发现哥哥浑身是血倒卧地上。这时候，刘秀荣扮演的何长秀先是非常动情、声嘶力竭地高喊一声："哥哥！"然后猛扑过去。为了突出何长秀的痛不欲生和刺心裂肝，刘秀荣走了一个"窜抢背"过人，从哥哥身上翻过去，然后扑在哥哥身上痛哭不止。这一处理，既保留了京剧表演的特色，又很好地传达了人物的情绪，同时感染了观众。

---

① 刘秀荣：《我的艺术人生》，中国文联出版社2006年版，第175页。

为了突出刻画人物，在适当的时机，试图突破行当的限制也是刘秀荣创造角色的方法。何长秀痛失兄长后，联想到父亲的遭难以及老母亲、弟弟的下落不明都是恶霸团总何锡章一手铸成，顿时间由呼天抢地的绝望崩溃之情转为握拳透掌的愤慨仇恨之情。这个突变既要在内心完成，同时也要通过外部形体表现。可是，具体用什么表演来体现呢？一开始这个问题难住了刘秀荣。

这个时候，导演此剧的刘木铎先生给予刘秀荣很多启发。

在刘秀荣的演艺道路上，遇到过不少才华横溢且个性鲜明的导演。诸如李紫贵导演，亦师亦友，对于刘秀荣的成长帮助极大，刘木铎先生也同样。不同的是，李紫贵导演梨园行出身，熟稔戏曲身段表演，常常亲自示范，演员只需要照着李紫贵先生的技巧安排"依葫芦画瓢"，就能取得应有效果；刘木铎先生则是位话剧导演，很少示范戏曲程式，更多是启发式指导，主要靠演员自己琢磨。刘先生这种导演方法，对于需要发掘自身潜力的演员帮助极大，对于刘秀荣这个亟待成熟的青年演员而言，锻炼极大。

在刘木铎的反复启发下，刘秀荣终于有了灵感。只见原本倒地哭泣的何长秀猛一下站起来，大步走到下场门附近，用尽全身的气力，拼命做抓树枝、抱树枝的动作。刘秀荣想象树枝足有一米宽，分量极重，因此自己的步伐沉重而艰难，一步一步向前移动。这样大幅度夸张的动作，无论是青衣花旦，还是刀马旦、武旦的原有程式动作，都难以驾驭。于是刘秀荣就借用武生的功架、花脸的劲头，连手都不用兰花指，而用花脸的"五爪金龙"——即张开五指来抓抱树枝。这些突破旧有固定套路的、跨越行当程式的动作，随着何长秀的满腔悲愤层层递进，气势愈烈，节奏愈强，夸张而不过火，简单而不粗陋，使台上和台下产生了心灵的共震，有些人从这种共震中联想到歌剧《白毛女》，认为京剧《四川白毛女》的内容感染力和悲怆刚烈的气质足以与歌剧比肩：

> 特别让我们感动的是长秀从寒风凛冽，想起了老母在山下度日艰难，便送去了一点干柴。她见到房侧的地也荒了，便拿起锹头松土。女儿想念母亲，但是，她想到自己今天的模样和处境："哎呀母亲哪，你纵然胆儿壮、性

儿刚,见了儿不畏惧,不躲藏,定比不见更心伤,分别还会更断肠。若被歹人来窥见,反为母亲添祸殃。"母亲也想念女儿,然而,茫茫群山,哪里去找?门内门外,咫尺天涯。长秀把"妈"字叫出声来,又不得不咽下去了。是谁把她们逼到了这种地步?看到这儿,我不禁联想到歌剧"白毛女"中,杨白劳为喜儿扎头绳的情节。这两段戏,都是写的劳动人民的亲子之情,但情境不同。"白毛女"中,欢乐中饱含着心酸的眼泪;这里,没有眼泪,没有啼哭,却是在凄怆中蕴蓄着强烈的控诉!①

刘秀荣在刻画人物时,还注重将生活真实巧妙融入戏曲程式中。尤其是在塑造何长秀成为白毛女后的"野人生活"时,刘秀荣颇多创造,尤其是"思亲"和"送柴"两场。刘秀荣认为,何长秀虽然久居深山,受尽折磨,苦苦煎熬数载春秋,驱虎逐豹,挖草充饥,几乎与"野人"生活无异,但是她毕竟还是一个善良柔情的女子,一个思念亲人的少女。所以在表现上要有双重考虑,既要表现其野人的习性,还要照顾其温柔的人性。

"蓬蓬的白发披肩上",唱这句时,白毛女刚登台,蓬头垢面,刘秀荣就借鉴花脸挵髯口的身段功法,不用旦角的别腿、塌步,多用大丁字步前弓后箭,同时避免太男性化,使之既像"野人",又不失艺术造型之美。

"每逢我采野果攀登树上,思娘亲两眼望家乡。"唱这两句时,刘秀荣静坐山石之上,搭起双腿,双手抚摸白发,宛如雕塑。同时借助声音诉说心曲。静坐时,气势偏弱,发声时,感情强烈。如此一静一动、一强一弱,对比反差,立体而形象地勾勒出何长秀内心和外在的双重变化。

对于保守者而言,刘秀荣的创新突破了原有的界限,实属"大逆不道"。刘秀荣却不这样认为,很多文艺界的专家和观众也不这样认为。程式只是戏曲表演的技巧规范,是为表达戏曲之"道"服务的。这个"道",正是老子所谓"道可道,非常道"之"道",只可意会而不可言传。"技"可变,而"道"不可变。当

---

① 颜长珂:《富有创造性的演出——看京剧"四川白毛女"》,《人民日报》1960年5月12日。

《四川白毛女》,刘秀荣饰何长秀,王梦云饰母亲

"技"之陈腐落后无法表达"道"时,"技"就需要改变和创新了。尤其是在表现现代生活题材时,如果严格遵守传统程式,不敢大胆求新,不敢创造新的表演程式和技巧的话,就只能堕入抱残守缺的魔道了。更何况,刘秀荣的创造,是在不违背戏曲规律的前提下进行的,是在求真求美的要求下进行的,其创造的效果,是"既真实又美观,既新颖又传统",这难道不是每一个赞赏革新的戏曲表演家所期冀的目标吗?

《四川白毛女》的演出,以及刘秀荣的创新手段和意图,在全国现代戏调演中,得到了文艺界和观众的理解、肯定和赞赏:

剧情曲曲折折,引人入胜,使观众的注意力始终集中于内容的发展,既不感到平凡单调又不因某种新奇手法的显著突出而心有旁骛。[①]

何长秀这一新"白毛女"形象也为大家所接受。多年后,当时看过刘秀荣演出的文艺界老专家和老观众,提起《四川白毛女》仍然记忆犹新,兴趣盎然:

这个戏的矛盾发展,是步步登高,引人入胜。我愿在戏曲现代剧目风起云涌的时候,在戏曲艺术大革新大发展的时候,推荐这出好戏:《四

---

① 杨荫浏:《京剧"四川白毛女"的成功演出》,《人民音乐》1960年第5期。

川白毛女》。①

《四川白毛女》后来与京剧《红灯记》《奇袭白虎团》《智取威虎山》一道，成为公认的现代戏优秀剧目：

> 这些剧目既有蓬勃的时代精神，又有颇高的艺术水平，为新中国现代戏创作作了一个良好的开端。②

此后中国戏校的陈和平、李维康也相继排演了这出《四川白毛女》。"思亲""送柴"这两折戏更是被列入戏校的教材，一代一代传给后辈。

能够得到别人的理解和肯定，就是对一个戏曲表演艺术家的最尊贵的奖励，从王瑶卿老那里继承"革新"精神的刘秀荣，对此更觉无比欣慰。

第三节 喜获国际金奖

为庆祝中华人民共和国成立十周年，文艺界很快又投入献礼演出的准备工作中。当时，京剧界都在积极准备献礼剧目：梅兰芳创排《穆桂英挂帅》，尚小云排练《双阳公主》，荀慧生加工《荀灌娘》，周信芳创排《海瑞上疏》，中国京剧院与北京京剧团强强联手，共同打造《赤壁之战》，马连良饰演诸葛亮，谭富英饰演刘备，李少春饰演鲁肃，叶盛兰饰演周瑜，裘盛戎饰演黄盖，袁世海饰演曹操，孙盛武饰演蒋干，李和曾饰演张昭，真可谓名家云聚，流派纷呈，空前绝后。另外一台戏是田汉先生编剧的《西厢记》，张君秋饰演崔莺莺，叶盛兰饰演张珙，杜近芳饰演红娘，李金泉饰演崔母，娄振奎饰演惠明，同样是名家荟萃，阵容不凡。

---

① 任桂林：《推荐〈四川白毛女〉》，《剧本》1958年第9期。
② 吴文科主笔：《20世纪的中国·文学艺术卷》，甘肃人民出版社1999年版，第168页。

中国戏曲学校不甘落后，欲求出奇制胜，以颇具活力的青年演员为主力，展现出独具特色的青春活力。1959年初，经过研究，校领导确定集全校之力复排大型神话京剧《牛郎织女》。这个戏在1950年就排演过，原剧由田汉编剧，李紫贵导演，王瑶卿任艺术指导兼唱腔设计，刘秀荣扮演织女，张春孝饰演牛郎，袁国林饰演金牛星，朱秉谦饰演张有才，张曼玲饰演嘎氏，魏克虞饰演王母，王荣增饰演薛太公，李鸣岩饰演刘大娘，刘长生饰演壮儿，钱浩梁饰演鹊王。此次复排，校方决定由钮骠执笔改编剧本，由刘木铎、荀令香、王荣增任导演，演员阵容基本不变，只有个别调整，还保留了全部的唱腔及原先大部分的舞台处理，特别是保留了当年广受欢迎的牛形表演。[①]

当时在校的1952年届和1956年届中国戏曲学校表演班，作为群众演员参加了排演，当时上三年级的张关正也参与其中：

> 我们全体36个男生扮演云童，18个女生扮演仙女，陪着我们当时这些老师也好，叫师姐也好，一同参加排演。由于这么个机会，我们这些小同学就跟他们在同台来进行创作，这种耳闻目染更加深了他们在我们心目中的地位，我们也亲身感受到了他们艺术的魅力。这一段经历也使我们这些后入学的学生，对我们这些师哥师姐们更加崇拜了。给我更多印象的是刘秀荣老师和张春孝老师台上的默契合作与台下的相互关爱，他们的确是艺术界的楷模、真正的模范夫妻。[②]

就在全团热火朝天进行加班排练时，刘秀荣和张春孝突然接到文化部通知，抽调两人随同江苏省京剧团一起参加在奥地利首都维也纳举行的第七届世界青年

---

① 初演时，由马名群和陈双义扮演牛形，形态动作胜似真牛，非常可爱，广受欢迎。后来中国京剧院也排演了原本《牛郎织女》，由叶盛兰扮演牛郎，杜近芳扮演织女，王玉让扮演金牛星，周云鹏扮演鹊王。还特派两位演员到戏校专向马名群和陈双义两位学习牛形的动作。十年后复排时，因王母原饰者魏克虞调到新疆工作，故改由王梦云扮演王母，牛形也改由王英斗、左振清扮演。复排版《牛郎织女》最终未通过审查，没能参加国庆十周年献礼。

② 引自2013年10月12日笔者对张关正的采访。

与学生和平友谊联欢节,并赴北欧进行访问演出。二人原角色也改由刘长瑜、萧润德演出。

当时中国戏曲研究院老院长、著名戏剧家马少波先生是负责审查出访节目的领导,1959年5月,也就是刘秀荣、张春孝参加江苏省京剧团排练前夕,马少波找到两人谈了一次话。通过这次谈话,刘秀荣才知道自己和张春孝被抽调出国,正是马少波先生的建议。马少波先生对刘秀荣、张春孝亲切地说:"江苏团的戏,我看他们新改编的《虹桥赠珠》很不错,其他剧目有待加工。他们来北京审查了两三次,都没有通过。主要是文戏缺少表演性强的节目,我就想起了刘秀荣,剧目我也选好了,有《拾玉镯》《秋江》《小放牛》《盗仙草》《双射雁》《水漫金山》,都是刘秀荣的熟戏,你们两个跟他们一起排练一下就可以了。我希望你们两个人跟江苏京剧团搞好合作关系,我和他们的领导讲了,你们两个是作为主演身份参加这次出访,他们会很好地照顾你们的,我期待你们和江苏省京剧团圆满地完成这次北欧访问演出任务。"

老院长马少波的提携和扶植,令这对年轻的演员夫妻感激万分。刘秀荣和张春孝当即表示坚决完成任务。但也提出了一个小小的请求:希望带位琴师和武戏合作者。马少波院长欣然同意。

次日,刘秀荣和张春孝,还有琴师杨津亭先生,武生演员刘洵一起到出访团驻地——东城区圆恩寺团中央招待所报到,正式加入江苏省京剧团的出访剧目排练工作。

为排好剧目,江苏省京剧团特派出不少优秀演员担任配角,以配合刘秀荣的演出。名丑朱鸿发就是其中一位令刘秀荣难忘的"老大哥"。他平时为人谦虚,待人和善,像个和蔼的"老妈妈",演起戏来却惟妙惟肖,丝毫不含糊。《拾玉镯》中的刘妈妈,《秋江》中的老艄翁,《小放牛》中的牧童,这些角色均是朱鸿发扮演的。他还常对刘秀荣说:"我一切都按照你的路子来,绝对把你捧得严丝合缝。"

江苏省京剧团名旦刘琴心也让刘秀荣印象深刻。刘秀荣主演的《水漫金山》[①],

---

① 这出《水漫金山》的其他角色全部由江苏省京剧团演员扮演。刘秀荣的师弟刘洵在该剧中曾扮演神将,和刘秀荣有一套双枪荡子对打。此外,刘洵还在"盗仙草"一场中扮演鹿童,和刘秀荣打对剑。

剧中小青就是由刘琴心扮演的，技艺不凡，又十分认真。另一出戏《双射雁》，出国后改名《穆柯寨》，本是刘秀荣和张春孝合演的。考虑到刘琴心出国后没有主演的剧目，马少波院长就让刘秀荣把该剧主演位置让给了刘琴心。刘琴心比刘秀荣年长，资格稍老，却十分真诚、谦虚地跟刘秀荣学《双射雁》，一招一式，一丝不苟。其谦恭虚己的为人态度和笃实好学的事业精神，让刘秀荣至今难忘。

就在刘秀荣鼓足干劲，紧张排练的时候，情况又有了变化。刘秀荣、张春孝等突然接到上级领导通知，马上编创排练《春郊试马》，准备参加第七届世界青年与学生和平友谊联欢节的文艺比赛。当时时间所剩不多，刘秀荣又一点儿思想准备都没有，虽然参赛的机会不容错过，可是要在这么短的时间编创出一个高水平的新戏，实在挑战太大了。刘秀荣既高兴又着急，和张春孝、刘洵、万连奎① 一起，边研究方案，边着手排练，随编随改起来。

《春郊试马》是江苏省京剧团冯玉铮先生根据民间传说编写而成，剧情很简单，大概是这样的：唐朝巾帼英雄樊梨花，在一次出征前，偶得一骥宝马，樊梨花大喜过望，趁着春光明媚的大好天气，命马夫牵至郊外试骑。剧本中只安排有两段昆曲唱腔，主要是通过戏曲表演技巧来体现樊梨花的巾帼气概和飒爽英姿。

刘秀荣特别喜欢武戏，曾在十四岁时随武旦名家方连元先生练过《战金山》《扈家庄》等戏，此外，她对于尚派名剧《昭君出塞》也颇有研究，在创排《春郊试马》过程中，刘秀荣将之前这些身段基础的积淀统统拿来，精挑细选，融会贯通，巧织细纺。短短几天，《春郊试马》就初见轮廓，樊梨花竟也英武潇洒起来。配戏的万连奎武生功底也了得，跟头翻得又飘又冲，飞脚、旋子、搅柱更是不在话下。

《春郊试马》，刘秀荣饰樊梨花

---

① 万连奎当时是江苏省京剧团的青年武生演员，在《春郊试马》中扮演马夫。

第六章　山雨欲来风满楼

于是只见驻地当院洋灰场上，刘秀荣和万连奎头顶炎炎烈日，汗流浃背地练起来了，一点点磨，一遍遍练。张春孝和刘洵在一旁出主意把关。终于到了四人认为的节奏流畅利索，技巧丰富精彩的时候，便请来江苏京剧团的名鼓师姚德林先生一同开始设计曲牌和锣鼓点。

日夜轮转，时光飞逝，很快到了响排的日子。在台基厂团中央礼堂大厅，观看的剧团领导和其他演员一下子就被震撼住了。他们都想不到，短短几天，这出小戏竟能排得这么好，连编剧冯玉铮先生都惊叹不已。

接下来的彩排审查，《春郊试马》一次通过。马少波院长特别高兴，他觉得这样一出情节简单的小戏，演得如此红红火火，热热闹闹。两个人满台飞旋，载歌载舞，出国参赛，获奖绝没问题。

出国剧目审查通过后，以江苏省宣传部部长钱静仁同志为团长的中国京剧艺术团，正式开赴奥地利首都维也纳，参加第七届世界青年与学生和平友谊联欢节。

抵达维也纳后，艺术团先是参加了联欢节的开幕式，之后便是国际文艺比赛，中国京剧的表演依次进行。

那天，刘秀荣丝毫不觉紧张，一丝压力也没有。一者因为此前与万连奎已不知练习过多少遍身段动作了，各种技巧早已熟稔；二者刘秀荣对于京剧国粹的艺术魅力一直饱含信心，这项世界独特无二的民族艺术只要一演出，即使不获奖，也一定能获得赞誉。因此，刘秀荣在完全没有负担的情况下，轻松自如、完美无缺地演完了《春郊试马》。演出后，刘秀荣只记得现场没出现任何失误，发挥正常，观众掌声雷动，并未妄想其他。

"刘秀荣，告诉你一个好消息，"全部比赛结束后，张春孝来到刘秀荣的房间里来，笑着说道，"你得了金奖了。"

"是吗？"看着张春孝嘴角露出难以抑制的喜悦，刘秀荣依然将信将疑，还是未把获奖的事放在心上。

吃午餐时，团领导正式宣布了比赛结果：《春郊试马》获得国际金奖，刘秀荣和万连奎各获一枚金质奖章；沈小梅和宗云兰参赛的《游园惊梦》也获得了金奖；周云霞、周云亮等参赛的《虹桥赠珠》获得东方古典舞蹈集体金奖。

团领导话音未落，场内便响起热烈掌声。大家互相祝贺，喜不自禁。直到这时，刘秀荣才确信自己真的获得了国际比赛的最高荣誉，她的内心开始澎湃起来。

手捧国际金质奖章和证书的时候，刘秀荣语塞了，她脑中开始浮现无数生命中重要的名字：父亲刘子元、恩师王瑶卿、丈夫张春孝、剧作家田汉、导演李紫贵、老院长马少波，以及母校各位恩重如山的老师、剧团诸位同仁、江苏京剧团的演员们……太多了，甚至于在心里，她都无法一一感谢。她深知这枚奖章来之不易，任重而道远：

荣获国际金奖后刘秀荣（中间）与钢琴家鲍蕙荞（右一）等在维也纳合影

> 我虽然是中国戏校获得国际金奖的第一人，但这不能成为我骄傲的资本，这只是我新的起点，我在心里发誓：牢记党和母校、老恩师和众多老师们对我的培育，永远不骄傲，一辈子为京剧艺术拼搏和献身！[①]

值得一提的是，刘秀荣乃中国戏曲学校第一代毕业生中之翘楚，此次获奖，既是她正式荣膺戏校旦角"桂冠"的仪式，也是中国新式戏曲教育大获成功、赢得国际认可的赞礼。剧校、新编戏，这些富有现代意味的名词，终于也获得了世界艺术界的认可，证明了戏曲革新的进步价值。

第四节　访问北欧

离开维也纳后，刘秀荣随团来到瑞典。中国驻瑞典大使董越千特意将大使馆

[①] 刘秀荣：《我的艺术人生》，中国文联出版社2006年版，第183页。

的客厅、会议室腾出来让全团演员居住，还吩咐厨师准备上好的饭菜。

　　董大使学识渊博，又是京剧票友，尤其钟爱小生行当，因此他格外关照张春孝这个"同行"，董夫人待刘秀荣也非常热情。在使馆联欢会上，董大使还饶有滋味地唱了《群英会》里周瑜的一段【西皮摇板】："曹孟德兴兵马惯劫粮道，聚铁山必埋伏将士英豪。诸葛亮此一去性命难保，这是我暗杀他不用钢刀。"唱罢，包括刘秀荣在内，在场所有人都发自真心地赞叹起来：

> 因为中国的外交官中爱唱京剧的不少，但是能唱京剧小生的不多，而且董大使演唱的很有点儿专业水平，所以受到大家的热烈欢迎。[①]

　　几日养精蓄锐后，艺术团开始了在北欧的演出。

　　江苏省京剧团推出的剧目有周云霞、周云亮、王正堃、张世兰、赵云鹤等主演的《虹桥赠珠》；周云亮主演的《卧虎沟》《挑滑车》；冯玉铮编导，沈小梅、杨小青主演的《倩女离魂》；王正堃、张世兰主演的《火判》；王琴生、金少臣、沈小梅主演的《二进宫》；刘琴心、张春孝主演的《双射雁》等戏。除大轴戏《虹桥赠珠》不变，其他剧目轮转演出。

　　刘秀荣主演的剧目有她和张春孝、朱鸿发合作的《拾玉镯》，以及《小放牛》《盗仙草》《秋江》等戏。

　　在所有剧目中，最受欢迎的是《虹桥赠珠》和《拾玉镯》。《虹桥赠珠》是武戏，集中了翻打、出手等技巧，自然精彩绝伦。然而刘秀荣演出的《拾玉镯》是文戏，竟然红遍北欧，实在出乎意料。《拾玉镯》在瑞典首场演出时，观众竟边鼓掌边不约而同跺起脚、踏起地板来，声音如山崩地裂一般。在台上的刘秀荣起初惊惧，后来心中疑惑：没演错呀？这是怎么了？演出结束后，一问董大使才明白：原来这是瑞典特色的"叫好"，手脚一并使用才能表达最强烈的赞美效果。

[①] 刘秀荣：《我的艺术人生》，中国文联出版社2006年版，第184页。

刘秀荣、张春孝夫妻在瑞典留念

由于外国观众欢迎，从瑞典首演之后的每场演出，前面的戏码无论怎么变，大轴戏《虹桥赠珠》和压轴的《拾玉镯》始终不动，是北欧演出的最佳剧目。不仅观众欢迎，江苏京剧团的演员也特别喜欢，刘琴心、沈小梅专门跟刘秀荣学了整出《拾玉镯》。

离开瑞典，刘秀荣还随团访问了芬兰、挪威、丹麦、冰岛等国，对于北欧的秀丽风光、民俗人情印象极佳，尤其难忘冰岛的鲜鱼。

此行长达三个多月，刘秀荣第一次和江苏省京剧团接触。虽然容身于新团体，但刘秀荣丝毫不觉生疏和隔膜。同事间像朋友一样，绝没有互相拆台、制造矛盾的现象。所有人都把心思放在钻研艺术上，不论辈分年纪，各尽其才，不争不抢，还真心实意将刘秀荣视作主演，极力配合。王琴生和金少臣两位年长的艺术家，更待刘秀荣和张春孝宛若亲人，还管刘秀荣叫"姑奶奶"，管张春孝叫"姑姥爷"。一些人的为人处世之道也给刘秀荣很大启发，尤其是刘琴心和沈小梅，永远谦逊好礼，健康朝气，甚至这两位江南女子的衣着打扮都别具魅力。

此次欧洲之行，既为刘秀荣向世界艺术界展现表演才能提供了平台，更为刘秀荣学习合作精神、人格成长提供了契机。

鉴于刘秀荣在艺术上不断探索、突飞猛进，在各类国际、国内大赛中屡获佳绩。1960年6月，刘秀荣被评为北京市社会主义建设积极分子，并出席了全国群英大会，受到毛泽东等党和国家领导人的接见。这是新中国政府给予刘秀荣的崇高荣誉，也是对刘秀荣传承民族艺术功绩的肯定和奖励。

第五节　名动上海滩

"一个京剧演员在北京、天津唱红了不算红，在上海唱红了那才真是唱红了呢，过去叫闯上海滩嘛，"在刘秀荣的一次收徒会上，著名戏剧家吴祖光先生曾经如是说道，"'文化大革命'前我跟实验京剧团到上海演出，我请了电影明星夏梦等人去看戏，捧场，一下子刘秀荣她们就红了，全国才出了名。"

吴老所说确有此事。

那是1961年冬，中国戏校实验京剧团首次到上海演出。剧场在上海中国大戏院，由于上海京昆界刚刚联合演出过《白蛇传》，所以原定的由刘秀荣主演的这个打炮戏临时改为一台折子戏。头一天，第一出戏是李长春、李春城主演的《铡美案》，裘、高两派合作，韵味醇厚；第二出戏是刘长瑜主演的《卖水》，唱作俱佳，青春靓丽；第三出戏是刘秀荣和弟弟刘长生合作的《小上坟》，功底扎实，载歌载舞，悲喜交加；大轴戏是钱浩梁的《伐子都》，技艺精到，流畅紧致。

第二天是两个中型戏，前面是李春城、袁国林、许德福、朱秉谦等主演的《海瑞背纤》，李春城嗓音高亢，声情并茂，师兄全力托衬，题材广受欢迎，效果强烈；大轴戏是由川剧移植改编的《香罗帕》，这是一出描写青年男女爱情的轻喜剧，由刘秀荣扮演女主人公赵府千金小姐赵蕊芝，张春孝扮演赵蕊芝的未婚夫欧阳子秀，刘长瑜扮演丫鬟兰香，由被众人称之为"芙蓉草第二"的柯茵婴扮演赵蕊芝的母亲赵夫人，程派大青衣张曼玲以泼辣旦扮演秦姨妈，由杨派老生以陈国卿以麒派唱念扮演老院公。

《香罗帕》一剧虽然内容轻松，演出者却不易把握，既不能媚俗，又不能过于拘谨，更有前一场《海瑞背纤》的完美表现做铺垫，若不尽力演出，难免会令整场演出有"头重脚轻"之感。

演出前，经过仔细分析，刘秀荣认为剧中赵蕊芝的艺术形象应是年轻、漂亮、端庄、秀丽，但有点骄娇二气的大家闺秀。因此，刘秀荣吸收了"川妹子"爽朗、天真、活泼的性格特色，在艺术上采取青衣、花旦两掺，韵白、京白混用，也就是王瑶卿提倡的"风搅雪"的处理方法；在唱腔方面，刘秀荣着力发挥王派"猴皮筋儿"的特色，加强了艺术感染力，赵蕊芝初登场一句【南梆子原板】"碧柳荫，漫池畔，清水涟涟"就赢得台下观众一个满堂彩。另外，同台的几位演员都恪守"要演人物"的原则，大胆突破行当、流派的界限，充分发挥了京剧技巧，又避免了古板呆滞。各演各的戏，各展各的艺，人数不多，却满台生辉。

上海观众没有看过《香罗帕》这出戏，开始还认为是荀派名剧《香罗带》，进了剧场才知道是两码事儿，但是越看越觉得新鲜、有趣，从始至终掌声、笑声不断。《香罗帕》因此这一下轰动了上海滩，场场客满，座无虚席。

吴祖光先生当时正在上海，与电影界、戏剧界的名流交往甚厚，因此每场都邀请夏梦、赵丹等文化艺术界的知名人士来捧场。这一下子，上海的观众更有福气了：他们既买票欣赏了好戏，又能看到大明星们的"庐山真面目"，真是过足了瘾。由此一传十十传百，传遍了上海的城隅巷弄，一时间剧场外比肩叠踵，一票难求。

这便有了开头吴祖光先生的话。在上海的刘秀荣和中国戏曲学校实验京剧团，红了！

风光上海过后，刘秀荣和实验京剧团意外惊动了当时一位大人物。这位大人物就是"主席夫人"江青。江青当时正在上海为"京剧革命"做调查研究工作，听闻实验京剧团的演出盛况空前，她特提出要亲自到剧场观看。

"主席夫人"亲临剧场，这在当时可是头等大事。上海市委主要领导给实验剧团和中国大戏院负责人专门下达指示："'主席夫人'要到剧场观看演出，由于身体原因，怕受强烈震动刺激，一是座位安排在十排以后，不要太前，也不要太后，二是乐队打击乐大锣、铙钹不要演奏得太响。"

关于座位，没有问题，剧团和剧院绝对能够确保安全。打击乐音响的问题倒成了难题：要是锣鼓不打响，没气氛，没精神，像是"泡汤"[①]似的，弄不好就被定性为对首长的态度有问题；要是打响了，又不符合指示精神，像是故意和领导唱反调似的，成为立场问题了。怎么办呢？最后，在集体智慧的努力下，剧团终

[①] 意指消极怠工。

于试验出一个方案：在大锣、铙钹内侧贴一圈橡皮膏，如此起到减弱共鸣，减小音量的作用，又能不失本真音色。工作人员开演前还专门坐在观众席十排前后听打击乐演奏，通过增减橡皮膏含量以确定最佳听觉效果。乐队工作人员还把调试好音量的打击乐器单收藏妥当，等江青看戏时候专用。终于，一切准备妥帖，专候"主席夫人"大驾光临。

江青观看演出那天，中国大戏院内外戒备森严，上海市主要领导全程陪同，虽然这不是江青的观摩专场，但是剧目都是事先为她精心安排的。

当天戏码如下：

第一出，刘长瑜的《卖水》；第二出，李长春、王梦云的《赤桑镇》；第三出，刘秀荣和张春孝的《奇双会·写状》；大轴戏，钱浩梁的《界牌关》。实验剧团的主力演员悉数上阵，演出效果也非常好。"主席夫人"表示很满意，指示剧团在上海全部演出后暂时不要离沪，原地待命。

结束在中国大戏院的演出后，全团搬出铁路招待所，住进了当时上海最高级的宾馆——锦江饭店。随即，在饭店后面的小礼堂为江青观摩专场演出做准备。

第二天，"主席夫人"由上海市委主要领导陪同来到锦江饭店小礼堂观看专场演出。

当晚安排剧目：第一出是王梦云和刘长生的《钓金龟》，第二出是刘秀荣和张春孝的《悦来店》，最后是钱浩梁、李光等主演的《一箭仇》。演出成功，所有演员都集中到舞台上，向"主席夫人"鼓掌致敬，并准备走下舞台欢送"主席夫人"，江青特别高兴，摆手谢绝，在保卫人员簇拥下离开了礼堂。

正当剧团所有人都以为任务完成，可以放轻松的时候，上级又传达了新的指示：江青要为刘秀荣和钱浩梁、刘长瑜拍剧照，定妆照拟定为刘秀荣在《白蛇传·盗仙草》中的白素贞造型，钱浩梁在《野猪林·菜园结伴》的林冲造型，及刘长瑜在《卖水》中的春兰造型，并要求与拍剧照有关人员一律不得离开锦江饭店，以确保拍剧照任务顺利进行。

好在舞台装置还没有拆卸，服装、化妆、道具都在后台，随时可供调用，准备工作相对顺利。拍剧照那天，刘秀荣三人很早就化好妆，穿戴整齐，专候

"主席夫人"的到来。上午九点钟,刘秀荣和钱浩梁、刘长瑜在礼堂贵宾室第一次近距离接近江青。江青和三位演员一一握手后落座,微笑着,轻声细语地说:"我看了你们的戏,演得很是不错,我很喜欢你们,所以给你们拍剧照,做个纪念吧。"

刘秀荣、刘长瑜、钱浩梁三人陪同江青来到小礼堂,在检查了舞台装饰、灯光、照相机摆放的位置后,三人按照吩咐,轮流摆出各种身段动作和造型。拍摄很顺利,江青也非常满意。

拍摄到中间,"主席夫人"感觉有点累了,就说:"休息休息,给他们上点心、水果。"服务员马上送来了用精致小纸托盘盛放的小点心,品种多样。江青非常秀气地拿起一块小点心,刚要放进口里,抬头一看钱浩梁早把几块小点心送到嘴里吃开了,江青忍不住地笑着说:"这么小块儿的点心,他怎么够吃?给他拿大块儿的。"服务员赶忙又端来了大块儿的蛋糕,钱浩梁狼吞虎咽地吃起来,逗得江青笑个不停。刘秀荣和刘长瑜妆容完整,担心等会拍照还要重贴"片子"耽误时间,因此不敢"捺头"[①];又不敢张大嘴吃东西,害怕眉毛会掉下来,只好一点一点儿往嘴里送,比江青吃得还秀气。

待全部拍摄完毕后,"主席夫人"对大家说:"同志们辛苦了。"又对刘秀荣三人说:"咱们配合得很愉快,等照片洗印好了,我送给你们。"刘秀荣他们赶忙向主席夫人道别致谢。

江青为刘秀荣拍摄的《白蛇传》剧照

---

① 指脱掉梳好的大头和头饰。

江青刚要转身，只听得背后传来一阵"当当当"的脚步声，这响亮的声音，把"主席夫人"吓得满面虚汗，一屁股坐在沙发上，半天缓不过劲儿来。原来，这是舞台队的张殿元，足蹬带大铆钉的军用皮鞋，迈着他复员军人的步伐，特意从后面赶来为"主席夫人"送行。江青一边摆手一边说："好了好了，大家全不要送了，我自己走吧。"全团目送"主席夫人"离开了剧场。

江青的这次特殊"关照"，与多年后两个事件关系重大：一是钱浩梁、刘长瑜被调去主演"样板戏"《红灯记》；二是刘秀荣、张春孝、王梦云被从中国戏曲研究院实验京剧团调到北京京剧团排演现代戏。在1964年全国现代戏会演期间，江青就曾说过："搞现代戏，刘秀荣、王梦云是个宝。"当然，这都是后话。

初闯上海滩，刘秀荣唯一的遗憾是没有演《白蛇传》。不过，时隔四十多年后，时任上海艺校校长的王梦云特别邀请刘秀荣和张春孝为上海艺校的学生奚鸣燕、王凯、贾华等教排重演《白蛇传》。虽然不是亲自登台，但是刘秀荣这台《白蛇传》还是在上海引起了极大的轰动。久违的掌声和上海观众的热情依然带给刘秀荣莫大的欣慰与感动。

第六节 《剑舞》参赛风波

1962年，第八届世界青年与学生和平友谊联欢节文艺比赛在芬兰赫尔辛基举行，刘秀荣受领导指派，再次参赛。

这次参赛的节目是《剑舞》。《剑舞》取材于传统戏《霸王别姬》中虞姬的舞剑片段，1953年经李少春、李紫贵先生改编加工成单人京剧舞蹈，原由中国京剧院黄玉华主演，是当年罗马尼亚举办的第四届世界青年与学生和平友谊联欢节的参赛剧目。在那次出国演出中，黄玉华凭该剧获得了铜奖[1]，刘秀荣是《剑舞》的后备演员，曾接替腰部有伤的黄玉华，在访欧之行中演出该节目。

---

[1] 1953年黄玉华有两个参赛节目，一是《秋江》，与叶盛章先生合演，获民间舞蹈表演金质奖章，因叶盛章超出参赛年龄，故叶个人放弃奖项；另一个是《剑舞》，获铜奖。

原《剑舞》是单人舞,此次赴芬兰,该舞被改成了双人舞,由刘秀荣和谢锐青一起参赛。这一下加大了难度,舞台上需要左右对称,更考验二人的配合。

  这样我们就一遍一遍地练习,谢锐青没有学过这个经过精彩改编的新的《剑舞》,我们俩就没日没夜地研究练习,有些地方老走不齐,如要"双剑花探海"这个难度很大的动作我们就一遍遍地苦练,最后我们终于拿下来了,经过排练,在音乐【夜深沉】的伴奏下,这个《剑舞》非常精彩,并且顺利通过审查。[①]

"咱们这个《剑舞》肯定能拿金奖。"节目审查通过后,刘秀荣胸有成竹地对谢锐青说了这样一句话。

临赛前一天,刘秀荣却意外失去了表演《剑舞》的机会,原因是当时青年代表队的某位领导认为刘秀荣"已经得过金奖"。后来提起这件事,刘秀荣愤愤不平:

  我当时心里甭提有多委屈了,说不出来,道不出来。原本这个《剑舞》就是我一个人表演的,后来领导决定由单人舞改为双人舞,也很好,我和谢锐青俩人费了九牛二虎之力,好容易排出来了也审查通过了,早不说晚不说,临参赛了,这个节骨眼儿把我给撤下来了,这不是欺负人吗?[②]

这个打击突如其来,可这是在国外,又临近演出,刘秀荣作为一个普通演员,纵有万般不满,她又有什么办法呢?

最后,谢锐青的单人《剑舞》表演在芬兰获得了东方古典舞金质奖,证明了此节目的魅力,刘秀荣的汗水没有白流。

[①] 刘秀荣:《我的艺术人生》,中国文联出版社2006年版,第218页。
[②] 同上。

第七节　聆听大师授课

　　旧科班的培养，最重表演，至于文化修养、特长爱好，全属个人钻研范畴，于师傅关系不大，而且门户之见甚重。新中国成立后，戏曲教育的局面有所改观，尤其注重专业课与文化课齐头并进，旨在培养综合素养强的学生，且广邀天下名家，集中授课，打破门派壁垒，学生可以广采博纳，吸收各方精华。

　　由于历史原因，新中国成立后一大批戏曲界从业者普遍文化程度不高，亟待学习。尽管很多艺术家的表演水平已经达到相当高的程度，但他们对于自己的表演技艺难以形成系统的总结，这意味着大量戏曲技艺将停留在"口传心授"的传统模式中，无法形成更高层次的表演理论，不仅无法像西方戏剧表演体系那样完成现代化转型，更有失传的危险。

　　为了帮助表演家们提升理论化水平、增强各地方剧种的个性，促进戏曲事业的现代化发展，1960年春夏之交，中国戏曲研究院、中国戏曲学校开办了戏曲表演艺术研究班。

　　这个研究班的第一批学员中有全国各剧种、各院团的艺术名家和艺术骨干。如河南豫剧的常香玉，湖北汉剧的陈伯华，广东粤剧的红线女、罗家宝，山西蒲剧的王秀兰，湖南湘剧的彭俐侬，云南省京剧院的关肃霜，湖北省武汉市京剧团的李蔷华等，都很有代表性，这些人后来都成了地方剧种的大师级人物。京剧界中年轻演员居多，中国戏曲学校实验京剧团有刘秀荣、谢锐青、曲素英、张春孝、张启洪等，北京实验京剧团有李雅兰等。为研究班聘请的老师都是当时大师级的戏曲家、教育家，如梅兰芳先生、萧长华先生、荀慧生先生、俞振飞先生、马师曾先生以及刘成基先生等老前辈。研究班以旦角、小生、丑行教学为主，由梅兰芳先生担任班主任。

　　受当时经济条件所限，为研究班授课的老师们和所有女学员都住在东四一个小二层的旅馆，美其名曰旅馆，充其量只能算是个普通招待所。男学员全部住在东四八条中国戏曲研究院院部办公楼上两间办公室中。和刘秀荣一样，不少学员都年轻，又习惯了集体生活，因而这样的艰苦条件他们丝毫不放在心上，只是委屈了几位老先生们。可老先生们整天满脸慈笑，精神抖擞，毫不介意，上起课来却严肃认真，一丝不苟。如此师德师风，怎不令人肃然起敬？

课程分两部分。一部分是戏曲艺术理论，授课者为中央文化部副部长林默涵和主持研究班工作的晏甬副院长等；另一部分，也是最重要的专业表演知识，由前辈专家授课。

首先授课的是梅兰芳大师，题目是"关于表演艺术"。梅大师一边传艺，一边示范，务求一招一式讲解清楚，事实上这门课就是集体学戏。即便如此，梅先生也不可能给十几个学生一一示范，一者时间有限，二者体力有限。于是梅先生决定在班上物色一名"替身"，每堂课由这名"替身"来完成自己教授的每一个动作。挑来挑去，刘秀荣成为最佳人选。

梅先生先前在王瑶卿家中见过刘秀荣，对她印象很好，当初为北京艺培戏校（北京戏曲艺术职业学院前身）筹办义演时，刘秀荣曾和大师同过台。那天，梅大师大轴演《霸王别姬》，刘秀荣和张春孝压轴演的全部《十三妹》，还在梅大师的《宇宙锋》前面演过全部《豆汁记》。梅先生可能是考虑到刘秀荣乃京剧演员，虽然年轻但功底扎实、动作规范，况且都曾拜师王瑶卿先生，对于一些剧目的理解会比旁人容易。

梅大师首先讲授《霸王别姬》。这部梅派传世佳作，刘秀荣原先曾间接学演过，如今亲耳聆听梅先生原汁原味的讲授，她又有了新的体会。

在梅先生的指导下，刘秀荣首先意识到演好此剧的关键是分析和把握虞姬形象的性格特点和情感发展。虞姬，既有庄重静婉的一面，又有感情充沛、刚烈不屈的一面。她的性格和感情的变化是随着事态的发展而变化的。第一次出场时，全剧矛盾还没有凸显，因而虞姬表现出平静、从容、安闲的状态；随着剧情的发展，尤其是被围垓下后，虞姬的情绪逐渐开始变为苦闷、焦虑，最后发展到悲痛、绝望，直至拔剑自刎。理解了这个过程，才能更好地施展技艺。

再者，要体会虞姬的内心活动，还要掌握火候。尤其是前面几场戏中，虞姬唱念动作很少，但潜台词却很多，因此要通过演员的面部表情和眼神来表达。不过不宜过火，否则会喧宾夺主，冲淡了项羽的戏；也不宜过冷，否则显得呆板。必须掌握火候，为后面的重场戏做铺垫。

第六章　山雨欲来风满楼

所谓重场戏，是指项羽被围垓下，虞姬自刎一场。这也是后来单独演出的《霸王别姬》折子戏。该场融汇了梅大师的唱、念、做、舞等功法技巧，独具梅派特色，尤其是梅大师剧中独创的"舞剑"，更是名扬天下，声震中外。

"舞剑"是全剧戏核。一般人认为，"舞剑"的要义在于身段功法的娴熟掌握，梅兰芳先生的讲授和示范却告诉刘秀荣这样一个道理：虞姬内心的戏更重要。

虞姬对项羽是崇敬的、爱恋的，同时也是同情的、温柔的。内心始终是悲苦忧郁的，外表却始终是故作欢笑、自我克制的。"舞剑"不是卖弄技巧，更不能狂舞，要融入感情。因此动作上不可过于流利或敏速，还要保持优美的造型。有时美的姿态要稍微收敛些，但不能失去观赏性；有时人物的愁绪要冲淡些，但不能完全消失。这种情绪和表演上的变化要自然、自如，不可有刻意追求的痕迹。

"舞剑"还要有节奏的层次变化：开始时，虞姬是为项羽解忧，故此在项羽面前强颜欢笑，抑郁中更显美丽动人；当虞姬背转身去，则是心情沉重，愁眉紧锁；随着舞剑的逐渐投入和悲怆气氛的愈加浓烈，虞姬渐渐歌不成声，舞不成态；一段舞毕，收剑之时，虞姬已悲苦至极，身体乏力，用剑撑地，听得项羽一声苦笑才又强打精神向霸王深深一跪。由含蓄到明朗，最后悲壮自刎，达到全剧高潮。

梅大师还特别强调，"舞剑"虽是高潮，而那一曲绝唱："汉兵已略地，四面楚歌声，君王意气尽，贱妾何聊生。"这才是彰显虞姬宁为玉碎，不为瓦全，以死投君，忠贞刚烈精神的行为。

梅兰芳后来还教授了另一出梅派名剧《宇宙锋》，并与俞振飞先生一起教授了昆曲《游园惊梦》。

另一位大师级的教师是荀慧生先生，他讲授的题目是《台步、眼神与人物性格》，并以《堪玉剑》《金玉奴》《花田错》《拾玉镯》等剧为例，边讲边示范。

前排左起：俞振飞、荀慧生、梅兰芳、徐凌云、刘成基、马师曾，第三排右一为刘秀荣

荀先生的金玉良言对于刘秀荣的旦角表演启发极大:"演员首先要深入地钻研剧情,体会人物思想感情,只有深入体会了,再运用已学会的技术时,才会发展变化,有所创造。如果死靠着老套子,搬来搬去,就会受它的束缚,艺术也就不能发展。唱旦角的,平时就要观察生活中各式各样妇女的语言、动作,因而才知道少女、少妇,成年妇女的不一样;南方妇女和北方妇女也有不同,同是少女,由于身份、性格、遭遇的不同,也有很多差异。由于对生活有了体验,在表演时才能根据不同人物有所创造。"①

讲到台步时,荀慧生先生说:"就拿台步来说,《拾玉镯》中,孙玉姣是个小家碧玉,但是已经情窦初开,心比较细,因此碎步就多些;《花田错》中春兰是个丫鬟,伶俐而敏捷,热心而又有些毛躁,还不太通人情世故,她用快步就比较多;《金玉奴》中的金玉奴和《勘玉钏》中的韩玉姐家境相近,但金玉奴受父亲娇生惯养,虽是丐头之女,和市井人物常在一起,染上了一些放纵的习气,台步就要洒脱一些。"②

接着,荀先生从台步又联系到眼神:"眼睛又是最能表达人物思想感情的,所以掌握好台步和眼神,就比较有了中心。"③

荀先生虽然没有教戏,但通过几个实例就使刘秀荣对于花旦表演,特别是荀派表演艺术有了进一步了解。

学员们还听了萧长华老前辈的课。萧老主要讲授《群英会》等戏的创演经过和角色分析。这是小生和丑行的重点课程。张春孝是小生组的组长,与丑行演员张启洪一样,都长期跟从萧老学戏,所以萧老在讲解《群英会》时,"替身"示范的任务就当之无愧落在张春孝和张启洪身上,再加上有萧老的秘书,也是刘秀荣的老同学钮骠不断在黑板上写提示,因此萧老的大课一度教得有声有色,连刘秀荣这个旦行演员,都受益匪浅。④

---

① 转引自刘秀荣:《我的艺术人生》,中国文联出版社2006年版,第197—198页。
② 同上书,第198页。
③ 同上。
④ 其实,刘秀荣从1950开始就随萧长华老师学戏,如《拾玉镯》《小上坟》《大英杰烈》等戏,就是萧长华亲授刘秀荣的。这些戏后来都成为刘秀荣的保留剧目,再由她传授给学生。

张春孝还向俞振飞先生学习了《太白醉写》《长生殿》《游园惊梦》等戏。当初，刘秀荣和张春孝曾一起向俞老和言慧珠先生学演了《奇双会》《百花赠剑》等昆曲戏。后来的事实证明，两位艺术大师规范细腻的表演和富有南昆特色的悠扬婉转的浓厚韵味，

刘秀荣（右二）与梅兰芳大师同台演出剧照

对刘秀荣、张春孝舞台风格的形成起到了潜移默化的影响。此外，俞振飞先生和言慧珠先生舞台上的相得益彰、默契合作，与生活中的相敬如宾、比肩相亲，都令刘秀荣和张春孝这两位晚辈羡慕不已。

广东粤剧大师马师曾先生和川剧丑角大师刘成基先生也分别为学员讲授了粤剧、川剧的发展史和表演艺术。

研究班临近结业之时，梅兰芳和俞振飞两位大师联袂奉献了两场演出。一场在人民剧场，前有王秀兰主演的《少华山·烤火》和陈伯华主演的《柜中缘》垫场，大轴是梅大师和俞振飞先生的《游园惊梦》；第二场在中国戏校排练场，前面原准备演萧老教授的《群英会》，因学员参与人数太多，改演萧老亲授的《连升三级》，由张春孝扮演王明芳，张启洪扮演店家，钮骠扮演崔老爷，大轴是梅大师和俞振飞先生的《奇双会》。

全国表演艺术研究班持续了一年有余。时间虽然短暂，但是学员通过学习丰富了理论积累，开阔了文化视野，提高了表演水平，收获及影响不可估量。刘秀荣将这次学习视作一次幸运而难得的深造，她发现从这个研究班中，自己所受到的影响可能更深远：

> 我还进一步认识到作为演员不仅要有较深的艺术功力，而且还要有较高的艺术修养，更要有一定的学术水平，这是举办此次全国表演艺术研究班的目的，也是我奋斗的目标。为此，我将在今后的艺术道路上更加勤奋刻苦，

博采众长，丰富自身，把大师们的宝贵艺术和创新精神继承下来，并不断发扬光大。①

第八节　拍摄戏曲艺术片

　　从1949年至1966年这十七年，是戏曲艺术片创作的高峰期和成熟期。由于特殊的政治、经济和文化背景，这一时期的戏曲艺术片形成了独立的、富有民族特点的电影样式。据相关资料统计，"'十七年'期间共生产戏曲电影122部左右。其中，舞台艺术纪录片20部左右，其他均为戏曲艺术片。"② 创作集体中的"主力军"北京电影制片厂在"十七年"间共拍摄了十余部舞台艺术片，其中大多成为流传后世的经典，如京剧《群英会》《野猪林》《杨门女将》《借东风》《穆桂英大战洪州》及昆曲《游园惊梦》等。北京著名电影导演崔嵬和陈怀皑两位先生为之奉献莫大才华与精力，可谓功勋卓著：

　　　　值得注意的是，崔嵬与陈怀皑两位导演联合拍摄了多部舞台艺术纪录片，为将我国民族形式的艺术精华——戏曲搬上银幕进行了大量有益的探索及创造。③

　　尤为值得一提的是《野猪林》《杨门女将》和《穆桂英大战洪州》三部影片。无论是美工和服装、道具还是电影导演手法的运用，这三部影片的主创者都汲取了淡雅简朴、虚实和谐的中华传统美学风格，很好地突出了戏曲艺术民族性特征，并衬托出京剧表演的程式化动作，创造了西方电影美学与中国戏曲美学完美融合的

---

① 刘秀荣：《我的艺术人生》，中国文联出版社2006年版，第200页。
② 王海洲主编：《中国电影：观念与轨迹》，中国电影出版社2004年版，第185页。
③ 中国电影家协会电影史研究部编：《中华人民共和国电影事业三十五年（1949—1984）》，中国电影出版社1985年版，第71页。

新境界。某种程度上，这三部作品代表了该时期中国戏曲电影创作的最高水平：

> （《野猪林》《杨门女将》）这两部影片以及一九六三年摄制的京剧喜剧艺术片《穆桂英大战洪州》，充分显示了这个创作群体在戏曲艺术片创作上丰富成熟的经验与和谐统一的风格追求。[①]

有意思的是，当时参与拍摄这些戏曲艺术片的主要演员，大多都是"老江湖"，早已功成名就、鼎鼎大名、弟子众多，甚至进入大师级行列，如《游园惊梦》中的梅兰芳和俞振飞，《借东风》中的马连良，《群英会》中的萧长华、裘盛荣、叶盛兰、谭富英等，《野猪林》中的李少春和袁世海等。《穆桂英大战洪州》的主演却刚踏上职业戏曲舞台未久，正值妙龄，他们就是刘秀荣与张春孝。拍摄那年，他们刚刚二十六岁。

说起来似也是难得的机遇，刘秀荣将之形容为"天赐良机"：

> 我一生得益于许多的贵人扶植，又得到了很多意想不到的机遇，《穆桂英大战洪洲》对我来说就是一个喜从天降，没有想到天上掉馅饼的美事，千载难逢的机遇。[②]

当时，崔嵬与陈怀皑两位导演在拍摄完成戏曲电影《杨门女将》之后，产生了将年轻的穆桂英搬上银幕的想法，两位导演为此四处观看演出，但都不甚满意。恰巧，中国戏曲学校实验京剧团刚刚将一个川剧本改编成同名京剧《破洪州》，是一台青衣、花衫、刀马兼擅，唱念做打并重的轻喜剧，起初由谢锐青扮演穆桂英，张春孝扮演杨宗保，朱秉谦扮演寇准，广受欢迎。二位导演听说后，专程赶到天桥剧场去观摩。

[①] 《当代中国》丛书编辑部编：《当代中国电影》（上），中国社会科学出版社1989年版，第276页。

[②] 刘秀荣：《我的艺术人生》，中国文联出版社2006年版，第204—205页。

当晚演出结束后，二位导演都觉得该戏基础不错，比较适合修改加工成彩色艺术片，只是穆桂英的扮演者还不能确定。张春孝散戏回家后将这个消息告诉了刘秀荣，那个年代，对于一个舞台演员而言，登上银幕是件大事，但刘秀荣当时对此并未在意。

第二天是个周日，还是在天桥剧场，剧团派出刘秀荣和弟弟刘长生出演《大英杰烈》，即全本《铁弓缘》。崔、陈二位导演又去观看。演出结束后，刘秀荣接到两位导演的传话："电影《破洪洲》由刘秀荣扮演穆桂英。"

> 我听了后都愣住了，让我演穆桂英，我连想都没想过，这真是天上掉下个大馅饼，天大的美事。我跟两位导演一不沾亲，二不带故。我更没有走后门、请客送礼，这纯属两位导演出于公心，既不怕得罪人，也没什么可避嫌的。①

戏校、剧团的领导也完全尊重两位导演的决定。那时拍一部电影可不是易事。家喻户晓的"四大名旦""四大须生"，也不见得都能登上银幕，留下影像资料。刘秀荣作为二十六岁的青年演员，能够在风华正茂之时拍摄一部彩色艺术片，该是多么荣幸的事情！

刘秀荣与导演陈怀皑先生（右）

《破洪州》的故事，在此前舞台上曾出现不少版本。拍摄前，崔嵬导演发现，原剧本缺乏进步思想，人物形象不够突出，结构也不尽完善，需要重新改写，着重突出爱国思想。崔嵬导演亲自修稿，提取精华，剔除迷信，将原作中杨家各个人物的英雄气概强调出来，剔除杨宗保的大男子主义，将其与穆

---

① 刘秀荣：《我的艺术人生》，中国文联出版社2006年版，第206页。

第六章　山雨欲来风满楼

桂英的矛盾根源定位在战术观点的认识不同上，又强化了宗保、桂英关系戏的成分，丰富了人物形象。

杨宗保的形象，在原作中艺术基调不是很高，曾有因不满女子挂帅而故意激将桂英带孕出战，导致桂英阵前产子、险些丧命的情节。在电影中，崔嵬导演特提出杨宗保的"三英"基调，即"英俊""英武""英勇"。"英俊"指"台风"，扮相漂亮，但不要脂粉气；"英武"，指有男子汉阳刚之气，不是"奶油小生"；"英勇"，指能征善战，不是文弱书生。

穆桂英与杨宗保的关系，在电影中也做了一定修改。原作中，杨宗保和穆桂英的矛盾根源是"尊严"二字，即杨宗保认为男人理所应当"挂帅"，妻子穆桂英"挂帅"就是挑战男子"尊严"，因此千方百计要挑衅，甚至不顾妻子死活；穆桂英则认为自己业已"挂帅"，就不能有失元帅"尊严"，故而面对属下的一再挑衅，她只有惩治对方，才能卫护"尊严"，不管对方与自己何种关系，有否感情。因此原剧中既有穆桂英在军中故意惩治杨宗保的内容，也有穆桂英受杨宗保激将出战不利、阵前产子的情节。改编后，惩治杨宗保变成了穆桂英不徇私情、整顿军纪、忍痛责打夫君，增加了"埋怨声掌刑官用刑太狠"等唱词；结尾穆桂英阵前产子被剔除，改为以带孕之身大胜敌将白天佐，平安无事，回朝报捷。

"戏的结尾要收到主要人物身上，还必须考虑这是一出富有情趣的戏，不能以正剧方式结尾。"崔导演认为结尾还需要再进行加工，于是在命宗保回朝报捷时，穆桂英加了这样几句台词道："禀告祖母，就说我平安无事。"说"平安"时，穆桂英手指腹部，一语双关。最后在欢悦的凯旋音乐声中，穆桂英策马驰向洪州城，"穆"字大旗隐约可见。如此台词和画面，使结尾既显谐趣，又显宏壮。

正因为崔导演是以喜剧手法处理正剧的题材，虽以反侵略为主线，但不写战争的残酷性，而是通过穆桂英与杨宗保夫妻间在"公"与"私"的矛盾中展示他们的性格、才智。

剧本的主题思想突出了，提高了，随之戏的风格、人物思想、性格、关

电影《穆桂英大战洪州》，刘秀荣饰穆桂英

系，顺理成章地得到了升华。①

崔老不仅修改了剧本，同时更易了剧名。崔老讲："这个戏不能叫《破洪洲》，因为洪洲既不是辽国属地，又不是被辽邦占领，称之为'破'，不恰当。应改为'战洪洲'。"为了突出穆桂英，最后剧名定为《穆桂英大战洪洲》。

《穆桂英大战洪洲》中的穆桂英，也正值二十五岁妙龄，与刘秀荣刚好年纪相仿，这也正是崔嵬导演选择刘秀荣为主演的另一个重要原因。刘秀荣有极佳的条件，但是该剧本较此前改动较大，又增加了很多唱段、念白，一切都要靠演员自己设计完成，这对于一个年轻演员来说是全新的挑战和考验。崔嵬看过刘秀荣演的《白蛇传》和《大英杰烈》，对于她出演穆桂英很有把握，希望她在电影中能全面展示唱、念、做、打、舞的优势。刘秀荣一方面感激导演的赏识和信任，一方面却倍感压力，因为《大英杰烈》是萧长华老师亲授，《白蛇传》是在李紫贵和王瑶卿的共同设计指导下完成的，刘秀荣在此前排过的大部分戏里都是以苦练领悟为主，极少全凭自己创新。

其实，能否有所"创造"是区别普通演员和艺术家的重要标准。后来的事实证明，刘秀荣的创造能力，和她的表演能力是不相上下的。刘秀荣通过分析人物，借鉴王瑶卿的革新精神，运用多侧面的表现手法，调动一切艺术手段，适时打破行当界限，将青衣、花旦、刀马旦、武旦等表演艺术融为一体，最终塑造出一

---

① 刘秀荣：《我的艺术人生》，中国文联出版社2006年版，第206页。

位感情丰富、有血有肉、真实可信的巾帼英雄穆桂英形象,成功地在《穆桂英大战洪州》的拍摄中,完成了个人的升华——从青年演员向青年表演艺术家的升华。

第九节 《穆桂英大战洪州》表演分析

刘秀荣演出的《穆桂英大战洪州》,不仅继承了王派的精华,在深化主题,明确合理地处理人物关系,精雕细刻地刻画人物性格方面,又有了新的发展、变化。①

这是著名戏剧理论家吴同宾先生在欣赏完《穆桂英大战洪州》后,于自己的文章中写下的话。

吴同宾先生的高论可谓一语中的,在《穆桂英大战洪州》这部电影中,刘秀荣将王派表演精华与自己对人物的理解和刻画完美地结合,创造了"多面体"的穆桂英形象,对旦角表演艺术的跨行当演出进行了有益的尝试和开拓。

刘秀荣是从理解剧本开始理解人物的。她发现在崔嵬导演的笔下,穆桂英不再仅仅是杀气腾腾的"战将",而且还是一位庄严威武的统帅,同时又是一位温婉善良的少妇,甚至还有

刘秀荣拍摄电影《穆桂英大战洪州》时留影

---

① 吴同宾:《乱花迷人眼,未歌先有情——刘秀荣〈战洪州〉表演艺术剖析》,《戏曲艺术》1982年第1期。

活泼伶俐的少女一面。这几种不同的"人格特征"在不同的人物关系中和情境下迥然不同，演员所投入的感情也不尽相同。这就是扮演穆桂英的一个难点：她是一个既矛盾又和谐的统一体。

为了克服这个难点，刘秀荣在技巧上主要遵循三点原则：第一，重视不同身份下的人物出场，务求亮相精彩；第二，外在技巧与内心表现二者并重，相互辅助；第三，调动一切可以运用的手段，包括手、眼、眉毛等五官四肢，以及翎子、水袖等服装道具。

先说出场，也可以认为是上下场，这是检验一个演员艺术修养和功力高低的试金石。

穆桂英的第一个出场，也是电影中的第一个镜头。在此之前，影片已做了很好的渲染。崔嵬导演要求穆桂英的第一个出场，要像京剧里关羽出场一样威风，为此还特地为刘秀荣加了一个马童。

> 我先是背对镜头，小步儿，急步儿，半个椭圆形圆场。随着【四击头】的锣鼓，掏翎子、转身儿、垫步儿、立身儿、举马鞭、长神儿亮相。[①]

这个出场的要点在于把握分寸，掌握火候。既不能因太文静而有失大将威风，又不能因太火爆而缺乏女性柔美。虽然出场时间不长，但要少而精，务必要给人留下一个美的印象，如此才能为后面的戏做好铺垫。刘秀荣表演的这个出场，以及后面紧跟的"小马趟子"，完全没用武旦比较硬朗和有棱角的劲头，而是以花衫柔中有刚的优美基调，来表现女将穆桂英的飒爽英姿。

穆桂英第二次出场时，已卸去戎装大靠，换上了便服红帔，身份也变为少夫人，一派端丽稳重的气质，与先前女将形象形成强烈的反差。遵恩师教诲，有多年舞台经验的刘秀荣尤其注意"台步"这个表演的根本技巧：

> 演员的表演无论上身怎样摆动，脚底下是根本。脚步走好，身段动作才

---

① 刘秀荣：《我的艺术人生》，中国文联出版社2006年版，第209页。

能漂亮。台步直接表现人物的身份、地位和感情的变化。①

刘秀荣在第二次出场时用的是大青衣的步伐,即王瑶卿老常说的"孔雀步",以表现穆桂英少夫人的身份。在"激将"一场中,她在青衣的步伐基础上揉进了花旦的劲头,使穆桂英既稳健又敏捷,借此表明穆桂英的年轻。

接着分析内外统一表现。

刘秀荣在表演中,十分重视挖掘人物在不同情境下的心理深度,并能借助戏曲动作和唱念使心理的变化得以外化呈现。

动作是心理外化最直观的手段。第二次出场时,穆桂英有一段【南梆子】唱腔,开始是表现穆桂英久疏战

刘秀荣在电影《穆桂英大战洪州》中饰穆桂英

阵,催军鼓振奋了精神,但不久她就陷入疑惑的心情:为什么刚刚操练,佘太君就命收兵呢?唱腔的旋律在此时也产生了变化。为了表现穆桂英此时复杂的心情,刘秀荣就利用抖袖、翻袖、转袖的动作,结合唱词内容和唱腔节奏,使这段唱腔表演丰富生动起来。拍摄时,这段也是全片中最长的一组镜头,难度很大,却是令崔嵬、陈怀皑最满意的一组镜头,当时,推拉摇移,各个机位,一气呵成,完整呈现。这当然离不开刘秀荣的精彩表演。

唱念与心理的变化统一,在"激将"一场中有集中体现,其中尤以念为重。

"激将"是穆桂英与寇准的对手戏。剧中的寇准既是朝廷重臣,又是天波府的老朋友,为人随和、诙谐,穆桂英在他面前时而庄重谦恭,时而顽皮稚气。因

---

① 刘秀荣:《我的艺术人生》,中国文联出版社2006年版,第210页。

此刘秀荣在这场戏中更多地运用了近似闺门旦的"大花旦"的念白手段,这样既能避免气氛沉闷死板,又能显得活泼、俏皮,符合崔嵬导演要求的喜剧基调。比如,穆桂英一见寇准就念道:"吆,这不是寇老爷,寇伯父吗?是哪阵风儿把您这贵客给吹来了?"这是青衣、刀马旦等不适宜说的话。

"激将"中,有穆桂英与寇准斗嘴片段,穆桂英因有身孕,无法挂帅出征,老寇准不明原因,故意开玩笑激将。穆桂英本欲告实情,可话到嘴边却不便启口,改说道:"嗯,孩儿我老了,不中用了。"刘秀荣在这里故意把两个"了"字扬起来念,这样,便把穆桂英由于害羞故意隐瞒怀孕真相的内心一下子照亮了。在声音和语气上,刘秀荣也始终把握明快、稳健的原则,既符合穆桂英的年龄特点,又表现穆桂英对长辈的恭敬。

刘秀荣在"激将"前半场念的"京韵白",既甜又脆,但是随着与寇准谈话的深入,穆桂英的情绪也开始变化了。当寇准提起当年大破天门阵的往事时,穆桂英念道:"那时节虽然是万重刀山,一片人海,敌兵虽然凶勇,可哪比得我杨家的威风啊!"刘秀荣在念"风啊"两个字时故意处理成有"撞击的回力"[①],以表现穆桂英内心被唤起的振奋激昂的情绪。寇准继续刺激穆桂英,故意说当年白天佐把穆桂英打下马来,年轻气盛的穆桂英当即反驳说:"您错了,那白天佐战我不过暗使走线铜锤照我迎面打来,是我让过锤头,抓过锤尾,回手一掷,呛啷一锤,将那白天佐打下马来,那贼跪地求饶、口口声声言道,有我穆桂英在世,再也不敢兴兵犯宋了!"这几句刘秀荣念得斩钉截铁,铿锵有力,口齿清脆,将穆桂英正义、爱国、英武的性格表现得淋漓尽致。

刘秀荣的第三个原则:调动一切手段。这是如何体现的呢?吴同宾先生在自己的文章中,曾有精彩的论述:

> 穆桂英接印挂帅以后,她是怎样检阅三军阵容和抒发兴奋喜悦情绪的呢?
> 在雄壮嘹亮的鼓乐声中,全副戎装的穆桂英庄严迅速地环视一下四周的男兵女将,面呈得意而含蓄的微笑,然后双手掏翎,向左侧斜身,袅娜

---

① 刘秀荣:《我的艺术人生》,中国文联出版社2006年版,第212页。

地微摆腰肢，一摆，二摆同时两手捏住翎子，上下大幅度地盘舞、抖动翎梢，形象地体现了她那情不自禁、无法掩饰的喜悦心情；接着，轻盈快步地转向右侧，对称地微摆腰肢，一摆，二摆，继续上下大幅度地盘舞翎子，抖动翎梢；然后涮腰，鹞子翻身，一连两番儿，同时随着更大幅度地上下旋舞翎子，和愈来愈快的矫捷身手，脸上流露出愈来愈加兴奋得意的笑容。最后，像一只翩翩翻舞的彩蝶，倏然戢翼敛翅，稳落在百花丛中，这一切戛然而止——只见她霍地松开翎尾，凝神亮住，然后整冠，端带，短暂的造型。在端庄妩媚的微笑中，归位，坐帐。所有这些，都在短短的一二十秒钟内完成。这一连串敏捷优美、刚健婀娜的舞姿，节奏鲜明、玲珑圆巧的动作，再配合以晶莹明澈的眼神，活泼开朗的笑靥，不说一句台词，纯用形象动作，一下子就把穆桂英这个特定人物——既是智勇双全、威孚众望的青年统帅，又是热情活泼、朝气蓬勃的英雄少妇，在初次挂帅，远征之前的那种极度兴奋激动、略带矜持又非常得意的心情，充分而鲜明地表现出来了。[①]

"责夫"一场是全剧的高潮，也是最难演的一场戏。

戏中的杨宗保违反军纪，却坚决不认错，还故意给身为主帅的妻子穆桂英以难堪，穆桂英心念丈夫，极力缓和矛盾，欲求息事宁人，杨宗保不但不领情，反而一再挑衅，万般无奈之下，穆桂英只好忍痛下令责罚丈夫。

在这场戏中，穆桂英与杨宗保之间，既是夫妻，又是上下级，还存在情与理的两难抉择，很有戏剧性。

崔嵬导演在拍摄前要求："这个重场戏必须加以渲染，在人物内心刻画上，在运用京剧独特的身段动作上，更要有感染力，特别是要用眼神来展现人物内心复杂的感情。"他特别对刘秀荣说："我真喜欢你这双眼睛，你要充分利用它。"

穆桂英为保全丈夫，赦免了杨宗保的死罪，谁知杨宗保仍不服气，故意顶撞道："我谅你也不敢。"穆桂英气愤不过，一冲动举起刑签脱口唱出"将先行责打……"下面再也唱不下去了。此时穆桂英的内心应该十分懊悔，但话已说出，

[①] 吴同宾：《乱花迷人眼，未歌先有情——刘秀荣〈战洪州〉表演艺术剖析》，《戏曲艺术》1982年第1期。

身为主帅又怎能食言？因此心情应该十分复杂。刘秀荣是这样表现的：在这停顿的一刹那，穆桂英的眼睛里充满了犹豫、焦灼和不安的情绪，她急速左右瞥顾，似欲寻求一个更有力的人来给她支持援助，她自己就是最高统帅，谁又敢僭越？无望之下，只见穆桂英嘴唇微微翕张，紧捏刑签的手指瑟瑟发抖，内心似乎在进行着激烈的搏斗：打？还是不打？情急之下，必须做出决定的一瞬间，她只好狠心唱出"四十棍"，一面抿紧嘴唇，一面抓起水袖倏地一掩面，右手将刑签掷下。

刑签掷下，杨宗保被架出营帐，穆桂英开始惶乱不安起来，她急步跑出堂桌，搓手踱步。这时，答刑开始了。如何表现穆桂英的心痛欲裂和焦灼不安呢？刘秀荣在这里巧妙地借助了翎子。当听到"一十"的报刑时，穆桂英转身猛抄双翎，手指不由自主地战栗，透露出人物内心剧烈的震

电影《穆桂英大战洪州》，刘秀荣饰穆桂英，张春孝饰杨宗保

动；但"掬翎"又如何能消弭内心的痛楚，于是穆桂英又抛开双翎，继续在帐前来回踱步，束手无策；二声报刑，穆桂英竟无力地倚靠在妹妹还乡的肩上；三声报刑，穆桂英眼望帐外方向，忽然向左急转身，涮水袖，右手打翎，然后伸出战栗的双手，似乎恨不得立刻把宗保招回，又像是扑向宗保身边，不过，元帅的身份终于促使桂英从昏愦中清醒，她踉踉跄跄回到自己的座位上，在"四十"打完的报刑声中，颓然跌坐。

这一段是用形体动作辅助揭示人物内心感情的表演。如果说以动带静是戏曲的特长，那么以静带动，则戏曲远不及电影了。后来的表演，刘秀荣充分发挥了"水袖"的戏剧性作用：在一声"请元帅验伤"的禀报声中，穆桂英右手抖起水袖，左手紧抓水袖头，遮住脸面，随后微微颤抖着，一点一点向下挪移，先是不敢看，继而不忍看，最后不能不看，终于，穆桂英缓缓露出一双痛苦不安的眼睛。

当她突然发现丈夫的两腿被打得鲜血淋漓，感情一下子沸腾起来，两眼

闪出了异样的光芒，充满了痛苦、懊悔、惶惧不安和无限怜爱交织在一起的强烈复杂的感情。此时无声胜有声，这一瞬间，你能感到水袖和眼睛都在说话，都在对你倾诉着无法用言语表达的内心激情。[①]

紧接着，穆桂英唱出了柔肠百转、勉强抑制着呜咽的内心独白："埋怨声掌刑官用刑太狠。"在"我的夫啊"的【哭头】中，镜头推成了特写。只见穆桂英泪水夺眶而出，像峡谷中挣脱出来一泻千里的万丈奔泉，尽情地宣泄出对丈夫的笃爱和怜惜。

接下来是一句【慢板】转【原板】的成套唱段，原来是没有的，两位导演很欣赏刘秀荣的嗓子，特为她增加了这一段唱腔，由黄金陆先生设计，充分运用王派唱腔的特色，旋律优美大方、悦耳动听。乍一唱非常新颖，细一琢磨用的都是王派的老唱腔，故而刘秀荣学起来快，唱起来更顺。这段唱腔紧紧扣住穆桂英"责夫"时既内疚又委屈，既温柔又严肃，既心疼又嗔怨的复杂的思想感情，把这场重头戏推向了高潮。

《穆桂英大战洪州》的表演艺术给人以这样的启示：在戏曲表演中，演员首先必须具备精湛的基本功，但是只有对唱、念、做、打，手、眼、身、步和水袖、翎子的机械使用是行不通的。只有将微妙、传神、娴熟的技艺用来刻画人物关系、发掘表现人物内心的情感，而不仅仅是炫技，才能达到情技合一、内外兼修、圆融一致的境界，才能紧扣观众的心理，实现理想的艺术效果。

第十节　这个调令不寻常

1965年3月，刘秀荣和张春孝随中国戏曲研究院实验京剧团到河北省张家口一带巡回演出。这次巡回只有两台现代戏，一台是折子戏《红嫂》和《送肥记》；另一台是大戏《奇袭白虎团》。《红嫂》一剧由沙淑英、刘学钦主演，《送肥记》由

[①] 吴同宾：《乱花迷人眼，未歌先有情——刘秀荣〈战洪州〉表演艺术剖析》，《戏曲艺术》1982年第1期。

刘秀荣和张春孝主演。

《送肥记》是一个农村题材的现代京剧小戏。讲述了这样一个故事：有落后思想的贫农钱二嫂为将肥料昧私还是充公一事与丈夫发生争执，后来钱二嫂经教育改正了错误思想，讽刺了损公利己的小农思想。该剧由金素雯根据同名话剧移植，最初由上海京剧院演于1964年全国京剧现代戏观摩演出大会，童芷苓、沈金波、李多芬等主演，演出后上海戏曲界专门为举办过座谈会。

剧中钱二嫂有自私自利的弱点，但本质是朴素单纯、勤劳爽快的，刘秀荣表演时把握住了人物的这个特点；张春孝扮演的钱二哥则厚道朴实，为了突出这个农民大哥的耿直性格，张春孝演唱时特意用"大嗓"代替小生的"小嗓"，效果出色。河北观众很喜欢《送肥记》，认为真实可信，有生活气息。后来《送肥记》一度成为刘秀荣和张春孝的常演剧目。

《奇袭白虎团》演员阵容如下：李光扮演严伟才、李欣扮演志愿军团长、张春孝扮演朝鲜人民军、刘秀荣扮演崔大嫂。当时剧团演员都是二十岁多岁的年轻人，技术全面，青春朝气，精力充沛，演出也很卖力，张春孝甚至在剧中大跳朝鲜舞，后来这件事成了刘秀荣口中的一段趣事：

> 跳得真有味道。我非常喜欢跳朝鲜舞的一场戏，特别是我们京剧男演员大手大脚，动作有力，硬线条，整个一个张飞、李逵，真有意思。每次演出到跳舞这场，我总要放下手里的化妆笔，跑到台侧，边看边乐。张春孝偶然看到我，跳得更欢更美。[①]

"今天的戏演得好，观众真热烈！"散戏后，李光显得很激动。

刘秀荣笑着说："对！今儿观众怎么这么热情！"

后台正说笑间，实验剧团团长张冶忽然走过来对刘秀荣说："卸妆后到我那里来一趟，任桂林同志来了，有重要事情通知你和张春孝。"任桂林当时是中国戏曲研究院的副院长。

---

① 刘秀荣：《我的艺术人生》，中国文联出版社2006年版，第220页。

第六章　山雨欲来风满楼

刘秀荣和张春孝赶忙卸了装赶去张团长的宿舍。此时，他们还不知道，《奇袭白虎团》将是他们在实验京剧团演出的最后一场戏。

与任桂林问候、握手毕，刘秀荣迫不及待地发问："任副院长，请问您找我们有什么事。"

任桂林不说话，示意两位先坐下，愣了一会，又和张冶团长交换了一个眼神，才严肃地小声宣布说："中央有调令，调你们俩和王梦云到北京京剧团工作。"

刘秀荣（左二）演出《奇袭白虎团》

"我们上那儿干什么去呀？我们不愿意去，"刘秀荣听到这个意外的调令，不假思索地说道，"我们在这个团挺好的，都是中国戏校毕业的师兄弟，大家合作得特别好。到那个团跟人家艺术风格不一样，戏路子也不一样，那怎么演戏呀？"

说完这话，刘秀荣急哭了。身边的张春孝却愣在那里，一句话也说不出来，似乎还未从这个消息中回过神。

两位领导赶忙开始做思想工作："我们是新中国党培养的新文艺工作者，要听党的话，要服从组织分配。"

那个年代，一个普通人，哪有自由选择、不服从组织安排的道理？委屈归委屈，过后还是得赶紧回去收拾东西。迈着沉重的步伐，刘秀荣和张春孝终于走回宿舍。

"怎么办？"刘秀荣不能接受这个突然调令，哭着问张春孝。

"这是中央调令没办法，不去不成。"张春孝一脸无奈。

想了一会，刘秀荣又说道："是中央，是文化部，还是国务院，咱们得问问清楚哇！"

于是，两人又去央求张团长，请求留下。

"这是中央首长的调令！"张团长厉声说道。

"是哪位中央首长？"

听到刘秀荣的这句问话，张团长突然沉默了。

189

"到底是哪位中央首长?"刘秀荣一再追问。

张团长闭口不言。

"张团长您要是不明说,我们就是犯错误也不服从调动。"刘秀荣还真是铆上劲儿了。

"是毛主席夫人江青同志,"张团长实在拗不过刘秀荣,只好小声说道,"她要充实北京京剧团的力量,调你们三个青年演员参加排练演出。"

刘秀荣和张春孝这下真无话可说了。小两口只好又一路沉默着走回宿舍,坐在床上发愣。许久,刘秀荣对张春孝说:"就我一个人去吧,你留下来。"

张春孝坚决不同意。

刘秀荣只好劝说道:"调去后专业情况不知道是什么样哪,如果有损失,就牺牲我一个,别俩人一块牺牲,你在实验团是排练组长,导演、领导很重视你,我认为现在别感情用事,你好好想想。"

在刘秀荣的再三劝说下,张春孝终于点头。

"不行!你们俩是一根线拴俩蚂蚱,都得去!这是上级的意见。"面对当晚刘秀荣、张春孝的第三次造访,张团长斩钉截铁地回绝了他们的请求。

看着眼前又欲发话的刘秀荣,张团长终于下了最后的命令:"赶快回屋打行李,给你们买好了早上的火车票,早上八点钟和全团见个面欢送你们。任桂林同志带你们走。"

刘秀荣和张春孝回到宿舍时已是凌晨五点多钟。小两口赶紧把衣物堆在一起,随意打了个大包,也来不及休息,就背着行李参加欢送会去了。

当时,钱浩梁、孙岳、刘长瑜、张曼玲等实验剧团演员刚刚被江青调到中国京剧院工作,如今刘秀荣和张春孝这两位主力又要走,全团演员的情绪都显得很低沉。刘秀荣的师弟杨惠礼更是哭着发言:"这不是把咱们这团给拆了吗?刚走一批又要调走一批。我们这个团不是就完了吗?"

我和张春孝的眼睛哭得跟桃儿似的,睁不开,因为当时天气还比较冷,这一夜不停地哭,鼻子和脸都擦痛了,都皱了。当我们来到一间男演员宿舍，看到剧团全体都到场了，有的坐在炕沿儿上，有的坐在被子上，还有很多站在墙角，两位领导宣布完中央的调令，很多师兄师弟、师姐师妹都哭啦。①

话别后，张团长安排各部门派代表在舞台上照相留念。

  这张照片我一直保存着，我和春孝的眼睛肿成一条缝，形象很不好看，但它留下了我真诚痛苦的回忆，也结束了我们毕业后走上工作岗位仍保持学生状态的一段美好的生活。从此我和张春孝才真正地离开从小一起生活的集体，离开了在舞台上合作多年的师兄弟、小伙伴，走向了社会。②

当天即从河北回到北京。刘秀荣和张春孝稍作休息，第二天去位于宣武区虎坊桥的北京市工人俱乐部报到，那里是北京京剧团所在地。团长薛恩厚、党委办公室主任叶德霖亲自接待。张春孝被分配到演员二组，阎元靖是组长；刘秀荣被分配到女演员组。报到毕，薛团长向两人下达了新指示："今天晚上江青同志来审查《芦荡火种》，要接见你们。"

刘秀荣和张春孝当晚六点多钟就到后台等候。在《芦荡火种》开戏前一刻钟，薛团长带着刘秀荣和张春孝走进工人俱乐部的首长休息室。江青和康生正坐等两人到来。握手问候毕，江青说："刘秀荣，这是张春孝哇，真对不起你们，《朝阳沟》没有参加观摩会演，这里边有人捣乱，我很生气。刘秀荣你的嗓子很好，把头发留起来，调你来扮演江姐，过几天去重庆渣滓洞深入生活，去坐坐牢……"接见后刘秀荣和张春孝又陪着"首长"看《芦荡火种》的演出。看戏当中江青问刘秀荣："喜欢这个戏吗？"刘秀荣答："喜欢。"江青说："你也演这个戏。"

次日，薛团长赶快落实江青"指示"，通知业务处负责同志给了刘秀荣《芦

---

① 刘秀荣：《我的艺术人生》，中国文联出版社2006年版，第222页。

② 同上。

《朝阳沟》，刘秀荣饰银环，李光饰栓保

荡火种》的剧本和唱腔录音，并同意刘秀荣按照自己喜欢的张君秋先生的唱法来演，还通知业务处找来张先生的录音——一盘细钢丝录音带，安排刘秀荣在工人俱乐部三楼听录音。刘秀荣想到过两天要去重庆渣滓洞体验生活，担心会影响学戏，便向薛团长提出借录音机到家里，晚上加班学唱，薛团长立即同意。

张春孝推着自行车把录音机放在车架子上，刘秀荣在旁边用手扶着往家走。谁承想老式录音机又大又沉，一路上把张春孝累得满头大汗。那个时候乘坐出租车还是极奢侈的事，只能靠人力。最后，张春孝费尽力气才把录音机抱回三楼家里。

刘秀荣只花了一个晚上，就学会了张君秋先生那段动听的"风声紧，雨意浓，天低云暗"唱腔。天一亮，刘秀荣和张春孝就把录音机还给剧团业务处，随即开始落实江青的另一个"重要指示"：完成重庆渣滓洞深入生活的任务。

第十一节 在渣滓洞"坐牢"

那真是一个雷厉风行的年代。

北京京剧团领导刚刚宣布了去重庆渣滓洞的相关安排，转天，剧团全体人员就已经收拾妥当，拿着行李集合到了火车站。

薛恩厚团长、肖甲导演亲自带队，《红岩》小说原作者之一杨益言全程陪同，京剧《红岩》编剧汪曾祺、杨毓珉、阎肃、王树元等也要跟团一个多月。此行一律军事化管理，所有成员分成几个小组，一抵达渣滓洞立即开始分组"坐牢"，不许单独行动。

第六章　山雨欲来风满楼

还有，这次"坐牢"的的确确是去坐牢。

所有演员都戴上当初革命先烈用过的手铐脚镣，从早八点钟至晚六点钟生活在牢房。吃、喝、拉、撒、睡都跟犯人一模一样：一天两顿粗米饭菜汤，两次放风，上厕所时才能伸伸腰腿；互相之间谁也不敢点头说话，以免被"特务""看守"发现暴露身份⋯⋯

牢房里还时不时提审"犯人"，要求按所分配角色、模拟剧中情境应答。

一天上午，张春孝被提审了，他在剧中扮演的是"甫志高"。只见提审室里阎肃和杨益言两位"国民党军官"神情严肃地坐着，气氛异常紧张。

"叫什么名字？"

"我叫张春孝。"

"干什么来啦？"

"这个⋯⋯"

"老实交代！"

"薛书记带我们深入生活来啦！"

两位"军官"被张春孝弄得啼笑皆非，只好挥挥手让他出去了。

回去后，张春孝担心刘秀荣也会惹出这般尴尬，便想着把这一"经验教训"转达给爱妻。

到了下午的"放风"时间，张春孝慢慢靠近刘秀荣，悄悄对她说："过会儿提审你，准备好口供。"

"叛徒！"没想到刘秀荣狠狠地回绝道，还蔑视地看着对面的"甫志高"。

张春孝一看，刘秀荣也太投入了，赶快小声儿说："别假溜啦，真的，准备准备。"然后张春孝把上午自己如何被提审，如何实话实说，如何又被带出去全讲给了刘秀荣，特别提醒刘秀荣："编点假口供。"

刘秀荣当时没理解个中"奥妙"，最终没领张春孝这份情。

"坐牢"的日子里，全团的人互相照顾、关心，发生了不少感人的故事，刘秀荣后来在自传中写道："还真有点像《红岩》小说里难友之间的那种真挚朴素的阶级友爱。"

也不知过了多少天，一天夜晚，男女牢房突然传来凄惨的喊叫声。大伙透过牢窗，隐约看到审讯室里龙光华的扮演者张韵斌正坐在老虎凳上"受刑"！"难友们"分明看到：最后一块砖被放到龙光华腿下，他痛苦难当，猛地低下头晕倒了，接着审讯室进来几个人，把龙光华拖了出去……

不久又传来汽车发动声，"女犯"们围在牢窗附近，纷纷关切和担忧地注视着牢外。

这时，男牢房里突然传出激烈的口号声："不许杀害我们的战友！还我们的人！""女犯"们紧跟着也高声喊起口号。一位"女犯"还掏出事先准备好的白纸，教其他"女犯"们做成小白花，各自戴在了身上。

"我们要开追悼会！"男牢房的"犯人"继续高声喊道。

不多时，"看守"把牢门打开，全体"犯人"沉痛地走出牢房，走到院子里，挂上大标语、挽联、大白纸花。扮演许云峰的马长礼主持追悼大会，唱起了国际歌。

原来，这是全团在渣滓洞"坐牢"的最后一晚，也是牢房中最后一场真情投入的体验。

不过，由于过度激动，主唱马长礼竟领着所有人用国歌的词，唱完了国际歌的调！直到晚上回到驻地后，人们才醒悟。有人故意学着马长礼当时的样子又唱了一遍，惹得众人眼泪都笑了出来。

离开渣滓洞后，刘秀荣随全团又到华蓥山体验了一下游击队的生活，同时参观了红岩村、周公馆、中美合作所等，感触很大：

> 通过渣滓洞深入生活我深深感受到没有革命者的感情，就演不好革命者。我更加认识到政治与艺术、生活与艺术的关系。对一个文艺工作者，认清这两者之间的关系是多么重要啊！[①]

其实，与其说重庆的这段特殊经历是体验，毋宁说是一次"体验式的演出"。

---

① 刘秀荣：《我的艺术人生》，中国文联出版社2006年版，第227页。

如果排除政治和社会因素，单从艺术角度讨论，江青的这一"奇思妙想"，到底有多大的意义呢？艺术上常讲的生活真实一定等于真实生活吗？一个艺术家，到底该怎样认清政治与艺术的关系呢？

这真是不容易回答的问题。

第十二节　在上海排演《沙家浜》

1965年3月，江青将刘秀荣和张春孝从中国戏曲研究院实验京剧团正式调入北京京剧团。一个很重要的调动原因是：江青看中了刘秀荣的表演功底和年龄，想让刘秀荣排演"革命样板戏"。起初刘秀荣不情愿离开学戏时就非常熟悉的实验剧团这个群体，但在当时普遍没有自由选择权利的背景下，刘秀荣和张春孝只有服从上级的命令。刚进入北京京剧团，刘秀荣就接到了不少排演现代革命题材剧目的任务，其中最早也是最为著名的便是后来成为"样板戏"之一的《沙家浜》。

《沙家浜》原名《芦荡火种》，原是上海市人民沪剧团创作于1958年的抗日传奇剧，最初名为《碧水红旗》，1960年易名为《芦荡火种》。1963年江青从上海找来《芦荡火种》沪剧剧本，交由北京京剧团改编成京剧。北京京剧团迅速组成创作组，创作组共四人，包括党委书记薛恩厚，业务副团长肖甲，创作室主任杨毓珉，还有专职编剧汪曾祺。改编过程中，汪曾祺为主要执笔者，起初定名为《地下联络员》，后恢复原名。1964年3月，经彭真等国家领导人的审看批准，《芦荡火种》开始在北京对外公演，连演一百多场，并于当年夏参加了全国京剧现代戏展演，《北京日报》还专门配发评论文章，大加赞赏。毛泽东在观看此剧后做出了批示，提出了几点修改意见，大致有三点：一，鲜明突出新四军的音乐形象，加强军民关系戏；二，"戏的结尾要打进去"，将新四军化妆成吹鼓手、轿夫趁胡传魁结婚搞出其不意袭击的"闹剧"结尾改为新四军的正面进攻；三，将剧名更改为《沙家浜》。

1965年4月20号，奉江青"指示"，北京京剧团全体演职员奔赴上海，开始落实毛主席的修改意见，将《芦荡火种》重排为《沙家浜》。

到达上海后，全体必须住在中国大戏院后台的集体宿舍，排练、休息、吃饭均集体行动，一切军事化管理。周和桐因打呼噜声大，单独安排一间休息；赵燕侠也因身体不好被安排了单独宿舍，并允许单独吃伙食。

京剧《芦荡火种》最初主演阿庆嫂的是赵燕侠。在重庆渣滓洞体验生活后，赵燕侠一直身体不适，脸上又长了一个大包，因此无法参加此次排练。剧团领导请示江青后，刘秀荣便成了此次排练的"阿庆嫂"。

接到任务后，刘秀荣反而很紧张，因为她在此前扮演的角色大都是妙龄少女，和自己的年龄比较接近，在内心和情感上也易于揣摩，而阿庆嫂的生活和斗争经历对于刘秀荣来说都是陌生的，塑造难度很大。不过刘秀荣乐于迎接挑战，她还是先从人物性格定位入手，揣摩角色内心。

刘秀荣在《沙家浜》中饰演阿庆嫂

经过导演和我用心揣摩和不断的排练，我掌握了阿庆嫂处事练达，能和三教九流周旋应付，能够在复杂的环境下利用合法斗争，机智灵活地击退各色各样的敌人，能以"谈笑风生"、"和气生财"、"相逢开口笑"的神态、语言、风貌，内紧外弛在敌人面前谈笑自若，应付裕如，是一位多谋善断的老板娘，党优秀的地下工作者。[①]

---

① 刘秀荣：《我的艺术人生》，中国文联出版社2006年版，第228页。

经过日夜艰苦的奋战,《沙家浜》终于排出来了。刘秀荣原以为只是暂时接替生病的赵燕侠,可是到了彩排的日子,赵燕侠脸上的包还没有痊愈,剧团领导很着急,就又请示江青:阿庆嫂由刘秀荣彩排审查是否可以?江青答复:"刘秀荣演,我看。"

1965年4月28日,在上海中国大戏院,江青在张春桥等陪同下审看《沙家浜》。演出中江青多次带头鼓掌。演出结束后,江青为这部后来家喻户晓的《沙家浜》确定了公演的日子:"戏很好,就这么定了,谁说什么也不管了,5月1号公演。"

《沙家浜》,左为马长礼,中为刘秀荣,右为周和桐

1965年5月1日,《沙家浜》在上海正式公演,一下子轰动上海滩,轰动了文艺界,轰动了全国,成为继中国京剧院《红灯记》之后的第二部"革命样板戏"。当月30日,江青特赠刘秀荣一套《毛泽东选集》并亲自签名。刘秀荣在机缘巧合中,成为当时《沙家浜》中阿庆嫂扮演者的最佳人选。

第十三节 "这个戏是表现地下党的"

《沙家浜》在上海公演后,北京京剧团迅疾回到北京,开始执行另一项重要任务——排练《红岩》。剧本主要由阎肃改编完成,陆松龄负责设计唱腔,肖甲、张艾丁任导演,主要演员为AB角制,谭元寿、马长礼扮演许云蜂,赵燕侠和刘秀荣扮演江姐,万一英、王梦云扮演双枪老太婆,周和桐扮演猫头鹰,马永安扮演成岗,范乃公扮演华子良,阎元靖扮演李敬原,张春孝扮演甫志高。其中,赵燕侠病未痊愈,没有参加排练,江姐一角主要由刘秀荣担任。

很快，初排完成，彩排定在北京市工人俱乐部。马连良先生看完彩排后专门对张春孝说："张春孝你这个活演得不错，真像你师父叶盛兰，就是你这个领带不好看，明天我给你带一条来。"

从剧场效果来看，各位演员原本对这个《红岩》可谓信心百倍，但没想到江青审查后却把这个戏否掉了，理由是：这个戏只反映了白区地下党的工作，演员也捉襟见肘。

1966年3月，剧团接到指示：《红岩》剧名改为《山城旭日》，要重新编写剧本，戏的主人公由男变女，且女主人公第一场要以解放军形象出现，以后再改扮地下党的工人形象。谭元寿扮演赵永刚，刘秀荣扮演张云，马永安扮演刘铁，裘盛戎先生扮演一位老工人。

全团没日没夜赶排，只为迎接江青审查。《山城旭日》彩排时，江青审看了好多次，几乎每次都提出大量修改意见。

  第一次对剧本提出很多意见，并指责裘盛戎的唱喧宾夺主，"不要唱那么多。"裘先生那个唱段是【散板】转【二六】再转【快板】，观众太爱听、太受欢迎了。一段唱叫了好几个满堂彩。后来给改成四句【快板】，还是大受欢迎。江青还说夺戏，干脆不让裘先生唱了，就改成念白了。[①]

最后一次审查时，江青还邀请了周恩来和康生。当时"文化大革命"即将开始，政治气氛骤然紧张，文化工作也阻力重重。审看之后，江青还是摇着头说："这个戏是表现地下党的。"康生赶忙附和："这个时候演这个戏不合适。"于是，《山城旭日》就这样被江青和康生给"枪毙"了。

紧接着，剧团又接到指示：创排《敌后武工队》。男主角仍叫赵永刚，由谭元寿扮演，女主角小英子，由刘秀荣扮演，特请了空政歌舞团《江姐》的两位导演来执导，还请了战友歌舞团李留奎担任舞蹈设计。好容易把戏排出来了，江青

---

① 刘秀荣：《我的艺术人生》，中国文联出版社2006年版，第230页。

审查后却说："算了，算了，这戏你们也别排了，给中国京剧团排吧。"于是，整个戏只换了《平原作战》的新剧名，原封不动转给了中国京剧院。

几番折腾，北京京剧团连口气都没来得及喘，又接到江青的新指示：将唐山京剧团原创并已拍成彩色京剧艺术片的《节振国》，由《沙家浜》剧组重新接手创作排练，并指示剧组人员全部到唐山赵各庄煤矿体验生活。剧组首先以当时最强阵容安排了角色：谭元寿、马长礼扮演节振国，马永安演老胡（地下党领导），刘秀荣演节妻，周和桐演矿主耿三合，张春孝演叛徒夏莲凤，张韵斌演日军彬田。由薛恩厚、杨毓珉、汪曾祺编剧，周仲春、迟金声为导演，李慕良、陆松龄、何顺信负责音乐唱腔设计。

大队人马旋即开赴唐山，住进赵各庄煤矿大工棚，和工人一起下矿井挖煤，并且访问当年和节振国一起战斗过和了解节振国的老工人，还专门安排刘秀荣访问了节振国的妻子，希望借此了解人物原型，获取宝贵的创作素材。

其实，这些工作唐山京剧团早已做过，江青此举用意为何，不甚明了，当时的人谁也没敢多问一句。

样板团一把手军代表邢济民亲自带队。在这位"老邢同志"的影响和要求下，样板团不仅掀起了背诵《毛主席语录》和"老三篇""老五篇"的热潮，还改变了以往由专业编剧创作剧本的方法，开始走"群众路线"，即群策群力，人人争写剧本、唱词，最后再集中起来择优选用。当时有一位乐队青年写了一句"警笛划破长空夜"，大伙都觉得好，用到了唱词里，杨毓珉、汪曾祺两位剧作家心里似乎不甚痛快，但也无计可施。

正当《节振国》剧组干劲十足、终于重排完成，满怀信心迎接审查时，江青又冠以"这戏是地下党"的评语，把此戏"枪毙"了。

从1965年到1966年初，近一年的时间，刘秀荣随北京京剧团先后排了三四个新戏，结果一个也没有演成，白费心血。审查不通过的理由竟然如出一辙！这不仅是刘秀荣从艺以来从没遇到过的事，恐怕也是京剧史上空前绝后的怪诞之事。前功尽废的滋味当然不好受。当时，包括刘秀荣在内的大多数人都以为是自己艺术上出了什么问题，为此一度意志消沉，后来才明白，不是艺术上的问题。

中国现代史上那场史无前例的政治运动就要袭来,这还只是先兆。刘秀荣和张春孝意想不到的灾难即将到来,对此,他们毫无准备。

那将是刘秀荣、张春孝舞台生涯真正的十年寒冬!因为这场"文化大革命"风暴,刘秀荣几乎就此中断了舞台事业,更何谈舞台荣誉?故而,谁也无法将那十年的经历以舞台演出的视角来书写,准确地说,那是十年充满坎坷的生活。

第七章　十年辛苦伴沧浪

第一节　红卫兵抄家闹剧

1966年春夏之交，史无前例的"文化大革命"开始了。

仿佛一夜之间，整个文艺界变得"山摇地动"、乌烟瘴气起来。各单位都贴满标语口号，大字报铺天盖地袭来。过去受人尊敬、忠心耿耿的老艺术家、学者、老专家竟变成了"牛鬼蛇神""黑帮爪牙""三反分子"；原本纯真的中学生成为"红卫兵"，破"四旧"、"砸烂三旧"、"打倒党内走资本主义当权派"成为他们"最崇高"的事业；从前青春朝气的大专院校学生和各单位年轻人摇身一变成为"造反派"，揪斗周扬、夏衍、田汉、阳翰笙"四条汉子"，揭露反动学术权威，"彻底批判文艺黑线"，"夺取在这些文化领域中的领导权"是他们首要的工作。

面对这惨不忍睹、恐怖至极的社会氛围，刘秀荣不知所措，头脑发懵，更疑惑不解：

最厉害的一次是在北京工人体育馆举行揭批大会，当时的场面和气氛，使我觉得真跟电影里看到的斗争南霸天一样，惨不忍睹。我真的怀疑这些文化战线上的革命先驱，我最敬仰的老领导，怎么突然成了反党、反社会主义、反革命的所谓"三反分子"了呢?①

马连良、谭富英、张君秋、裘盛戎、赵燕侠、马富禄、李少春、叶盛章、袁世海等这些戏曲界忠心耿耿、兢兢业业的老前辈,都被赶下钟爱的舞台,强迫参加劳动、下牛棚,每天打扫卫生、干很重的体力活不说,每人还要写揭发材料,写自我批判材料。这些老艺术家平时连一句错话都不敢说,如今却要遭受"造反派"强加的精神和肉体的双重折磨。

> 当时看到所谓的"造反派"跟发疯一样对老艺术家连骂带打,真是不忍看。后来我明白了,那些"革命造反派"的举动,不是为了革命,不言而喻,是嫉贤妒能!②

那时节,人人提心吊胆,难以自保,不知道什么时候自己也会大祸临头。尤其像刘秀荣这个秀出班行的杞梓之才。

刘秀荣感到忧心忡忡绝非庸人自扰,她有充足的"理由"被点名。首先,刘秀荣在戏校时就是重点培养的对象,也就是"黑尖子";二者,毕业后在两个剧团都是一号女主演,多年来在舞台上常演"才子佳人",理所当然是资产阶级、修正主义的"黑苗子",也应视为"三名三高""三旧"黑线的宠儿;三者,刘秀荣祖父和父亲都曾在民国政府担任官职,因此家庭出身又有了划分为"黑五类"的证据。

起初,刘秀荣还算是"革命群众",她在小组会上利用一切学习报纸文件的机会联系自己、无限上纲上线批判自我、主动自我革命,还能在革命群众组织里上班、学习,甚至参加批判"走资派"和所谓批"黑帮"的大会。刘秀荣以为借此就可躲过"算计"、涉险过关了。

事实证明,刘秀荣的想法实在太天真,"革命群众"的"挡箭牌"很快就不管

---

① 刘秀荣:《我的艺术人生》,中国文联出版社2006年版,第232页。
② 同上。

用了。自己和张春孝幸福美满的生活也将遭遇重大打击。

一天，宣武门内大街北京京剧团旧址中间院内的食堂左窗户上，忽然多出一张大字报，标题是"勒令刘秀荣腾房"。内容如下：

> 刘秀荣是三名三高、黑尖子、黑苗子、黑线宠儿。她独居一个单元房，享受"三旧"给她的资产阶级生活，今勒令她把房子腾出来给革命群众！

这张大字报虽与刘秀荣的政治表现"八竿子打不着"，可是却起到了"一石激起千层浪"的作用。很快，刘秀荣同单元的一个邻居，也是同单位一个武戏演员，以所谓"造反派"小头目的名义，召集来一群附近居住的街道红卫兵，手拿封条，叫嚣着让刘秀荣立即腾房，并要马上封门！

这个时候，张春孝挺身而出，以户主身份对红卫兵们说："我是三代贫农，也是红卫兵。"张春孝还拿出红袖章给他们看。小将们上下打量了一下张春孝，将信将疑地问道："你是三代贫农？"张春孝回说："对呀。"小将们忽然惊奇地说："贫农有这么漂亮吗？贫农还带大金表？"张春孝被弄得啼笑皆非。小将们又对张春孝说："你空口说不行，让你们单位革委会出个证明。"第二天张春孝就找到剧团革委会主任、武生演员陆洪瑞开了个证明信，姑且逃过一劫。

事后刘秀荣才得知，这场"腾房闹剧"的幕后策划和大字报的撰写者竟还有自己原戏校的一位同学和团里的两位女同事。

其实，当时很多以"革命""破四旧"名义发起的点名、腾房"运动"，要么是将家中贵重物品砸毁，要么是将值钱物件没收，最后归"革命者"所有。这等丑剧层出不穷，只要批判有理，抄家便有理，普通人谁敢说个不字？

为避免红卫兵再生事端，刘秀荣和张春孝专门整理了二人多次出国购买的纪念品、化妆品、香水、手提包、高跟皮鞋、礼帽、领带等物，连同舞台演出用的荷花胭脂统统自行销毁，主动"破四旧"、自我革命。次日早晨，不明真相的邻居围着单元楼垃圾通道口议论纷纷："刘秀荣家被抄了！哎，这是何苦来哪！"

203

第二节 "少数派"事件

随着"文化大革命"运动的深入，社会上一度出现封档案和轰赶工作组的浪潮。北京京剧团为此形成两派意见："多数派"和"少数派"。"多数派"倾向于支持将档案工作组重新派回剧团调查，"少数派"则倾向于反对意见。"少数派"的头头之一是舞美队的转业军人，他积极动员刘秀荣和赵燕侠参加"少数派"。

> 我觉得"少数派"大部分是转业军人、大学生，都很朴实、诚恳，平时对我很热情。我演出的时候他们对我很关心，很帮忙，因此我不加思索毅然同意参加"少数派"。①

刘秀荣和赵燕侠均是一心扎根舞台，对于政治风向和个人危机毫不敏感、毫无察觉的人。在加入何派的问题上，他们从未想过太多，只是出于对舞美队师傅们善良、老实本性的信任才做了决定。殊不知，在当时的政治气候中，"少数派"老好人们的淳朴和正义何等脆弱！当时"多数派"中有些奸邪之人想凭着政治运动表现自己，无所不用其极。又有一些人想找机会整治曾一度优秀、遭人嫉恨的赵燕侠和刘秀荣，亟欲彻底打倒两人。果然，刘秀荣这一同意不要紧，某些人立刻开始罗织许多莫须有的罪名，硬说"少数派"是反对中央、反对"中央""文化大革命"、反对无产阶级司令部、反对毛主席云云，无限上纲上线，还有好事者专门写报告上书中央"文化大革命"小组，揭发"少数派"的"罪行"。

中央"文化大革命"小组的领导者就是号称"文化革命旗手"的江青。江青审阅过"多数派"的上告材料后勃然大怒，立即于1966年11月28日在人民大会堂召开文艺界大会，命令中央"文化大革命"全体领导成员出席会议。在会上，

---

① 刘秀荣：《我的艺术人生》，中国文联出版社2006年版，第234页。

江青亲自发表讲话，除了批判所谓的文艺黑线外，还从原文艺界的领导逐个点名、例数罪行，并着重介绍北京京剧团的运动情况，其中特别强调北京京剧团的工作组与社会上的工作组不同，是红线派去的，是无产阶级司令部派去的。江青讲话的意思也就是说：反对北京京剧团"多数派"的工作组就是反对红线，就是反对无产阶级司令部，这种挑动派性的做法等于宣判了"少数派"的死刑。

得知这一消息，某些人立即把"少数派"分成若干小组实行"无产阶级专政"，在宣内大街北京京剧团内分组批斗。刘秀荣、张春孝和赵燕侠被分到重点批斗小组，早、中、晚三班接受群众批斗、深挖"反动思想"和无端谩骂。如此一来，"少数派"被定性成反动组织，刘秀荣、张春孝和赵燕侠也被扣上了"反革命分子"的帽子。

消息不胫而走，很快，北京文艺界开始声援北京京剧团"少数派"，其中有以剧作家齐致翔为首的中国京剧院"东方红公社"和"井冈山""天天读"等演职员群体，还有北京地质学院"地质东方红""北航红旗"等战斗组织。众人齐集宣武门内大街北京京剧团大门外，一时间车辆堵塞，交通受阻。时任文艺界"文化大革命"运动联络员的作家李英儒在调查后认为北京京剧团对"少数派"的做法太过火，违背了"文化大革命"的斗争目标和方向，并将这种"群众斗群众"的失控局面立刻上报中央"文化大革命"小组。为了避免引发群众不满情绪，李英儒最终宣布解除对北京京剧团"少数派"的批斗，并劝说支援者撤离现场。后来，齐致翔被捕入狱，"罪行"之一就有"支援北京京剧团'少数派'的行动"，直到"文化大革命"后才得以平反。

于是，"多数派"中某些人又把斗争重点放在了赵燕侠身上。赵燕侠是京剧团副团长，是所谓的"当权派"，又是名演员，正是所谓"三名三高"人物，因此，她被扣上了"走资派""反动权威""大戏霸""反江青""反中央""反文化大革命"等大帽子。某些人集中全团群众，并勒令全体"少数派"参加揭批赵燕侠的大会，每天上下午八个小时不断地揭批。低头、弯腰、"喷气式"……所有残酷的体罚方式都用到了可怜的赵燕侠身上。时值三伏酷暑，每场批斗结束，赵燕侠脚底站过的地板都满是汗水，令人不忍。赵燕侠被揪斗长达一月之久。

赵燕侠是北京京剧团"马、谭、张、裘、赵"①五大头牌之一，其实，另外四位先生的处境也都不好过。赵燕侠被批臭斗倒，赶下舞台，第一个"阿庆嫂"也就被打倒了。

接下来，就该轮到另一个"阿庆嫂"刘秀荣了。

第三节 成为"反革命分子"

"文化大革命"爆发的时候，刘秀荣刚奉命调到北京京剧团一年多，与周围人既无人际关系上的矛盾，又无任何艺术上的纠纷，人缘一直不错，况且她在剧团中连小组长都不是，不是"当权派"，更不是"走资派"，只是一个普普通通的群众，一个剧团的主演。尽管"多数派"曾污蔑刘秀荣是"少数派"这个"反革命组织"的幕后操纵者，可无凭无据，所有人都清楚刘秀荣最不善于在政治上"呼风唤雨"。照理说，这样一个好群众理应安然无事才对。

> 所以我在"斗、批、改"、"抓革命促生产"阶段依然演《沙家浜》中的阿庆嫂，与此同时听说要把《沙家浜》准备拍摄彩色电影，我就积极地做准备。②

1969年8月25日星期一，剧团上班后首先传达"旗手"的指示：《沙家浜》要拍成彩色电影。接着领导讲了一些拍摄具体要求，还传达了一件事：上海有个京剧女演员给江青写信，说《沙家浜》中扮演阿庆嫂的女演员又瘦又小，正面人物不够理想，但"旗手"没表态。听完这件事，刘秀荣对这个写信的女演员略有不满，于是在小组讨论会上，刘秀荣的发言就增添了些许不平之气："如果说我武功不好，嗓子不好，我都能去练。说我身材瘦小，这是父母生就的，没有办法。"谁都听得出来，刘秀荣这话是针对那个写信人的，但在那个什么事情都无

---

① 指当时北京京剧团的五个主要演员，分别是马连良、谭富英、张君秋、裘盛戎和赵燕侠。
② 刘秀荣：《我的艺术人生》，中国文联出版社2006年版，第236页。

限上纲上线的年代，偏有个别撅竖小人就此添油加醋，把这话说成是"矛头直指伟大旗手""恶意攻击伟大旗手"的"证据"，非要陷人于罪不可。

当日一切还风平浪静，8月26日中午，刘秀荣去护国寺工农兵理发店烫头。在当时，很多理发店已经没有烫头这项属于"资产阶级腐化生活"的服务，刘秀荣是托了很多私人关系才打听到的。为什么一定要冒着风险烫头呢？因为当时刘秀荣身兼《沙家浜》和《节振国》两部大戏的主演，而两部戏中的女主角发型差异较大，刘秀荣排练化妆时经常要重新改换发型。为了省时省力和造型优美，在剧团容装师李振茹的建议下，刘秀荣才去烫的头发。万没想到，这个小小的举动不久也会成为刘秀荣获罪的一大理由。

烫头后，刘秀荣直接去了剧团参加全团大会，再次聆听关于学习讨论"旗手"讲话的报告。在会场上，一些人已经注意到了刘秀荣的头发，他们交头接耳，然后提前离开了会场。刘秀荣并未在意。一个多小时的会议结束后，刘秀荣和同事一起有说有笑地回到虎坊公寓，刚进大门，迎面只见一张大标语，上书："揪出现行反革命分子刘秀荣！"刘秀荣一着急，差点晕过去，她赶忙上楼，想看个究竟，结果发现从一楼到四楼都是"声讨"她的大标语，什么"刘秀荣对抗伟大旗手罪该万死！"，什么"刘秀荣破坏'样板戏'罪责难逃！""从飞机头看刘秀荣的反动本质！"，等等。刘秀荣一下子懵了：自己怎么一下子变成现行反革命了？

百口难辩之际，她找到军宣队解释"烫头"的缘由。军宣队是当时派驻各单位的总负责，是各单位实际的当权者。谁知军宣队领导却说："你不用解释了，回去好好反省反省自己的问题吧。"这句话，犹如当头一棒，彻底打碎了刘秀荣"免罪"的希望。

当天，针对刘秀荣的大规模揭批就开始了。由于刘秀荣的确是在江青讲话之前就预约了烫头，其动机为演戏无疑，很多人证俱在，这就造成了烫头动机、时间与揭发的事实不符的情况。可是这样并没有免去刘秀荣的"罪行"，那些早就想整垮刘秀荣的人绝不会善罢甘休，他们发动群众搜集刘秀荣日常生活中各种的不当言行，补充为"反革命罪行"的证据。

就这样，一夜之间，刘秀荣收获了各种各样荒诞不经的"罪证"，诸如，刘秀荣吊嗓子时爱唱《红灯记》，不爱唱《沙家浜》，说明对"样板戏"的态度有问题，又如，刘秀荣肠胃不好，怕吃油腻，有时候自己到外面吃素菜，不吃食堂，说明不热爱集体生活，对无产阶级司令部的感情存在问题；再如，《沙家浜》中"风声紧，雨意浓，天低云暗"一段，由于唱腔的旋律运行使"低"字阴平音发成了上声"底"字，这其实犯了京剧表演中的忌讳，刘秀荣为了追求字正腔圆的艺术效果，在演唱时恢复"低"字的发音，另一段"江湖义气第一桩"中的"一"字，也被刘秀荣从上声"以"字的发音恢复成阴平"一"字的发音，事实上这样旋律更顺畅了，后来的演出、录音、电影版《沙家浜》中，包括"阿庆嫂"继任者洪雪飞也都是这样演唱的，可是这个简单的艺术加工也成了"罪证"，举报者硬说这是篡改破坏"样板戏"……

真是欲加之罪，何患无辞！

无辜的刘秀荣开始被勒令写交待罪行的材料，重压之下身体几乎垮掉：

> 几乎每天都要写一份交到专案组，急得我两眼发黑，出虚汗，吃不下饭，睡不好觉，体重瘦成了80斤，眼睛也花了，头发也白了。传达室老大爷看见我的模样失口说："呦，怎么变成这个样子啦。"可想而知我当时的状况有多么的凄惨。[1]

后来刘秀荣实在支撑不下去了，就想到了丈夫张春孝，想找他帮忙。可是刘秀荣当时是重点监视对象，专案组已将刘秀荣与外界隔离起来，岂能允许她私自会见家人"合谋串供"？当时张春孝单独一间宿舍，专案组担心刘秀荣与丈夫接触，早派了苏世詹和金振铭这两位老演员监视夫妻俩动向，禁止二人谈话，随时上报。可每次一看到刘秀荣偷偷找张春孝，苏世詹和金振铭两位老先生就赶快走出宿舍，故意给二人留谈话的机会，也从不向专案组汇报。这让刘秀荣和张春孝大为感动，四十年后仍觉感激不尽。

---

[1] 刘秀荣：《我的艺术人生》，中国文联出版社2006年版，第239页。

每每看到刘秀荣消瘦的样子，张春孝都忍不住心疼地痛哭，在当时那种严峻的形势下，一个伟男子内心的坚强、委屈、苦痛与爱意，都隐含在这泪水里了吧。张春孝动手帮妻子写了很多材料。可是他们的材料都是以事实为基础、以辩白为依托的，专案组怎么能满意？于是，刘秀荣每写完一次材料，专案组就开一次批判会；刘秀荣越如实反映问题，专案组就越是联合"革命群众"群起而攻之。结果刘秀荣的"罪行"在循环往复、没完没了的批斗和交代中越来越"真实"，越来越"恶劣"。

一次，一位丑角演员在批判刘秀荣的会议上充分发挥了自己丑行的演技，哗众取宠地对刘秀荣说："你这个剪头发就是我们过去戏班里剁网子、撂挑子、搁车，不干了。你以为没你不成啊？赵燕侠倒了，《沙家浜》照演，你不演阿庆嫂了，我们有的是人，沙家浜照演不误！"这一段连说带演、类似相声里"贯口"的即兴发言丑态百出，逗得个别女同事忍不住捂着嘴乐，有些男演员还捧哏似地笑出了声。更为严重的是，这位小丑的发言也被整理成文字上报到了中央"文化大革命"小组江青那里。

刘秀荣是江青亲自指示调到样板团的，八个"样板戏"又是江青的"丰功伟绩"，如今刘秀荣竟敢挑战权威，"胆大妄为"，作为"旗手"的江青岂能容她？盛怒之下，江青亲自写下批示，大意是：刘秀荣剪掉头发，声言不再演《沙家浜》了，她的这种反动立场，激怒了全团群众，她以为没有她我们的《沙家浜》就演不成了，没有她我们的《沙家浜》会演得更好！此批示以中央"文化大革命"小组红头文件的形式下发给了全国文艺界各大机构、机关和团体，刘秀荣一下子成了"反动典型人物"。

第四节　夫妻伤别

自打"旗手"批示一下来，北京京剧团的"造反派"们就有如"尚方宝剑"在手，从此对刘秀荣的批斗和迫害更加肆无忌惮了。专案组禁止刘秀荣回家，要将她囚禁在虎坊公寓交代"罪行",生活用品和换洗衣服由张春孝回家去取。不久,专案组又污蔑张春孝是刘秀荣的"狗头军师",不许张春孝再和刘秀荣见面。

> 我当时真如五雷轰顶,难道从此我们夫妻就天各一方,不能见面了?①

刘秀荣极力克制住自己的情绪,向专案组提出要当面向张春孝交待生活用品和衣服的事情,几经请求,专案组勉强同意。趁专案组人员吃饭的机会,刘秀荣和张春孝双双走出虎坊公寓,共守离别的时光。

> 这时候我的心里跟刀剜一样的痛,我们俩从小到大总是一起上下班,一起学习,同台演戏,同桌吃饭,一起说笑,非常的幸福,可是今天我们却要在这样的惨状中离别,怎么能够不伤心呢!②

刘秀荣和张春孝并肩走着,从虎坊公寓直走到晋阳饭店对面23路公共汽车站旁,一路上两人默默无语,暗含眼泪。谁也不敢看对方一眼,刘秀荣没有办法控制自己的眼泪,但又怕张春孝难过,只好用尽力气不让眼泪流出来,内心却如针刺一般。遥望见23路汽车就快接近车站了,张春孝即将从此处上车回家取衣物,再返回时,夫妻将不能相见,更不知何日才能相见。一想到这儿,刘秀荣的眼泪冲决而出。她强忍哭声,使尽力气推张春孝上车。

张春孝却紧紧拉住爱妻的手说:"不行,我不能把你一个人留在马路上,让你眼看着我回家,我实在受不了,你先回公寓,你先走!"

"你快走!"刘秀荣低头继续推着,掩饰着自己流泪的面颊。

"你先走!"张春孝还是不愿离开。

"你快走!"

"你先走!"

---

① 刘秀荣:《我的艺术人生》,中国文联出版社2006年版,第240页。
② 同上。

你推我让之间，23路汽车已过去了两三辆，刘秀荣和张春孝却谁也不肯先走。时间就这样流逝在难舍难分的感情中，刘秀荣必须回去了。张春孝立在原地，目送刘秀荣离开。刘秀荣两步一驻足、三步一回首走向虎坊桥十字路口，直到拐过路口，再也看不到张春孝的身影。刘秀荣终于再也忍不住、失声痛哭起来，毫不顾忌街上行人的目光。她一边哭，一边像失了魂般奔回虎坊公寓，直奔宿舍，趴在床上捂着被子，继续号啕大哭，直哭了一夜，茶饭不思，一合眼就是与张春孝伤别的情景。

这一夜我才真正体会到什么叫心痛，人到最伤心的时候，心理的痛是无法用语言形容的。人到最伤心的时候，泪流不止，流出那么多，我体会到它能帮你释放不能自控的情绪。[①]

张春孝离别了爱妻，也禁不住滚滚热泪，独自躲在公交车一角黯然神伤，泫然流涕。心中是苦，是酸？是眼睁睁看爱妻被"专政"的无奈，还是痛恨自己无计可施的无能？台上的少年英雄，竟也沦落至如此窝囊的地步，有冤不能伸，有痛不能喊，更有千言万语悲愤不平之气、伤感离别之情不能说与外人听，只得饮泣吞声，一夜不眠，怎能不叫听者流泪，闻者伤心，试问，孰之过？

第五节　咫尺天涯

刘秀荣被囚禁在宿舍后，每天除了写检查外，就是被专案组强制参加劳动，既要打扫虎坊公寓一至四楼的楼道、所有女厕所和二楼的小会议室，还要为锅炉房烧锅炉、运煤，这已经超出了正常的劳动强度，是强加在刘秀荣体力上的巨大压力，但是，这还不够，她还要承受精神上的折磨。

[①] 刘秀荣：《我的艺术人生》，中国文联出版社2006年版，第241页。

在我被隔离受审查期间，让我扫楼道、刷厕所、烧锅炉、运煤等等，这些超负荷的体力劳动，我都能忍受，最不能容忍的是每当在北京市工人俱乐部演出《沙家浜》，台上洪雪飞演唱着阿庆嫂，让我和燕侠大姐这两个阿庆嫂在观众入场的时候打扫剧场外面的卫生，故意让观众看我们两个人的惨状，从人格和精神上折磨人、羞辱人，"士可杀，不可辱"啊！[①]

其实最让刘秀荣挂念的是丈夫张春孝，因为许久未见，刘秀荣不清楚张春孝现状，担心他是不是也被监督隔离，或者遭受其他迫害，抑或情况更糟？一想到这些，刘秀荣就万分焦急，寝食难安。

一天，刘秀荣像往常一样打扫完卫生，刚回到三楼宿舍，不经意间透过后窗看到了楼下一个熟悉的身影：是张春孝！当时，张春孝正在打扫样板团大食堂的卫生。刘秀荣看到食堂里几十张桌子上丢满了鸡蛋壳、枣核，桌下也一片杂乱，张春孝自己一个人默默清理着，看得出很艰难。刘秀荣见状失声痛哭起来，又怕被"造反派"看见，只好强忍泪水，也不敢喊丈夫，向楼下大食堂猛打手势，试图引起张春孝的注意。

张春孝起初浑然不觉，刘秀荣急得又叹气又跺脚。终于清理完垃圾，张春孝走向窗户附近的大洗碗池子，洗净毛巾，开始擦脸上的汗。刘秀荣再次招手，张春孝就是不抬头。擦完脸上的汗，张春孝又去洗毛巾，开始擦前身、擦后背。刘秀荣继续招手。正在张春孝终于擦拭完毕，洗完毛巾，抖干毛巾的时候，他似乎感觉到了什么，抬起了头。此时夫妻四目相视，近在咫尺却似远隔天涯，千言万语却不能相见诉说，两人双双呆立，一个楼上，一个楼下，泪水渐渐模糊了眼睛。

终于，张春孝先回过神来，开始用颤抖的双手向刘秀荣打手势，那手势意思是说：把心放开了，要沉住气，注意身体，别胡思乱想。

我知道前不久有几位支持"少数派"的同志如导演张艾丁、演员丛兆桓、

[①] 刘秀荣：《我的艺术人生》，中国文联出版社2006年版，第242页。

乐队的谭世安被捕入狱,广和剧场的职工、转业军人王太文同志,他是一位耿直的好人,因不能忍受某些人对他的揪斗侮辱跳楼自杀。张春孝担心我想不开,一再向我打手势,我非常理解他的心情。[①]

刘秀荣不住地向张春孝点头示意,让他放心。同时她也向张春孝打手势嘱咐他要注意身体,不要太过操劳,要咬牙坚持,一定能熬过去!手正比划间,刘秀荣再也无法控制情绪了,她转过身去,趴在床上,痛哭不止。

刘秀荣再看窗外时,已不见了张春孝的身影。

第六节　送别"五七"战士

"文化大革命"初期,全国许多地方都成立了"五七"干校,名为响应毛泽东的"五七"指示,有的却成为了一些干部和知识分子的变相的劳改场所。样板团也积极响应,在小汤山成立了"旗手"江青亲自命名的"红艺五七干校"。"红艺五七干校"的校级领导是军宣队的军官,而到干校去劳动的绝大部分是样板团的编外人员,这些人员叫"五七"战士,另外一部分是各个样板团正在接受审查和批判的对象,是"不受欢迎"的"专政"对象。

刘秀荣当时正在隔离审查,连成为"五七"战士的资格都没有,但这不是让她最在意的事,她最牵挂的是被自己牵连的张春孝。刘秀荣成为专案组重点"关照"对象后,张春孝也被勒令停止了在《沙家浜》中的演出,张春孝每天的生活要么是打扫食堂、烧锅炉,或干其他繁重的体力活儿,要么就被要求在宿舍学习报纸社论、写心得,向小组长汇报思想,不断进行自我革命。平时老实忠厚的张春孝其实是个犟脾气,谁要是招惹了他,他谁也饶不了。可是,为了刘秀荣,张春孝也只得每日忍气吞声、委曲求全,他只能默默承受着内心的煎熬。

---

① 刘秀荣:《我的艺术人生》,中国文联出版社2006年版,第241—242页。

刘秀荣明白张春孝，也知道张春孝正在受的苦，更不忍心再看他因为自己而受苦。当刘秀荣从黑板报上得知样板团成立"五七"干校的消息时，她的第一个想法就是希望张春孝能被批准参加"五七"干校，从而远离这片是非之地，不再受苦受气，这对夫妻二人都是一种解脱。但是，一贯言行默契一致的夫妻俩在这个问题上却产生了分歧，张春孝希望留在剧团，因为这样每天就可以从虎坊公寓打听妻子的新情况，即便能在楼上楼下彼此看上一眼，张春孝就倍感欣慰了。

刘秀荣又何尝不希望如此呢？张春孝的一个眼神，一个手势，就足以赋予刘秀荣以强大的生存能量和生活勇气！可刘秀荣转念一想，这样的想法又貌似太自私了，张春孝应该暂时离开自己，早点解脱，这样的决定既是为了张春孝的健康着想，也是为家庭着想，更是为孩子永光着想。刘秀荣甚至想过最坏的情况：即便将来夫妻都被遣送到农村，种一辈子地，也要有好身板，张春孝在样板团这样辛苦下去怎么行！

当第一批赴干校名单公布的时候，刘秀荣看到了张春孝的名字。她一方面替张春孝高兴，一方面内心又慌乱起来：夫妻何时再见？也许几年，也许十几年，也许一辈子，刘秀荣不敢再想下去。

张春孝临出发前两天，刘秀荣向专案组请假回家，要帮丈夫准备行李衣物。专案组犹豫再三，才勉强"开恩"，允许刘秀荣回家两晚。刘秀荣跨进家门时，母亲韩智华、小妹刘秀英、丈夫张春孝还有儿子张永光正焦急地盼望、等候着她。当晚的团聚，全家人都无睡意，抱在一起哭成一片。漫漫长夜在叙别中显得太过短暂，欢欣与伤感夹杂在一起，刘秀荣与张春孝的每一句嘱别似乎都言不尽意。

1970年1月10日，是张春孝去"五七"干校的日子。上午，刘秀荣早早干完活，冒着挨批斗的风险，到张春孝的宿舍去看他，张春孝又是含泪一番嘱咐："一定要想开了，要相信群众，相信党，千万不要胡思乱想，为了我，为了咱们的孩子，为了咱们的亲人，就是再难也不能走绝路。"刘秀荣不停地说："你放心，你放心。千万要注意身体……"中午，样板团聚餐欢送"五七"战士，张春孝到食堂露了一下面，连饭也顾不得吃，赶快回到楼上找到刘秀荣说："我会每个星期给你写两封信，先寄到秀英工作的工厂，每星期三、四下午四点左右，秀英会在工人俱乐部锅炉房后门,把信交给你。"①张春孝还提醒刘秀荣:锅炉房老张师傅是个好人,他会关照大家的。

终于到了张春孝出发的时间,刘秀荣只能待在宿舍三楼,透过临街的一扇窗户目送张春孝。楼下,是集合的队伍和送行的家属,气氛热烈而喧闹;楼上,却是心如刀割、依依不舍的刘秀荣,冷清而感伤。张春孝被人群拥挤着前行,目光始终不离宿舍三楼的窗户,那是刘秀荣的所在……此情此景,连在场的赵燕侠——这位与刘秀荣境遇相似的大姐,也为之动容。

第七节　逆境见人心

日月如流,张春孝离开已经八个多月了。在这八个多月时间里,刘秀荣每天劳动、写检查,循环往复,剧团的人大多对她敬而远之,"造反派"又无理取闹,就连在批判会上,刘秀荣也只有说"有"或"没有"、"是"或"不是"的资格,刘秀荣似乎成了哑巴。

起初,刘秀荣打扫卫生、运煤的时候还有赵燕侠互相关照,后来赵燕侠去了"五七"干校,这些重活就全落在刘秀荣一个人身上了。用运煤车运煤的时候尤其痛苦。刘秀荣本就身形瘦、力气小,赵燕侠在时,刘秀荣尚且攥不住车把、腰酸背痛、累得直不起腰,更别说自己单独推车了。"造反派"见到刘秀荣东扭西歪、跌跌撞撞推车的样子,不但不安慰、帮忙,反而谩骂、训斥道:"瞧你干活儿这个样,好好改造吧你!"

不过,锅炉房的老张师傅的确如张春孝所言是个好人。他对刘秀荣特别照顾,看到瘦弱的刘秀荣一趟一趟运煤,他心生怜悯,但又不能出手相助,就时不时提醒刘秀荣坐下来歇会;刘秀荣每天大汗淋漓,又不敢"犯禁"到样板团群众澡堂去洗澡,老张师傅就亲切地提醒她说:"明天自己带块毛巾,在这儿洗个澡,

---

① 因为刘秀荣小妹秀英工作的工厂在骡马市大街,离剧团所在工人俱乐部很近,而工人俱乐部锅炉房后门是刘秀荣每天运煤的地方,这样安排既方便刘秀荣拿到信,又可避开外人。

把门扣上，没人看见。"刘秀荣感动至极。

其实，最令刘秀荣日思夜想、翘首企盼的还是张春孝的家信。她忘不了小妹秀英第一次转信时的场景：那是周三下午四点，刘秀荣刚将煤运至锅炉房，心神不宁地盯着后门。一分钟，两分钟……终于，小妹秀英的身影出现了。刘秀荣心下一激动，刚欲跑上前去，却发现小妹秀英不停地朝她使眼色，示意刘秀荣身边有外人。刘秀荣只好假装没事一样，继续干活。过了一会，刘秀荣借打扫卫生的机会，偷偷走到后门，小妹秀英又朝四下仔细看了看，确认没人后，才迅速把信交给刘秀荣，关心地问道："怎么样？"回曰："放心吧，没事。"小妹秀英忙转身从后门跑掉。刘秀荣也急忙跑到女厕所去看信。张春孝离开的八个多月日子里，刘秀荣就这样从小妹秀英手中接过一封又一封来信，再经小妹秀英之手将回信寄至"五七"干校，"地下工作者"一般谨慎、保密。其实，锅炉房的老张师傅早就发现了这对"地下工作者"，但他假装没看见，还有意为刘秀荣提供方便。

相比之下，"造势弄权"者的"崇高"和"道德"显得那么伪善和卑鄙，那么丧心病狂、灭绝人性。有些负责监管的"造反派"更不把刘秀荣当人看，其人性之恶劣，难以言表。

一次，刘秀荣因劳动量超额而错过了正常吃晚饭的时间，当她收工时，食堂只剩一份带鱼尾巴了，饿得头昏眼花的刘秀荣只好买了半份带回宿舍。谁知一进宿舍，一位女"造反派"就冲了进来，恶狠狠地批判道："你还想吃鱼，你这资产阶级思想真得好好改造。"接着就没收了这"资产阶级食品"，任刘秀荣怎么解释也无济于事，刘秀荣生生挨饿一夜，几乎昏厥。

还有一次，张春孝利用每个月仅有的两天回城休息时间去看望刘秀荣，专案组却将他拒之门外。后来，张春孝绕过专案组直接去到刘秀荣宿舍，刚问候了几句，"造反派"侯某就闯进屋来，操着浓重的河北高阳地方话，指着刘秀荣质问张春孝："她是什么人，你是什么阶级立场，出去！"嚣张之态，足令人揎拳捋袖，怒目撑眉。张春孝若不是担心爱妻"罪行"加重、处境更加恶劣，凭他的气力和身手，恐怕早将此人一掌打翻在地、哭爹喊娘了罢。

好在世间终有善心人，在刘秀荣运拙时乖的日子里，北京京剧团不少老先生曾无私地奉献着同情和关爱，这些看似微小的帮助却传播着强大的精神力量。著名琴师何顺信先生就是其中一位。每当刘秀荣去食堂买饭遇见这位老先生时，何顺信都默默走到食堂拐角一架钢琴前，先用手敲两下钢琴盖，然后用手指着心，上下比划着，意思是："放下心来。"这谜语似的安慰，在当时的刘秀荣看来无疑是一针"强心剂"，她连连含泪点头，向这位"老好人"先生鞠躬致谢。京剧名家高宝贤，也时常给刘秀荣递消息："明天开你的批判会，准备准备""下午开你的批判会，别怕""改明儿个了"，如是云云。这些富有人情味的提示，冲淡了囚禁生活的残酷，让身处黑暗的刘秀荣看到了人性的闪光，更看到了继续活下去的希望。

第八节　在干校劳动

1970年9月，按江青"指示"，北京京剧团《沙家浜》剧组集体赴长春电影制片厂拍摄彩色戏曲艺术片。这样一来，刘秀荣就成了没人看管的"专政"对象。1970年9月18日，刘秀荣接到军宣队的通知：特命刘秀荣于9月22日到红艺"五七"干校报到，接受监督劳动改造。这个决定对刘秀荣来说是件好事。首先她又能和张春孝见面了，另外她还可以和从前的老搭档、老同事和"艺术权威"们在一起心情舒畅地劳动，远离挨整挨批、受辱遭骂、提心吊胆的环境。再不离开，刘秀荣怕是真要被逼疯了。

张春孝得知消息后也很高兴，在出发前三天的准备时间里，张春孝每天都要给刘秀荣打一个长途电话。第一次电话张春孝嘱咐道："千万不要带好衣衫，最好是旧的、破的，缝上补丁，在干校不要太讲究干净，不要一天一换衣衫。"第二次电话又说："不要带吃的东西，特别是营养品，被发现了要挨批斗的！"第三个电话，张春孝告诉刘秀荣："马上秋收季节了，我给你准备了一把收割的镰刀。刀把不重，很轻。刀替你磨的特别快。"在张春孝的提醒下，刘秀荣去商店买了颜色发暗、不太好看但很耐脏的布料，请小区服务站的一位好友小马帮忙缝制了三件衣服，刘秀荣当时想：每天劳动，满身汗水，不换衣服多难受，这三件衣服模样一样，就是天天换，也不会引人注意。刘秀荣又在裤子膝盖部位补上两大块厚布，买了两双布鞋。回到家里，母亲韩智华和小妹秀英帮着刘秀荣一起准备去干校的衣物。老母亲一再让刘秀荣注意身体，遇事多和张春孝商量。

还有刘秀荣和张春孝的儿子、刚八岁的永光，韩智华也让刘秀荣放心。"永光我来照顾……"话刚说完，韩智华扭过头抽泣起来。刘秀荣看着痛哭的母亲，不禁想到家庭的悲惨处境，心如刀锯：

> 我的老父亲被中国戏曲学校的"造反派"揪斗，受到惨无人道的毒打、摧残，又发到天津某农场监督劳动，我二妹秀华在茶淀农场劳动，张春孝到小汤山红艺"五七"干校劳动改造思想，如今我又到干校监督劳动改造，好好一个家庭被弄得四分五裂，好不凄惨。①

1970年9月22日，在一辆吉普车的"押运"下，刘秀荣被送到了小汤山红艺"五七"干校。张春孝等候多时。在张春孝的默默帮助下，刘秀荣完成了报到手续和搬行李工作。刘秀荣被分配在二连一排二班。二班是水稻班，负责种植、收割水稻。二连连长是蒋元荣，一排排长是李世济，二班班长是原舞台队的张学海，北京京剧团原领导肖甲也在这个班。安排好住处，吃过饭，张春孝一边带刘秀荣了解周围环境，一边嘱咐道："看到'黑帮''走资派'等专政对象不要打招呼、说话，干校有规定：监督对象不许互相交谈。"正在这时，刘秀荣的老同学、中国京剧院武生演员王威良笑着走过来握手问

刘秀荣、张春孝在北京小汤山红艺"五七"干校门前

---

① 刘秀荣：《我的艺术人生》，中国文联出版社2006年版，第248页。

候道:"刘秀荣,你怎么那么瘦,一定要注意身体啊!"接着是一番寒暄叙旧。没想到,当天晚上,刘秀荣就听说王威良在小组会上受到了批评,理由是"没有阶级立场,不能与反革命分子划清界限"。

  当时的被监督对象,在干校除了要完成繁重的田间劳动,还要一日三餐为"五七"战士打饭菜、伺候开饭。二班的这个重任,落在了刘秀荣和肖甲身上。每天,连队给两人一人发一个大白搪瓷脸盆去为全班战士端饭端菜。肖甲年纪稍长,但他看到瘦小劳累的刘秀荣,主动让刘秀荣打主食,自己打副食。因为副食总是汤菜,又烫又晃,走路不好端。饭菜端回,刘秀荣和肖甲还无权吃,必须等"五七"战士先吃。"五七"战士总是一哄而上,瞬间拿光,只剩下掰成零块的窝头、玉米面丝糕了。后来肖甲实在忍无可忍了,在会上公开提出意见说:"叫我和刘秀荣打饭打菜没关系,你们先吃,我们后吃也可以,但是我们不能天天吃剩的,掰成了乱七八糟的给我们吃,不合适。我们也是人哪!"从那天起,肖甲和刘秀荣就再没吃过剩饭剩菜。在那个时候,敢说真话、敢于坚持原则,可是个了不起的大胆行为!重要的是,肖甲虽"虎落平阳被犬欺",饱尝世态炎凉,但他并不因此放弃捍卫尊严的权利。此等志向和精神,怎不令刘秀荣钦佩?

  刘秀荣原以为干校生活比样板团生活要好些。可真的身居其中却大失所望。首先是有超负荷的田间劳动量:种菜、种玉米、种豆子、种花生、种树、掏粪、积肥、运河泥、运煤、平地、收割……还有种水稻的全部程序:平地、育秧、插秧、上肥、拔稻草、间苗、收割,这些刘秀荣都要亲自参加,遇到"五七"战士故意偷懒,刘秀荣也只能忍气吞声,代替他们完成,谁让她是重点受监督对象呢。因为田间劳动,刘秀荣还落下了腿疾:

  最艰苦的是每年二月底三月初用水平地,育秧儿,天寒水冷,每到这个时候一排排长安排我和燕侠大姐带着冰碴儿下稻田水平育秧儿,由于受冻、过累,我的两条腿上下楼疼痛的不得了,特别是下楼梯、下台阶儿,必须侧身一步一移,很是痛苦,落下了严重的腿疾。[①]

---

① 刘秀荣:《我的艺术人生》,中国文联出版社2006年版,第249—250页。

刘秀荣在干校田间草棚前与干女儿王琳合影

还有一点，是吃饭。无论冬夏，干校的食品只是"三汤一窝丝"，"三汤"就是萝卜汤、疙瘩汤、白菜汤，"一窝丝"，就是窝头、玉米面丝糕。本来刘秀荣已经很瘦小了，每天参加完劳动，还吃不好饭，身体简直快要垮掉了。干校倒是有服务社，可是芭蕾舞团连队里有一名"五七"战士曾悄悄在服务社买了一块臭豆腐补充营养，结果被发现后受到了严厉批判。校领导说："臭豆腐就像你们资产阶级思想一样，闻着臭，吃着香！"居然连吃臭豆腐的权利也被剥夺了。身为"被监督对象"又一心只想平安渡险的刘秀荣，还怎么敢冒险吃别的东西？

最复杂、最令人难以承受的，还不是劳动和吃法，而是人。虽然刘秀荣身边不时有好人出现，像上述的王威良、肖甲，还有每天给刘秀荣留热饭、协助刘秀荣偷偷练功的小王玉蓉等，但还是有个别人出于各种各样的目的，或者满足自己某种变态的想法，时不时找些机会折磨刘秀荣这种被监督对象，从身体到精神上恶意整治，欲求彻底打垮而后快。

前两年，刘秀荣在干校真是度日如年，她甚至觉得后半生可能就在此务农了。不过，很快发生了一系列事件，刘秀荣的命运似乎出现了一丝转机。

第九节 穷途之哭

1972年9月16日，二连新连长梁清廉将刘秀荣叫到连部，军代表李国良接见了刘秀荣，并交给她一份材料，让刘秀荣逐条核实后再交回给军代表。刘秀荣拿着材料走出连部，一回头看见梁清廉也走了出来。刘秀荣对梁清廉说："我的问题真是冤枉死了，他们整理我的材料完全不属实。"接着刘秀荣把"造反派"罗织的所谓"罪行"、事情的真相、相关细节原原本本讲给了梁清廉。

"原来是这样，我们很多人都不知道实情，"梁清廉听后大吃一惊，想了一会，对刘秀荣说，"这样吧，你每天劳动完了，晚上抓紧时间去写你的核实材料，班里要问，就说我批准的。"

恰在当时，针对刘秀荣的监督和管制有所松懈，刘秀荣得以在张春孝的小屋和丈夫一起整理、撰写申诉材料。夫妻二人满怀平反的希望。

苦熬一周后，刘秀荣于9月23日将申诉材料交给军代表李国良。李国良看后，将材料密封起来，让刘秀荣把材料直接送到样板团。刘秀荣当即乘长途汽车回到北京京剧团把材料交到专案组老贺手上，老贺让刘秀荣回家等消息。

9月25日下午，剧团领导田某和军代表老张、老贺把刘秀荣叫到剧团，对她说："我们看了你的所谓申诉，很不满意，你还得提高认识，重新交代。"重又让刘秀荣回干校接受劳动改造，结果刘秀荣这一去又是半年，专案组音信皆无。

不久，"五七"战士开始陆续返回样板团，只留下刘秀荣和张春孝等几个人坚守着空荡荡的红艺"五七"干校。

刘秀荣、张春孝在干校田间劳动

1973年2月10日，北京京剧团专案组又把刘秀荣叫到虎坊公寓样板团。刘秀荣还以为事情有了转机，正欢喜间，军代表老贺、一名副书记和人保干事却向她宣读了一份以"造反派"原先捏造的"罪行"为线索整理的材料，罗列刘秀荣八条罪状，让刘秀荣签字。这不是完全否定了原先的申诉，重又往刘秀荣身上泼污水吗？刘秀荣又气有恨，颤抖着说道："这个材料与事实不符，我不能签字，我要申诉！"当晚，刘秀荣就把张春孝从干校叫回家，对所谓"八条罪状"逐条予以反驳。

2月20日，刘秀荣递上第二份申诉材料。专案组军代表见刘秀荣态度如此强硬，"拒不认罪"，竟请出样板团领导核心成员谭元寿先生劝说"感化"之："刘秀荣，咱们平时不错。这个事，你就别较真儿啦，承认得了。如果你不承认，那就是江青同志的批示错了？没有调查研究，为了保护江青同志的威信，我劝你牺牲自己吧。"谭元寿先生这几句推心置腹的规劝，险些令刘秀荣"鸣金收兵"：

> 元寿大哥这几句真诚、朴实的话语让我当时实在是为难死了。我知道他是好意。但这是个原则问题，是关系到我的家庭、我的丈夫、孩子，还有弟弟、妹妹的前途问题。一个反江青的反革命分子会给我身边所有的人带来多么严重的后果呀！面对专案组的指责、批判、不顾事实、强加罪状，我敢以理相辩。但是面对这位善良的元寿大哥，我无言可对。思想乱极了。①

刘秀荣只回说："您让我回去好好想想。"她万没想到专案组会搬出谭元寿先生，思前想后一夜，她仍决定实事求是。这是原则问题，承认并不存在的"罪行"，只会令仇者称快，亲者伤心，甚至让诬告者变本加厉，到那时，刘秀荣就再无路可退了，因此决不能承认。第二天，刘秀荣找到元寿同志，郑重地说："元寿大哥，我知道你的好意，但这件事我不能承认，正因为我热爱党，热爱江青同志，所以我必须实事求是，我的事情、我的家庭、我的亲朋好友都知道我的事实真相，如果我就这么承认了，他们对党、对江青同志会怎么看？"自然，刘

---

① 刘秀荣：《我的艺术人生》，中国文联出版社2006年版，第252页。

秀荣的话已说得如此入情入理，谭元寿先生就不好再说什么。专案组对此极不满意，又无计可施，只好让刘秀荣回干校继续改造。

3月6日剧团领导又一次叫来刘秀荣，向她传达江青2月16日的指示：第一条，刘秀荣必须与家庭划清界限①；第二条，"让她向群众做检查，认识得好，还可以考虑。"

听完指示后，刘秀荣似乎又看到了希望，她开始在张春孝的帮助下日夜兼程赶写向群众检查的材料。3月10日交上第一次检查材料。几天后，专案组对刘秀荣说："检查不深刻，要触及灵魂，接触实际罪行，挖思想根源。"遵照吩咐，刘秀荣和张春孝在第二份检查中开始上纲上线：批家庭出身、批"资产阶级剥削阶级烙印""没有无产阶级感情""辜负党和江青同志的培养"，等等。每天熬夜写至深夜一两点钟。3月21日刘秀荣终于交上第二份检查材料。一个月后，专案组答曰："检查不深刻，继续写。"这样刘秀荣又开始没日没夜地写，4月30日又交上第三份检查材料。答曰："检查不深刻，继续写。"继续废寝忘食，5月28日交上第四份检查材料，还是"不行，再写！"反反复复折腾半年多时间，始终没有通过。

原因为何？很简单，刘秀荣如果始终讲真话，就始终无法与专案组上报给江青的材料一致，如果调查人员通过了刘秀荣讲事实的材料，那岂不是向"旗手"承认当初关于刘秀荣的一切"罪行"都是捏造的，世间哪有这样傻的"奴才"？天真的刘秀荣当时不明白，专案组想要的，其实只是刘秀荣一个承认"罪状"的签字，这样才好报送江青，既能结案了事，又能维护"主子"的权威，说不定还能因此仕途平坦，岂不是一举多得？

世间最残忍的折磨，就是一次又一次扑灭一个人的希望。刘秀荣已经走投无路，万念俱灰：难道真要向恶人低头，难道真要因此放弃所有的尊严？这个丑恶

---

① 据刘秀荣自己回忆，第一条指示与刘子元先生有关："当时中国戏校'造反派'揪斗我父亲，说他有历史问题，是国民党党员，又有现行问题。所谓现行问题是我父亲在写检查材料时，开头写'祝我们心中的红太阳毛主席万寿无疆'。太阳的'阳'字耳刀旁的日字有点连笔，硬说他有意识把红太阳写成'红太阴'。'造反派'差点没把他打死，这就是我父亲的所谓反革命罪行。'文化大革命'后，我父亲彻底平反。不仅现行问题是捏造，就连他的历史问题，所谓参加过国民党也是无中生有、予以澄清。当时把我父亲的问题传到了江青的耳朵里，所以才有和家庭划清界限的指示。"

的世界真的连一个瘦弱的女子也不放过吗？如果真是这样，那么这个世界也就没什么好留恋的了。

刘秀荣想到了死。

如果死能彻底消灭自己的痛苦，能真正得到自由，如果死能使父母、张春孝、妹妹、弟弟不再因自己而再受牵连、再提心吊胆，那么死也未尝不是一种最好的解脱方式。

刘秀荣横下了心，因为她对一切都绝望了。

一天，刘秀荣破例喝下许多葡萄酒，家人谁也劝说不住。喝完酒，刘秀荣跟家里人说："我心里闷得慌，发憋。想一个人出去走走。"

"我陪你去。"张春孝觉察出妻子有些反常，自然放心不下。

"让我自由一点吧。我这几年太揪心了！"刘秀荣说。

刘子元先生恰巧在家看病，对张春孝说："让她出去一个人散散心也好。"刘子元和张春孝此时绝没想到，刘秀荣已经有了自杀的念头。

刘秀荣一个人走在大街上，信步而行，神魂荡漾。不知不觉竟走到故宫北门墙外的护城河旁，这是刘秀荣小时候跟弟弟妹妹们一起捉蜻蜓、扑蝴蝶的地方。旧景仍在，人却迥异于昨日。

"难道这就是我的归宿？"刘秀荣问自己。

"对，只有死才能解脱，只有死才能解脱所有亲人！"刘秀荣脑中似乎有一个声音坚定地答道。

刘秀荣决心扑向护城河，准备从此了却一切烦恼，准备任由冰凉清澈的河水洗净身上一切煎熬与疲惫，洗脱世间强加的不公和冤屈。

可就在刹那间，刘秀荣猛地想到儿子永光：

我死了，我是解脱了，可我的家人，特别是我儿子才只有八岁，他们这一辈子都要背上一个畏罪自杀、自绝革命的反革命家属的沉重包袱，一辈子也抬不起头来。人到这个时候，什么荣誉、地位、金钱，都不想了，全都舍得了。可就是舍不得我的家人，特别是我的孩子，我已经给我的亲人们带来了很多的痛苦,不能再给他们带来灾难了,我不能走这一步。[①]

猛然间,刘秀荣从噩梦中惊醒,逃也似奔向家的方向。迎面,撞见心急如焚的张春孝。刘秀荣猛扑过去,紧紧抱住丈夫,失声痛哭道:"张春孝,我差点儿见不到你了!"张春孝也哭着说:"你怎么这么想不开,只要人在比什么都强,家里人都快急死了,我到处找你找不到,急得我没办法,把威良叫来一块找你,咱们赶快回家吧。"

遭此一劫,刘秀荣反而彻底醒悟:寒冬既至,暖春亦不远矣!死,或许是功亏一篑,生,才是对宵小之徒最严厉的回击。让正义真理低头,简直异想天开,让无辜之人服软,亦无异于痴人说梦!

6月19日,为落实江青"指示",剧团领导和军代表不得不安排刘秀荣向北京京剧团全体群众做检查,会上,几个"群众代表"对刘秀荣的检查进行严肃批判和训斥。结果是什么?刘秀荣拒不认"罪"。刘秀荣的"顽固抗拒"让专案组着实头疼,只好又将刘秀荣派回干校。1973年7月4日,刘秀荣交上了第五份检查,专案组自然"老调重弹",音信皆无。

由于刘秀荣的"负隅顽抗",张春孝也只能始终在干校劳动。多亏秉公任直的蒋元荣多番仗义执言,才将张春孝调回样板团,留在创作组工作。

后来红艺"五七"干校宣布撤销,刘秀荣没有地方监督管理,专案组只好把她暂时调回北京京剧团,继续写检查、劳动。另一方面,剧团安排刘秀荣在《沙家浜》演出时领幕、叠服装。日子依旧难熬,精神依旧高度紧张,但刘秀荣毕竟已经挨过人生最低谷,此后,她生活中的每一步,其实都在远离那个低谷。远离的步伐其实已经渐渐轻松起来,只是她还没有察觉。因为春天就要来了,也许就在明天。

第十节　腊尽春回

1976年10月,时值金秋,"四人帮"被捕,"文化大革命"结束。

[①] 刘秀荣:《我的艺术人生》,中国文联出版社2006年版,第255页。

这个消息对于刘秀荣和张春孝，以及千千万万在"文化大革命"中受迫害的文艺工作者而言，无异于"第二次解放"。

"文化大革命"开始的时候，刘秀荣刚好三十一岁，正值芳年华月；"文化大革命"结束那年，刘秀荣已经四十一岁了。中间这整整十年，正是她艺术上渐趋成熟、大可有所作为的十年，却成了刘秀荣舞台上最空白的十年。

人生能有几个十年？

"文化大革命"期间，刘秀荣完全失去了表演的机会，更失去了正常练功的机会，这对于一个京剧演员来说是"致命"的伤害。民谚有云："一天不练手脚慢，两天不练丢一半，三天不练门外汉，四天不练瞪眼看。"可见，即便是普通的技能，也需要日日坚持不懈磨炼，更别说京剧表演"一日练一日功，十日不练十日空"这样要求更高的技艺了。刘秀荣损失的岂止是十日，是十年！

尽管她在红艺"五七"干校的三年时间里，曾有短暂的秘密练功的机会，可是那样最多能保证刘秀荣不会完全忘记学过的技艺，离重返舞台的要求还差得远，更别提继续提高了。刘秀荣又是个要强的人，她强烈地想重回舞台，想排更多的戏，演更多的戏！毕竟，她还有属于自己的"舞台青春"，还有时间追回十年的损失！

可是，常年的折磨，特别是"文化大革命"后期愈加残酷的迫害，使刘秀荣的嗓子已经几近失声。一个京剧演员，尤其是像刘秀荣这样全面的旦角演员，嗓子可是命根！没有嗓子还怎么演戏？

"我完了！我完了！"当刘秀荣发现这个问题时，她跺着脚痛哭，近乎歇斯底里地高喊道。

这个打击太大了，简直令刘秀荣痛不欲生。

这时，陪伴刘秀荣走出低谷的张春孝又一次伸出了温暖的手。他一边同家人一道不住鼓励刘秀荣，一边请来刘秀荣的亲弟刘长生亲自操琴，在家中帮助刘秀荣吊嗓子。不到一个月，刘秀荣就能够满宫满调唱完全部《贵妃醉酒》【四平调】了。

"我嗓子恢复了，我又能重返舞台、开始演戏啦！"看着父母、丈夫春孝、弟弟长生、妹妹秀华、秀英和儿子永光激动的神情,刘秀荣似乎感到了过年般的喜庆气氛。其实,这也是刘秀荣早年扎实功底和过人天赋的一种回应。

喜讯接连不断。本着中央"拨乱反正"的指示精神,北京京剧团经过一段时间的调查研究后,决定正式为刘秀荣平反,文件原文如下:

刘秀荣全家合影,一排左起:继母韩智华、小妹刘秀英、父亲刘子元;二排左起:二妹刘秀华、弟弟刘长生、丈夫张春孝、刘秀荣

关于给刘秀荣同志平反的决定

刘秀荣同志在参加京剧《朝阳沟》和《沙家浜》的排演过程中,在一些问题上触犯了叛徒江青。另外,在"文化大革命"初期,江青策划把已经撤出我团的工作队的若干成员重新派回我团,引起了部分群众的反对。刘秀荣同志也参与了这件事,更触怒了江青。因此,叛徒江青在一次讲话中,借一位青年演员的来信,并利用刘秀荣同志剪发的问题,对刘秀荣同志进行打击和迫害。本来刘秀荣同志在听到江青这个讲话的传达以前,就预约烫头剪发,而江青却借口大做文章,在一九六九年十二月十八日对一封信的评语中给刘秀荣同志强加以"参加反革命活动"的罪名,并不顾客观事实,硬说刘秀荣同志"剪掉头发,声言不再参加《沙家浜》的演出"。为此,对刘秀荣同志以攻击江青、破坏京剧革命等问题为由,进行了一年多的隔离审查,一直未作结论。

刘秀荣同志是叛徒江青推行反革命修正主义路线的受害者。为落实党的知识分子政策,挽回群众影响,现决定:

1. 给刘秀荣同志平反,把叛徒江青强加在刘秀荣同志头上的"参加反革命活动"等一切污蔑不实之词一律推倒恢复名誉。

2. 审查期间的材料,按照上级规定不应入档案的资料,本人交待的一律退还本人，其余全部销毁。

  3．作好消除影响的工作，将平反决定副本发给其亲属子女，通知其亲属子女所在单位、并请他们退回我团提供的错误资料，予以销毁。

中共北京京剧团党委会领导小组
一九七八年三月三十日

  当刘秀荣颤抖的双手接过这份文件时，她百感交集：振奋、释怀、解脱、兴奋、苏醒、重生、大悲大喜……最后只有掩面而泣。

第八章　天地无私春又归

1966年至1976年，是中国"文化大革命"政治灾难的十年。在这场前所未有的大规模"群众革命运动"中，大批学者、作家、知识分子以及文艺工作者受到无端迫害与折磨，成为被批斗、被改造的对象。中国的文化艺术事业、经济生产工作几乎停滞，社会秩序陷入极大混乱当中。传统戏曲行业更以其"四旧"身份而遭受重大冲击，戏曲从业者受尽牵连，尤其是知名和优秀的人才，更是首当其冲。刘秀荣也因此白白浪费十年最好的艺术光阴。

在"文化大革命"期间，刘秀荣几乎完全告别舞台。在运动初期，刘秀荣还能在北京京剧团《沙家浜》《节振国》等剧中扮演主要角色，以江青"钦点"的"样板戏"演员身份排演革命现代戏。随着剧团主要领导、著名演员相继受到迫害，刘秀荣的处境也越来越艰难，部分宵小之徒几次三番欲制造麻烦，但都被刘秀荣和张春孝巧妙应对，涉险过关。

1969年，因为排戏需要，刘秀荣不顾形势，私自"烫头"，被别有用心的"造反派"抓住把柄，以"反对江青，对'样板戏'不满"和"资产阶级腐化作风"为由，硬给刘秀荣扣上"反革命分子"的帽子。后来"造反派"变本加厉，四处搜集相关"罪证"，将刘秀荣的言论和行为添油加醋、恶意歪曲后呈报中央"文化大革命"小组，最终震怒江青，成为"反动典型"和剧团重点监督对象。之后，再无演戏机会，每日除了超负荷的劳动外，就是写检查、汇报思想，甚至连张春孝也受到牵连，不仅夫妻无法正常见面，连张春孝的演戏权利也被剥夺。

刘秀荣从1970至1973年被下放到红艺"五七"干校进行"劳动改造"，期间曾多次写申诉材料欲求洗脱"罪名"无果，后又调回北京京剧团继续劳动，为《沙家浜》等剧拉大幕并协助后台工作。受迫害的近十年时间里，刘秀荣始终没有正式排练和演出的机会，甚至练功也是私下秘密进行的。直到1976年"四人帮"被粉碎，刘秀荣才终于恢复正常练功。1978年3月30日，刘秀荣被彻底平反，由此才获得重返舞台的机会，继而创造出艺术道路上的第二个"黄金时代"。王文章曾在著作中这样概括和评价：

刘秀荣恢复演出后在鸽子窝公园留影

> 粉碎"四人帮"后，她焕发了艺术青春。除在北京和河北、河南、天津等地演出外，还去朝鲜、日本、加拿大、美国和港澳地区访问演出。被香港《文汇报》赞誉为"文武全才旦角好手"。她在恢复演出的《白蛇传》《拾玉镯》《香罗帕》《十三妹》等剧目中的表演，唱、念、做、打功夫不仅保持着十多年前的优美风韵，而且表演更臻于完美。她继承传统，博采众长，青衣、刀马、花旦、武旦都能擅演，应用表演程式而又大胆创造，因而形成了自己的风格。①

第一节 《穆柯寨》不减当年

《穆柯寨》是能够全面展现刘秀荣旦角艺术的传统戏之一，复出舞台后不久，刘秀荣即以这出戏证明了自己的实力。那场演出是为庆祝粉碎"四人帮"和"五一"国际劳动节而准备的，由北方昆曲剧团撤出后新成立的北京京剧团负责组织排演。演出共安排两场传统京剧：一台是李世济和闵兆华主演的《英台抗

---

① 王文章：《艺术体制改革与管理初探》，华夏出版社1993年版，第336页。

婚》等戏，另一台是刘秀荣和张春孝主演的《穆柯寨》。刘秀荣扮演穆桂英，张春孝扮演杨宗保，郝庆海和张韵斌分别扮演孟良、焦赞，阎元靖扮演杨六郎。《穆柯寨》是这台演出的大轴戏。

刘秀荣和张春孝在1965年前演出过不少传统戏，且多为传世经典，照理说此次排演，二人在剧目上大有选择余地，为何偏偏选择了《穆柯寨》呢？刘秀荣的回忆是这样的：

> 因为我和张春孝从1965年调到北京京剧团就开始演现代戏，我和张春孝在这个团就没演过传统戏。因此，我所演的一批传统戏，这个团不熟悉，要重新排练时间来不及。因为没有几天就要演出了。所以我和张春孝临时决定拿一出省事的戏，就选了这出《穆柯寨》。①

演出在即，时间极为宝贵。在全团的齐心协力下，《穆柯寨》的排练只用了三天时间：第一天，全体演员对词、对唱；第二天，说排整个戏的大框架；第三天，直接进入响排。

响排当天，刘秀荣要求舞台队的同事给自己扎上大靠，拿上弓箭、马鞭子，除了没化妆外，其余一切装备都和公演一样。刘秀荣的性格是，要么不做事，只要决定做事就认真到底。这种精神感染了在场的乐队全体，大伙的严肃态度和投入的热情与正式演出无差。特别是鼓师谭世秀——这位多年为谭富英、裘盛戎先生司鼓的先生，在排练场展现了很高的伴奏水准。虽然他和刘秀荣只说了一遍戏，却伴奏得严丝合缝、滴水不漏，激烈时若雷鸣电闪，和缓时若海浪拍石，强弱相错，沉浅有序。

刘秀荣在响排中的表现更是出乎所有人预料，很多人报以惊愕的目光。谁也没想到，离开舞台这么久的刘秀荣，竟然还可以如此自信地演出，其荒废多年的唱、念、做、打、舞各项技艺，竟还能自如呈现，其台风、与张春孝配合之默契也无可挑剔。在场者在讶异刘秀荣底功扎实的同时，也不约而同议论纷纷起来。响

---

① 刘秀荣：《我的艺术人生》，中国文联出版社2006年版，第259页。

排刚一结束，翟韵奎——这位《沙家浜》中刘副官的扮演者，马上走过来对刘秀荣说："大妹妹，你这功夫不减当年哪，还那么'溜'，你大概始终没搁下吧？"刘秀荣笑答："夸奖，夸奖，再恢复些日子还能更好些。"

　　正式演出前，刘秀荣定了定神，但仍然难以平复重回舞台的幸福和兴奋之情。

　　大幕拉开，只见穆桂英一出场的【四击头】亮相，就赢得了久违的、效果异常强烈的、持续时间非常长的碰头彩。观众发自心底的、压抑十年之久的叫好声，震撼了整个剧场，鼓舞了台上所有演职员。接着，穆桂英碎步圆场、望门、搜场，几乎一个动作换回一阵掌声；穆桂英开始掏翎子、横场小碎步，人还未到舞台中央，观众的叫好声就又响成一片；再下面的【导板】、【原板】唱腔、拉弓圆场、大"屁股座子"、翻身亮相等，掌声、叫好声更是一阵高过一阵，观众像是生怕无法尽足表达赞悦之情似的，拼足了力气鼓掌喊好。台下和台侧甚至传来这样的议论声："真是不减当年！""真了不起，隔了这么多年，刘秀荣还是刘秀荣！"

　　前面的戏，刘秀荣已经将观众的热情完全调动起来了。紧接着，张春孝扮演的杨宗保也是一个【四击头】出场亮相，又是一个炸雷般的碰头彩。接下来穆桂英和杨宗保碰面、唱戏词。此处刘秀荣和张春孝做了修改加工：老路子是杨宗保在碰面后唱【摇板】"二马连环战上坡"，改为穆桂英唱【西皮二六】"这员小将真不错"，刘秀荣和张春孝还特意为这段【二六】加了组身段。这种改法，与刘秀荣和张春孝出国演出的《双射雁》戏路一致。这段表演新颖别致，加上刘秀荣、张春孝配合默契，身段也典美华彩，观众自然兴致盎然。这套身段紧接一段"快枪"对打、挑翻身，最后一个又脆又快的【四击头】亮相，观众简直把"好"喊了个过瘾。

　　戏末是杨宗保被擒。原本戏路是：穆桂英一盖两盖挑掉杨宗保的枪，杨宗保翻身跪地以示落马，穆柯寨手下兵丁一拥而上绑住宗保。张春孝一看现场气氛这么热烈，简直十多年难得一见，不在戏末加点"花儿"太可惜了。于是，在表现被擒时，张春孝故意走了一个"肘棒子"。这是个难度颇高的硬抢背动作，演员在跳起横身翻转时，速度要极快，且脊背落地时须干净利索，才显惊险刺激。刘秀荣心有灵犀，趁张春孝身子在半空中时，顺势用枪使劲抽他的后背，又准、又

第八章　天地无私春又归

脆、又响，张春孝这个硬抢背还没落地，观众就送了个满堂彩。最后是穆桂英的下场花，刘秀荣心无杂念，耍起枪花来像没扎靠一样流畅自在：枪花不打靠旗，不碰靠肚子，面花然后翻身飞快，完全做到了稳、准、狠、快而不乱，亮相又瓷实、又漂亮，干净利落。台底下观众简直"炸了窝"了！

《穆柯寨》，刘秀荣饰穆桂英，张春孝饰杨宗保

　　《穆柯寨》，不是刘秀荣掌握的传统戏中难度最大的，也不是最经典的，更不是最费力的，它其实可以说是最省时省事的一出戏，可是这出戏却是剧场效果令刘秀荣印象最深刻的，也是她从艺以来情绪最激动、精神最饱满、最感动和最难忘的一出戏。久违了的观众，久违了的戏台，如此沸腾热烈的场面，演员、观众、乐队、后台，台上台下、台里台外，全都融为一体、心心相通。观众所赞悦的，是台上真挚动情的表演，是精湛绝伦的技艺，也是人物塑造的功底，更是禁锢十年的优秀剧目，以及重获自由后的赏剧观感。《穆柯寨》，此时已被赋予了新的含义，承载了新的价值。它将会成为一种符号，一种抚平"文化大革命"创伤、延续传统精髓的符号，一种象征京剧回归、标志观众新生的符号。它更会成为刘秀荣记忆中的一个奇迹，成为一座难以逾越的剧场高峰，成为一股重新赐予她二十岁时青春活力和舞台状态的神奇力量。

第二节　赴美国及港澳演出

　　从1953年到1962年间，刘秀荣常以主要演员身份参加出访艺术团，向国际舞台展示京剧魅力，并多次获得广泛赞誉和国际奖章。这些文化交流不仅促进了京剧同国际艺术界的相互理解和切磋进步，更形成了中国同世界各国建立友好关

233

系的良性手段，是意义重大的外交事件。可以说，刘秀荣很早就成为了中国的"艺术使者"。

以下是对这十年间刘秀荣重要出国演出事件的简要回顾：

1953年7月，刘秀荣与谢锐青、王荣增、张春孝、侯正仁、钱浩梁、贺春泰、吴春奎（后改名刘洵）、谢超文等九位中国戏校学生随中国青年代表团赴罗马尼亚首都布加勒斯特参加第四届世界青年与学生和平友谊联欢节。之后随团出访东德、波兰演出，途经匈牙利、保加利亚和前苏联等国，最后返回北京，历时四个多月。这是刘秀荣第一次出国演出。演出剧目有《水漫金山》《拾玉镯》等。此次出国，刘秀荣将改进重排的《拾玉镯》第一次带上国际舞台，刘秀荣的《拾玉镯》也成为后来京剧舞台上的经典版本。

1956年初，刘秀荣随中国人民赴朝慰问团一道赴朝鲜人民民主共和国为中国人民志愿军和朝鲜人民军进行慰问演出。同年3月，中央文化部指派实验京剧团与中国京剧院部分演员组成中国艺术团，赴澳大利亚和新西兰进行友好访问演出，刘秀荣亦在其列。这也是新中国第一次派团赴澳演出。

1959年，刘秀荣、张春孝作为中国青年代表团赴奥地利第七届世界青年与学生和平友谊联欢节，领队钱静仁。刘秀荣凭借《春郊试马》成为中国戏校获得国际金奖的第一人。此后，代表团访问了瑞典、芬兰、挪威、丹麦冰岛等国，演出剧目有《拾玉镯》以及《小放牛》《盗仙草》《秋江》等戏。

1960年，刘秀荣随中国青年艺术团赴阿富汗、伊拉克、尼泊尔访问演出，剧目有《水漫金山》《春郊试马》等，领队文菲。

1962年，刘秀荣随中国青年代表团赴芬兰赫尔辛基参加第八届世界青年与学生和平友谊联欢会，演出剧目有《春郊试马》《水漫金山》等，领队张东川。

"文化大革命"后，特别是1978年刘秀荣正式平反后，她又一次成为出国演出团体的主力成员。

1978年，中国组织了京剧表演艺术家、音乐家、演奏家和舞蹈家共149人组成"文化大革命"后规模最为庞大的中华人民共和国艺术团，远渡重洋，赴美利坚合众国进行友好访问演出。这也是时隔十六年后，刘秀荣再一次迈出国门。

第八章 天地无私春又归

这是新中国建国后第一个由政府派出的访美艺术团，无论是人员选配还是节目编排，艺术团都精心策划，极为重视。艺术团汇聚了当时国内艺术界第一流的演员，如京剧演员刘秀荣、李小春、张春华、景荣庆、谷春章、侯正仁、李光、刘习中、俞大陆、李嘉林、冠春华、张少华、宋锋、孙桂元、奎福才、叶红珠、李维康、郭锦华等；钢琴演奏家刘诗昆，琵琶独奏家刘德海，二胡独奏家闵惠芬，歌唱家郭淑珍、胡松华、李谷一，舞蹈家赵青、白淑湘、陈爱莲、崔美善、阿依吐拉、莫德格玛、郁蕾娣、薛菁华、李承祥等。团长为时任文化部艺术局局长的赵起杨，副团长三人，分别是中国对外文委副主任康岱沙，文化部艺术局副局长张东川和著名歌唱家周小燕。

1978年6月26日，刘秀荣随中国艺术团离开北京，来到纽约，并在纽约林肯艺术中心开始了赴美首场演出。刘秀荣和张春华先生为美国观众联手奉献了京剧《秋江》。虽然一开始林肯艺术中心宽深的大舞台和全计算机控制系统给此次京剧表演带来了一些不适应和考验，但是凭借着刘秀荣苦练的幼功以及与张春华先生默契的合作，两人的《秋江》很快便赢得了美国观众的掌声。短短十几分钟，观众喝彩声竟达十几次之多，戏后谢幕达五六次，剧场内更是破格允许观众跺地板以表达热烈欢迎和极度满意，简直是全场沸腾。

纽约演出成功后，刘秀荣随团又访问了华盛顿、洛杉矶、旧金山、明尼阿波利斯等友好城市，历经五地，历时40天，进行了30场演出。观众总计约12万人。京剧分两台晚会轮流上演，剧目有《闹天空》，由李小春扮演孙悟空；《雁荡山》，俞大陆扮演孟海公；《三岔口》，李光扮演任堂惠，刘习中扮演刘利华；《挡马》叶红珠扮演杨八姐，张少华扮演焦光普；《秋江》，刘秀荣扮演陈妙常，张春华先生扮演老艄翁。《秋江》是其中唯一在

美国总统卡特在白宫接见中国艺术团，左五为卡特总统，右一为刘秀荣

两台晚会上都必演的节目。演出受到了美国人民特别是华侨极为热烈的欢迎。

7月20日,美国总统卡特在白宫玫瑰园接见了中国艺术团全体成员,并对他们的来访表示欢迎。7月21日,美联社在华盛顿当地报纸刊发了卡特总统和刘秀荣亲切握手的照片。

访美期间,艺术团还参观了帝国大厦、美国普通工厂、现代舞学校、亚瑟·米奇尔先生黑人舞蹈团以及百老汇、好莱坞等机构。访美的日程安排很紧张,演出任务也很辛苦,但这四十多天令刘秀荣感到"心情特别愉快",她对美国的整体印象很好,认为"美国是一个科学发达现代化的国家,人们的意识超前,思想开放",并总结说:"尊重个性是美国人的特点。"这个国家留给刘秀荣的印象和感触,恐怕和她此前出访的任何一个国家都是不同的。

刘秀荣在美国白宫与总统卡特握手,左一为卡特总统,右一为刘秀荣

刘秀荣与叶红珠在联合国大厦前合影

1978年8月8日,艺术团于归国途中,在香港、澳门两地进行访问演出,时间近一个月。虽然这是刘秀荣第一次访问香港,且只在香港新光戏院演了小戏《秋江》,但是由于刘秀荣1963年主演的彩色戏曲艺术片《穆桂英大战洪州》曾轰动香港,时隔十多年,香港观众此次终于能够一睹"庐山真面目",并重温经典,自然热情高涨。香港当地各大媒体均在显著位置发表了有关刘秀荣的评论、访谈和照片。文章有香港《大公报》所刊《俏丽的刘秀荣》和《京剧〈秋江〉观后》、《文汇报》所刊《文武全才旦角好手刘秀荣》、《新晚报》所刊《京剧〈秋江〉

幽默、诙谐受赞赏》等，还有其他媒体以"穆桂英的威风又来了"为题的众多报道。后来刘秀荣在澳门演出后，《澳门日报》也发表了孙华先生撰写的剧评：《焕发出光的珍珠——京剧〈秋江〉》。

虽然事隔多年，但是香港观众对《穆桂英大战洪州》记忆犹新，刘秀荣的旦角功底也让香港观众由衷敬佩。洪红先生在香港《新晚报》发表的题为《见刘秀荣忆〈战洪州〉》的文章便是最好的例证：

> 艺术团到香港后，在记者招待会上，终于给我见到了刘秀荣。令人想起当年在"大战洪州"里的穆桂英，还是风采依然。
>
> 当年这出电影上映的时候，不但叫京剧迷拍案，甚至一般的影迷，相信至今仍是难忘的。当年刘秀荣把一个年轻女英雄的妩媚刚强，演得恰如其分，自然而突出。
>
> 看《穆》片中的刘秀荣的武功根基是了不起的，开打时，转身快，靠旗不乱。金刀飞起时，尺度严谨，环绕番将时，一支花枪飞舞转一圈，令人倾倒。今次随团来港演出《秋江》，虽然是个文戏，但上船下船的程式比《打渔杀家》更丰富复杂。整出戏自始至终都是描写江中小船上的情景。但舞台上既无船，又没有江水。这出戏全靠演员的身段，腰腿上的功夫来表演。况且，有深厚武功基础的刘秀荣除了学习刀马之外，在当年《穆》片里已经显露出她融汇了青衣、花旦、刀马和武旦几种"活儿"于"一炉"。
>
> 另外，她扮相好、表演细，加上有清脆悦耳的嗓音，咬字劲，念白清，就更适合演如今这个《秋江》了。[①]

演出间隙，艺术团还与香港电影界夏梦、石慧、鲍方、朱琳等明星会面，众位明星殷切希望艺术团能再来港演出。[②] 9月5日，艺术团返回北京，结束了此次至为重要的艺术交流。

[①] 董绍琦：《菊苑燕侣》，中国戏剧出版社2007年版，第164页。
[②] 二十多年后，即2001年6月，刘秀荣与张春孝一行终于再次赴香港演出并举办讲座。

第三节　校戏的两度重排

中国艺术团出访美、港、澳的归国途中，刘秀荣得知了一个消息：国务院已下达文件指示，在"文化大革命"期间被强行调动工作的人员，本人可以要求回原单位。到底是留在北京京剧团，还是回中国京剧院[①]？刘秀荣一下子拿不定主意。北京京剧团自然不希望刘秀荣调走，中国京剧院的几位师兄弟却劝刘秀荣和张春孝回去，毕竟，当时中国京剧院的演出骨干基本都是与刘秀荣、张春孝一起长大、学习的戏校优秀毕业生，"戏路子"正好一致，将来合作起来也方便。张春孝支持刘秀荣回中国京剧院，但刘秀荣为稳妥起见，决定回国后登门拜访史若虚校长，先听取他老人家的高见。

没想到史若虚听了刘秀荣的想法后，不假思索地说道："回中国京剧院，还考虑什么，那都是中国戏校的，你们风格统一，回去赶快排戏演出。"刘秀荣还没来得及回应，史若虚又接着问道："王校长教你的《悦来店》十三妹马趟子那大段念白忘了没有？"一听说是恩师王瑶卿教授的剧目，刘秀荣赶忙答道："那怎么也忘不了。"

"好，念给我听听。"史若虚立马来了精神。

"我，何玉凤——"刘秀荣站起身高声念了起来。

"嗯，还没忘，是那个劲头儿，"史若虚眯着眼睛仔细听完，微微点头道，"以后把这个戏教给戏校实验团的学生，让他们好好练练嘴皮子。"

于是，就这么一会儿，史若虚把刘秀荣将来回中国京剧院的规划都设计好了。

不过，史若虚还有一个重要安排，他继续对刘秀荣说："你回中国京剧院之前，先到戏校来，把你的《白蛇传》恢复了，你给我'下两个蛋'带几个学生，你和张春孝一撤，回中国京剧院，我这儿换上在实验剧团刚毕业不久的陈淑芳、徐美玲、吴许正，《白蛇传》就传下来了。"

第二天，史若虚就开会确定了演员阵容：以实验剧团做班底，刘秀荣饰白

---

① 1963年，中国戏曲学校实验京剧团调入中国戏曲研究院实验京剧团；1965年11月，中国戏曲研究院实验京剧团又改为中国京剧院三团，成为中国京剧院的一部分（中国京剧院当时有一团、二团、三团）。

第八章 天地无私春又归

蛇,谢锐青饰小青,张春孝饰许仙,马名群饰法海,刘长生扮演老艄翁,骆焕友饰小沙弥,董和平饰鹤童,董志华饰鹿童,王响伟饰伽兰,其他水族、神将均由当时实验剧团的郑子茹、裘少戎等年轻演员扮演。阎宝泉负责乐队并亲自司鼓,琴师为吴炳璋,二胡为曹宝荣,其他打击乐由阎宝泉的学生苏广忠、马勇等担任,舞台队由蒋士林负责,赵文华负责容装。张春孝负责抓总,逯兴才担任其助手。

《白蛇传》是名副其实的校戏,标志着中国戏曲学校的教学辉煌,史若虚又是此次复排的总负责,他自然尽心尽力。为了能让刘秀荣和张春孝专心排戏,他特意对刘秀荣说:"刘秀荣,你就踏下心来排你的戏,别的什么都甭管,我来负责。"后来事实证明的确如此,乐队、人员、剧场、装置等大小事情都被史若虚安排得井井有条。当时史若虚在"文化大革命"之后刚恢复工作,心情愉悦,精力旺盛,整日微笑着坐在排练场,从早忙到晚,全神贯注,寸步不离。

此次《白蛇传》的复排,刘秀荣在戏校的老师如荀令香、赵荣欣、汪荣汉、李甫春、郭文龙、阎宝泉等,还有贯涌、奎生、武春生、苏稚、陆建荣等师兄弟们都一如既往地关心支持她。

演出时,中国戏校排演场内座无虚席,观众席的过道都站满了人。字幕上刚打出刘秀荣和张春孝、谢锐青、马名群、刘长生这几个老合作者的名字,场下就掌声雷动。刘秀荣一句导板"离却了峨嵋到江南"还没唱完,喝彩声便充盈满堂。随后张春孝、谢锐青的出场亮相,彩声不断;刘长生的山歌也震惊四座。观众一定是把经典重现的喜悦当作了尽情忘却十年苦痛的最佳方式。演出结束后,文化部部长黄镇、时任全国文联主席的周扬、著名戏剧家曹禺先生及著名艺术家高盛麟、王金璐、赵荣琛、尚长春等人在史若虚陪同下走上舞台,同《白蛇传》演员一一握手祝贺演出成功。周扬专门对刘秀荣说:"记得吗?1952年我陪周总理给你们颁奖,当年你被周总理叫作小白蛇。"曹禺先生也兴奋地对刘秀荣说:"今天看了你的演出,我太高兴了,风采不减当年哪。"老艺术家们还夸赞了张春孝扮相好身段佳、刘长生嗓音绝伦、实验剧团的青年演员认真整齐、乐队伴奏严丝合缝云云。

这次演出,中央电视台杨洁导演还安排了录制转播,在当时全国电视台并

239

清扬端妍　隽逸翩然——刘秀荣评传

无更多戏曲节目可看的情况下,《白蛇传》一经播出,立刻引发了老戏迷的追捧,许多老观众和在外地的老同学纷纷致函来电祝贺刘秀荣重返舞台。

朱秉谦当时负责组建中国京剧院三团工作,他看了刘秀荣、张春孝的《白蛇传》演出后,亲自登门拜访,兴奋地邀请两位老同学参加新组建的三团。于是,带着演出成功的喜悦,刘秀荣、张春孝正式"归队",回到了阔别十年的"艺术伙伴"当中。

《白蛇传》,刘秀荣饰白素贞,张春孝饰许仙

新组建的三团,以原实验剧团为班底。刘秀荣和李光、李维康为三大主演,其他主要演员有老生行朱秉谦、耿其昌、谭孝曾等;武生行宋锋、刘学钦(兼演文武老生)等;小生行张春孝、赵寿延;旦行柯茵婴、李华、林燕、张岚等;花脸袁国林、李欣、王仲玮、任凤坡、孙桂元等;文武丑刘长生、孔新恒、刘习中、常贵祥等。还有不少配角演员,其实大部分人都有能力独挑大梁,但是全都发扬原先实验剧团"一棵菜"的精神,甘当"绿叶"。

三团刚成立,便组织了建团公演。首先推出了一台折子戏,第一出:李欣、谭孝曾等主演的《铡美案》,第二出是李维康、孔新垣的《秋江》,第三出是李光、刘习中等主演的《三岔口》,第四出是刘秀荣和张春孝、张岚主演的《拾玉镯》。当时,真可谓"四出小戏走天下",轰动一时。在广州期间还为广东省领导和大军区首长组织了专场演出,受到时任广东省委第一书记的习仲勋同志的接见。

公演结束,三团刚一回京,刘秀荣就着手进行《白蛇传》的排练准备,由张春孝和排练组其他成员负责。阵容如下:刘秀荣演白蛇,张春孝演许仙,青年演员李华扮演小青,朱秉谦扮演法海,刘长生扮演老艄翁,孙桂元扮演伽兰,宋锋演鹤童,任凤坡演鹿童。谢锐青因已调入中国戏曲学院从事教学工作,故未参加排练。

同以往排练不同,这次《白蛇传》做了几处变动:首先减掉了法海"查白"一场戏;再者"盗草"一场中南极仙翁不再出现,改由白素贞战败鹤童、鹿童

后取得灵芝，搭救许仙；还去掉了与整出戏关系不大的许仙的姐姐许氏；此外，"水漫金山"的武打也做了调整，原来伽兰的"五股荡"用的是棍对双刀，为了强调水族的威力，四个水族每个人手里各拿两个水旗，跟伽兰开打，造成水族满台飞舞的效果，既合理，又美观；白娘子在武打中又增添了快枪，后来为了出国演出，白娘子还加了"踢出手"；另外王仲玮扮演的蛟仙神将翻大旗后，又加了伽兰等人的一个"大荡子"，把"水漫金山"一场推向了高潮。这一系列改动在保持原剧美感的基础上精炼了情节，使结构更加紧凑，又进一步增强了白娘子舍生忘死的精神，新加的武戏动作更提高了现场演出的观赏性，总体来说，这种调整是极好的一次加工尝试。

值得一提的是，刘秀荣当时已经年近半百，但是在王威良、荀皓、史燕生等师兄弟帮助下，刘秀荣还是咬牙坚持重学了整套出手的高难度技巧。此等为艺术而不畏艰难的精神，实在令人感佩。在刘秀荣的领衔下，加工后的《白蛇传》也成了三团的保留剧目。

《白蛇传》，这个美丽的爱情传说，于刘秀荣、张春孝的艺术人生而言，既开启了他们年轻时的舞台辉煌，又在历经磨难之后引领二人再攀艺术高峰。

第四节　当选妇联执行委员

1978年9月8日至9月17日，中国妇女第四次全国代表大会于北京召开，全国各地五十多个民族近两千名代表出席了大会。刘秀荣当时刚访美归国不久，接北京京剧团的通知，她也受邀参加了此次大会。在这次大会上，刘秀荣当选为全国妇联执行委员。时值"文化大革命"创痛刚刚平复，代表们在人民大会堂欢聚期间情绪异常振奋，彼此都颇为关心。王光美、林佳媚、朱琳等对于文艺界的情况也非常关切，她们知道刘秀荣是继赵燕侠之后被打倒的第二个"阿庆嫂"，也了解刘秀荣在"文化大革命"中的磨难，特意嘱咐她要振作起来，多排戏、演出，再续辉煌，末了还说："你什么时候演出通知我们一声，我们很爱看京剧的。"刘秀荣当天精神很好，在老革命家夫人的提议下，她专门为代表们清唱了几句京剧，受到一致欢迎。

刘秀荣在妇代会期间与罗瑞卿的夫人郝治平见面后，还得知这样一件事：罗瑞卿大将在重新主持军委工作、"拨乱反正"期间，曾下令在全军扩大会议上放映《穆桂英大战洪洲》这部戏曲艺术片，并盛赞其中的爱国主义精神，穆桂英的大公无私尤其令罗总印象深刻。罗瑞卿一连看了四五遍，不止一次地说："要像穆桂英那样整顿军纪不徇私情。"刘秀荣万没想到，她妙龄拍摄的这部电影多年后竟然是军队加强思想素质教育的优良教材，这也是对她艺术成就的另一种肯定。

刘秀荣（左三）与邓颖超（左一）在一起

德高望重又和蔼可亲的邓颖超是刘秀荣十分崇敬的人物，她那一代人都曾亲切地叫邓颖超为邓妈妈。在出席历次妇代会和执委会期间，刘秀荣多次见到敬爱的邓妈妈，但总是没有找到机会面对面交谈，这也几乎成了刘秀荣的憾事。直到1985年6月13日，当时邓颖超已离开妇联的领导岗位，开始担任全国政协主席。

那天是星期四，刘秀荣受邀参加了在全国政协办公室三楼大厅举行的一场茶话会，这场茶话会专为庆祝黄埔军校同学会第一次会员代表大会的召开。刘秀荣刚为现场出席会议的革命老前辈们演唱了《大英杰烈》《穆桂英大战洪洲》的选段，邓颖超就亲切地握住她的手说道："你好，在电视里我看你演的《十三妹》，能文能武，好厉害呀，你的嗓子越唱越好，不减当年。"这交谈正是刘秀荣所企盼的，可是当慈祥的邓妈妈真的站在自己面前时，刘秀荣却感动得一下子不知道该说些什么好。邓妈妈提到的《十三妹》，正是刘秀荣不久前新排演的版本，那的确是一段辛苦的经历：

我帮着春孝写剧本，我们两个人自己刻蜡版，那个时候还没有先进的电脑打印，只有用钢板一笔一划的往蜡纸上刻写，然后一张一张的用油墨往纸上推印、再装订，还要请人设计音乐唱腔、邀演员、乐队排练，费了九牛二虎之力，戏排出来了。还不错，挺受观众欢迎，但是也遇到一些阻力和困难，也有些人不理解，自己也曾有过为难情绪。①

虽然邓颖超只是几句温暖的鼓励，但已赋予了刘秀荣"强心剂"般的力量，因为这几句语重心长的话，承载的是那一代老人跨越时代的理解和关注，这是对一个艺术家最大的慰藉，而这份来自长者的厚爱，其实无关乎身份和地位。

第五节 新《十三妹》别开生面

20世纪80年代初，刘秀荣在中国京剧院改编排演了不少新剧目，这既是她向创作型演员的跨越，也是她秉承王瑶卿先生创新精神的真正实践。

刘秀荣较早改编的剧目便是王瑶卿先生的代表作《十三妹》，那是1979年，当时刘秀荣和张春孝已经四十四岁了。这其实是难度颇大的改编，因为王瑶卿创制的戏路已经较为成熟和完善了，轻易改动极易招致批评和否定。在与张春孝的反复思考后，刘秀荣还是决定改编这个能够全面展示自己文武戏路的剧目。起初为区别王瑶卿先生的《十三妹》，刘秀荣和张春孝将之命名为《侠女十三妹》，但这个名字遭到了中国京剧院领导的否定，故而仍沿用旧名。

排演前，刘秀荣和张春孝为此剧定了三个目标：第一，得到专家承认；第二，得到领导支持；第三，得到青年观众欢迎。

"文化大革命"后京剧观众也出现了断层，从传承的角度来看，第三个目标即争取青年观众尤为重要。为此，刘秀荣和张春孝在保持京剧传统程式的基础

---

① 刘秀荣：《我的艺术人生》，中国文联出版社2006年版，第270页。

上，研究和借鉴新的艺术手法来充实舞台，并注意以富有时代感的审美观念来指导艺术创作。张春孝在任导演之外还负责改编剧本，荀皓、任凤坡担任副导演和技术指导。

刘秀荣和张春孝先从改编剧本抓起，再创作过程中，他们始终坚持三个原则：第一，首尾贯穿，在保留传统《十三妹》中"悦来店""能仁寺"两折戏精华的基础上，保证观众能理解，同时增强观赏性；第二，尽量将口述内容变为舞台行动；第三，要尽可能早地展开戏剧冲突。有冲突才能引人入胜，才能吸引观众，故而新《十三妹》第一场就是"逼婚"：大将军纪献唐为其子纪多文向属下中军官何纪女儿何玉凤提亲，被拒绝后纪氏父子怀恨在心，假借罪名将何纪打入监牢。紧接着第二场"遭难"：何纪宁死不屈，遭严刑拷打，何玉凤冒死探监，父女生离死别，凄惨悲壮。最终何纪被毒打身亡，何玉凤悲痛欲绝，誓死替父报仇，将姓名中的"玉"字，拆为"十三"两字，改名"十三妹"，以此行走江湖。这就将剧名的来龙去脉交代清楚了。

在传统《十三妹》中，何纪之死只是通过十三妹何玉凤的几句念白交代出来的，刘秀荣在新《十三妹》中却将何纪惨死的情节"搬到"舞台上直观呈现给观众，如此更可以加强戏剧的情感冲击力。不过问题随之而来：传统《十三妹》中的何玉凤自始至终都是一身大红色服装，早已成演出惯例。如果何纪惨死要在现场表演，那么何玉凤就应该脱下红装，换上一身缟素，表示为父戴孝，这样才符合中国传统习俗，可是让何玉凤换去红服装是老专家和老观众绝对无法接受的改动。这怎么办呢？刘秀荣和创作团

《十三妹》，刘秀荣饰何玉凤

队是这样处理的：何玉凤不换服装，当何纪死后，丫鬟对何玉凤说："小姐，您给老爷子磕个头，给他老人家披麻戴孝吧。"十三妹何玉凤念道："这披麻戴孝么？你们看，我身上的血迹，乃是我父血泪所染，从今以后我不穿素服，身着大红！不报父仇红不离身，报却父仇，再与爹爹披麻戴孝！"加了这两句巧妙的台词后，十三妹始终一身红服装就合情合理了。那么十三妹报仇后怎么实现自己诺言呢？总不能再花时间换身衣服。刘秀荣就安排十三妹在杀死纪多文后，将其师兄飞虹递过的一条白纱披在身上，算是披麻戴孝了。这样的处理既简洁生动，又富有创意，幕落前十三妹和众人跪拜上苍，告慰何纪，响应开头，极有感染力。

在艺术手段的设计中，刘秀荣和创作团队始终遵照王瑶卿"安腔找窍头"[①]的教导。在唱腔上，争取突出人物内心感情的抒发，如"探监"一场何纪死后十三妹的一段五言唱段："洒尽女儿泪，哭煞爹难回，生死同心碎，悲咽肠九回。"这段唱腔由【二黄碰板】起，转入【二黄快板】，由慢渐快，把十三妹丧父之悲痛、凄苦、仇恨、愤怒、激昂的情绪和其刚烈的性格表达得淋漓尽致。

在武打方面，刘秀荣也做了一些新尝试：首先是请舞美师在"能仁寺"一场的舞台上装上一尊大佛，中间是两扇大窗子，以营造更复杂的武打环境，让十三妹和小和尚在窗台、佛台间对打，加快了武打节奏，提高了武打动作的丰富性与观赏性，但是刘秀荣和张春孝仍觉这样不够精彩，他们认为节奏上要富有变化才能同时表现十三妹的机智、灵活与果敢。可是怎样才能快慢相间呢？荀皓、任凤坡两位副导演听了刘秀荣的想法后，很快便提出一个大胆设想，他们对刘秀荣说："我们想在这组武打当中加上一组电影慢镜头，你一个人对众和尚群打，敢不敢尝试一下？"实践这个想法需要极大的勇气，刘秀荣一时也拿不定主意。她虽不排斥新生事物，也乐意在探索中实现艺术的进步，可是在戏曲中吸收电影手法的确太过前卫，这种革新是要承担极大风险的，甚至会招致斥责和讥笑或者老戏迷的全盘否定。

不过最终还是勇气占了上风，刘秀荣和张春孝决定放下思想包袱大胆尝试一次。但是借鉴要有条件，即必须给予电影慢镜头手法运用的合理依据。创作团队

---

① 安腔，可以理解为注重声腔特点；找窍头，可以理解为体量身段。

商量后决定给予这样一个情节依据：十三妹曾在青云山上拜师邓九公学武，身怀绝技，借用电影慢镜头是展示她的太极功和气功。

电影可以通过后期剪辑处理快慢动作，拍摄时演员、音响等部门只需按照正常速度工作即可，但是戏曲舞台上要模拟慢镜头，则困难得多，先是演员表演的难度加大，比如十三妹打黑风一拳这原本简单的动作，就要这么处理：

> （十三妹）先得把拳头慢慢地收到自己胸前，然后慢上步，探出身去再一点一点地慢出拳，打在黑风身上，要是在舞台上，黑风得走一个脆快抢背，可是用慢镜头走这个抢背，难度可大了，先得慢慢起法儿，把上身抬起来，然后手着地，控制住腰腿儿，绵软地背落地，这要有相当大的控制力。每演到这组舞打的时候，我的汗毛都立起来了，台下观众安静的似乎连喘气儿都能听得见。①

《十三妹》，刘秀荣饰何玉凤，张春孝饰安骥

再者是武打与乐队的配合成为难题，传统打击乐似乎无法与慢动作真正融洽，营造不出合适的气氛。于是刘秀荣等人和鼓师唐济荣研究后决定改用西洋的定音鼓，再加上堂鼓、大筛、吊镲等，立见成效。另外，京剧武打的规律是先慢后快，这次刘秀荣等人打破常规，变为由快到突慢再到快，造成节奏突变，成为这场武戏又一个创新点。

总而言之，"能仁寺"一场十三妹战众和尚的这一组武打，集中体现了刘秀荣团队的创新精神，构思巧妙，不落俗套，借鉴了话剧舞台布景、西洋乐器和电影手法，而将电影慢镜头手法运用在京剧舞台上，实属首创。当然，

---

① 刘秀荣：《我的艺术人生》，中国文联出版社2006年版，第282页。

"慢镜头武打"这一大胆前卫的设计必然会对老观众的欣赏习惯造成巨大冲击，也不可避免会招致批评。

对此，刘秀荣并不介意某些观众的质疑，她有自己的看法：

> 我认为京剧的形式就是综合了很多剧种的精华才有了京剧，它的发展也是吸收了其他艺术丰富了自身，所以渐渐一些西洋的、外国的其他剧种的东西充实京剧艺术是十分必要的。
>
> 我排演新《十三妹》决不是为了标新立异，主要是考虑到跟上时代发展的步伐。我的老恩师教导我们："戏要跟着时代走。"我搞这出戏的时候已经是1979年了，所以必须要有与时俱进的精神。当时演出《十三妹》的时候，绝大多数的观众，特别是青年观众，非常欢迎，场场客满。剧场里掌声、喝彩声、笑声始终不断，这是广大观众对我们艺术创新的肯定和支持。[1]

刘秀荣是完全有理由保持这样的自信，因为的确有很多观众对其创新表示了支持，后来成为文化部副部长、中国艺术研究院院长的学者王文章就在自己的文章中这样谈新《十三妹》中的"能仁寺"武打设计：

> 特别令人瞩目的是在"能仁寺"一场中，十三妹与众歹徒对打时先是刀来枪去，令人目不暇接。接着，突然演员的动作全都放慢了，采用了类似电影"慢镜头"的处理，动作看似"慢"，给人的感觉则是紧张激烈。这段设计绝妙的开打，较好地渲染了紧张的舞台气氛。这些武打的设计，不是脱离剧情去打程式，而是表现出了十三妹这个"侠女"的性格。因此，给人以统一而又新颖的感觉。[2]

京剧界老前辈，如张云溪、张春华先生以及刘秀荣的义父李洪春先生也都对

---

[1] 刘秀荣：《我的艺术人生》，中国文联出版社2006年版，第283页。
[2] 王文章：《艺术体制改革与管理初探》，华夏出版社1993年版，第339页。

新《十三妹》提供了帮助和支持。李洪春还特别在一篇文章中这样评价道："最近刘秀荣、张春孝演出的新编《十三妹》，虽不同于《儿女英雄传》与《年羹尧》，但继承了王先生（王瑶卿先生）的表演艺术，从刘秀荣身上还能看到一些王先生的影子，不愧是王门传人。"①

在民族文化宫演出新《十三妹》时，一向深居简出的著名评剧表演艺术家新凤霞也在吴祖光的陪伴下带病观剧，谢幕后，激动的张春孝顾不得卸妆换戏服，穿着厚底鞋将坐在轮椅上的新凤霞先生背到舞台上来，此举立即引发全场沸腾的掌声。刘秀荣赶忙跑过去和新凤霞先生握手、拥抱，新凤霞热情地对刘秀荣说："刘秀荣，你这出《十三妹》演得太好了，戏也改得好，我祝贺你！"

事实上自1957年吴祖光先生被错划成"右派"，分配到中国戏校实验京剧团任创作员后，刘秀荣和张春孝就与吴祖光、新凤霞这对夫妻建立了亦师亦友的关系。刘秀荣和张春孝经常去东大桥吴宅看望、请教二位前辈，吴祖光也常留刘秀荣、张春孝在家品尝新凤霞的厨艺。因为新凤霞胞妹杨秀敏是刘秀荣的师妹，故而刘秀荣、张春孝早就开始称呼新凤霞为大姐了，可见两家关系之亲近。吴祖光曾为刘秀荣专门创作过京剧《红娘子》的剧本，但因种种原因未能排演。不过吴祖光夫妇一贯支持和鼓励刘秀荣多排新戏，因此才有了这次新凤霞抱病观看演出的感人举动。

新《十三妹》不仅在北京演出受到欢迎，在天津、河北、山东等省市的演出，同样受到文艺界的肯定和观众的欢迎。

1980年，新《十三妹》参加了"文化部直属院团一九八〇年新创作、新改编、新整理剧（节）目观摩评比演出"，获得多个奖项。其中刘秀荣获得戏曲表演一等奖，张春孝凭此剧获得戏曲导演三等奖、戏曲表演二等奖和戏曲剧本整理专项奖，副导演荀皓、任凤坡获得了导演奖，扮演何纪的刘学钦获得了表演二等奖，扮演青云山大师兄飞虹的常贵祥获得了表演三等奖，另外还获得了集体演出奖。

新《十三妹》排演多年后，即1988年12月，中国艺术研究院为刘秀荣的这个演出版本录制了视频资料，在电视台播放，并作为舞台艺术珍贵资源收藏于相

---

① 李洪春：《诲人不倦的师尊——回忆王瑶卿先生》，载姜智主编：《〈戏曲艺术〉二十年纪念文集·戏曲教育卷》，中国戏剧出版社2000年版，第373页。

关资料库。著名花脸演员袁世海先生在1989年6月看过录制的新《十三妹》版本后,兴奋地打电话给刘秀荣:"哎呀刘秀荣同志,你们的新《十三妹》什么时候排的?我没看过,这两天我在电视上看到,太好了,你们这堂人儿太齐集了,现在可排不出这样的戏来了,人头凑不齐了,精气神也没了。刘秀荣同志,你得多排、多演、多教啊!"众所周知,袁世海先生对艺术一向要求严格,轻易不会点头认可,而此番主动打电话鼓励,足可证明新《十三妹》的艺术水准。

后来,台湾复兴剧艺实验学校陈守让校长和胡波平秘书,专程到大陆来,邀请刘秀荣和张春孝赴台湾给复兴国剧团教排新《十三妹》。该剧在台湾的演出同样受到观众的热烈欢迎,资深名票毛家华先生、李泽浩先生都给予了高度评价。

对于刘秀荣和张春孝而言,排演新《十三妹》,既是一次尝试,也是一次考验。难能可贵的是,刘秀荣始终能够理性面对掌声和赞誉,她更希望放眼未来,能从当前的成功中汲取经验,为将来的创作奠定基础。毕竟刘秀荣已丢失了十年的艺术青春,继续走在前方的艺术道路上,她一定时时充满争分夺秒的紧迫感。

第六节 《沉海记》与《金锁恩仇》

"王魁负桂英"的故事早在宋元南戏中即有演绎,元杂剧中的《海神庙王魁负桂英》,明传奇中的《焚香记》均是对这一故事的改编,闽南地区的戏曲因保留较多古典剧目而使这一"负心汉遭天谴"的故事代代流传,川剧中有《情探》一剧,京剧中也有《义责王魁》《活捉王魁》《王魁负桂英》等与之相关的剧目。

早在四维剧校学习时,刘秀荣就看过田汉先生编剧的全本越剧《情探》,印象颇深,总希望有朝一日也能亲自将之搬上舞台。在排演完新《十三妹》后,刘秀荣和张春孝为了却心愿,便请中国京剧院的戴英禄、邹忆青两位著名剧作家在前人基础上重新改编,使这部鞭笞忘恩负义之徒的戏再现生机。

改编后的剧名定为《沉海记》,梗概如下:

书生王魁,科举不第,沿街卖画谋生。大雪之日冻饿街头,幸遇风尘女子敫桂英相救，结为夫妇。王发愤攻读，金榜题名，背弃前盟，入赘高门。桂英日日盼郎，结果盼来一纸休书，悲愤难平，到海神庙哭诉后纵身碧海。海神救下弱女，并遣鲛人姐妹护送桂英夜往王魁书室。痴情女以情相探，薄倖人终不悔悟，受到惩罚致死。①

《沉海记》较之京剧传统戏在情节上主要有两点较大改动：先是将桂英被负后在海神庙悬梁自尽改为纵身碧海；再者将结尾桂英魂灵"活捉"王魁的"鬼戏"情节砍掉，改为桂英被海神搭救，以情试探王魁无果后，才同鲛女合力用神珠惩罚王魁，终令其毙命。

"活捉"一场其实很有特色，能够展示高难度的京剧表演技巧，且大快人心。然而由于涉及"鬼魂"等所谓"封建迷信思想"，这类演出在新中国成立后屡屡位列"禁戏"名单，虽则在1957年"百花齐放"方针下，田汉先生曾为上海越剧院恢复重排过这出"鬼戏"，但刘秀荣决定改编时适逢"文化大革命"过去未久，文艺界指导思想相对保守，故而谨慎考虑下，"鬼魂索命"之类的戏还是另辟蹊径为妙。

如果不能沿用"活捉"，那么之前桂英之死是否还应保留呢？刘秀荣和创作团队认为还是应该保留桂英自杀，这样才能体现出负心者的可耻可恨与桂英的无奈和愤懑，不

《沉海记》，刘秀荣饰敫桂英，张春孝饰王魁

---

① 北京出版社编：《新编京剧大观》，北京出版社1989年版，524页。

过要改上吊为跳海,跳海后可以安排海神营救,也能增强舞台表演的观赏性:

> 《沉海记》改桂英悬梁为沉海,随之展现出一个奇特的海底世界:鲛神与鱼鳖虾蟹各种精灵跌扑翻打,状如传统的"跳判";鲛人仙子们身披轻纱,翩翩起舞,穿行于海藻水草之间;接着,海神上场,大段唢呐二黄高亢激越,正气磅礴。这样,就在观众眼前交替出现了雄浑的美和轻柔的美。①

不过问题又来了,桂英复活后,到底以怎样的状态出现在王魁面前呢?刘秀荣和创作团队决定模糊这个问题,不明确交代被救活的桂英到底是神是鬼还是人。结尾保留"情探",这样才可以更进一步表现出桂英的痴情和善良,反衬出王魁的罪不可赦。为此,《沉海记》专门安排了鲛女护佑桂英前往王魁状元府的情节。在桂英几番以情劝说不果、王魁不知悔悟的前提下,才"电光一闪",现出众鲛神,布下天罗地网,由桂英和神灵化成的另外六个桂英将负心人团团围住,借海神赠送的神珠之威击毙无义的王魁,赋予全剧一个浪漫主义色彩的神话结局。

《沉海记》中刘秀荣扮演敫桂英,张春孝扮演王魁,刘学钦扮演王忠,刘长生扮演海神。张春孝、王威良任导演,黄金陆为唱腔设计。在人物创造上,《沉海记》不以行当划分为限制,而是从生活出

《沉海记》,刘秀荣饰敫桂英

---

① 子剑:《别开生面的"活捉"——看〈沉海记〉》,《戏剧电影报》1982年12月19日。

发，避免形式主义，从内心到形体都力求真实可信，生动感人；唱腔上，该剧既符合人物内心，又富于情感变化，还有不少创新，"送别"一场敫桂英与王魁对唱的【反四平调】，即是其中的代表。

1982年，中国京剧院三团刘秀荣、张春孝首演《沉海记》，该剧一经亮相就因其新颖感人的特点受到观众的热烈欢迎和文艺界的广泛关注，在北京、天津、山东、河北、哈尔滨等省市的演出都受到好评，云燕铭、赵景勃、张关正等专家一致认为这是一出好戏，应该传给青年演员。

同一年，中国京剧院三团还排演了新编历史剧《金锁恩仇》，该剧剧情如下：一对孪生兄妹父母因被奸臣所害而分离十六年，经重重磨难，兄妹合力除奸，终获团聚。由刘秀荣、张春孝和朱秉谦主演，刘辛原任编剧，郑亦秋等任导演，唐继荣负责音乐，黄金陆等负责唱腔设计。

刘秀荣在此剧中扮演了妹妹冯玉萱，文武兼备，把握住了十八岁小姑娘的情感变化，还在第四场"行路"中唱了段几十年都隐匿不见的"北韵高拨子"，即【西皮拨子】，并且女扮男装，令观众耳目一新，颇能见到叶盛兰先生所传的"小生功底"。

李洪春先生评价《金锁恩仇》："志在创新，又没脱离京剧的传统，还从传统中挖掘了不少好东西。"[①] 细想起来，刘秀荣复出后演出的众多新

《金锁恩仇》，刘秀荣饰冯玉萱

---

① 李洪春：《挖掘老传统，闯出新路子——看京剧〈金锁恩仇〉》，《北京日报》1982年1月17日。

排剧目，又何尝不是在传统基础上开拓创新的呢？还是李洪春先生总结得更为中肯和妥帖：

> 创新不易。三团这几年来，苦心钻研，不怕摔跤，齐心协力，在传统基础上，创出一批好戏。虽说不见得每一步都那么准，可确实是一步一个脚印。[①]

这段话，也可算作是对刘秀荣在20世纪80年代舞台创新实践的一个总体评价了。

第七节　西欧四国巡演

1983年的中国戏曲在国际舞台上相当活跃，从当年第3期《戏曲艺术》有关撰文可知，该年度仅上半年就有5个戏曲院团赴国外和香港地区访问演出，广受欢迎，刘秀荣所在的中国京剧院三团便位列其中。

中国京剧院三团此行始自1983年3月29日，演出团由王一达任团长，夏虎臣任副团长，由刘秀荣、谷春章、李维康、林燕、张春孝、袁国林、刘学钦、常贵祥、刘习中、孔新垣等主要演员领衔，加上乐队成员等共有八十多人，可谓"浩浩汤汤"。刘秀荣为这次演出准备了全部《白蛇传》，以及折子戏《水漫金山》《拾玉镯》《香罗帕》等，演出团的其他剧目还有《大闹天宫》《霸王别姬》《雁荡山》《八仙过海》《无底洞》《三岔口》《秋江》等。

演出团的第一站是西班牙，这是刘秀荣第一次踏上西欧的土地。西班牙的异域风情留给刘秀荣较深的印象，她也发现这里居住着许多华侨，中餐馆也较多，因为这样的缘故，西班牙倒成了"熟悉的异邦"。城市规划和特色建筑自不必说，尤其令刘秀荣感到惊奇的是西班牙人，更确切地说是这里的两种人：年轻人和官员。

[①] 李洪春：《挖掘老传统，闯出新路子——看京剧〈金锁恩仇〉》，《北京日报》1982年1月17日。

西班牙年轻人在刘秀荣眼中十分前卫，至少在他们当时的装束和打扮上表现得很明显。在那个中国年轻人连烫头都属"离经叛道"的年代里，西班牙年轻人已经在"比赛"怪异发型了。刘秀荣在街上看到各种各样的"飞机头"，有些十分夸张，同京剧盔头中的"贼盔"相仿佛，在街市中极为醒目，而西班牙人却视若常态，也许他们认为这不过是青春期的孩子张扬个性的表达方式吧。

西班牙的官员，尤其是高级官员在刘秀荣的观察中与"老百姓没什么不同"，在多年后的一次采访中，刘秀荣特意提到了某次演出时一位"西班牙最高领导"到访的情景：他看戏的时候像普通公民一样乘坐私家轿车来到剧场，坐在观众池中最普通的座位上，许多公民会上前与之随意聊天，当然，肯定不少聊天内容是关于民生问题的，甚至有的公民会带着抱怨的口气指着这位官员说："最近的税率定得太高了！"刘秀荣感到，西班牙官员与民众"这种关系并没有太明显的界限"，这恐怕是她在艺术演出之外最重大的发现了。

离开西班牙后，演出团来到了艺术之都巴黎，开始了在法国四十余天的巡演。5月5日，在隆布罗索演出公司及文学艺术巴黎文化交流局的主持下，演出团在位于凯

刘秀荣在西班牙留念，背景为《香罗帕》的宣传海报

刘秀荣（左二）与艺术团好友在法国巴黎圣母院前合影

第八章　天地无私春又归

旋门西的会议大厅做了首场招待各界演出。

法国观众对于京剧并不陌生，从20世纪50年代开始，巴黎就曾因北京京剧团和上海京剧团的先后到访而掀起过观演狂潮。考虑到中西观众的欣赏差异，演出团起初在剧目安排上煞费苦心：

> 可能是为将就法国观众不容易欣赏一整出长戏的缘故吧，一个多月所排的戏目中多半是每场安插四个折子戏……至于一整出的长戏，只排了《大闹天宫》与《白蛇传》两个戏目。①

《白蛇传》与《大闹天宫》，一文一武，在不了解法国观众的情况下，一般戏曲人都倾向于认为《大闹天宫》的上座率恐怕会更高。为什么呢？也许一般人都会认为：法国观众毕竟不通汉语，不熟悉京剧的唱、念形式，因此更可能选择武打多、做功佳的戏吧。

非也！在法国，最受欢迎的大戏是以文戏为主的《白蛇传》，几乎场场爆满。当年的报道中甚至用了"一场《白蛇传》，名动巴黎城"②一语来形容其时的演出盛况。一位叫波特布瓦的法国观众在巴黎看了《白蛇传》演出后激动地说："《白蛇传》虽然是一出以文戏为主的京剧，但由于剧情迷人，演员功夫到家，感情真切，唱、念、做、打融为一体，法国观众能接受，看这出戏是一种艺术享受。"还有一位叫赛妮勒的中学教师，由于先前看过《白蛇传》的小说，十分喜欢，因而对京剧版本充满了期待，在看过演出后，她兴奋地说："这出戏好极了，我一连看了三次，方有解渴之感。"在异乡首次观看大陆戏曲演出的当地华侨更是感慨万千："中国古老的京剧艺术在大陆不仅完好地保存着，而且有不少创新。这令旅居海外的中华儿女们深感欣慰和喜悦。"

刘秀荣的另一出小戏《香罗帕》也在巴黎引起了轰动。这出从川剧移植改编

---

① 柳门：《京剧三团演出》，载柳门、雪人著：《巴黎漫笔》，新华出版社1986年版，第130页。
② 文川：《中国戏曲活跃在国际舞台上——1983年我国戏曲团体访外演出情况简介》，载《戏曲艺术》1983年3期。

的中国式喜剧被法国观众认为"十分接近意大利的艺术喜剧",因此在情节技巧和表演方法上首先就赢得了熟悉戏剧的法国观众的好感,再加上别具风格的东方风情,以及刘秀荣和张春孝的精彩表演,这出小戏在落幕时收获雷鸣般掌声便显得顺理成章了。

以法国人为代表的西欧观众留给刘秀荣这样一个印象:他们对中国戏曲的审美趣味和欣赏水平和中国观众有些接近,有时还表现出了相当高的戏剧修养。就以对文戏、武戏的看法为例,有些法国观众甚至认为安排大量的武戏是中国人对其欣赏水平的严重低估,语言的障碍并不能阻碍他们感受传统京剧的魅力,欧洲观众喜欢《白蛇传》这样有精彩故事、有美丽形象、富有浪漫主义色彩的作品,他们反而容易把过多的脱离情节的武戏视为"杂技"演出,甚至于有法国观众专门向剧团提出希望看到《四郎探母》,并认为该剧剧本的文学价值很高,着实令刘秀荣惊讶。

离开法国后,演出团又在意大利和瑞士两国演出多场,于7月初回国。在这次历时四个月的西欧之行中,刘秀荣随演出团访问了巴塞罗那、马德里、巴黎、里昂、第戎、戛纳、日内瓦和热那亚等八个城市,共演出83场。演出间隙,刘秀荣与张春孝于当地体验风土人情时,竟产生了一种亲切之感:

> 我们在意大利演出空闲的时候,就去逛街,其中有一两条街特别像咱们北京的大栅栏,而且他们对中国人也很熟悉、很热情。我们去买东西的时候,他们就会主动地说:"一百块,两百块……"就用这样简单的中文向我

《香罗帕》,刘秀荣饰赵蕊芝,张春孝饰欧阳子秀

刘秀荣(中)、张春孝(右)、刘长生在法国合影留念

们推销货物。有时候会感觉他们的行动坐卧和生活习惯很像中国人。①

与二十多岁时出访东欧和北欧相比,西欧的确让刘秀荣感到与众不同。"亲切"恐怕是其中最主要的印象。这种"亲切",与其说来自于对当地民风的感受,毋宁说是来自于观众给予京剧的热情和赞许,毕竟,纯粹艺术上的知音之间的交流最易产生亲切之感。

第八节　承包专业剧团

20世纪80年代,"承包责任制"成为新时期剧团体制改革的起步政策。在国家进入改革开放时代的大背景下,一些地方剧团很早就出现了自发的改革尝试,《当代中国戏曲》一书中就介绍过这方面的例子:

> 安徽省滁县地区来安县扬剧团,自一九八〇年开始试行"分队包干下农村责任制",推行三年,成效很大,国家补贴的9.6万余元用于改善居住条件和添置设备,演职员平均每人还收入近2000元。不仅取得了好的经济效果,而且出了艺术成果。他们整理上演了三本连台戏《郑小姣》,演出近千场。中共滁县地委在全区七个专业剧团中推广了他们的经验。
>
> 北京市京剧团著名演员赵燕侠于一九八一年组成了一个80人的"演出一队",进行改革尝试,每人只发基本工资的70%,其余的30%作为浮动工资,根据工作优劣进行再分配。②

文化部在充分调研各地院团改革状况后召开了小型的座谈会,并总结了相关的实践经验,不久,"承包责任制"便作为专业剧团体制改革的政策被提了出来。

---

① 引自2013年11月24日笔者对刘秀荣的采访录音。
② 《当代中国》丛书编辑部编:《当代中国戏曲》,当代中国出版社1994年版,第734—735页。

清扬端妍　隽逸翾然——刘秀荣评传

1982年12月29日的一次会议上，文化部长朱穆之对剧团的体制改革提出了明确的意见："改革工作形势逼人，要快马加鞭。""艺术表演团体也可以考虑像农业那样的联产承包责任制，抓一个'包'字。"好处是："演出可以有更大的自主权；经济状况会有较大改善。"他还着重强调："一九八三年各剧团的首要工作就是改革。"[①]1983年1月1日，《光明日报》发表文化部长朱穆之关于文艺机构体制改革的谈话的报道，提出了专业剧团实行"经营承包责任制"的意见，基本确定了文艺体制改革政策的推行。同年1月5日、11日、24日，朱穆之部长又连续在有关会议上对"承包责任制"做了进一步的阐述，此后，这一改革政策开始正式推广，于是全国戏剧院团都出现了"一二月份是热气腾腾，彻夜不眠搞承包"[②]的景象。

初听到这个政策时，刘秀荣感到震惊。她不能理解这样的改革方案，因为多年来自己和大多数剧团成员都习惯了"吃大锅饭"，现在一下子要自食其力，的确措手不及。朱穆之部长的意思是先试试看，国家继续发放工资，只不过由知名演员牵头组织演出团体、寻找市场，以改变计划经济体制下的演出形态，从而调动剧团创作者和经营者的积极性。这对刘秀荣而言是新的挑战。

刘秀荣一直乐于接受挑战。渐渐地，她对于"承包责任制"的态度渐渐由被动转为主动。1985年初，在张春孝和吴钰璋、沙淑英等同仁的支持、协助下，刘秀荣也决定试着组织一个表演团体，自己为团长。这一试就近四年之久，起初该剧团只有70人，后来发展到108人。

承包剧团演出期间，张春孝在后台亲自为刘秀荣扮戏

---

① 参见《光明日报》1983年1月1日。
② 章培：《总结承包经验，加快改革步伐》，《艺术通讯》1984年第2期。

剧团下乡演出的第一站是河北省束鹿县旧城镇（今属河北省辛集市）。1985年3月21日到27日，剧团在七天的时间内共演出11场，其中三个夜场，还有四个日夜场（即日、夜两场）。11场演出全是大戏，且无重复，这对正处于更年期的刘秀荣来说是精神上和生理上的极大考验。

演出定在旧城影剧院，这是当地非常著名的演出场所。当时剧场的座位是1168人，11场演下来共收入5900块钱，剧团每个人平均得到70元，这在当时已相当于普通城镇居民一个月的工资收入了。

首站演出成功，刘秀荣也一改过去对"承包制"的怀疑情绪，她惊奇地发现自主承包竟是一件令人开心的尝试。后来她这样总结这次演出：

> 首先就觉得我自己做主了，我也试着做一下市场营销，搞一下艺术创作，我也管理一下这个团。自己就感觉很兴奋，也从被动不愿意干，发展到不干也不成了。那时候管这个叫自由恋爱，你必须要自由恋爱，我们不限制，你们自己组合，谁愿意在一块儿就在一块儿，所以就感觉这种情投意合的，我们大家一起搞创作是非常幸福的事情。第一站我们就感觉打了一个特别好的基础。①

演出第二站是河北省正定县，当时正定县委书记即是后来的国家主席习近平。1985年3月19日至4月3日，剧团在正定县共演出八场戏，其中两个日夜场，四个晚场。演出期间，刘秀荣、张春孝、吴钰璋和王文生等剧团成员拜访了习近平书记。

聊天中，习近平书记还特别问到剧团现在有什么困难，刘秀荣和来访者纷纷表示："没什么困难，我们就是来请您看戏，在常山电影院。"年轻时的习近平非常喜欢京剧，他当时提出想看《白蛇传》，刘秀荣表示回去后看看剧场的情况。不过，作为剧场的常山电影院规模实在太小，实在没有办法安排《白蛇传》这样的演出，习书记最终也没能看到刘秀荣主演的《白蛇传》，着实遗憾。

---

① 选自2013年8月7日笔者对刘秀荣老师的第三次采访录音。

那场谈话，习书记留给刘秀荣最深的印象便是"平易近人"。习书记还请几个人吃了一顿饭，临别时，他说："你们剧团这七十多号人，下来也很艰苦，因为这里是农村，不是县城，这样吧，我送给你们一头猪，给大家带上，改善生活。"那时剧团在河北一天的饭费只有三元钱，三餐极少吃到肉，顶多就吃一些蔬菜，这头猪可真算是"雪中送炭"了。特别是武戏演员和戏份较重的演员，一听到这个消息全都精神振奋起来。

谁想吃到肉的第二天，新问题就来了。知名演员吴钰璋找到刘秀荣说："师姐，你们都有肉吃了，我还没吃到肉呐！"刘秀荣先是一愣，继而恍然大悟：对啊，吴钰璋是回民！她赶忙又给习近平书记的秘书打电话告知了这个情况，习书记立即请秘书写了一个纸条，又特批十斤牛肉和几斤鸡蛋。刘秀荣和剧团全体大为感动，因为这些食品在当时的河北农村已经算是"奢侈品"了。直到今天，刘秀荣提起此事时，依然感慨万分，记忆犹新。

在团长刘秀荣和副团长张春孝、吴钰璋的共同经营下，这个"承包剧团"后来在北京、天津和日本的演出都很受欢迎，从剧目多样性、收益丰厚程度和演员报酬合理性等诸多角度论，刘秀荣的三团在同行剧团中均位居前列。此外，在三年半的排演实践中，该剧团还扶植了甄建华、颜世琦、黄新清、郭振龙等青年演员，实可谓表、导、演、教综合一体的成功剧团。

第九节 举办纪念演出

许多梨园老前辈都曾在艺术生涯中筹划过纪念演出，这其实也是对该梨园名家一生演出成就的系统总结。

1991年，刘秀荣也在友人的策划组织下举办了自己的纪念演出，这在当时与刘秀荣同辈的演员中尚属首例。

这场演出的举办缘起于刘秀荣两位友人的设想：一位是担任《文艺报》主编的钟艺兵先生，另一位是中国花木企业家联谊会秘书长李德生先生。两位先生在一次偶然造访时，谈起了为刘秀荣办专场纪念演出的初步构想，希望借此振兴京剧艺术和宣传新一代京剧艺术家的成就，当时北京市长安无损检测科技公司总经理俞雁先生已答应慷慨赞助。刘秀荣起初觉得时候未到，但在钟艺兵和李德生的热情鼓舞和一再劝说下，刘秀荣与张春孝商量后，终还是盛情难却，夫妻二人当即将纪念演出的计划上报给中国京剧院领导。

很快，"著名京剧表演艺术家刘秀荣艺术生活四十五周年专场演出"组委会便宣告成立，贺敬之、周巍峙、高占祥、赵寻、马少波、李紫贵等专家组成顾问团队，钟艺兵、李德生和中国京剧院院长吕瑞明担任组委会主任，俞雁总经理和中国京剧院魏学策团长担任副主任，其中魏学策负责操办内外具体事务，刘秀荣弟弟刘长生和刘秀荣好友王威良协助商定剧目，赵永泉先生、唐云生负责组织演员、乐队、舞台队等方面的工作。

如果从刘秀荣入四维剧校算起，至1991年，刘秀荣正好从艺四十五周年。其实当时刘秀荣正处在艺术生涯巅峰时期，五十六岁可说是舞台上最得心应手、最能施展技艺的黄金年龄，可她却将是年举行的纪念演出也当作了自己的"告别演出"，着实让人难以理解。刘秀荣曾坦诚这是经过深思熟虑、在丈夫张春孝的支持下做出的决定：

> 我为什么要在我艺术巅峰的时候做出这样的抉择呢？我想到了日本影星山口百惠，她是在影坛光彩夺目、繁星耀眼、大红大紫的时候宣布息影的，那时她是一个人见人爱的青春少女，才刚刚20岁出头，便悄无声息退出影视界，甚至不做广告，不接受媒体采访，令多少喜爱她的男女老少为之惋惜。起初我也百思不得其解，后来我越琢磨越觉得山口百惠这一决定是高明之举，因为她给人们留下了最完美的印象，在人们的记忆中永远都会是美丽、可爱、靓丽的形象。我从山口百惠的果敢行动中受到了启迪，为此，我经过一段较长时间的思想斗争，又同我的先生——也是我舞台上数十年的艺术合作者和老搭档张春孝反复商讨，得到了他大力支持和奔忙，终于举行

了这一次纪念活动和告别演出。①

1991年1月14日下午三时，北京国安宾馆举行了"刘秀荣艺术生涯四十五年"新闻发布会，16日晚七时，"刘秀荣艺术生活四十五周年专场演出"在北京护国寺人民剧场正式拉开序幕。戏码如下：

陈怀皑先生出席刘秀荣纪念演出并登台讲话

第一出戏：《穆桂英大战洪州》中校场点兵一折，这是一出刀马旦的靠功戏。刘秀荣饰穆桂英，张春孝饰杨宗保，赵志强饰大马童，颜世奇饰中军。

第二出戏：《投军别窑》，这是王派名剧"王八出"②中的一折，是一出青衣应工戏。刘秀荣饰王宝钏，张春孝饰薛平贵，刘波饰中军。

压轴戏：《拾玉镯》，这是刘秀荣在国内外演出的保留剧目，是一出花旦戏。刘秀荣饰孙玉姣，张春孝饰傅朋，刘长生饰刘妈妈。

大轴戏：《虹霓关》，刘秀荣饰东方氏，张春孝饰王伯党，刘长生饰旗牌，白玉玲饰丫鬟。这是一出花衫戏，可以全面展示刘秀荣的文武技艺。

由于刘秀荣在当时中青年演员中表演艺术成就之高有目共睹，且是同辈中最早举行纪念演出的著名演员，因此这一活动得到了社会各界，尤其是文艺界的广泛关注和支持。参加纪念活动和观看演出的名单如下：

老一辈革命家宋任穷、荣高棠、习仲勋副委员长的夫人齐心、杨勇将军的夫人林彬、中央文化部高占祥副部长和马少波、张君秋、李紫贵、袁世海、杜近芳、李和曾、李忆兰、王玉蓉、程玉菁、于玉蘅、陈怀皑、于洋、杨静、杜澎、白淑湘等文艺界知名的戏剧家、艺术家；还有田汉之子田申、中国京剧院院长吕瑞明等和

---

① 刘秀荣：《告别心爱的舞台》，1991年元月手稿，未刊。

② "王八出"是对全本《王宝钏》的习称，一般指从《彩楼配》《三击掌》《平贵别窑》《母女会》《武家坡》《算粮》《银空山》一直到《大登殿》连演时之总名，又名"薛八出"、《红鬃烈马》、《薛平贵与王宝钏》，实际上不止八出。

262

第八章 天地无私春又归

刘秀荣与张春孝的好友、原五机部韩怀智副部长全家，以及香港著名评论家肖铜，首都各大媒体的编辑、记者负责人，如钟艺兵、李德生、俞雁、杨晓雄、赵晓东、吕国庆等；另有刘秀荣、张春孝的同门，如谢锐青、袁国林、王威良、贯涌、萧润德、万瑞兴、唐云生、白玉玲等，刘秀荣的弟子如李胜素、张艳玲、唐禾香等；著名戏剧家、天津市剧协副主席吴同宾先生和夫人青君女士专程从天津赶赴北京；日本戏剧评论家吉田登志子女士和其夫君吉田一雄先生特地从日本东京飞抵北京观看演出并送题字和花篮。

人民剧场大厅内迎面即挂着刘秀荣的生活照和大幅剧照，迎门的墙壁上悬挂着各主要领导和戏剧家、艺术家的题词，现摘录如下：

宋任穷的题词为"振兴京剧"；文化部贺敬之代部长题词为"把艺术青春献给人民的艺术家必将永葆艺术青春"；文化部周巍峙副部长题词为"博学众艺，矢志独创，京剧振兴，民族显扬"；马少波先生题词为"瑶卿亲授小学生，四十五年获大成，文武全才闻远近，艺无止境上高峰"；曹禺先生在医院养病期间题词为"艺海无垠"；吴同宾先生题词为"舞袖飘金谷，歌声绕凤台，但令闻一曲，余音三日飞。"；齐心代习仲勋题词为"艺海奇葩"；田申先生题词为"誓为氍毹献此生，梨园佳偶志坚贞，炉火纯青白娘子，百尺竿头艺更精"；影视明星王铁成先生题词为"文武昆乱，女中状元"；京剧大师张君秋先生特为刘秀荣画了一幅群鸡图，恰好那天刘秀荣演出剧目中有《拾玉镯》孙玉姣喂鸡表演；人大常委会副委员长、全国妇联主席陈慕华也特为全国妇联执行委员刘秀荣送来了题词。

当天演出座无虚席，连观众通道都站满了人。刘秀荣的入室弟子李胜素为主持人并代表众弟子致祝词。

演出剧目的安排既考虑到在观众当中的影响力，又综合了旦角行当中的四个类别，即刀马旦、青衣、花旦、花衫的全部技艺，集唱、念、做、打于

刘秀荣纪念演出留影，左起：刘秀荣、马少波、杜近芳、张春孝、吕瑞明、刘长生（一排中）

一体，全面展示了刘秀荣的表演特色和艺术风格。最终的谢幕长达十分钟，观众纷纷献花、合影和会面，足可印证观众的热忱。

这场纪念演出实可谓王派旦角艺术的完美呈现。

第十节　夫妻联手初导戏

刘秀荣逐渐淡出表演舞台后，开始尝试与丈夫张春孝合作导演新戏。

新编小型京剧《马嵬香销》即是刘秀荣与张春孝合作导演的第一个剧目。该剧由天津剧作家陈绍武先生编剧，中心事件为杨玉环之死。这是为参加1992年在天津举行的全国京剧青年团队新剧目会演而准备的剧目，由天津青年京剧团优秀青年旦角演员张晶主演。刘秀荣和张春孝在天津京剧团孙亭福团长的邀请下出任此剧导演。

刘秀荣此前并无做导演的经验，但她年轻时从李紫贵导演那里获益颇丰，又有张春孝的协助，因而此番导戏信心十足。《马嵬香销》是唱功和表演并重的戏，这符合刘秀荣的兴趣。夫妻二人首先从剧本和音乐入手准备，一边与作者分析、讨论剧本，一边请中国京剧院著名琴师李门先生设计唱腔和音乐。在多方共同推敲下，剧本五易其稿，最终定本，唱腔和音乐也确定下来。两位导演先把所有唱腔、音乐学会、背熟，然后把所有角色的表演、身段、动作、舞台调度等都预先设计妥当，再到天津展开正式导演工作：

>　　到天津后，我们与演员一起分析剧本和人物性格、思想感情，让演员吃透剧本，同时要求演员一切从人物出发，不要拘泥形式，行当要有突破，有所创新。我学过"斯坦尼"体系，又创排过那么多新剧目，这一些要求对演员来说是十分必要的。[①]

[①] 刘秀荣：《我的艺术人生》，中国文联出版社2006年版，第292页。

第八章　天地无私春又归

刘秀荣此次导戏的大致思路是这样的：先抓音乐唱腔，指导乐队认真练习，然后带领主演张晶坐唱，不仅要唱熟，还要唱出感情来，同时指导张晶练习身段动作，等演员把唱腔、技巧都已练习熟稔，则开始排戏。

具有丰富表演经历的刘秀荣和张春孝在导戏时也特色鲜明，一是启发和示范相结合，先启发，再示范；二是夫妻齐心，配合默契，事半功倍。这种导戏方式既适合刘秀荣和张春孝，也适合青年演员，尽管二位十分辛苦，但是效果极佳，也颇受好评。李门就曾赞赏道："我从来没见过你们二位这么导戏的，不管是演员，还是乐队，都太省心啦，一锤定音不走弯路。"孙亭福团长也兴奋地赞道："你们二位的导演方法，特别适合青年团，尤其适合青年演员了，应该大力宣传、介绍、推广，但是不见得所有人都能这么导戏，既能启发，又能示范，而且比划示范得到位。你们两位在台上演戏，珠联璧合，做导演也是配合默契，真是最佳拍档'夫妻店儿'呀！"

1992年10月21日，刘秀荣和张春孝首次合作导演的《马嵬香销》参加了在天津举办的全国京剧青年团队新剧目会演，演出大获成功，共获六项大奖：全剧被评为最佳剧目奖，剧作者陈绍武先生获得编剧奖，刘秀荣和张春孝获得导演奖，李门获得唱腔设计奖，扮演女主角杨玉环的张晶获最佳表演奖，扮演唐明皇李隆基的马连生获得优秀表演奖。在所有参赛的小戏当中，《马嵬香销》是获奖最多的剧目，评委、专家一致认为《马嵬香销》是一出充满诗情画意、艺术水平较高、细腻入情的好戏，是成功之作。

这也就意味着刘秀荣和张春孝联合导演初战告捷。

刘秀荣、张春孝夫妻合影

第十一节　再导《百花公主》

在天津创排《马嵬香销》期间，刘秀荣突然迎来大连京剧团范相成团长的造访。原来范团长此行是为了大连京剧团优秀青年旦角演员李萍。李萍是剧团重点培养对象，为了提高她的艺术水平，范团长曾邀请过魏莲芳、张蓉华、李慧芳等名家为她教戏，还邀请过李紫贵先生和赵寻、刘厚生、曲六乙等专家为她出谋划策，最终还是李紫贵的一句话点醒了范团长，李紫贵先生说："要想使李萍成才成好角，我建议把她交给刘秀荣，准能成功。"这才有了范团长的登门拜访。

刘秀荣先前从未接触过大连京剧团，更不了解李萍的具体情况，听说李萍为了争取梅花奖而排演了一出《百花公主》，刘秀荣左右为难，起初婉言谢绝了范团长的邀请，因为这出戏当时已经有知名同行排演过，重排属于"炒冷饭"，极难成功。不过范团长以其豪爽的性格和真诚的态度最终说服了刘秀荣："我知道您是个重情意、讲究戏德的人，我早有耳闻，这件事刘老师不必有顾虑，您把原来的戏都推翻了重新来，就不会有什么问题了，我把原来的剧本，李萍的录像都带来了，您和张老师想怎么改就怎么改，有什么问题，一切由我负责。"话已至此，刘秀荣和张春孝只好勉为其难地答应了。

《百花公主》的原型故事可见传奇《百花记》，其中的《请宴》《赠剑》《点将》《斩叭》四折是清末民初昆曲常演的折子戏，1958年，俞振飞和言慧珠曾演《百花赠剑》，此后成为昆曲经典。在京剧界，翁偶虹先生曾为程砚秋、俞振飞将之改编为京剧新戏《女儿心》，景孤血先生也曾将此故事改编为《百花公主》，由李世芳、宋德珠二位先生首演。

看过范团长提供的剧本后，刘秀荣和张春孝一致认为，原剧本中百花公主因爱上奸细海俊而忏悔、自尽的结局有损其艺术形象，应该重新改编，但他们又不敢贸然动笔，于是二人一起去请教了天津戏研所所长、著名戏剧理论家吴同宾先生。吴同宾先生经过资料检索和认真研究后，提出了三点建议：第一，此故事纯属虚构，从最早的昆曲本即如此说，故不必顾虑违背史实；第二，剧中海俊是元朝按察使，奉命侦访安西国内谋叛事，故不能视为奸细；第三，该戏着重刻画百花公主与海俊两个人的真挚爱情即可。吴同宾先生还将各本梗概、演出情况和其他史料都写成详细文字介绍给刘秀荣和张春孝，既提供了改编思路，又提供了详尽史料。

在吴同宾先生的协助和建议下，刘秀荣、张春孝决定以"赠剑"为核心事件，以百花公主与海俊的爱情为线索重新编写剧本。于是，在《马嵬香销》创排间隙，原剧作者、大连京剧团编剧孟繁杰专门被请到北京双榆树附近的青年公寓，在刘秀荣、张春孝家中商讨、研究剧本，张春孝也参与到剧本写作中。与此同时，住在魏公村的李门先生则加班赶写唱腔音乐。基本上是剧本确定一场，李门就与刘秀荣、张春孝琢磨一场的板式和音乐，顺带构思身段动作、舞台调度等事宜。如此下来，没几天工夫，剧本和音乐都确定下来，导演构思也基本落实。

1992年10月25日，刘秀荣和张春孝、李门三人赶赴大连，《百花公主》正式进入排练阶段。

刘秀荣和张春孝遵照《马嵬香销》的导演经验，继续运用启发与示范相结合的导演方法，加之先前的案头工作相当充分，因此排练过程比较顺利。

《百花公主》的第三场"赠剑"是全剧重头戏。刘秀荣和张春孝为充分展示李萍的艺术才华，为百花公主安排了整套的【西皮导板】【慢板】【原板】转【快板】，以及大段【高拨子】，边唱边打，还加入"飞叉"等技巧。在刘秀荣的建议下，李门还专门用三、四节拍的板式，为该场结尾谱写了一段欢快、跳跃的唱腔，表达出百花公主与海俊赠剑联姻的喜悦心情。

"赠剑"是刘秀荣和张春孝排练时间最长、最辛苦的一场戏，因为刘秀荣想通过这场戏的排演令武旦出身的李萍"脱胎换骨"，增添女性的柔美气质，质变为端妍秀媚的大青衣，以此实现《百花公主》缠绵、多情、细腻的表演要求。这样一来，李萍几乎相当于从头学起，排练过程不可谓不费时费力：

> 我要求李萍在"赠剑"这场戏里从出场起一直到整场戏演完，不许带一点武气，要像个大青衣，端庄、稳重、大方、秀丽、妩媚，单是一个【四击

267

头】【回头】出场亮相,我连启发带示范,足足反复演练了三两天,才达到我的要求,过了关。常言道"万事开头难",李萍迈出了这可喜的第一步,下面无论是对人物的把握,还是唱、念、做、舞,凡是我要求到的、示范到的,她都能做到,"赠剑"一场戏排下来李萍在艺术上有了质的变化,飞跃的提高。当响排了一至三场戏之后,范团长兴奋地高呼:"李萍和过去拜拜啦!"大连戏剧家马明捷先生也非常满意地说:"李萍现在才像个角儿"。[①]

不足一月,《百花公主》即正式彩排,大连市领导特邀请李紫贵先生一同审看。李紫贵先生看完戏后说:"这个戏比原来好,原来总觉得拧着劲儿,现在'赠剑'一场很舒服,这场解决了,其他的场子就好办了。我看了很多剧种,还有京剧,这个'赠剑'最满意。看了戏,夺梅花奖,心里有底了。"大连市领导也非常满意,认为"赠剑"一场既高雅又细腻。专家和领导一致通过审查,并对刘秀荣和张春孝的导演艺术进行了高度评价。当晚,在剧场贵宾室,李萍和海俊的扮演者——小生演员平涛,分别拜刘秀荣和张春孝为师,收徒仪式简朴而隆重。

1992年12月16日,大连市京剧团在北京吉祥戏院演出《百花公主》。刘厚生、赵寻、夏淳、曲六乙、李庆成、龚和德、舒强、马少波、杜近芳、魏喜奎等梅花奖评委和专家出席观看。评委和专家们在座谈会上纷纷发言表示:"戏好,导演好,演员好,唱腔好,都很好,是近年来首都舞台上不多见的好戏。"著名话剧导演艺术家夏淳先生也兴奋地说:"这出戏搞得非常细腻,是一出好戏,还发现了两位好导演。"

两年后,刘秀荣又为李萍教排了《白蛇传》,该剧于1994年6月在北京儿童艺术剧院演出。最终,李萍凭

李萍演出《大英杰烈》后与恩师刘秀荣合影

---

① 刘秀荣:《我的艺术人生》,中国文联出版社2006年版,第296页。

借《白蛇传》和先前《百花公主》等一系列戏剧上的杰出表现，获得了第十二届中国戏剧梅花奖。刘秀荣、张春孝一并为弟子李萍题写了贺词："百花园中独摘梅，再上峨嵋采灵芝"。

第十二节　日本知音与《孙悟空》

刘秀荣的舞台艺术在近邻日本的剧坛十分受欢迎，这也同日本戏剧评论家吉田登志子女士及其夫君吉田一雄先生的大力推介有关系。

吉田登志子女士与夫君吉田一雄先生是日本京剧评论权威，也是刘秀荣的忠实拥趸、海外知音和研究专家，他们"张口唐诗宋词，挥毫笔墨丹青"[1]，是懂戏的"中国通"。吉田夫妇起初与刘秀荣、张春孝互通书信，直到70年代吉田登志子来中国访问，才在文化部的帮助下拜会了两位"偶像"，并与刘秀荣夫妇缔结了跨国友谊。吉田登志子女士在1955年就见到过京剧《白蛇传》的剧照，从那时她便迷上了刘秀荣的表演艺术。从小跟随母亲观看日本歌舞伎表演的她，期冀有朝一日能够亲眼看到刘秀荣的京剧表演，尤其是《白蛇传》的全部演出，她还试图通过与其同时代的刘秀荣去研究新制度下女演员扮演女角色的发展情况。不过她的这个夙愿直到1979年才得以实现。那年9月刘秀荣随中国京剧院三团访问日本，在东京国立剧场演出了《拾玉镯》和《水漫金山》；同年10月1日，中国驻日大使馆为庆祝中华人民共和国成立三十周年，

刘秀荣（右）、张春孝（左）夫妇与日本学者吉田登志子女士（中）

---

[1] 李振江：《日本的"刘秀荣张春孝迷"》，《中国企业报》1990年8月30日。

清扬端妍　隽逸翩然 —— 刘秀荣评传

《白蛇传》在日本演出时的说明书

在日本NHK剧场举行了公演，刘秀荣与张春孝、李华、朱秉谦等人为日本观众演出了全部《白蛇传》。这次演出在日本掀起了"刘秀荣、张春孝"热，留给吉田登志子女士非常深刻的印象。演出结束后，刘秀荣夫妇遇到了访日期间最令他们震惊和欣喜的事情：吉田登志子在东京的寓所竟然有一个专门收藏刘秀荣夫妇资料的艺术档案室。那里不仅有刘秀荣夫妇二人的录音带、录像带和唱片，而且还有数十年来几乎所有与刘秀荣、张春孝有关的中外报刊和杂志，许多资料连刘秀荣自己都没有。

1986年11月3日，刘秀荣在时隔七年之后再度赴日公演《白蛇传》，再次引发"刘秀荣旋风"，轰动了日本各地。吉田登志子与夫君专赴日本东京昭和女子大学人见纪念讲堂观看了演出，并将演出录成视频，按场次拍下62张彩照，赠予刘秀荣，还专门撰文盛赞这对中国夫妇的表演才华，用"无比的主演风度"[1]来形容此番演出的成功。此后，每逢刘秀荣在中国演出，吉田夫妇都尽可能专程飞来观看演出，过足戏瘾再回东京。1989年新《十三妹》在北京上演时，吉田登志子还特地将手绘"十三妹"墨笔画亲手交予刘秀荣。

多年来，两个家庭结下了深厚的情谊，无论是在北京还是东京，双方都像亲戚一样互相串门、互相关心，彼此间电话、书信不断。1991年1月刘秀荣举办纪念演出时，吉田夫妇不仅从日本赶来北京送花题词，还在演出结束后到后台执意帮忙卸妆、脱彩鞋，令刘秀荣感动不已。

---

[1]　吉田登志子著，李毅译：《刘秀荣女士与〈白蛇传〉——谈来日公演》，《中国戏剧》1988年第6期。

第八章　天地无私春又归

吉田夫妇一直希望刘秀荣夫妇能再来日本演出，向日本观众传播更多的中国京剧文化，最好是排演新剧目。为此，吉田夫妇积极策划、多方奔走，终于促成了刘秀荣、张春孝的再度访日演出。

再次来到日本时，刘秀荣和张春孝为参加1994年第二届日生剧场国际儿童戏剧节带去了新编神话京剧《孙悟空》。这部京剧共分三集，是刘秀荣和张春孝根据《西游记》原著与相关传统戏重新整理的剧目，由中国京剧院成员和中国戏曲学院附中师生共同创作完成。刘秀荣任演出团团长兼艺术总监，编剧、导演为张春孝，副导演为王威良、宋锋先生，音乐唱腔设计为中国京剧院的李门、吴有禹先生，舞美、照明设计为中国戏曲学院附中的赵振邦、何宝金先生，演出地点为日本日生剧场，公演以日本十岁左右儿童及其家长为对象。

日本儿童喜欢《西游记》和孙悟空，因此演出在题材上占得先机。为使日本儿童更好地认识京剧，《孙悟空》的排演充分综合了唱、念、做、打的特点，但难度也不小：既要让儿童感受到"武戏"的趣味，也要让日本观众能理解"文戏"，且还要处理好"儿童演员"与"成人演员"的关系。

第一集《孙悟空》的剧本内容从如来佛惩罚孙悟空开始，中间历经唐三藏五行山收悟空、鹰愁涧收白龙马、高老庄收猪八戒、流沙河收沙悟净等故事，到盘丝洞大战蜘蛛精终止，基本贯穿了原著中唐僧西行之初的精彩情节。

刘秀荣在剧中扮演观音菩萨，张春孝在剧中饰演唐三藏，周龙在剧中饰演孙悟空，宋锋扮演猪八戒，王威良扮演白龙马，在中国学习京剧的日本留学生石山雄太扮演沙悟净。刘秀荣原本只打算在剧中扮演蜘蛛精，但

《孙悟空》日本演出海报

271

是日本人尊崇观音，有戏剧中的观音角色只能由首要演员扮演的惯例，因此刘秀荣便只得入乡随俗：

> 在京剧传统戏中出现的观音大士是三、四路的配角。当家旦角主演没有来过这个角色，既然让我来演，就不能一般化，不仅为我增加了【四平调】唱腔，我还在装束扮相上重新做了造型，不按传统戏的扮相，不戴"观音斗"，不穿素白的服装，而定制了一顶珠光耀眼的"观音盔"，定做了一身白色加浅蓝边儿新样式的"观音服"，非常的漂亮。在艺术处理上也做了精心设计，单是一个出场，就煞费苦心，这一场不用一般音乐曲牌伴奏，完全用佛经，带着一股仙气儿，众云童双手持五色云牌，舞蹈，在清晰悦耳的佛经声中借助现代化"干冰"铺满舞台，我手持拂尘缓步轻盈登场，好似腾云驾雾，观众早已按捺不住喜悦的心情，热烈的掌声骤然而起。[①]

1994年8月7日是第一集《孙悟空》公演的最后一天，门票早已售罄。日生剧场从上午开始就竖起了"满员御礼"的牌子，工作人员只得对打电话订票的观众一一道歉。适逢日本五十年未遇之酷暑，观众们依然不顾炎热前往剧场，令演员大为振奋。剧终，佛曲鸣响，舞台上的所有角色跪迎观音菩萨，全体观众起立，掌声不息，谢幕达数次，小观众们欢笑着跑上舞台与小演员们握手，献花摆满了舞台。该剧最终在国际儿童艺术节上荣获大奖。

在首集演出成功的基础上，刘秀荣后来又两次率团赴东京演出第二、三集《孙悟空》，内容包括《真假孙悟空》《三盗芭蕉扇》等，张春孝编剧并和王威

刘秀荣访日期间与日本松山芭蕾舞团成员合影

---

① 刘秀荣：《我的艺术人生》，中国文联出版社2006年版，第289页。

良、孙桂元、赵德芝联合导演,由天津艺术学校师生参加演出,由天津市文化局副局长赵婉香担任顾问,天津艺术学校校长孙亭福担任副团长兼秘书长。此番演出又是场场火爆,每场演出后的谢幕都达到四五次之多。最后一场告别演出,观众边齐声欢呼边起立鼓掌,喝彩声持续了十五分钟。

《孙悟空》之所以能在日本屡屡掀起观剧热潮,首要原因在于日本人民熟悉《西游记》和孙悟空的故事,再者与刘秀荣和张春孝此次演出的艺术定位有关:立足京剧传统,但不要传统《闹天宫》《闹龙宫》之类的"猴戏";旨在创新,但一定保持京剧特色,比如绝不加入电子琴一类的现代乐器,总之,既尊重和运用了传统京剧的表现形式,又适当借鉴了现代艺术的革新手法——符合审美传统却不显陈旧。

吉田登志子则总结得更为全面和深刻:

> 若再从全剧角度来谈一下感受的话,这次公演的成功不仅在于以刘秀荣女士为首的中国京剧院艺术家们的精湛的技艺、保有艺术深度而又不使观众厌倦的剧本构成和古典风格的音乐设计。更在于附中的学生们有朴素、规矩的台风,艺压舞台四角,加之与中国京剧院老前辈们共同演出,从中受到指导和熏陶,不断成长,使人们感到他们是有希望的一代。[1]

第十三节　出任全国政协委员

1998年1月22日,刘秀荣收到全国政协办公厅寄来的一个通知:

刘秀荣委员:
　　中国人民政治协商会议第八届全国委员会常务委员会第二十三次会议协商通过:您为中国人民政治协商会议第九届全国委员会委员。特此通知。

中国人民政治协商会议全国委员会办公厅
一九九八年一月二十二日

---

[1] 吉田登志子著,李毅译:《京剧〈西游记〉(孙悟空)在东京》,《中国戏剧》1996年第2期。

当时，全国政协委员共有2238名，而文化艺术界的委员只有159名，这其中就有刘秀荣，想当年也只有梅兰芳等大师级演员和文艺界顶尖人物才有资格推荐为全国政协委员，对京剧演员而言，这可说是刘秀荣一生中享受到的最高的政治待遇了。

作为文艺界的政协委员，刘秀荣本着李瑞环主席所提倡的"尽职不越位，帮忙不添乱"的精神，积极撰写提案，参加大小会议，尽自己所能反映社情民意。在担任第九届和第十届政协委员期间，刘秀荣为戏曲界做了两件大事，一件是实地考察了各地昆曲的生存状况，另一件是随团考察了各地京剧院团现

刘秀荣在人民大会堂参加政协会议时留影

状，并与其他专家、委员一道提出了恳切实际的建议，这些建议对国家文化部门制定有效保护政策起到了推动作用。

昆曲考察始自2003年11月16日，考察团共15人组成，成员均为政协京昆室组织的专家、学者，以政协万国权副主席为首，考察地包括浙江省的杭州、永嘉，湖南省的郴州，江苏省的南京、苏州、昆山等地。这次考察的目的是进一步提高对昆曲艺术历史价值和生存现状的认识。通过考察，各专家包括刘秀荣都发现昆曲艺术面临重大生存危机：当时全国昆曲仅有六团一所，即上海昆剧团、北方昆曲艺术剧院、苏州昆剧团、浙江昆剧团、湖南省昆剧团、浙江永嘉昆曲传习所，全部演职员加在一起不足650人，一般群众特别是青少年对昆曲缺乏了解，昆曲演出市场不断萎缩，创作队伍后继乏人，剧团经费严重不足，人才流失现象令人担忧。考察团一致认为，这种现状如不加以重视和解决，昆曲这个古老的民族艺术将面临消亡。为此考察团在报告中提出以下几点建议：确立由国家扶持昆曲事业的方针；把全国昆曲六团一所列入纯公益性事业单位，经费由政府全额拨款；为每个昆曲院团兴建一个600人的小剧场；由国家拨专款抢救和保护昆曲艺术；加强昆曲院团与大学的联系与合作；加强昆曲艺术的舆论宣传。

2004年2月3日，这份考察报告由万国权副主席、叶朗常委作为代表呈交胡锦涛总书记和温家宝总理，并很快得到胡锦涛总书记、温家宝总理、李长春、陈至立等中央领导关于昆曲"抢救、保护和扶持"的批示。为了贯彻落实中央和国务院领导的指示精神，国家对昆曲院团决定给予补助和扶持。经文化部、财政部商议，国家财政将在2005年至2009年期间，每年投入一千万元人民币，作为抢救、保护和扶持昆曲专项资金，力求使昆曲改变目前的困境。中央文化部也采取相关措施，争取在这五年期间做好以下几点工作：挖掘整理濒临失传的昆曲优秀传统剧目；昆曲新剧目创作；昆曲优秀折子戏录像；普及性、公益性演出；昆曲资料的抢救及保存；昆曲人才培训和奖励。

京剧考察始于2004年夏，这是在昆曲考察团回京途中由委员们提议并提案，在政协京昆室大力支持协助下才促成的考察活动。为了使委员们能更好地知情出力，京昆室主任王选在考察活动开始前专门主持召开了两次座谈会，分别邀请文化部艺术司负责人及京、津、冀三省市文化厅（局）京剧院团负责人和演员代表，向考察团成员介绍了京剧院团的现状，为专题调研提供了参考意见。

7月1日至11日，以原全国政协副主席万国权为顾问，政协常委、京昆室叶朗副主任为团长的政协考察团正式启程，先后赴河南郑州、黑龙江哈尔滨、牡丹江、内蒙古呼和浩特等四个城市，详细考察了河南省京剧院、哈尔滨京剧院、牡丹江京剧院、内蒙古自治区京剧团的现行体制、人员编制、人才培养、演出场次、经济和社会效益等情况，并参观了演员们的排练、演出和训练场地，与院团负责人、艺术家、演员和创作人员进行了座谈，详细了解了各地方政府对京剧院团的扶持力度、资金投入等情况。

通过实地考察，委员们认为京剧艺术的危机并未消除，保护和振兴京剧艺术仍然是摆在国人面前的一项紧迫任务，特别是京外各省市京剧院团，生存状况堪忧，资金短缺、设施陈旧、节目贫乏、市场萎缩、人才流失现象也十分严重。如李万春、李小春先生曾经领衔的内蒙古京剧团，当时只有八名演员，演出时必须外借演员，且服装破旧，伤心惨目，有如是耶？

在考察总结会上，委员们普遍认为应再多考察几个省市的京剧院团，以求更全面和深入地了解各地京剧艺术困境，然后再撰写考察报告，呈交中共中央和国务院。2005年8月2日至14日，京剧考察团再赴云南昆明、湖北武汉、陕西西安、甘肃兰州、宁夏银川五个城市，开始考察当地京剧团的情况，由全国政协常委任玉岭为团长。

通过考察，委员们认为，自20世纪90年代开始，京剧艺术的发展在多元文化娱乐消费形式的竞争下遇到了很大阻力，京剧市场空间被不断压缩。京剧院团的生存应寻求可持续发展之路，首先要求各院团保证优良传统和艺术特色不变质；其次希望有关部门能够为京剧艺术创造宽松、浓厚的艺术氛围，国家需投入资金保证院团的演出和创作，任其自生自灭或仅重点扶持个别京剧院团，而将大多数院团推向市场的做法均不符合京剧艺术发展规律；再者，建议将素质教育与京剧艺术相结合，倡导大、中、小学生开设以京剧为主的戏曲欣赏课，以此作为小学生德育、美育教育的重要内容和弘扬民族文化的重要手段。

在昆曲保护的经验中，刘秀荣发现京剧发展与相关部门和从业者对京剧的认识密切相关。如果没有确实将京剧奉以国粹地位，对京剧缺乏认识，不关心，不重视，不扶持，不欣赏，甚至认为可有可无，那么空谈保护，又怎能有成效？她十分赞同考察团团长任玉岭曾经提到的关于京剧保

刘秀荣参加政协会议时在人民大会堂外留影

护的两个认识误区:"一、看一门艺术的好坏不应以观众的多寡作为评判标准,我们不否认观众的多少对艺术优劣的重要性,对传统艺术,对曾经在中华民族文化产生过程中发挥重要作用的京剧等戏曲门类,仅用今天观众的多寡来评价其优劣是不准确的,是偏见的。二、只有放开搞活市场才是艺术良性发展的轨道。然后承认开放搞活市场对经济、文化发展的作用。但不分情况,不从实际出发的开放、搞活,不是京剧走向良性发展轨道的途径。目前各剧团严重缺少资金、生存都难保的情况下,空谈开放市场,只能使京剧面临更大危机甚至走向消亡。"

第十四节　正宗王派传人

世人曾有"中国戏校四大名旦"之说,他们是刘秀荣、杨秋玲、刘长瑜、李维康这四位中国戏曲学校培养出的顶尖旦角人才,而其中刘秀荣居首。

中国戏曲学院教授赵景勃曾这样评价刘秀荣:

> 她是母校的荣耀,学院的标高。母校的荣耀,当然是说她为戏校争光了;学院的标高,标高这词不大常用,我为什么用标高这个词,实际上来讲,她体现出我们学院的一个教育标准,体现了学校的培养目标。[①]

刘秀荣又是公认的新中国成立以来受王瑶卿教益最多,将王派艺术在舞台上呈现最佳的旦角演员。贯涌曾为刘秀荣的舞台艺术特征概括了两个要点,一是传统深厚,新戏起家,二是王派剧艺,独家传承。

所谓传统深厚,指的是王瑶卿先生晚年向刘秀荣倾注了大量精力来栽培她,为她传授了青衣戏、花旦戏、刀马戏等几乎全部王派旦角基础剧目,为刘秀荣打

---

① 引自2013年8月10日笔者对赵景勃的采访录音。

《豆汁记》,刘秀荣饰金玉奴,刘长生饰金松

下了坚实的基础,也使她掌握了王派的表演精髓。新戏起家,则是指刘秀荣在深厚功底的基础上,在王瑶卿等前辈的指导下,排演了不少当时的新创或改编剧目,并凭借《豆汁记》《白蛇传》等剧目迅速成名,更为可贵的是,刘秀荣终其一生都未曾停止"求新"的步伐,因此,新戏的确令刘秀荣起家,然而,成名后的刘秀荣并未离开新戏。

由于刘秀荣学艺自王派起,因而说其王派剧艺再合适不过。只是与梅兰芳、张君秋、杜近芳等梨园界其他旦角名家先学王派而后自成一家不同的是,刘秀荣对于王派的继承是最为忠实的,贯涌称之为"提纯固本"——提王派之纯,固王派之本。刘秀荣的"提纯固本"主要通过三种途径:王派剧目、王派风格和王派美学。

刘秀荣保持纯正先从王派剧目着手:

> 举例来说,《十三妹》,王瑶卿既教了荀慧生,也教了尚小云,可是荀慧生走到最后成了荀派,尚小云到最后是尚派,而刘秀荣、谢锐青还是王派,就是王派,绝对是王派,一看就跟荀、尚派截然不同,那么就这点来说,从《十三妹》《棋盘山》《孔雀东南飞》,乃至于王八出(就是《彩楼配》《三击掌》《投军别窑》等薛平贵和王宝钏的戏),到后面的剧目都是保持了王派的原汁原味。[①]

在保持王派风格上,贯涌认为刘秀荣首先保持了王派的身段规范,再者保持了王派唱腔的味道,最后是念白的劲头。尤其是念白这项最容易被忽视的细节,

---

① 引自2013年10月2日笔者对贯涌的采访录音。

恰恰是王派风格中十分突出且极具特色的一个方面。

> 所以呢，从身段规范、唱腔味道、念白的劲头，形成统一的"刘秀荣化的王派"特点就是俏丽、爽朗、洒脱。①

王派美学，在贯涌看来不是一种理论形态，而是一种舞台形态，实际上是一种实践性美学、创造性美学，对于这种美学，刘秀荣是接受得最好的一位。

从告别"文化大革命"、恢复舞台演出之日起，刘秀荣一直致力于恢复和整理王派剧目，包括《棋盘山》《十三妹》《珍珠烈火旗》《四郎探母》《龙凤呈祥》《穆柯寨》及全部《彩楼配》等。全部《彩楼配》分《花园赠金》《彩楼配》《三击掌》《平贵别窑》《误卯三打》《代战招亲》等折，其中薛平贵一角在前三折均以小生行扮演，从《平贵别窑》起一般要换作武生或文武老生，张春孝在此折以小生应工，开创了先例。

此外，刘秀荣还排演了其他传统戏，诸如《大英杰烈》《豆汁记》《拾玉镯》《秋江》《霸王别姬》《得意缘》《虹霓关》等。其中刘秀荣在《虹霓关》等剧中加入了新的尝试，丰富了人物表演，得到了老艺术家张世麟先生、厉慧良先生的赞赏："这样的革新我们赞成，保留了传统的东西，又丰富了不足的地方，好！"后来很多青年演员和票友都将这出戏作为自己的参赛剧目。

《虹霓关》，刘秀荣饰东方氏，张春孝饰王伯党

---

① 引自2013年10月2日笔者对贯涌的采访录音。

告别舞台后，刘秀荣将主要精力都用来培养新人和传承王派艺术上，除了为专业剧团培养青年演员外，她还在母校中国戏曲学院担任客座教授，为学院尽可能多地培养京剧人才。最初，中国戏曲学院能够为刘秀荣提供的待遇是极低的——一节课5元钱，但这丝毫没有影响刘秀荣教学的热情，因为她从未将教学视作谋求名利的手段，而是始终将传承王派艺术作为自己的义务和责任，同时也将之视作回报师恩、兑现对老校长承诺的极佳方式：

> 刘秀荣老师把传承当作一种责任，她就觉得王派艺术也好，京剧艺术也好，不能在他们这一代，断了它，他们有这种义务和责任，把王校长的那些代表剧目传承下来，不要让它失传；再一个呢，对人才的爱护爱惜，也是激励她教学热情的一个因素。可以说刘老师是实实在在秉承了王瑶卿校长的宗旨，只要你愿意跟我学，我都愿意教。①

1996年，在时任中央政治局委员、中宣部部长丁关根同志的主持下，中国戏曲学院创建了首届中国京剧优秀青年演员研究生班（以下简称"青研班"）。1996年10月首届"青研班"开学，共26个学生，刘秀荣从首届开始成为研究生班的导师，至2012年，"青研班"共举办了5届，刘秀荣未缺席过任何一届，而且每一届都是课程量最大的几位老师之一，可以说，跟随刘秀荣学过戏的弟子数不胜数：

> 她总是愿意在自己精力还比较好的情况下，多为后人留下一些宝贵的戏曲的演唱，这些工作从表面看是刘老师经常给自己找麻烦，找苦吃，实际上她是以苦为乐，相信她会感到自己的坚持所带来的幸福，这大概也是当老师所有的一种独特的感受。她有明确的目标，有无私的情怀。应该说，刘秀荣老师这些年的付出，得到了应有的回报，这个回报不是金钱，不是物质的，而是整个戏剧界、文化界对她的成绩的肯定和理解，这是一种荣誉，包括已经去世的丁关根同志，丁老部长，我们多次听到丁部长对刘秀荣老师的表扬和肯定。

---

① 引自2013年10月12日笔者对张关正的采访录音。

丁部长是亲口讲的："刘秀荣那叫真教啊。"那时候刘老师已经七十多岁了，那真是脱了衣裳，在这儿连比划带教，有时候一天能够教几拨学生啊，那都是超负荷地运转。所以丁部长给刘秀荣老师非常高的评价。[①]

刘秀荣在培养学生方面有两大明显特征，一是学生人数多，二是成才率高。她的众多弟子中，李胜素、李萍、王玉兰、王艳、李静文、张淑景、张艳玲、张慧芳、邓敏、阎巍、李佩红、唐禾香、熊明霞等都分别获得过"梅花奖""梅兰芳金奖"及其他全国性大奖。刘秀荣之所以能取得如此令人瞩目的教学成就，同其人格魅力、艺术功底、教学方法密不可分：

刘秀荣与众弟子聚会留念

> 她有一个好品格，使学生愿意去向她学，愿意接近她，亲近她；再一个刘老师是台上能演课堂上也能教，能示范，而且有方法，还有耐心热情，这些使得她的学生们，既拿她当老师又是母亲。我因为工作的关系跟刘老师接触比较多，亲眼目睹了刘老师在课堂上、在排练场上、直到后台的种种，有时候一个学生要演出了，一个戏要排出来了，她那种责任感是非常感人的。[②]

重要的是，刘秀荣在教学中并未"因循守旧""抱残守缺"，而是通过创新和变革来传授王派的艺术规范，她的目的并不是让学生死守程式，而是学习如何用艺术的规范去演新的剧目，去塑造新的人物：

---

① 引自2013年10月12日笔者对张关正的采访录音。

② 同上。

实质上，这就是体现了中国戏曲"一套程式，万般变化"这样一个规律，而王瑶卿先生，是最讲究"程式绝对不许死板"的，这就成了刘秀荣所遵循的一个道理，成了她自己拿来自我创作并教育学生的一个秘诀或者法宝，或者说最根本的一个指导思想。①

尽管硕果累累，成就卓群，刘秀荣却一直声言自己只是"替师传道"，对此，长期在中国戏曲学院主管表演系教学工作的张关正有独到见解：

刘秀荣老师的传承，我感到有这一点是很突出的：一个是刘老师对王瑶卿先生的感激一直是非常谦虚的，她说自己仅仅是替恩师传道、传承王派，但是事实上我觉得她的传承已经突破了单一的流派限制，面非常宽，戏路也宽，而且呢，也突破了单一的行当，不再是单一传承青衣或单纯地传承刀马旦、花旦，她是跨行当的，甚至她的教学已经跨出剧种局限，不仅是京剧，还有一些地方剧种剧团中，也有她的学生。②

在教学的过程中，刘秀荣并未放弃对传统京剧剧目创新的探索，她与丈夫张春孝常年合作，都善于从当代观众的理解和审美出发，为传统戏注入符合时代的新元素，同时保持京剧的纯正和特色。

2010年5月18日，刘秀荣、张春孝为天津京剧院青年演员王艳、凌珂、闫虹羽、李宏等传授《棋盘山》，为了使当代观众能很好地理解剧情，两人专门为此戏加了一个头、一个尾，

刘秀荣、张春孝金婚纪念照，摄于2007年2月8日

---

① 引自2013年10月2日笔者对贯涌的采访录音。
② 引自2013年10月12日笔者对张关正的采访录音。

将中型戏变为大戏，也让观众一下子明白了原戏中故事的来龙去脉，改编更显圆满，也取得了成功。曾任中宣部部长的丁关根听说此事后，立刻安排中央电视台戏曲频道直播新排《棋盘山》的第一场，反响强烈，天津京剧院因此而获得上级的奖励。

尽管改编不可避免地会遭受一些观众和专家的批评，但大多数人还是对此持肯定态度。赵景勃就曾说过："实际上京剧的审美，就是一直在跟着时代变化的，刘秀荣老师最大的特点，就是不重复自我，她总是在求新、求变，人穿得很时尚，她的戏也很时尚。"至于一些人对刘秀荣改戏的争议，赵景勃是这样认为的：

> 她的改戏在圈内有些议论，是可以理解的，只要一改动，总会有议论的，因为你打破常规啊，就这么点事，总有。这点我觉得，不必要去解释，最后的检验者是观众，观众喜欢，大家就都接受改变了，观众要是觉得不喜欢，那你改得就不对。现在来讲戏曲界本身有这种保守的情结，所以咱们戏曲教育啊，发展得没有舞蹈教育、杂技教育，甚至音乐教育快。但是我觉得秀荣老师有这么一股追求艺术创新的劲儿，这会给戏曲增加一些生机和活力，要没有这个劲儿的话，那对戏曲发展会更不利。所以我是支持秀荣老师的，至于具体技术上处理的好和坏，那就在实践中看了，学生也会鉴别、观众也会鉴别，这不就是很简单吗。[①]

另外，刘秀荣王派代表作的传播在20世纪末也广泛借助了新媒介的手段，这些手段包括现场录音、电视录像等。比如刘秀荣和李和曾先生同台演出的《二进宫》一剧，就被录制成磁带，后由北京市音像出版社发行；刘秀荣恢复上演的《香罗帕》一剧，也录制了磁带，并被中央电视台著名导演杨洁女士拍摄成颐和园实景电视艺术片，该艺术片后被美国某电视台购买，成为国际文化交流的重要作品；1990年，在中国艺术研究院的组织策划下，李愚导演为刘秀荣、张春孝和

---

① 引自2013年8月10日笔者对赵景勃的采访录音。

《小上坟》，刘秀荣饰萧素贞，刘长生饰刘禄景

刘长生分别录制了《孔雀东南飞》《十三妹》《拾玉镯》《秋江》《小上坟》《平贵别窑》《黄鹤楼》《石秀探庄》等舞台作品，将这些经典剧目以视频录像的形式保存至国家艺术文献库。

总而言之，刘秀荣在舞台生涯（以1991年纪念演出为转折点）的后期开始了两个转向：一个是从成熟的青年京剧演员转向艺术创作者和传承者，这既包括刘秀荣和张春孝合力导演、改编新戏，也包括刘秀荣开始教授弟子、传播王派表演理念这两类事实；第二个转向是在京剧表演艺术家身份之外开始担任更多的社会职务，这包括了刘秀荣在1978年当选妇联执行委员、1985年前后开始担任剧团团长、1998年开始担任政协委员建言献策等事实。其中，以京剧表演艺术家身份成为参政议政者，在文艺界中是不多见的。

第九章　玉印相传世共珍

在多年的艺术实践中，刘秀荣始终以传承王派艺术技巧和理念为己任，是当今公认的王派艺术最佳传人。事实上，刘秀荣不仅是一个技艺超群的旦角名家，她还是一个善于思考的舞台导演和戏曲教育家。刘秀荣对于王派艺术特点、京剧发展、戏曲教育方

2003年刘秀荣、张春孝重游澳洲留念

法、旦角艺术特点等诸多问题都有自己的理论思考，这些思考都以大量的实践经验为依托，因此较之一般理论更具有启发意义。这些较为系统的艺术观、教育观和发展观等对于旦角艺术表演理论的研究极有价值。

第一节　表演艺术观

通过多年的表演实践，刘秀荣总结了"六字真言"，即：正严、专宽、新美。这事实上是一套系统的艺术观，具体而言，即在艺术源流方面"求正""求严"，在专业技能方面"求专""求宽"，在艺术理念方面"求新""求美"。

京剧的表演特色、艺术风格决定了流派传承要符合正统，所谓"正"，即是要求演员具备坚实的、规矩的基础。京剧艺术的特色、风格、艺术品位，都应归结为"正"，这是总根。京剧演员只有把基础打牢了，艺术人生才能根正、基固，好比建筑高楼，基础牢固，则高耸入云；基础不牢，则根浅楼危。先"求正"，其实也是前辈名家一贯坚持的教学理念。刘秀荣最初学戏时，就在王瑶卿先生亲授下先学习了《十三妹》《棋盘山》《珍珠烈火旗》《王宝钏》《貂蝉》等王派正统名剧，继而又随萧长华、赵桐珊、华慧麟、程玉菁、方连元等名师学习了青衣、刀马、花旦等各行当的戏，从而打下了扎实的旦角表演基础，受益终生。

所谓"求严"，则是说表演一定要严格规范。盖因京剧乃精致的表演，其唱腔的长短、身段的大小都有章可循，尤其是前辈总结出的"四功五法"，实为塑造舞台形象最好的艺术手段，值得每一位演员不断精研。因此，基本功的应用更要准确和规范。刘秀荣认为，在"求正""求严"这两点要求上，中国戏曲学院的教学可谓典范。

在专业技能上，刘秀荣认为应该"求专"和"求宽"，这两者在艺术层面上是有机统一、相辅相成的关系，即要求演员一专多能，不能居于一隅，要拥有丰富多样的表演手段，否则很难实现自我提升和发展。当今京剧学员中普遍存在这样一种现象：学唱青衣的演员不会花旦戏，学唱花旦的演员不会刀马旦戏，这就是专而不宽的表现。刘秀荣的成名作，也是中国戏曲学校校戏的《白蛇传》，就印证了"专"与"宽"的辩证统一关系：白素贞的扮演者必须是既专且宽的演员，因为"游湖""断桥"等场次要求演员具备青衣的好嗓；"结亲""端阳"等场次则要求演员具备细腻的花旦技巧；"盗仙草""水漫金山"等场次又要求演员拥有娴熟的刀马旦功夫。要演好白素贞这个花衫行当人物，就必须将青衣、刀马旦、花旦等行当都熔于一炉，有合有分、求

《打渔杀家》，刘秀荣饰萧桂英，高盛麟饰萧恩

专求宽，才能继承丰富多样的表演程式，才能在舞台上创造角色时得心应手。

在艺术理念上，刘秀荣总结了"求新""求美"两点。

时代在发展，审美在变化，京剧艺术没有理由一成不变，因此"求新"是必要的。纵观二百年京剧史，京剧艺术一直处于发展前进的过程中。王瑶卿先生就常对刘秀荣说："戏要跟着时代走。"这便是与时俱进。事实上，王瑶卿先生本人一生都在"求新"，从最初的废除"跷功"到后来的创立"花衫"新行当，都是例证。王派名剧《孔雀东南飞》，这部配合新中国《婚姻法》颁布的剧目，就是刘秀荣在恩师王瑶卿指导下排演的紧跟时代的戏。"求新"，同时也是在艺术方面和个人气质方面永葆年轻的秘诀之一。张关正就十分敬佩刘秀荣"求新"的精神：

> 刘老师给我印象非常深的一点就是：她永远有一种与时俱进的追求，她绝对不落伍，你从她的精神面貌、穿戴，从她的家庭就可以看出来，她绝对是与时俱进的。在艺术上，也是这样的，她不守旧，她老在跟时代走，老在追求创新，虽然年纪大了，但她的心态永远是年轻的。以至于她永远觉得跟学生之间没有年龄上的鸿沟和差距。[①]

"求新"的同时还要"求美"。"求美"就是追求时代美感。刘秀荣认为艺术必须要让人有一种美的享受，不同时代具有不同的审美标准，因此，京剧表演需要在尊重传统的基础上被赋予时代气息与时代美感。

正是在"求新"理念的支配下，刘

《平贵别窑》，刘秀荣饰王宝钏，
张春孝饰薛平贵

---

① 引自2013年10月12日笔者对张关正的采访录音。

秀荣和张春孝才在后来的新《十三妹》《彩楼配》和《平贵别窑》等剧目重排中加入了自己的创造。

正严、专宽、新美这"六字真言",既是刘秀荣一生表演实践的总结,也是刘秀荣终生追求的艺术宗旨,值得每一位青年演员领会和吸收。

第二节　王派艺术特点

刘秀荣是王瑶卿先生晚年的得意弟子,也是年龄最小的关门弟子,她既是王派艺术的直接受益者,也是王派艺术的传道者。在刘秀荣数十年的舞台实践和教育实践中,她对于王派艺术的特点有深刻的认识和全面的总结。

王瑶卿先生十四岁登台,是光绪末年京剧旦行中年纪最小的演员。从四十四岁开始,王瑶卿先生因嗓子"塌中"而淡出表演界,1930年1月,他在天津新新戏院演出三场《雁门关》后彻底告别了舞台。由于之后的二十多年王瑶卿一直致力于创排新戏和培养新秀的幕后工作,故梨园界之外的年轻人士便开始淡忘这位"通天教主"了,这实在是一件遗憾的事。刘秀荣出国演出时,多次有外国友人询问她恩师的姓名,当刘秀荣告知是王瑶卿先生后,他们总是摇头耸肩说"不知道";而当刘秀荣解释道"是梅兰芳先生的老师"时,他们立刻惊喜地说:"噢,了不起,了不起。"这足以见出一般观众对于王瑶卿先生的陌生。

其实,王瑶卿先生在京剧史的地位相当高,他是"同光十三绝"之后对于京剧旦行发展贡献最大的一代宗师和艺术革新家。当然,在国内"懂行"的人士眼中,王瑶卿先生可是梨园界响当当的人物。刘秀荣在戏校做学生时,常在中南海怀仁堂参加中央首长的交际舞会。一次,她陪着毛泽东跳舞,当被问到"你的老师是哪一位"时,刘秀荣回答道:"是王瑶卿先生。"毛泽东就微笑着说:"噢,你的辈分不小噢。"可见"通天教主"在国内之影响力。

作为王派传人,刘秀荣总结了恩师王瑶卿先生的四大主要贡献。

王瑶卿的第一大贡献,是开创了旦角挑班的先例。从"同光十三绝"到陈德霖先生时代，旦角演员都只能给老生演员"挎刀"，即挂二牌，唱配角。王瑶卿先生打破了这个局面，使得旦角演员得以与老生演员分庭抗礼，从而开创了旦角挂头牌、唱大轴、挑大梁的时代。

其二，王瑶卿创造了独树一帜的王派艺术，并与谭鑫培先生一道被誉为一生一旦两大革新家，使京剧舞台形成了"无生不谭，无旦不王"的鼎盛局面，大大推进了旦角流派艺术的发展。

其三，王瑶卿创造了"花衫"这一新行当。此举打破了旦行分野的坚固壁垒，将旦角诸种特色熔于一炉，将旦角表演提升到一个新的高度。同时，王瑶卿还专

《王宝钏》，刘秀荣饰王宝钏

门编演了全部《十三妹》、《棋盘山》、《珍珠烈火旗》、《花木兰》、全部《穆桂英》、《貂蝉》、《万里缘》、《孔雀东南飞》、《梁红玉》、《乾坤福寿镜》、全部《王宝钏》、《虹霓关》、《破洪州》、《天河配》等一大批风格独特的剧目，大大丰富了旦角表演内容，为后人留下了宝贵的艺术遗产。在剧本、表演、导演、唱腔、服饰、化妆等各方面，王瑶卿先生也有所革新和创造。

其四，也是王瑶卿影响最为深远的贡献，便是他的教育成就。王瑶卿先生后半生"敢为他人做嫁衣"，毫无保留地将自己苦心创造的王派艺术传授给后起之秀，培养了一代又一代的旦角名宿，妇孺皆知的梅、程、荀、尚"四大名旦"和张君秋、李世芳、毛世来、宋德珠"四小名旦"皆出于王门。从某种程度上讲，八位旦角名家流芳后世的新流派，都是在王门本派的直接受益下创造出来的。

那么王门本派的艺术风格到底是什么呢？

刘秀荣认为，王派的总体风格可以这样概括：明快、爽朗、纯厚；细腻、刚劲、大方。这些特点同时也是王瑶卿先生本人的性格特征。

王瑶卿先生一生创造了数量繁多、性格各异的舞台形象，如反抗封建婚姻的刘兰芝、反对嫌贫爱富的王宝钏、爱憎分明的侠义英雄十三妹和巾帼英雄穆桂英等均是光辉夺目的人物。这些人物几乎综合了旦角各行的特点，既有青衣的端庄、大气、成熟和沉稳，又有花旦的靓丽、活泼和妩媚，还兼具刀马旦的刚柔并济、英勇豪侠。这些形象的成功并非偶然，其中凝聚了王瑶卿先生毕生对于京剧表演技巧的认识，他极善于运用唱、念、做、打等京剧艺术手段塑造人物，还有一套深入浅出的理论依据。

《四郎探母》，刘秀荣饰铁镜公主，辛宝达饰杨延辉

在唱腔方面，王瑶卿要求"安腔找窍头"，即创排新剧目时首先抓音乐形象。他曾进一步讲解唱腔的作用："排一个新戏必须得有几段儿好的唱腔，戏才立得住，才能吸引人。"那么好唱腔的标准是什么呢？王瑶卿并未详细阐释过，但从他对唱腔的另外一些要求中可以窥测大概：唱腔务必讲究韵味，表演者须把握尺寸、火候、气口，强调吐字、咬字。

王瑶卿常对包括刘秀荣在内的弟子说："唱腔要讲究抑扬顿挫，该快的快，该慢的慢，不能一道汤。要有猴皮筋儿的感觉。"所谓"猴皮筋儿"，即是把握节奏，既不能平淡，也不能过火，这也是王瑶卿关于唱腔的独到理解，在一定程度上代表了王派唱腔的特色风格。刘秀荣对王瑶卿上述总结的理解是：不刻意追求旋律的花哨、火爆，而是表达人物的内心和复杂的思想感情，要言之，唱的是情，而不是腔。在学习《孔雀东南飞》时，王瑶卿先生还对刘秀荣说过这样一句话："唱要像说，说要像唱。"这是让学习者避免唱、念技巧生搬硬套的刻板倾向，以情带技，声情并茂，从而把唱腔升华成一种音乐语言。

在念白方面，由于王瑶卿早年曾专研过京城普通生活用语，故在京白方面，他可谓无人能及,《十三妹》便是京白为主的代表剧目,《棋盘山》中的窦仙童的念白也独具特色。

王瑶卿独创了"风搅雪"的技法,这是将韵白、京白融会贯通的念白技法,堪称一绝。王瑶卿常要求弟子念白要口齿清楚,嘴皮子要有劲,他还认为念白如果也像唱腔那样以上下句为一个基本单位才好听。不过关键在于把握住语言的轻重,节奏的变化,若观众只听声音便能体会出人物此情此景的内心感情,才算是上等念白。刘秀荣在《穆桂英大战洪州》中就运用了"风搅雪"的念白。

做功方面,基本的要求是:漂亮的身段功架、真实的表情神态。具体而言,"身上"玲珑剔透,"脸上"自然传神,特别要注意规范美和造型美,要着重用形体语言塑造和表现人物,此外手势、台步还要具有鲜明的形象特征和性格特点。

"走路是百练之祖",做功中的台步最为重要,是戏曲演员的基础,更是衡量一个演员水平高低的标准。旦行台步更为讲究,王瑶卿严格要求不同年龄、身份和性格的人物要有不同的台步。比如青衣的台步就要交叉前行,不能直趋,也不能横趋或大步,这样才能表现出大家闺秀的端庄和华贵,可称"孔雀步";花旦行则是"鸡步",即小碎步,轻快敏捷、充满活力;旗装戏则走"鹅步",稳健庄重、头不乱动,目不斜视,轻抬慢落,既要有男性气魄,又有女性魅力,这样才能表现出旗装太后、公主之类人物的性格特征和脚踩花盆底彩鞋的服饰特点;泼辣旦、彩旦的台步务要夸张,头、腰、胯摆动要大,名曰"鸭步",像鸭子走路一样。另外,眼神的运用也要结合行当、情境,准确而及时地

《贵妃醉酒》,刘秀荣饰杨贵妃

传达出喜、怒、哀、乐、忧、恐、惊等心理，实现真实、传神、自然的效果。

"四功"中的武打也是重要技巧，更是王派花衫演员必须掌握的技能。武打不应该理解为单纯卖弄技巧，而应结合剧情，配合人物性格、身份、地势、情境"打"出个性和感情，同时，还要牢牢把握住节奏的变化，要有爆发力，要干净利落。王瑶卿在为刘秀荣排演《珍珠烈火旗》开打场面时曾说："咱们在台上的武打或者走玩意要'假溜'，不能使拙劲。"[①] 所谓"假溜"，指的就是巧，或者"俏"，即潇洒，具体而言是手中兵刃和脚下步眼等要稳中见快，干脆利落，身段帅气。

《珍珠烈火旗》，刘秀荣饰双阳公主

通过学艺和数十年的舞台实践，刘秀荣体会到一个王派演员在综合运用"四功"等艺术手段时，要掌握一个总原则："快而不乱，慢而不拖，文而不温，脆而不拙。"另外，还要注重"分寸"：唱腔的劲头、念白的语气的节奏要讲究分寸；做功与武打的幅度与力度也要讲究分寸。当然，这两个原则同样适用于"五法"，即手、眼、身、法、步。虽然这"五法"的具体含义存在争议，但是其与"四功"一道都是京剧表演基础技巧的通用概括，且"四功"与"五法"密不可分。优秀的京剧表演艺术家能够将"四功五法"全面、合理而自然地运用到人物身上，塑造出人物的个性，同时拒绝技巧堆砌和卖弄，只有这样，才有可能赋予表演技巧以真正的生命力。

刘秀荣从十四岁起便拜入王门，学习正宗的王派艺术，在整整三年时间里，

---

① 引自刘秀荣2007年5月在国家图书馆的讲座发言，题目"浅谈《京剧旦行的流派传承与发展》"。

王瑶卿亲授给她几十出戏，后来，她又毕生致力于将王派艺术发扬光大，可以说是当今最有资格谈论王派旦角艺术的京剧名家，可是，刘秀荣常自谦对王派只是"一知半解"，这种自谦恐怕也是对于王派艺术博大精深特点的另一种解读。

总之，在刘秀荣看来，王派艺术就像一棵树的根，后来的各个旦角流派，都是王派这个根营养出的枝干。王派应该说是旦角的基础，其突出的特点就是工整、严谨、规范，以其开蒙，旦角演员必会从中获益。学习王派的重要性与必要性可从诸多名旦的成功实例中得到印证，刘秀荣的看法绝对不会有误。

第三节 老校长们的"遗产"

刘秀荣是中国戏曲学校教育成就的代表，是历来旦角表演教学的标杆，也是六十多年校史的见证者。她在学艺、演戏和教学的数十年间，曾先后接受过四位戏校校长的教诲和指导，分别是田汉、王瑶卿、萧长华和史若虚。这四位在戏曲教育界大名鼎鼎的人物不仅为刘秀荣和同时代学员的成才之路铺就坦途，更为后世戏曲教育家留下了大量宝贵"遗产"，总结和学习这些"遗产"，将极大有益于戏曲教育的发展。刘秀荣就曾从自己的亲身经历和思考出发，整理过四位老校长的教育方法和思想。

先提中国戏曲改革运动的开拓者田汉先生。

刘秀荣初入四维剧校时，听说的第一个名人的名字便是"田汉"。因为那时剧校学员演的戏大多是田汉先生编写的，连校歌的歌词都出自田汉先生笔下。新中国成立后，田汉先生担任中央戏曲改进局局长，同时兼任中国戏校的首任校长。虽是兼任，但田汉先生还是为中国戏校做出了巨大的贡献。

田汉首先秉承"继承传统"的教学思想和措施，为戏校聘请了一大批德高望重的表演大师担任教师，即著名的戏曲界"十大教授"，分别是王瑶卿、王凤卿、萧长华、谭小培、尚和玉、郝寿臣、鲍吉祥、金仲仁、张德俊和马德成，此外，还有姜妙香、刘喜奎、李桂春、白云鹏等造诣高超的艺术家也欣然答应在戏校执教。

此举在当时文艺界和全社会引起广泛关注，也一下子将中国戏校的名声远播四海。这支强大的教师队伍保证了戏校的教学质量，再加上严格的管理和要求，几年下来，学生们都打下了扎实的基础，在专业上进步飞快，对外演出屡获肯定，尤其受到当时青年大学生们的喜爱和追捧。已故长期领导中共宣传思想文化战线工作的丁关根就曾说过："我大学毕业分配到北京工作的时候，业余时间就爱看中国戏曲学校刘秀荣他们那一代学生的演出。"

田汉治学的另一举措是"开门办学、改革创新"。因为中国戏曲学校是一所全新的戏曲教育学校，不同于旧科班，故而应在继承传统的基础上重视创新。在戏校成立之初，学员就常在学演传统戏之余积极排演新编剧目，如《江汉渔歌》《三打祝家庄》《牛郎织女》等。当然，最具代表性的还是1952年在北京第一届全国戏曲观摩演出大会上首演的《白蛇传》。此剧令主演白娘子的刘秀荣一夜成名，也让当时仅十七岁的她收获的人生第一个全国大奖，成为足以载入京剧史的演员名家。在《白蛇传》参加会演的过程中，戏校所展现出的"一棵菜"集体主义精神，不仅成为佳话，更为其他戏曲表演团体所效仿、推广并保持至今。

田汉的第三个高明举措就是"放眼世界"，他凭借个人在国际上的影响力，极力推荐、安排外宾到学校参观，向国际友人介绍中国的京剧艺术和中国戏曲学校，包括新式戏校培养的年轻演员们。大多外宾一般在参观课堂、练功房后，都会观看《白蛇传·水漫金山》一折，如前苏联木偶大师奥布拉兹卓夫、芭蕾舞大师乌兰诺娃等世界驰名的艺术家们都曾到校参观，中国戏曲学校因此也在国际上扩大了影响力。

在田汉的决策和安排下，中国戏曲学校确立了"继承传统、改革创新"的办学思想，奠定了讲究真才实学、特色艺术风格的良好基础。田汉也开创了一个全新的戏曲学府和一个培养戏曲接班人的"金字招牌"，实现了自己当年"要为新时代歌唱""坚持改革的旗帜"的理想和目标。

再说第二任校长王瑶卿。

田汉由于职务工作繁忙，社会活动较多，因此戏校校长的工作便又落在了王瑶卿身上。王瑶卿是1949年开国大典前第一位到戏校传艺的老教授，所以他对于学校师生的情况都非常了解，再加之他本身在培养演员方面有自成一派的方法，成就斐然，又备受梨园界尊崇，故而由他担任第二任校长是众望所归。

王瑶卿最为人称道的是其革新精神。他常对爱徒刘秀荣说："戏要跟着时代走。"并身体力行，一生都在实践革新精神，在他七十岁高龄之际，还主持创作了许多新编剧目，如《牛郎织女》《白蛇传》等。他担任艺术指导和唱腔设计的《白蛇传》是革新精神的集中体现，也是最能代表王派艺术特色的经典剧目。为了能让刘秀荣等年轻演员深刻领会《白蛇传》的艺术特点，王瑶卿不顾年迈腿疾，一字一句、一板一眼地示范讲授，连一个身段、一个动作和一个眼神都手把手地教，同时也教会了刘秀荣如何运用京剧独特的艺术手段去塑造人物，挖掘人物的内心世界，用深入浅出的理论，启发诱导她怎样去创演新戏，使刘秀荣受益终生。刘秀荣曾这样形容《白蛇传》的学习经历："《白蛇传》创作过程是一个特殊的课堂，我一天学到的东西胜过十年……我后来能够创演《穆桂英大战洪州》《沉海记》以及《四川白毛女》等新剧目，主要是恩师为我在艺术上打下了扎实的基础。"

王瑶卿的治学方法独具特色，主要有四个主要措施：

首先抓"基础工程"，即用正统、正规、规范为学生打下良好的基础。如请雷喜福为男生教各种台步，请茹富兰教学生打把子，请荀令香为女生教台步、圆场，走各种翻身，统一规范。在这些著名艺术家的训练下，中国戏校的学生都具备了扎实的基本功。

其二，"择贤任教"，即请好老师，教拿手戏。王瑶卿不顾腿疾，常在史若虚副校长的陪同下视察课堂，无论炎夏还是寒冬。一旦发现个别老师不适合教剧目课，立刻调整，不怕得罪人，一切以学生的学业和前途着想，一切以学生和学校的利益为出发点。这正是中国戏校初期治校的高度责任心和大公无私精神的体现。

其三，本着"普遍教育、重点培养"的精神，用教"手把徒弟"的方法，不是"大堆搓"，而是"吃小灶"来精心培育尖子生，戏校的任务就是要为社会院团输送拔尖人才，这也完全适应京剧舞台历来的"名角儿挑班"传统。因此，戏校老师在王瑶卿的指导和带领下,一般都要具有"选才""辨才""育才"的多重能力,以培养调教出一大批京剧栋梁之材。

第四,"因材施教",用王瑶卿的名言命名就是"拴猴法",即根据学生不同的条件施以不同的方法。

王瑶卿的努力为中国戏校在教学方法上提供了取之不竭的灵感,是当之无愧的戏校之魂,其丰功伟绩福荫后世,必将被刘秀荣及之后的传人代代颂扬。

萧长华先生是京剧丑行表演艺术一代宗师,曾被公认为舞台上的"活蒋干""活汤勤"。在京剧丑行中,自称一派者唯有萧派。田汉先生曾有诗赞曰:

三冬两夏苦耕耘,百载梨园一老军,
盗柬争疑真蒋干,审头都说活汤勤。
艺能已是醇如酒,桃李于今密似云,
难得称觞新社会,再抛心力福人群。

这首诗的前四句是称赞萧长华先生在表演艺术上的卓绝业绩,后四句则是讴歌他对于戏曲教育的贡献。萧长华先前在"富连成"执教,积累了丰富的教育经验,1950年便来到戏校执教了,先是教授,后成为副校长、校长。戏校学生无一没有受过这位京剧泰斗的教益。

由于戏校旦角老师较多,生、旦、净、丑无一不通的萧长华来到戏校后,便很少教旦角戏了。不过,刘秀荣却有幸在戏校跟随萧老先生学习了几出花旦戏,拓宽了她的戏路,《拾玉镯》《大英杰烈》《小上坟》便是其中最具代表性的剧目。

在萧长华的指导下,刘秀荣不仅学会了表演之"技",更学会了演戏之"道"。比如在《拾玉

萧长华先生传授《大英杰烈》时与刘秀荣、张春孝合影

第九章　玉印相传世共珍

镯》教学中，萧长华常对刘秀荣说的"细心地看""像真的"等经验之谈，就蕴含了这样一个美学原理：要想把戏演的精彩，就必须从生活出发，以生活为依据，把真实的生活用无实物虚拟的表演体现出来，将之夸张美化，才是艺术。

另外，萧长华尽管以喜剧见长，但他尤其重视艺术的风格和品位，不会因为追求所谓的剧场效果而选择低级、廉价的演出。比如又名《铁弓缘》的《大英杰烈》，这出戏是以小生、小旦和小丑为主角的剧目，是纯粹的"三小戏"，但它是正剧题材，只是采用了讽刺的手法表演，富有幽默感而已，其深层旨趣是让人在笑声中体味忠奸善恶的人生百态。

《大英杰烈》，刘秀荣饰陈秀英

最具特色的"萧式"教育方法是他自己命名的"普通学"。这是说在教授一出剧目时，由萧长华一个人"说全堂"，生、旦、净、丑，包括乐队文武场面全都教到，这个教学方法对于学生来说是一次真正的综合体验，既学了本事，又长了见识，还能带动学员演出时的思考。

萧长华的教学方法在艺术上为刘秀荣等演员树立了一个规格和标准，即正统、规范、优美、清晰、淡雅、脱俗，节奏鲜明，自如流畅，这也是刘秀荣后半生艺术生涯追求的风格。

此外，萧长华先生高尚的人格也影响了学生，更影响了整个戏校的教育观念。他在数十年的教学生涯中，始终坚守"教戏教人"和"以德治学，以德治校"的原则，教导学生"未曾作艺先做人"，同时告诫学生"艺高还须德高""艺为有德者居之"。萧老以身作则，言传身教，身教胜过言教。这样一位大公无私、品德高尚的杰出戏曲教育家和戏曲表演大师，值得后辈永远感激和怀念。

最后说史若虚先生。

从中国戏曲学校艰苦创业到学校升格学院，史若虚先生居功至伟，他实际上是中国戏校从成立以来的实际领导者和总负责人。他始终保持艰苦朴素的传统，全身心扑在戏校的教学和管理工作中，一心一意要把中国戏曲学校办好。

在戏校成立之初，并无现成教育经验可循，只能在继承中逐步摸索，当时能够借鉴的便是"富连成"这样的旧式科班。但是社会制度已经变化，照搬已无可能，可又不能全盘否定旧式科班，转向"苏联模式"那一套培养体系，必须尊重京剧特殊的教育规律，怎么办呢？这个难题就这样抛给了史若虚。

《拾玉镯》，刘秀荣饰孙玉姣

史若虚知难而进，以大无畏的精神率领全校师生在实践中努力探索，虚心诚恳向老前辈求教，终于与王瑶卿等先生一起探究、总结出了一套行之有效的教学方案，取得了举世瞩目的教育成果。

首先，由浅入深。以刘秀荣所学旦角为例，史若虚和王瑶卿是这样安排剧目学习的：

初级阶段，刚入学的学生学习《二进宫》《三娘教子》《三击掌》《贺后骂殿》等，打好基础；中级阶段，学习《玉堂春》《武家坡》《宇宙锋》《十三妹》《貂蝉》等唱念做并重的戏；高级阶段则学演《白蛇传》《牛郎织女》《花木兰》等新创作的剧目，借以提高学生的表演和创新能力。武旦则以《扈家庄》《演火棍》等剧目打基础，然后再逐步学演《战金山》《竹林记》及《泗州城》等出手戏。老旦和生、净、丑等行当,以旦行为基准制定和安排教学课程内容。①

史若虚不主张学生在校期间学习流派剧目,他说:"学生学习流派不宜过早,尤其是儿童,应该先踏踏实实、规规矩矩地下几年工夫,在技艺上横平竖直地打下基础,等进入中年级以后,再根据学生的具体条件,嗓音素质,从发展中看近于哪一流派,然后安排合适的剧目进行学习。"在谈到学习流派的方法时,他又说:"学习流派,对学生正确引导,不可走歧路,有人学流派过分强调外形的模仿,也就是要'像'某人,而忽略人家真正艺术精华所在,其结果往往是学人家的缺点。"不过史若虚建议旦角学生可学王派,因为"王派没有毛病,正统规矩,不会贻误学生"。

再者,史若虚强调要重视舞台实践。他认为课堂学戏与舞台实践相结合,是培养表演人才最便捷的方法。对此刘秀荣有切身体会,她认为学生通过课堂学到的戏只是半成品,只有通过舞台实践和演出,与观众见面才能获得表演的体验,学到完整的剧目。舞台实践是学生和青年演员提高艺术水平的必经之路,既是课堂的延续,又是检验教学成果的试金石。用史若虚的原话解释则是:"让学生知道,一个戏是学习于课堂,而完成于舞台。"

其三,大班带小班。这是史若虚提倡的方法,即高年级带低年级学生演出。看似是小事,却能产生意想不到的作用。当时刘秀荣的大班演出时,小班同学来跑龙套,饰演太监、宫女、丫鬟等角色。小同学对于参加这样的演出非常热情和投入,因为既能亲自上舞台,又能观摩师哥师姐的演出,一举两得。久而久之,在这种"传帮带"模式的作用下,中国戏校于潜移默化中自然形成了独具特色的艺术风格。

其四,招插班生。史若虚在教学中发现戏校老生人才奇缺,于是便想

刘秀荣(右一)与史若虚先生(左二)等人合影

---

① 刘秀荣:《亲历·感动·受益——深切缅怀我们敬爱的四位老校长》手稿,未刊。

出了这个绝妙的解决办法，即把一些已变嗓成功的、有一定京剧基础的年轻人招收进戏校插班学习，一边学习，一边演出。孙岳、钱浩梁、田中玉、童祥苓等都是在这个方案的激励下报考的戏校，此举为国家培养了优秀的老生人才。

其五，建立实验京剧团。这是史若虚的一大创举，为中国戏校建立了一个新型的京剧团。1955年初建时叫"实习京剧团"，京剧团成员均为戏校毕业或即将毕业的学生，一边进行京剧实验演出，一边学习。1956年正式定名为"中国戏曲学校实验京剧团"，这个剧团的主要任务是挖掘、继承、发展我国优秀民族戏曲艺术遗产，进行艺术改革、实验，并创作新编历史剧和表现现代生活题材的剧目，同时通过不断实践，为戏校的教学积累教材、培养师资。当时，史若虚还有一个目的，即以刘秀荣等第一届毕业生为基础和骨干，把历届毕业生中的顶尖人才留在剧团，创建一个全新的青年京剧团。

实验京剧团作为一支年轻的京剧艺术表演群体，在社会上引起了广泛关注，文艺界专家和普通观众一致认为这些年轻演员继承了王瑶卿、萧长华、梅兰芳等老前辈和众多大师、名家的宝贵艺术，学到了老艺术家身上的绝技，他们也被公认为当时最具有真才实学的后起之秀。这些从戏校出来的年轻人，不仅掌握了京剧艺术的法则要领，而且还学习了斯坦尼斯拉夫斯基体系的表演理论，同时是较早运用民族舞、芭蕾舞、体育、杂技等艺术素材和艺术形式来丰富京剧表演艺术的一批演员。作为一个京剧艺术表演团体，实验京剧团的成员均由中华人民共和国成立后培养的第一代有文化的新型演员组成，且在戏曲改革、创新和实验中起到了先进示范作用，受到广大观众的热烈欢迎。

1978年，在史若虚为代表的中国戏校领导层的共同努力下，原属中等戏曲学校层次的戏校终于升格为大学建制，并改名为"中国戏曲学院"，史若虚也成为中国戏曲学院的首任院长。

田汉、王瑶卿、萧长华、史若虚四位校长在不同时期都为戏校的建设和戏曲教育的发展发挥了巨大作用。数十年来，一代又一代的戏校毕业生将我国优秀的民族戏曲文化继承下来，使之不断发展，在国际舞台上也屡获高度赞赏，这都离不开老校长们在世时奠定的基础。刘秀荣常感慨，自己之所以能有今天，都是母校和四位老校长以及诸位教师关爱、培养的结果，而前辈们留下的丰厚的教育遗产，也值得刘秀荣及后世戏曲教育者珍惜、学习。

第四节　学习"李氏"导演观

李紫贵先生是著名的戏曲导演艺术家，也是一位杰出的表导演教育家。刘秀荣早年在排演《白蛇传》时，曾得到过时任导演的李紫贵先生的诸多指教，这些宝贵经验对于刘秀荣而言十分珍贵，她后来在处理表演难题和自己担任导演时都或多或少从"李氏"导演方法中获得过灵感。

在李紫贵之前，京剧很少有专门的导演，传统上掌握排戏的俗称"抱总讲"，任务是帮助演员站位置、接台词。李紫贵先生早年是京剧演员，既以麒派老生名动天下，又以盖派武生红遍江南，见多识广，青年时代便涉足京剧导演工作，是中国京剧导演制的开拓者。《白蛇传》一剧，是李紫贵建立、健全京剧导演制的一次成功尝试，也集中代表了李紫贵早期的导演观。

刘秀荣经历了《白蛇传》从改编到排练、演出，再到复排修改的整个过程，对于李紫贵先生的导演方法有着切身体会。刘秀荣认为李紫贵先生在导演过程中借鉴了斯坦尼斯拉夫斯基体系的理论，又使之与中国戏曲巧妙地结合起来，以"根据具体剧目和具体情况，在继承中革新，在革新中继承"为基本理念，以启发、示范为基本手段。

刘秀荣、张春孝与李紫贵导演（中）合影

根据刘秀荣排演《白蛇传》的体会，"李氏"导演方法主要表现在以下几个方面：

其一，善用戏曲程式。李紫贵先生在进行导演构思时，一边对剧本和人物进行缜密分析，一边思考和设计表演技巧，这个表演技巧既包括心理表演的技巧，也包括外部动作表演的技巧。演员出身的李紫贵极善于运用京剧表演程式创造人物，但他不满足于套用固有程式，而是在新的思考和探索中重新诠释程式，在他的指导和示范下，演员们往往能为传统程式赋予新的生命力。

其二，以唱传情。京剧中唱是第一位的。李紫贵先生文武双全，对于唱腔有独到的理解。他认为曲调和板式的运用，应该根据不同剧情、不同人物的思想感情来处理。比如，李紫贵把老生常演唱的【高拨子】板式用在"盗仙草"一场的白素贞身上，就是这种理念的体现。他把高昂、挺拔、悲凉、凄苦的声腔用在此处，把白素贞无限悔恨和心急如焚的心情表达得淋漓尽致，既准确而恰当，又符合剧情需要和人物思想感情，是一次绝妙的安排和创举。

其三，动静结合，以情动人。李紫贵的导演风格是动静结合，他用这种方法来表达人物内心和外部的对立统一。如"盗仙草"一场，即突出了"动"，有高难的技巧和精彩的武打；"断桥"一场，则多以"静"来表达白素贞的满腔悲愤、无限怨恨的复杂心情，李紫贵在这一场常用"宜静不宜动"的导演手法要求刘秀荣。但是这"静"不等于完全不动。白素贞行至断桥亭畔时，曾有这样一句独白："想当日与许郎西湖见面之时……"李紫贵要求刘秀荣在念这一段时"要像木雕泥塑一样，一动不动"，但心要动，思想要动。刘秀荣在表演这段念白时就不停想象游湖借伞、红楼结亲、端阳酒变等场景，由此构成了美好回忆与辛酸回忆相交织的复杂心情，以至于刘秀荣完全沉浸其中，忘记了演戏，仿佛自己就是白娘子。当刘秀荣念到最后"柔肠寸断了哇"时，用浑厚抽泣的声音，配合全身强烈的颤抖，终于把白娘子满腔悲愤宣泄出来，声泪俱下，难以克制。由此，刘秀荣完全达到了李紫贵动静结合的最终目的——深挖人物内心，准确表达人物感情。

其四，"技""戏"结合。这是说演员在表演时不能脱离开人物与戏剧情境，技要以配合表现主题为最高目的，否则就变成了单纯的炫技。为此，李紫贵专门为《白蛇传》做了几处修改。一个是将"水斗"改为"水漫"，一字之差，却将单纯武打的倾向变为了突出白素贞个性和精神的段落；再一个是将"水漫"中白娘子一方的鱼鳖虾蟹一律变为男青蛙、女金鱼这样扮相英俊、漂亮，装束整齐的水族形象，改变了他们乌合之众的特征，成为更富有正义感的英雄群体。另外，李紫贵为这一场专门设计了一组水旗舞蹈，既是剧情所需，也显新颖别致。还有他为刘秀荣专门设计的舞红旗身段，也符合《白蛇传》的独有特色，既结合唱词，又富有新意，将技与戏融为一体，后来成为刘秀荣的表演"专利"，被世人誉为技戏结合的顶峰。

其五，用活道具。这主要体现在"西湖借伞"中。李紫贵在这场中巧妙地借助了伞和船两个道具，充分表现出白素贞、许仙、小青三个人不同的人物性格。只不过，伞是实物，船是虚拟物。不过在李紫贵的设计下，虚拟的船竟然变实了，静止的伞竟被用活了，两个无生命的媒介物，竟成为了沉默的"月老"，且完全围绕剧情的发展，符合情节的需要，不得不让人敬佩。

其六，"入乎其内，出乎其外"。这是专门针对创造人物过程而言的。刘秀荣清楚地记得李紫贵导演当年反复告诫演员们"不要演行当，不要演派别"，要求从剧情出发，从人物出发，从生活出发去表演。他还要求刘秀荣和扮演小青的谢锐青、扮演许仙的张春孝在排练场做无实物表演，像话剧、电影演员的小品一样，其目的就是要让演员们借助想象力实现身临其境的效果，用生活的真实去寻找人物的真实，直到进入了状态，进入了角色，演员才不再是自己，而是鲜活的剧中人。

凭借着李紫贵和田汉、王瑶卿先生的共同指导，刘秀荣首演的《白蛇传》大获成功，她因此由衷地感佩李紫贵先生的慷慨传授。在随后数十年的接触中，她更感到李紫贵先生不仅有超凡脱俗、卓越精湛的导演艺术，而且还拥有和蔼可亲、热情朴实、善良宽厚的人格魅力，这些都为刘秀荣输送了大量无私而宝贵的营养。

第五节　京剧教育观

1950年，刘秀荣与张春孝等"四维剧校"的同学一起进入中国戏曲学校学习，从那时起，刘秀荣就与新式戏曲教育结下了不解之缘，她既是新式戏曲教育的亲历者，也是受益者和实践者。

戏校成立初期，并无现成的新式教育模式可学，办学者只能在摸索和积累中逐步成熟。当时，戏校主要借鉴了"富连成"等传统科班和王瑶卿的教育模式，概言之即"普遍培养"与"因材施教"相结合。

"普遍培养"即所谓"通大路"式的教育。学生不拘泥于流派，学的都是能打下坚实基础的传统剧目，以求全方面发展。以旦行为例，"开蒙戏"中有《二进宫》《三娘教子》等唱功青衣戏，还有《扈家庄》等武旦戏，此外，还要学习花旦戏。王瑶卿、史若虚等当时的戏校领导十分清楚这样的道理：若将学生过早归入流派，则不利于学生的全面发展。在这样的教育理念支配下，许多学生临毕业也没有标榜自己与某一流派的关系，但每一个人都能"台上见"。事实上，这种"普遍培养"的教育与传统科班的培养目标是一致的。

等到学员进入高年级时，王瑶卿先生便按照他在"大马神庙"的教育模式来培养了，这种教育模式就是"因材施教，重点培养"。刘秀荣曾亲耳听见王瑶卿先生在授课时开玩笑地说："你们都是我手里这根棍上拴着的猴儿，我是一个猴一个拴法。""一个猴一个拴法"，便是对"因材施教"教育理念的形象化解释。事实证明，这一教育模式是行之有效的，"四大名旦""四小名旦"及其之后以刘秀荣为代表的旦行名家，都是这一教育方法的直接受益者。

在"普遍培养"和"因材施教"之外，戏校还曾采取过"请名师教拿手戏"的教育方法。在此契机下，中国戏曲学校诞生了"十大教授"及一大批名师。这种教育方法拉近了学生与名家的距离，并使得学生可以在短时间内接触到数量最多、质量最高的表演艺术，其教学效果不可估量。这也从另一个侧面反映了师资在京剧教育中的重要性。刘秀荣认为，京剧教师的示范表演一定要规范，因为京剧是一门极为讲究的表演艺术，绝不允许走样变形。当年戏校之所以将王派艺术作为旦行的教学基础，很大程度上是看中了王派艺术的规矩和大气。提及名师的界定，刘秀荣也有自己的标准：

其实，"名师"应该包括两层含义：一点是得有"名气"，另一点是得"明白"，而后一点更为重要。作为一个老师，自己只会表演还不行，还要能讲得明白,让学生明白其中的道理。如果自己都说不明白,学生又怎么能学得明白呢?这样的教学只会误人子弟。再有一点,青年教师不能脱离舞台,要多实践、多登台,时刻要具备舞台感,在教学时,要严格按照正统、规矩的舞台表演来示范,决不允许马虎大意、偷工减料。[①]

1956年,刘秀荣毕业之际,史若虚副校长曾语重心长地对她说:"刘秀荣啊,你虽然毕业了,但是我对你有一个要求,我希望你能回学校代课。因为王瑶卿先生去世的时候传授给你很多正宗的王派剧目,这些剧目涵盖了青衣、花旦、刀马等行当,也包括《白蛇传》等一大批戏曲学校的校戏,你要把正宗的王派艺术保留在戏校,使其在戏校生根发芽,一代一代传承下去。"刘秀荣毫不犹豫答应了下来,从此,她一有机会就回校传艺,从中国戏曲学校到后来的中国戏曲学院,再到京剧研究生班、京剧流派班(即中国京剧流派艺术研习班),刘秀荣都尽全力传艺。很多学生会在登台之后高兴地告诉刘秀荣:"您教得太好了!我正是按着您教的路数来演,才收获了观众的叫好声,得到了观众的认可。"

在教学中,尤其是与青年演员的接触中,刘秀荣发现学生一届比一届聪明,接触的新鲜事物也越来越多,然而近年来涌现出的拔尖人才却越来越少,令人担忧。通过观察和分析当今教育现状,再比对当年自己的学习经历,刘秀荣发现了问题。

这个问题首先可以概括为"四个少":与戏校时期相比,现在的学生"学得少""演得少""会得少""看得少"。当年刘秀荣和同学在戏校七年学习期间少则学

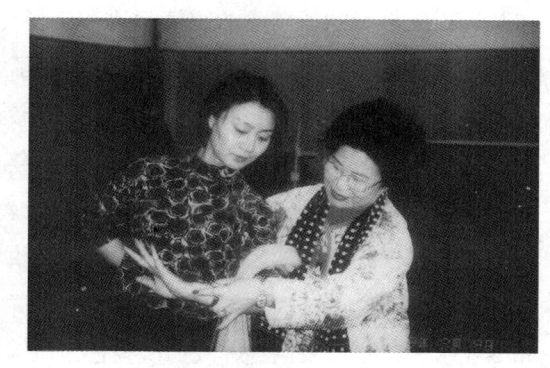

刘秀荣为弟子李胜素(左)传授《白蛇传》

---

① 刘秀荣:《固本清源方能枝繁叶茂——对京剧教育和人才培养的几点思考》,《中国京剧》2012年第4期。

习几十出戏，多则学习近百出，而现在一般学生一学期只学两出剧目，四年后毕业时也就只会十几出戏，这对于一个京剧演员的发展是极为不利的。

现在的学生在校内的实践演出机会不多，登台机会更少。反观当年，戏校排练厅、大小剧场几乎每晚都灯火通明，每天都有实习彩排或对外演出，且"随排、随演、随改"。每周末还会在长安大戏院、吉祥戏院、广和剧场、大众剧场等进行日场、夜场的演出，且上座率很高。这不仅使学生增加了舞台经验，也建立了相对稳定的观众群，这一点对于学生后来的发展十分必要。

当今的学生拘泥于本流派和本行当的学习，对于其他行当和流派并不十分热衷，而在当年刘秀荣学戏时则延续了萧长华先生在"富连成"科班的教育理念和方法，即"抱总讲"，换言之就是不仅要学习本工的戏，也要学习其他行当的戏。王瑶卿先生在教戏时也是说"全堂"，一个人讲授戏中所有角色的表演。这样才能拓宽学生的知识面，在舞台上更加灵活自如。

学生当下似乎都不爱看戏了，尤其青衣学员不看花脸戏，京剧学员不看地方戏，这就丧失掉很多观摩学习的机会。当年，刘秀荣除了趁与梅兰芳等大师同台机会近距离观摩外，还自掏腰包买票看戏，包括地方戏，从中借鉴和吸收精华。不过，刘秀荣相信通过京剧教育者的努力，上述问题会得到好转。

此外，刘秀荣发现现在的公共教育在戏曲专业院校教学中占的比重过大，也在某种程度上影响了学生的表演学习。这些英语、体育、计算机等课程必须按时听讲，还要完成大量作业、应付考试，占据了大量时间和精力。刘秀荣承认公共课的重要性，但是她建议最好能结合艺术院校的特点对这些课程内容和安排进行微调，从而使之能真正成为辅助性课程。当年，刘秀荣也学习了不少与表演相关的公共课程，如戏曲史论家周贻白先生讲授《中国戏曲史》时，便会先询问学生正在学演哪出剧目，然后会针对该剧目进行讲解，使学生受益匪浅。反观当今的许多公共课程的设置，与专业教学有脱节，并不一定有助于提高学生的文化水平和专业水平。刘秀荣认为，戏曲院校还是应以戏曲专业教学为主，要加强与戏曲表演理论相关的课程，并且专业课程，尤其是剧目课，应集中在短时间内进行，不能每周只安排一两次课程，倒可以参考京剧研究生班和京剧流派班的经验。

再者，对于学生的选拔问题也值得探讨。近些年，京剧表演专业报考人数开

刘秀荣与中国戏曲学院毕业班众学生合影

始减少，"好苗子"本已所剩无几，每年却总有一两个"好苗子"因为文化课分数不够而被拒之门外。这种状况对京剧教育而言是不小的打击。刘秀荣建议与相关部门协商实施特招政策，以专业能力为首要考核标准。甚至不妨借鉴当年戏校经验，将一些变声后嗓音条件较好的男孩招收进学校，入学后对他们进行唱功训练，从而努力将其培养成京剧唱功老生演员。总而言之，京剧发展不仅需要"伯乐"，更需要"千里马"，因为种种其他原因而断送"千里马"的前程，实在不是明智之举。

第六节　演员成才论

刘秀荣以其独特的艺术魅力风靡剧坛数十年，在国内外拥有一大批"刘秀荣迷"，海内外对于刘秀荣的赞誉不绝于耳，如"中国戏曲学校造就的第一位艺术家""尖子演员中的尖子""王派真正传人""文武昆乱不挡的女中状元""花衫桂冠""女李少春"等，足可见刘秀荣表演艺术之超群和舞台影响力之深远。

有些戏迷十分关心刘秀荣的成才经历，年轻演员更希望从她的经验中获取成功之道。

刘秀荣自认为勤奋是第一要义。她曾谦虚地对台湾《申报》记者李振江说："我能有今天完全是残酷对待自己、折磨自己的结果。我先天条件不好，个儿矮，不努力不行呀！王瑶卿先生告诫我必须要承受'磨难'，才有可能在台上'出人头地'。"[①] 田汉先生也曾嘱咐刘秀荣"十年磨一剑，心诚功必成"，要她静下心来，先刻苦锻炼技艺。

刘秀荣学戏时，很多同学都艳羡王瑶卿先生肯为她"开小灶"，殊不知刘秀荣私下的"受苦"：别人一天练两遍功，她练五遍，直累到龇牙咧嘴躺在床上动弹不得，无论酷暑还是寒冬，练功从不耽误。王瑶卿老看在眼里喜在心上，曾指着刘秀荣对他人说："此女他日必成气候。"

"功夫不负有心人"乃必由之路，"心有灵犀一点通"更必不可少，两者刘秀荣兼而有之，既有韧劲，又有灵劲。在王瑶卿先生的栽培下，刘秀荣全身的潜力都被调动起来，王派艺术的精髓融入了她每一根神经，每一条血管。众人看到刘秀荣将王派技法融会贯通、终于羽翼渐丰时，纷纷向王瑶卿道贺："王派后继有人了。"王瑶卿先生却总是按捺住心中的满意，只淡淡一笑。这一笑刘秀荣自然能够心领神会：恩师不希望自己成为复制品，他希望弟子能在继承下追求超越，也只有不断超越前人，京剧才能长盛不衰。天赋绝佳的刘秀荣没有辜负恩师的期冀，她在继承王派的基础上，结合自己的优长，终成当代菊坛一颗夺目璀璨的明珠。

此外，年轻演员还要有刘秀荣当年那般"初生牛犊不怕虎"的精神。刘秀荣初露锋芒、一鸣惊人是在1952年的第一届全国戏曲观摩会演上，在名家林立的舞台上，刘秀荣丝毫没有胆怯，她首演《白蛇传》中的白娘子，以其圆熟的王派表演才能征服了广大评委，获得普遍赞誉，使得评委们决定将表演一等奖授予时仅十七岁的刘秀荣。不过，在史若虚和王瑶卿的建议下，刘秀荣被改授为表演二等奖。尽管如此，能与李少春、张君秋等名家同时获奖，对于一个学生而言已是莫大荣幸。从此，刘秀荣便与白素贞这个名字紧紧联系在一起，名扬天下，还被海内外誉为"神州第一蛇"的称号。

1991年后，刘秀荣的主要精力转向了教学，在这之后，她才认真和全面地

---

① 李振江：《"菊坛仙子"刘秀荣》，台湾专业性戏剧报刊《申报》1993年7月26日。

思考京剧演员成才的条件和方法问题。通过多年的教学探索，并结合自己的艺术道路，刘秀荣认为京剧演员想成才，有三个因素最为重要。

首先一个因素是"开窍"，即要具备学习京剧的天生条件，要有悟性，这是必备的条件。纵观二百年京剧历史，从业演员数不胜数，而成名成家、开宗立派者少之又少，这难道与他们天赋差别无关吗？

第二个因素是勤奋，这也是和刘秀荣自身成长经历密切相关的。即使在"五七"干校劳改期间，刘秀荣冒着被批斗的危险也还坚持秘密练功。勤奋，就是她在"文化大革命"后与张春孝仅用三天时间便恢复演出的秘诀。

第三个因素是"灵气"，这还不同于悟性，而是一种舞台气质。有的演员天生具有一股"灵气"，这就使得他容易获得观众的青睐。不过先天条件不理想的演员也无须自卑，只要按照正确的方法循序渐进，不断摸索实践，就能够弥补不足。当然，这个过程离不开老师的言传身教和细致入微的指导。舞台经验丰富的老师也尤为重要，因为老师的实践经验可以大大缩短年轻演员成才所需的时间。

总而言之，京剧演员的训练不是旦夕之间就可完成的，因为京剧表演是一套完整、成熟和复杂的艺术体系，演员必须要完成较长时间的学习，通过近乎苛刻的考核，才能在舞台上熠熠发光。

第七节　戏曲的民族精神

刘秀荣认为戏曲艺术在中华民族精神传承中具有重要作用，她曾在多次座谈和演讲中述及这一观点，较有代表性的是2011年在沈阳举行的"文华艺术院校奖"首届全国艺术院校戏曲邀请赛颁奖仪式上的谈话、2012年在首届全国京剧优秀青年演员折子戏展演闭幕上的演讲，以及2013年1月19日的"非物质文化遗产（戏曲）传承校试点项目研讨会暨戏曲进课堂教学成果研讨会"上的发言。这些阐述或简或详，现系统整理如下：

首先，以京剧为代表的戏曲艺术，始终以弘扬民族精神为己任，很多经典剧目或人物形象都已成为民族精神的荷载与映射。可以说，戏曲堪称民族的文脉，文化的脊梁。这是刘秀荣在大部分演讲中流露出的一个核心观念。

同时，刘秀荣也敏锐地发现了戏曲艺术的教育功能。她认为，传统中国人无论在思想上，还是文化生活上，都受到戏曲艺术潜移默化的影响。作为世界文化经典、中华文化宝贵遗产的戏曲艺术，甚至可以帮助普通人认清人生和理想的方向，成为生活道路的"指引者"。她还不止一次地引用"读不如讲，讲不如演"这句话来概括戏曲艺术的表演魅力。

正如此论，对于传统中国人而言，看戏，是一次愉快的学习过程。因为在戏台上，人人都能读懂文史掌故和世间百态，人人都能辨别是非曲直和善恶忠邪。很多故事后来甚至抽象化为某种美德的代名词，诸如《岳母刺字》中岳母刺的"精忠报国"四字，就是中华爱国主义的另一种指称；《赵氏孤儿》中公孙杵臼和程婴为救孤儿争相赴死的故事，就是对舍生取义这种儒家仁义精神的绝佳阐释，此外，还有代表铁面无私的包青天、代表不计私利的蔺相如和廉颇、代表忠孝两全的花木兰等，不胜枚举。

随着时代的发展，文学艺术呈现多样化特点，戏曲的艺术地位也在发生着变化。尽管戏曲在一定程度上面临着危机，但优秀的文化总是与时俱进的，这丝毫无碍于民族精神的传承，传统剧目在新时代仍然可以具有现实意义，这是无可置疑的。刘秀荣建议，当代戏曲人不妨立足现实，从传统道德中汲取有益的营养，接续民族的文化血脉，让国人通过看戏重新认识民族精神，并为之感动，从而在生活中影响、教育家人或他人，最终使民族精神得以代代相传，这将是戏曲不可估量的作用。

在具体对策上，刘秀荣建议将素质教育与京剧艺术相结合，倡导大、中、小学开设以京剧为主的戏曲欣赏课，把戏曲欣赏作为弘扬先进民族文化、对学生进行德育、美育教育的重要内容，在有条件的情况下，为一些有表演才能的学生提供业余大赛平台。之所以如此，是为了让戏曲继续作为爱国主义和传统教育的有益教材，以美的形式来孕育学生善的精神和真的本性，让青年学子们通过欣赏戏曲、接触戏曲、体验戏曲，树立正确的世界观、人生观和价值观，提升道德境界，陶冶思想情操，塑造完美人格。

第八节 抢救京剧的"药方"

20世纪80年代至90年代初是中国文艺界广征博采的开放时期,也是文化生态变革的时期。那一时期,西方文化开始进入普通人的生活,市场经济的发展也冲击了原有的艺术机构和体制,影响了传统艺术的发展,以京剧为代表的戏曲艺术也出现了危机。

刘秀荣很早就发现了当代京剧生存发展的问题,她尤其痛心于京剧观众的大幅减少和部分京剧从业者的盲目改革。在1993年5月1日的《光明日报》上,刘秀荣专门撰写了《京剧该抢救啦!》一文,为当代京剧号脉,对京剧传承与保护问题提出了颇有见地的看法。

刘秀荣认为京剧顺应时代发展而改革的初衷是值得肯定的,但是一定要有原则,那就是"京剧必须姓京,不能盲目变革,更不该任意肢解搞成'四不像'"[1]。在1993年前后,曾出现了一股肩扛"先锋"旗帜的京剧创新浪潮,刘秀荣认为这股浪潮中有的剧目已经失去了"规范",造成了严重的京剧本体失位现象,这种尝试低估了观众的审美鉴别能力,非但不会吸引青年人,反而会失去更多的老观众,如此下去,只能使京剧市场愈加萎缩,与振兴京剧背道而驰。因此,京剧事实上已经出现了危机,到了该抢救的时候了,为此,她进一步提出了三服"药方"。

第一,对全民进行宣传。京剧是华夏文化的明珠,是享誉国际艺林的戏剧形式,也是包容综合的传统艺术,可是由于种种原因,新时期的年轻人对京剧的了解越来越少,对京剧的关注度也越来越低,这其实是一件令人扼腕痛惜的现象。究其原因,人们会发现,年轻人并非天生排斥京剧,他们只是对京剧感到陌生。很多人在学习了相关知识,了解了相关情况后,才开始认识京剧之美,甚至痴迷于京剧。这说明,利用现代媒介对大众普及京剧知识是极为必要和迫切的。

第二,对京剧进行改革。必须承认的是,在浩如烟海的京剧传统戏中,的确有不符合当代价值观、不适应当今审美意识的作品存在。若京剧人墨守成规、以

---

[1] 刘秀荣:《京剧该抢救啦!》,《光明日报》1993年5月1日。

"老祖宗的东西动不得"为指导思想的话,则京剧很可能因此丧失发展的良机,渐渐成为"博物馆艺术"。原中国戏曲学院副院长赵景勃谈到这个现象时有一个精辟的总结,也对刘秀荣在表演和教学中体现的戏曲革新观念给予支持:

> 咱们有些人啊,就是捧着祖宗的东西不让动,谁要动了之后,叫欺师灭祖,实际上来讲,祖本身就是动的,师也是动的,所以我现在觉得刘秀荣老师,在教学观念上,给予学生的东西就是方法,不完全是一个死的技术,死的规格。规格告诉你,方法也告诉你。①

比较合理的对策是:根据现代人口味去繁就简、加快节奏、变化程式。刘秀荣认为,表演方法和程式只是京剧之"形",而民族精神才是京剧之"魂",只要"魂"不变质,"形"便可以做出适应时代的调整。更何况,传统民族精神这一"中华基因"在当今的观众中同样存在,如此,则"魂"亦存在。

第三,对演员进行敬业教育。众所周知,京剧演员的培养过程既费时又费力,即使"功夫磨炼十年"亦不算长。当代京剧演员的生存状况的确大不如前,在压力和诱惑面前,难免会有演员不尽心尽力磨炼技艺,久而久之,势必造成京剧表演水平的整体下降。京剧演员的优劣决定着京剧的前途,若是演员水平不高,甚至表演人才断档的话,何来观众?没有观众,京剧未来何在?因此,刘秀荣认为当务之急是培养一批真心实意热爱京剧、愿意为京剧表演投入青春和精力的中青年演员。

如果看到了危机,就该及时应对。刘秀荣认为这就好比看病,早发现病症就早治疗,若是到了生命垂危之际再寻大夫便为之晚矣;当然,若是找了个"庸医""假医",危害则更大,甚至"会性命不保"。

另外,作为京剧人的刘秀荣还有一个经验之谈:老戏的观念和现代人的审美或多或少是存在一定距离的,如果京剧工作者在改编一个传统老戏前,发现有困难,非力所能及,那么就尽量不要轻易改动了,否则适得其反。她曾在采访中谈

---

① 引自2013年8月10日笔者对赵景勃的采访录音。

到这样一个例子：

> 有一回在民族宫看一出戏，一溜儿年轻的观众，男的多。是一出讲恋爱的戏，男观众看到最后都躺在那儿，歪着脖子看，看完了以后还骂了句："什么玩意，絮叨。"所以说有的观众对你的努力不理解，他们会说恋爱怎么这么艰难，咿咿呀呀就为这一点事情，全出戏就这么一个情节，翻来覆去地交代。你说你忙到最后青年观众都躺在那儿了，最后还骂一句难听的话："走走走，别看，耽误工夫。"那我觉得那咱们京剧就完了，是吧。[①]

京剧的确"生病"了，梨园界一定要正视，切莫"讳疾忌医"，抑或还沉浸在"满城争唱叫天儿"的幻觉中自欺欺人，应该趁着身怀绝技的老艺人尚在人间之际，请他们为京剧"治病"，否则悔之晚矣。

第九节 "流派班"总结

"京剧流派班"的全称是"中国京剧流派艺术研习班"（下文简称为"流派班"），开办这一班种的想法是由曾任中宣部部长丁关根提出的，旨在在全国范围选拔优秀京剧青年演员作为京剧传统流派的继承人，从而使丰富的京剧流派艺术薪火相传。首届京剧流派班共遴选了66个学员，涵盖了老生行当的马派、谭派、奚派、杨派、麒派、言派、余派，旦角的梅派、尚派、程派、荀派、王派、张派，花脸的裘派、小生的叶派，丑角的萧派，以及武生、老旦、武旦等共19个流派。

京剧流派班的成立是京剧表演艺术传承中的一项大事。京剧流派班的办班宗旨，是为了使珍贵的京剧流派艺术在新世纪得到继承和发扬，它的主要学员，是从全国比赛和院团推荐来的青年优秀演员，这些年轻演员都有着扎实的基本功和丰富的舞台实践，有些还是小有名气的院团骨干，他们很有潜力，也掌握了一些

[①] 引自2012年6月17日笔者对刘秀荣的采访录音。

刘秀荣、张春孝在中国戏曲学院指导学生

流派表演的技巧。这些演员迫切需要的，是在老师的指导下，进一步领悟某流派艺术的神韵，全面提高自己的艺术水平。

2012年4月13日至17日，首届京剧流派班在北京举行了多场毕业汇报演出，引起了业内人士的高度关注。《中国艺术报》在演出结束后曾刊出《流派萎缩，何以传承？——首届中国京剧流派班毕业公演观察》一文，对此次演出做出了总结，并采访了著名京剧演员叶少兰、中国剧协理论研究室主任崔伟以及中国戏曲学院教授郑重华等相关专家。专家提出了开办"流派班"对于京剧传承和应对京剧流派萎缩危机而言均是意义重大的一件事情。

在"流派班"毕业典礼的专家讲话中，各流派指导老师包括刘秀荣也对"流派班"的未来建设提供了很好的建议，这些建议均可视为新世纪京剧演员教学理论的一部分。

刘秀荣在发言中首先提到了"流派班"的办学宗旨，即：中国戏曲学院办京剧流派班，既要尊重和沿用传统的培养青年演员的方法，又要考虑到京剧流派班自身性质和规划的特点，重点是要体现流派特色。

那么怎样才能体现特色呢？刘秀荣认为，"流派班"首先要强调"流派"二字，即秉承坚持各流派特色的教学理念。因为不少学员都有"青研班"学习的经历，这些青年演员有坚实的表演基础，却没有进行过大规模地、集中地、专门地流派艺术研修。在进入"流派班"后，学员们被要求以某个行当的优秀流派为标准，认真学习该流派的经典剧目，再经过老师的指导和细细打磨，最终牢固掌握该流派的表演规范。

再者，刘秀荣认为"流派班"的培养不能仅仅教授规范，也应该能够在保护流派规范的前提下，根据学员自身的特点发掘他们的艺术潜质，使他们在学习过程中取长补短，全面提高，重点是真正做到"因材施教"，就像当年刘秀荣恩师王瑶卿先生常对学生们开玩笑说的那样："你们都是我手里牵着的猴儿,一只猴有一只猴的拴法。""流派班"的目的是为了让流派艺术代代传承下去,不是为了用规范把年轻人拴紧拴牢,规范是基础,艺术才是目标。

此外,刘秀荣极力推介王瑶卿先生的教育模式,尤其是在培养旦行演员时,应该遵循王派艺术的表演规律。因为"四大名旦""四小名旦"以及刘秀荣一代有成就的旦行演员,都是王瑶卿先生教育模式的受益者。王派艺术可以说是旦角艺术之根基,根深才会叶茂。张君秋先生当年就是先学习了王派艺术,然后再学习梅派艺术,才在舞台上游刃有余,舒展自如,直到最后创造出独具特色的张派艺术。不单单是旦行,早期中国戏曲学校毕业的各行当学生,其实或多或少都从王先生的教育方法中有所收获。

王瑶卿先生的教学方法,既能够保护传统的艺术规范,又能够充分挖掘学生的特点,激发学生的艺术潜能,从而帮助学生真正掌握京剧表演艺术的精髓,实现艺术才能的全面发展,这一点,在当今的戏曲表演教学中更有现实意义。

在旧式戏曲教育模式下,师傅带徒弟是个人的事情,而在"流派班"成立之后,由老师指导学生,使学生将来成为某一表演流派的传人,则不仅是个人的事情,更是国家和民族的事情。这种培养模式不仅对青年演员个人成才大有益处,更对我国京剧艺术的传承、民族文化的发展大有益处。不管是老师还是学生,都能在教与学的互动过程中感受到肩上背负的责任,因此,建好"流派班"不是一两个老师和学员的事,而是需要所有京剧界、文化界有识之士共同参与的大事。

第十节　传统剧目与电影工程

刘秀荣很早就与影视结缘。1963年,二十多岁的她与张春孝参与拍摄了戏曲艺术片《穆桂英大战洪州》,当时即红遍大江南北,影响深远,远播港澳等地。1978年刘秀荣随团首度访问香港时,当地老观众才得见当年那部轰动一时的戏曲片的主演。刘秀荣那次在香港刮起的访问热潮,多少凭借了戏曲电影《穆桂英大战洪州》的影响力。

1990年底，刘秀荣的舞台剧开始登上电视荧屏。她在丈夫张春孝和弟弟刘长生的合作下，完成了《拾玉镯》《平贵别窑》《秋江》《小上坟》《十三妹》等剧目的视频录制工作，这些录像不仅以电视节目的形式得以传播，而且作为国家文化资料被永久收藏。

2000年5月，中央电视台新影制作中心（原中央新闻纪录电影制片厂）为《孔雀东南飞》《平贵别窑》《断桥》《飞虎山》等剧目录制了纪录电影。至此，刘秀荣、张春孝用现代影像手段保存了自己的大部分代表作。紧接着的第二年，"中国京剧彩霞工程刘秀荣专辑"录制工作启动，《孔雀东南飞》《拾玉镯》《断桥》以及《穆桂英大战洪州》等剧目加入了这次堪比"中国京剧音配像工程"的"党和国家领导人直接领导的最大的京剧抢救工程"[①]，这些舞台经典影像同时也成为了教学、观摩和示范的表演资料。

纵观刘秀荣舞台生涯，每十年左右，她的经典作品就会与影视尝试合作并取得成功，或者她本人与张春孝就会凭借影视这一传播工具赢取广泛赞誉，无意间扩大了影响力。这的确是一个有意思的巧合。

2013年，刘秀荣与张春孝再次得到了一次参与京剧与影视合作的机会，不过这次不是以演员的身份亲身拍摄，而是以专家的身份观摩建言。1月16日，"拍摄京剧经典传统大戏电影工程"在北京正式启动。这项工作是由国务院前总理朱镕基策划和指挥的、由国家文化部、国家广电总局、北京、天津、上海市委宣传部、首都京胡艺术研究会、复旦大学上海视觉艺术学院，以及国家京剧院、北京京剧院、天津京剧院、天津市青年京剧团、上海京剧院等单位共同参与实施的大型戏曲拍摄工程，旨在推动中国国粹京剧艺术的进一步传承发展，树立、培养、造就一批中国京剧各流派的传承人才，不断扩大京剧文化的普及、提升与传播。相关部门计划用三年左右的时间，精心挑选出艺术性较高和代表性最强的十出传统京剧大戏，通过巡演和电影拍摄两个环节，采用舞台演出和电影放映两种形

[①] 齐致翔：《京剧无价评估有情——全国重点京剧院团评估之所思、所感、所悟》，齐致翔：《欲望燃情——齐致翔戏剧文论集》，中国戏剧出版社2006年版，第611页。

式，将当代中国京剧艺术的成果记录下来、长久留存并高质量地传播。

这是中华人民共和国建国六十年来，也是京剧历史上首次开展的最大规模的京剧经典传统大戏排演、拍摄工程，所有参与这项工程演出的老中青京剧艺术家组成了前所未有的强大阵容，完全从艺术质量出发，增进了京剧人的凝聚力，也保证了剧目在艺术上的完整与成功。

在剧目选择上，该工程力求遴选出经过千锤百炼又耳熟能详、寓意深刻、行当齐全、流派纷呈、观众认可的最具代表性的传统优秀经典剧目；在剧目的演员组合上，最大限度荟萃不同行当艺术家的精彩表演，形成名家强强合作的盛大阵容；另外在剧目中充分而丰富地展示京剧不同流派艺术的神采神韵，最大程度体现京剧欣赏和传承的独特价值；在配角和乐队组合上，同样强调名家担纲，高手组合；在电影的拍摄风格和质量上，追求既传神体现京剧的审美特点，又恰当运用电影艺术的表现手段，二者和谐统一、相得益彰的京剧舞台艺术片传世之作。

在工程正式展开前，工作组先于2011年11月成立了由京、津、沪三地戏曲名家和专家、学者组成的艺术指导小组。艺术指导小组多次召开研讨会，对工程的定位、入选剧目遴选、演员阵容组成进行讨论和确定，确定由国家京剧院组团推出《龙凤呈祥》和上海京剧院组团演出《霸王别姬》作为试点。尽管两者风格和看点各有不同，却凝聚着许多艺术大师的表演精华和精彩创造。剧本整理者根据工程确定的"将最大限度地体现传统经典的剧本面貌，在此基础上进行逐字、逐句、逐场次的润色、审核、把关"的要求，对原剧本进行了严肃审慎的整理，并多次听取意见，反复斟酌、修改。艺术指导小组认真履行审核把关的职责，多次研讨、评判，最终确定了这两个剧目的演出整理本。

上海京剧院的《霸王别姬》和国家京剧院组织推出的《龙凤呈祥》分别于2012年12月21日和2013年元旦，在上海和北京与观众见面，并获得了较高的评价。在听取各方面意见和建议基础上，两个院团又经过努力修改完善，于2013年1月31日和2月2日在上海大剧院隆重推出展演。在展演的同时，电影拍摄工作开始起步。

刘秀荣与张春孝在观看了上海的两场展演后，专门撰写了观感，提出了极有价值的意见和建议，在一定程度上有助于使影片达到工程所追求的京剧舞台艺术片传世之作的水平和价值，并为后续开展的京剧经典传统剧大戏的剧目遴选、剧本整理、排演、巡演和电影拍摄工作，从艺术和运作等方面提供宝贵经验。

刘秀荣与张春孝首先肯定了《霸王别姬》《龙凤呈祥》两部大戏的艺术价值和高水平演出，认为主创团队在保留艺术精华的基础上，进行了适当修改和丰富，使大戏更加完整，堪称群英荟萃、流派纷呈。

先说上海京剧院排演的《霸王别姬》。

由于剧本"先天不足"，《霸王别姬》的前半场结构略显松散。尽管作者已经尽了最大努力，但刘秀荣和张春孝还是希望此戏能在艺术上进一步加工和补救。

若分场次而论，刘秀荣认为第一场李佐车上场的【散板】适宜用近似《三家店》中"将身儿"或《追韩信》中"我主爷"那样旋律的【流水板】。其后的虞子期念白"且住，我看李佐车此来——正是，金殿不能谏上议，再请娘娘劝一番"若改为小生【西皮垛板】收场则更为精彩。此外，虞姬唱"辜负了"和"共享太平"两处身段重复，略显不足。

第四场楚汉交兵的武打场景没有表现出项羽"力拔山兮气盖世"的英勇气势，刘秀荣和张春孝的建议是可以增加武打动作，或是能加强现有武打动作的表现性。此外，该场收尾时李佐车下场的两句对儿过于简单，若能改为一段【西皮快板】则更佳。

刘秀荣和张春孝认为前半场韩信扮演者蓝天的唱很出彩，美中不足的是服装设计，适宜将台顶改为帅盔，更适合演员脸型，另外可加大胖袄尺寸，改进李佐车这个人物的服装。

第八场"别姬"颇遭诟病，刘秀荣、张春孝认为问题主要集中在念白上，当年萧长华演出时用的是京剧丑行念法，而新世纪的这个版本则话剧腔过浓，影响了全剧的艺术特色。另外，此场应着重表现虞姬"外柔内刚、温顺善良"的性格：

> 她最后以自刎来表达对项羽忠贞的爱情，在四面楚歌的危机时刻还强忍悲痛，为霸王舞剑，因此，这个舞剑应该是"舞剑"而不是"剑舞"，不能

面带笑容。①

在舞台装置上，刘秀荣认为应避免使用帝王专用的"正黄色"，因为项羽并未称帝，而且传统上第八场"别姬"的虞姬乃一身黄色服装，舞台上的"正黄色"会与虞姬的服装色调混为一体。此外，建议用传统戏点缀式的风格，不要追求大制作。

再说《龙凤呈祥》。

主演朱强师从张学津，深谙马派精髓，再加上琴师李祖铭的默契配合，因此该剧在唱、念上显得流畅自然，潇洒华美，传神俏丽而不做作，很好地保留了传统韵味。陈少云的麒派艺术也不瘟不拖又不过火，是演出当天节奏感最好的演员。

只是刘秀荣和张春孝认为剧中刘备这个人物的一些加工值得商榷。比如他在迎娶孙尚香一场时，落座后难掩得意之情，一边撩水袖，一边面对孙尚香大笑，似乎有失王者身份。第十场刘备唱【西皮原板】时，历来演出都是他手中拿书上场，而在这次演出却改为拿扇子，似乎不甚合适，况且从后面的赵云、孙尚香等的念白中，也能推测出故事是发生在年终的，时值秋冬季节，拿扇子也显得不合理。

由于《龙凤呈祥》出场人物众多，若是众演员过于重视展现各自流派特色的话，戏就显得拖沓冗长了，观众也会产生劳累之感，这点也是刘秀荣和张春孝着重指出的。

总体而言，《霸王别姬》和《龙凤呈祥》在上海大剧院的展演，在刘秀荣、张春孝两位老艺术家看来，还是很成功的，都是在用不同的方式表达自己对京剧艺术的追求，这份"重重的社会责任和对大众的深厚感情"，值得京剧老演员由衷赞美。

事实证明，戏曲舞台与电影银幕或电视荧屏尽管存在诸多不同，但是戏曲经典与影视平台的结合与合作是完全能够成功的。戏曲经典可以凭借影视平台扩大自身的影响力，影视平台也可以依靠戏曲经典来充实和丰富内容。

---

① 刘秀荣、张春孝：《〈霸王别姬〉〈龙凤呈祥〉观看感》手稿，未刊。

尾声　流芳毓秀传茂荣

　　人生如朝露，转眼间，过往飞逝；回首时，音画如昨。

　　从1947年入剧校算起，至2013年，刘秀荣同梨园结缘已整整六十六年。

　　六十六年，之于许多人而言是一条平缓或起伏的线，之于刘秀荣而言，则是一个情感充盈的圆，这个圆的圆心是"戏"。可以说，刘秀荣人生的精彩，因戏而起，因戏而在；其艺术的辉煌，得益于她初涉舞台便逢遇恩师，更得益于她常年佳偶相随、良友相伴、戏迷相拥。

　　在艺术生涯的第六十六年，刘秀荣决定同所有人分享精彩，向身边人回报恩情，于是，以"流芳毓秀传茂荣"为主题的"刘秀荣弟子展演"得以呈现世人。

　　展演由原北京市副市长张百发担任总策划，北京市戏曲艺术发展基金会主办，国家京剧院、北京长安大戏院有限公司承办，通过两场演出集中展现王派舞台艺术的精华及刘秀荣多年的教学成果，这既是刘秀荣报答先师王瑶卿先生恩情的重要机会，也是她代师传艺的硕果汇报。

　　展演活动在北京长安大戏院举行。演出前，大厅内人头攒动，早已等候在此的戏迷观众们惊奇地发现戏院内前厅摆满了刘秀荣弟子、友人送来的纪念花篮，这在往日的重要演出中都是不多见的场面。直到演出正式开始时，还有新送花篮不断从门外搬进厅内。细心的戏迷发现：在一楼大厅内最显眼的位置分别摆放着于魁智和李胜素送来的花篮，一左一右，相对相称。起初也曾有友人就此事问过刘秀荣：是否有意安排？刘秀荣笑答："没有刻意安排，恐怕只是巧合。"不久，有心的戏迷又发现：摆放在大厅内的所有花篮加起来，不多不少，刚好六十六个。友人又就此事问过刘秀荣,刘秀荣初听也是一惊,继而微笑道:"这也是巧合,今天还真是巧了。"

业界的老朋友、老专家听闻此次展演的消息,也纷纷前来捧场,或写信、题词以示祝贺。著名京剧演员谭元寿先生在贺信中诚恳动情地回顾了自己与刘秀荣、张春孝多年合作、相互帮助的往事,并专门寄言刘秀荣的诸位弟子:

> 有刘秀荣这样杰出的老师教你们戏,你们是非常幸运的,是一定会有大出息的,事实也验证了这一点,像李胜素、王艳、于兰等,现在都已经是舞台上挑大梁的演员了。这主要是因为,刘秀荣老师是新中国成立后国家培养出的第一批京剧艺术家,她目睹过老一辈大师的风采。此外,她又在舞台上实践了多半生,全身充满着艺术营养。这些都是你们这些学生取之不尽的养分,你们一定要珍惜时间,珍惜机遇,把老师大方大气的表演艺术学到手,不断进取,早日成为像刘秀荣老师这样的大艺术家,被广大观众所热爱、所尊敬。[①]

谭先生的这封信在两天的演出中当众念了两遍,尤为感人。此外,梅葆玖先生"深知王派艺术对旦行各派的指导意义及其重要性",他在贺词中希望"忠实继承王派艺术"的刘秀荣老师能够"多教几位后辈,把京剧艺术一代一代传下去",如此,则"功德无量"。武生泰斗王金璐先生则专门奉上"贺秀荣名家,一派秀色荣王门"。北京京剧院李恩杰院长及同仁为特制大幅题词赠送并祝刘秀荣老师艺术长青,福寿康宁,题词为:"博彩众望秀,培艺桃李荣。"此外,国家京剧院、上海京剧院、天津京剧院、天津青年京剧团、大连京剧院、黑龙江省京剧院、沈阳京剧院、山西省京剧院、北京军区战友京剧团、中国戏曲学院、天津职业艺术学院都向刘秀荣表达了祝贺。

刘秀荣在演出前的感言中,先是用了"谁言寸草心,报得三春晖"这句诗来传达自己全心回报母校和恩师的心曲,继而又用"路漫漫其修远兮"来形容求索

---

① 封杰整理:《流芳毓秀 秋声萍迹》,《中国京剧》2013年第8期。

京剧艺术真谛之路的艰辛，这绝不是妄言，而是刘秀荣的切身感受。为了使学生少走弯路，刘秀荣不顾年事已高，依然亲自示范、"现身说法"，像王瑶卿老当年不顾腿疾亲自指导那样，为的是"把京剧艺术原原本本，不走样的一代一代地传承下去，以慰藉王老恩师与各位先贤"[①]。

2013年6月24日19时30分，第一场展演正式开幕。当天的剧目为刘秀荣亲授的全部京剧《穆桂英大战洪州》，由刘秀荣四位高徒共同扮演穆桂英这一角色，她们分别是：北京京剧院的王怡、天津京剧院的王艳、国家京剧院的郭凡嘉和上海京剧院的高红梅。其他角色分配为：张兰饰演佘太君，郝仕鹏和包飞饰演杨宗保，赵华饰演寇准，李文林饰演八贤王，颜世奇饰演杨六郎，吕昆山饰演杨洪，张亚宁饰演杨义，朱凌宇饰演思乡，白玮琛饰演还乡，石岩饰演白天佐，王浩饰演大马童。

左起：王艳、郭凡嘉、刘秀荣、高红梅、王怡

展演第一天结束后刘秀荣与弟子合影

令人欣喜的是，这出经典剧目的重新上演和一流阵容吸引了大量年轻观众，其中包括由刘秀荣侄子邀请来的影视圈的朋友们。这些在流行文化和电影艺术熏陶下成长起来的、对传统京剧不甚了解的年轻人，也被该剧精彩的表演和极富张力的戏剧节奏所折服，不由自主地连声喝彩，其喊声之响亮，其热情之饱满，竟胜过周围的老观众和老戏迷们。那天，刘秀荣、张春孝正坐在这群年轻人的前排，他们的表现着实令

---

① 引自刘秀荣2013年6月24日撰写的《我的感言》一文，详见《流芳毓秀传茂荣——刘秀荣弟子展演》节目单。

刘秀荣本人略感惊讶，当刘秀荣好奇地回头询问时，才得知这些人是自己侄子的朋友，是一群未料想过京剧《穆桂英大战洪州》竟如此精彩的青年艺术家们。

6月25日，展演举行第二场。当天演出分为三个部分，第一部分是京剧演唱会，剧目选段均为

展演第二天清唱结束后刘秀荣与弟子们合影

王派名剧，且全部由刘秀荣亲授，其中又分12个节目，分别是：国家京剧院孟思卿演唱《大登殿》选段，北京京剧院张淑景演唱《大英杰烈》选段，国家京剧院郭凡嘉演唱《平贵别窑》选段，山西省京剧院冯祺鹏演唱《棋盘山》选段，上海京剧院高红梅演唱《虹霓关》选段，沈阳京剧院李静文演唱《十三妹》选段，黑龙江省京剧院马佳演唱《彩楼配》选段，战友京剧团于兰演唱《白蛇传·游湖》选段，天津京剧院王艳演唱《桑园会》选段，天津京剧院张艳玲演唱《穆桂英大战洪州》选段；第二部分是压轴戏，剧目为京剧《白蛇传·断桥》，由李胜素饰演白素贞，宋奕萱饰演小青，金喜全饰演许仙；最后是刘秀荣亲自登台，携众弟子合唱《白蛇传·游湖》选段。

两天的演出大获成功，一如刘秀荣当年登台献艺情景。

2013年6月25日发行的《北京日报》在报道中将此次展演形容为刘秀荣弟子登台献出的"成绩单"，并盛赞刘秀荣这位京剧前辈"把自己晚年的全部心血倾注在承上启下的教学中"。《北京青年报》也高度评价了此次展演，认为"曾经得到过前辈大师王瑶卿先生的真传"的刘秀荣在晚年"把自己的全部心血倾注在教学中"，以至于"从东北三省到京、津、沪各个剧团六十多名优秀的旦角演员均得到过她的口传心授"，实可谓桃李满天下，弟子们也不负师恩，在长安大戏院的演出充分展示了刘秀荣老师付出多年心血的成果。网友也在观演前后于网易、新浪等大型门户网站，借助博客、微博等平台对此次展演进行了介绍和评论的活动，如某新浪微博在介绍展演信息的同时，点明了刘秀荣积极组织演

清扬端妍　隽逸翩然——刘秀荣评传

刘秀荣于展演结束后现场指导弟子李胜素

出的初衷：即通过展演，倡导"为京剧祖师爷传道"理念，并薪传王瑶卿大师"因材施教"的教学宗旨。

由于这次展演在梨园界影响巨大，《中国京剧》2013年杂志第8期特辟专栏，邀约刘秀荣、张春孝、谭元寿等名家，以及主办方长安大戏院总经理赵洪涛，在"京剧沙龙"栏目围绕展演畅谈、评介。

刘秀荣和张春孝围绕《穆桂英大战洪州》一剧做了重点介绍。该剧中的穆桂英，是刘秀荣独立塑造的第一个经典戏曲形象，也是全面展示她艺术才华的一个戏曲人物。在表演上，穆桂英融入了多个行当的技巧，是一个真正的花衫型的人物形象，对于演员的基本功要求很高。这出戏的演出和传承都较少，但却倾注了刘秀荣大量的心血，赋予了许多新的创意，并重新设计了原戏曲电影中使用叠化镜头的部分。可以说，刘秀荣在教学上，不仅教学生表演，还教她们创造。总体而言，刘秀荣老师对王怡、王艳、郭凡嘉、高红梅四位弟子的表现都很满意。

赵洪涛先生认为弟子展演的活动可以视作"对社会的一种公示"，使人们通过观赏刘秀荣及随后举行的薛亚萍、李文敏等老师的弟子展演，能够了解京剧传统的"口传心授"方式如何让青年演员受益，也"让人们了解，京剧艺术就是这样一代一代传承下来的"。如此，类似的京剧演出便具有了公益性质，无形中承担了某种社会责任和文化意义，这恐怕也是京剧人所希望看到的。正如赵洪涛先生所说：

> 虽然京剧的圈子目前比较有限，但我们会通过努力使其由小变大。我们并不以赚钱为目的，而是更多的专注于传播京剧、弘扬京剧，使演出市场受益，使京剧艺术代代相传。[①]

---

① 封杰整理：《流芳毓秀　秋声萍迹》，《中国京剧》2013年第8期。

不过，这次展演最令刘秀荣感到欣慰和高兴的，是她的不少学生已经在各地剧团做出了可喜的成绩，赢得了各种嘉奖和观众的认可，"刘秀荣弟子展演"的成功，使王派艺术得以百年流传，这对刘秀荣而言是"无上殊荣"。

展演就好比一次跨越时空的交流，是王派宗师与后世门徒的对话，也是20世纪中叶戏校"标杆"人物与21世纪京剧人才之间的承接。这场交流的核心无疑是刘秀荣。

学者池浚曾一语点明刘秀荣与时代的关系："时代造就了刘秀荣，刘秀荣也创造了时代。"借鉴这句话开拓出的意义空间，我们不妨再用一个比喻来描述当代京剧、王派艺术和刘秀荣三者之间的联系：如果将当代京剧的发展比作一部交响乐史诗，那么王派艺术无疑是其中华彩的、无可替代的一个具有"基调"性质的乐章，刘秀荣，则无疑是构成王派"主旋律"的最为忠诚、扎实、纯正、晓畅、连贯和最具有延续性的"音符"。

展演后刘秀荣与弟子们合影留念

京剧艺术，给予刘秀荣的是一个贯穿一生的梦，在这个梦境中，刘秀荣收获了掌声、恩情、姻缘、友谊、勇气、荣誉以及诸多快乐，如果有可能，她希望这个梦可以继续延续和传递下去，不仅为自己和家人，也为弟子和朋友，更为世世代代醉心于寻找幸福的人们。

附录一 刘秀荣大事年表

（至2013年7月）

1935年，出生

8月26日，刘秀荣在北平出生，父亲刘子元（学名刘维良），母亲李怀锦。刘秀荣家族中很多成员都痴迷京戏，如祖父刘捷三喜好老生，尤其爱唱刘鸿升的名段；父亲刘子元为老旦名家，姑姑刘维贞原是青衣名票，后下海唱戏，定居台湾。

1937年，2岁

刘秀荣二妹刘秀华出生。

1938年，3岁

6月，刘秀荣父亲刘子元先生正式拜师老旦泰斗李多奎先生。

1940年，5岁

刘秀荣被送入一家遵循传统私塾教育的学堂学习。

同年，刘秀荣弟弟刘长生出生。

1941年，6岁

刘秀荣转入北京前门司法部街小学接受西式教育。

1942年，7岁

刘子元先生改艺名为刘少奎，正式下海唱戏；后演出海报误作"刘少全"，刘子元先生遂取谐音，改艺名为"刘绍泉"。

1943年，8岁

为谋生计，刘子元曾在密云车站工作一段时间，期间，重病的李怀锦回到乡下静养，年仅八岁半的刘秀荣带着妹妹秀华和弟弟长生独自生活长达一个月余。

1944年，9岁

刘秀荣亲生母亲李怀锦因病重去世。

1945年，10岁

十岁半，刘秀荣从前门司法部街小学转入北池子小学。

同年，刘子元先生续娶天津姑娘韩智华为妻，全家生活依然窘迫。

1946年，11岁

因家庭变故，刘秀荣从北池子小学休学，在家照料弟弟、妹妹。

1947年，12岁

6月，刘秀荣和妹妹刘秀华加入四维儿童戏剧学校三分校，开始接受新式京剧表演教育。入校第六天，刘秀荣就参加了剧校在长辛店俱乐部演出的《二进宫》，她饰演剧中徐小姐一角。这是刘秀荣第一次正式登台演出。

冬，刘秀荣父亲刘子元先生被聘为四维剧校老旦教师。

入校初期，在陈月梅老师的教授下，刘秀荣学习了《三娘教子》《法门寺》《贺后骂殿》《女起解》等戏。

1948年，13岁

年初，经郭文龙老师引荐，张春孝同十多名学生从刚刚停办的鸣春社转入四维剧校学习，填补了剧校小生行当的空缺。

冬，遵照田汉先生"切勿随国民党军队南撤"的指示，四维剧校三分校师生及亲属从西苑步行入城，辗转迁至梁家园小学静候北平解放。

1949年，14岁

1月31日，平津战役结束，北平宣告和平解放。

2月2日，四维剧校三分校开始正式接受市军管会文化接管委员会的接管，暂改名为军管会北平平剧实验学校。

10月1日，中华人民共和国在北京正式宣告成立。刘秀荣和戏校同学被安排在中学生方队参加开国大典群众游行。

1950年，15岁

1月28日，原实验学校被命名为戏曲改进局戏曲实验学校，隶属文化部戏曲改进局，田汉兼任校长，史若虚为教务长。戏校更名后不久，刘秀荣参加了《红娘子》一剧的排演，她饰演的小丫鬟得到了王瑶卿先生的赞赏。演出后，刘秀荣成为王瑶卿先生的关门弟子，她从师学演的第一个戏是《珍珠烈火旗》。在此后的几年学习中，刘秀荣在王瑶卿先生的指导下学习了《下河南》《棋盘山》《三击掌》《十三妹》《貂蝉》等近四十出戏，此外，她还从萧长华先生学习《拾玉镯》《小上坟》《大英杰烈》等戏。

5月，为配合新中国颁布的第一部《婚姻法》，戏校决定排演《孔雀东南飞》，由王瑶卿先生亲授，刘秀荣饰刘兰芝，张春孝饰焦仲卿。

1951年，16岁

4月，戏曲实验学校划归中国戏曲研究院领导，王瑶卿接替田汉，担任戏校第二位校长。

6月17日，刘秀荣参加戏校组织的援朝义演首场演出，地点在北京前门大众剧场，第一个剧目为王瑶卿先生亲授的《樊江关》，刘秀荣饰薛金莲，谢锐青饰樊梨花。

7月29日，大众剧场举行义演第二场演出，刘秀荣饰演《双下山》中小尼姑色空。

同年，戏校决定排演《白蛇传》，由田汉先生在《金钵记》基础上加工改编剧本，王瑶卿先生为艺术指导兼唱腔设计，李紫贵先生任导演。刘秀荣被指定为白娘子的饰演者，由此成为饰演《白蛇传》中白娘子的第一人。

1952年，17岁

2月3日，刘秀荣和许湘生等在《珍珠烈火旗》演出结束后，无意间开启了戏校演出结束后的"谢幕"惯例。

6月24日，梅兰芳与中国戏曲实验学校原四维戏校的学生，在中山公园音乐堂举办了一场义演，为北京艺培戏曲学校筹募基金。刘秀荣、张春孝、钮骠在此次义演中合作演出《豆汁记》。

10月6日至11月14日，文化部在北京举办第一届全国戏曲观摩演出大会，刘秀荣主演的《白蛇传》被安排在长安大戏院和北京剧场演出。首演大获成功，刘秀荣因在《白蛇传》一剧中的精彩演出而获得京剧演员二等奖，这是她第一次荣获全国大奖。颁奖仪式在中南海怀仁堂举行，刘秀荣受到周恩来总理的亲切接见并合影留念。随后，田汉先生在北京丰泽园饭庄设庆功宴，宴席上刘秀荣正式拜王瑶卿先生为师。

11月，戏曲改进局戏曲实验学校更名为"北京戏曲实验学校"。27日，田汉发表于当天《人民日报》上的文章《我们彼此发现了诗》中记述了前苏联芭蕾舞大师乌兰诺娃与小演员刘秀荣交流、合影这一"无上荣誉"之事。

1953年，18岁

7月，刘秀荣、谢锐青、王荣增、张春孝、侯正仁、钱浩梁、贺春泰、吴春奎（后改名刘洵）、谢超文等九个同学随中国青年代表团赴罗马尼亚首都布加勒斯特参加第四届世界青年与学生和平友谊联欢节，这是刘秀荣第一次走出国门。代表团从北京出发,在满洲里换乘火车,途径依尔库斯克、赤塔、新西伯利亚等城市,10日开始在莫斯科接受节目审查,17日参加布加勒斯特"世青节"开幕式。"世青节"期间,刘秀荣主要演出了《拾玉镯》等剧。

8月初,刘秀荣随艺术团抵达柏林,开始访问民主德国,演出了《拾玉镯》《秋江》等剧。当月中旬,中国青年艺术团抵达华沙,开始了在波兰的访问演出。

11月,由于国内另有演出任务,故中国青年艺术团提前结束在欧洲的访问开始回国,中途于莫斯科再次短暂停留。当月下旬,艺术团结束在莫斯科的参观和学习,返回北京。

1954年,19岁

5月13日,为避免与新成立的北京市戏曲学校校名相混淆,北京戏曲实验学校更名为中国戏曲研究院戏曲学校。

6月3日,王瑶卿先生病逝。

1955年,20岁

1月4日,中国戏曲研究院戏曲学校从中国戏曲研究院划分出来独立办学,归属中央文化部直接领导,正式更名为中国戏曲学校,晏甬为校长,萧长华、史若虚、刘仲秋为副校长。

5月,中国戏曲学校实习京剧团成立。

1956年,21岁

年初,新成立的实习剧团正式更名为"中国戏曲学校实验京剧团"。刘秀荣和同届毕业生直接进入实验京剧团,隶属中国戏校领导,由戏校刘仲秋副校长兼任团长,原演出科长吴宝华为副团长,刘秀荣由此成为正式京剧演员。

刘秀荣加入实验京剧团后的第一个任务是跟随中国人民赴朝慰问团一道,赶赴朝鲜慰问中国人民志愿军和朝鲜人民军。演出剧目有《拾玉镯》《白蛇传》《三击掌》《断桥》《玉堂春·三堂会审》等。在朝鲜期间,刘秀荣与张春孝确立了恋爱关系。

3月，中央文化部指派实验京剧团与中国京剧院部分演员组成中国艺术团，赴澳大利亚和新西兰进行友好访问演出。刘秀荣随团出访，演出《水漫金山》《小放牛》《拾玉镯》等戏，刘秀荣和张春孝还在李和曾先生主演的《辕门斩子》中分饰穆桂英与杨宗保。

1957年，22岁

10月2日，刘秀荣和张春孝在王府井翠华楼饭庄举行婚礼。从此二人比翼齐飞，相携白首，传为梨园佳话。

10月26日，受魏振山邀请，刘秀荣、刘长瑜、马长礼领衔的中国京剧院慰问团到"花牛山"地质队慰问演出并合影。当天演出剧目有《白蛇传》《玉堂春》《打渔杀家》等。

1958年，23岁

春，刘秀荣与张春孝的儿子张永光出生。

同年，在"大跃进"思潮影响下，刘秀荣、张春孝在实验京剧团安排下，于十天内排演完成《刘介梅》《红色风暴》《智取威虎山》《碧波潭》四个大戏。审查通过后，剧团领导决定带着这批剧目到山西、河北省巡回演出。在山西期间，剧团临时决定放弃演出计划，全团都参与到当地"大炼钢铁"的劳动中。回京后，剧团在中国戏曲学校院内继续炼钢。

6月13日至7月15日，中央文化部筹划在北京举办全国现代戏调演。中国戏曲学校实验京剧团创排的现代京剧《四川白毛女》参加此次公演，刘秀荣在剧中成功扮演主角何长秀，引起戏曲界极大反响，刘木铎担任此剧导演。

1959年，24岁

7月12日至8月5日，刘秀荣、张春孝等中国戏曲学校实验京剧团部分演员同江苏省京剧团青年演员共同组成中国青年代表团艺术团，赴奥地利参加在维也纳举行的第七届世界青年与学生和平友谊联欢节，刘秀荣、万连奎合作演出的京剧《春郊试马》获金质奖章。刘秀荣自此成为中国戏曲学校获得国际金奖的第一人。

8月至11月，中国青年代表团以"中国京剧艺术团"名义，出访北欧的瑞典、芬兰、挪威、丹麦、冰岛五国二十个城市，演出65场，刘秀荣主演的《拾玉镯》是每场必演的压轴戏。五国中共有91家报纸发表评论文章280篇，刊登剧照、演员照片一百四十多帧。

1960年，25岁

3月15日至6月17日，刘秀荣在中国戏曲学院举办的戏曲表演艺术研究班学习，梅兰芳任班主任，并同萧长华、荀慧生、粤剧大师马师曾、川剧丑角大师刘成基等共同为京剧学员授课。袁雪芬、常香玉、陈伯华、红线女等地方戏著名演员参加了教学、研究工作。

6月1日至11日，刘秀荣被评为北京市社会主义建设积极分子，并出席了全国教育和文化、卫生、体育、新闻方面社会主义建设先进单位和先进工作者代表大会（全国文教群英会），受到刘少奇、周恩来、朱德、宋庆龄、邓小平等国家领导人的接见。

1961年，26岁

12月9日，刘秀荣随中国戏曲学校实验京剧团在上海中国大戏院公演，剧目有《小上坟》《香罗帕》等。当时在上海的吴祖光邀请夏梦、赵丹等电影界名人前去捧场。演出在上海引起轰动，一票难求。其他主要演员有钱浩梁、刘长瑜、李长春、王梦云等。实验京剧团的演出盛况惊动了正在上海调研的江青，江青随即观看了专场演出，并专门为刘秀荣、钱浩梁和刘长瑜三人拍摄了剧照。

1962年，27岁

8月，第八届世界青年与学生和平友谊联欢节文艺比赛在芬兰赫尔辛基举行，刘秀荣与谢锐青共同排练的参赛节目《剑舞》，在比赛前一天由于特殊原因临时变更为单人表演，刘秀荣因此失去表演和获奖的机会。后来，谢锐青的单人《剑舞》表演在芬兰获得了东方古典舞金质奖。

1963年，28岁

刘秀荣、张春孝拍摄了戏曲艺术片《穆桂英大战洪州》，分别饰演穆桂英和杨宗保，该片由北京电影制片厂和香港繁华影业公司联合摄制，改编者崔嵬，导演崔嵬、陈怀皑，其他主要演员有朱秉谦、王梦云等。

1965年，30岁

3月，刘秀荣和张春孝随中国戏曲研究院实验京剧团到河北省张家口一带巡回演出，剧目为小戏《送肥记》。演出刚一结束，刘秀荣和张春孝即接到上级调令，次日便离开中国戏曲研究院实验剧团回到北京，前往北京京剧团报到。不久，刘秀荣、张春孝便随北京京剧团全体成员前往重庆渣滓洞体验监狱生活，为创作《红岩》做准备。

4月20日，奉江青"指示"，北京京剧团全体演职员奔赴上海，开始落实毛主席的修改意见，将《芦荡火种》重排为《沙家浜》。因赵燕侠身体不适，刘秀荣成为此次重排期间阿庆嫂的主要扮演者。

4月28日，在上海中国大戏院，江青在张春桥等陪同下审看《沙家浜》。

5月1日，北京京剧团在上海人民大舞台公演《沙家浜》，引起文艺界轰动。《沙家浜》成为继《红灯记》之后的第二部"革命样板戏"。

5月30日，江青特赠刘秀荣一本《毛泽东选集》并亲自签名。

1966年，31岁

3月，北京京剧团按照江青"指示"，将已排练完成的《红岩》修改后重排为《山城旭日》。后来，江青以"这个戏是表现地下党"为由"扼杀"了此戏。不久刘秀荣参与排练的《节振国》也遭受同样噩运，《敌后武工队》则更名为《平原作战》交由中国京剧院演出。

5月12日，中共中央《五一六通知》发表，"文化大革命"运动全面展开。

11月28日，江青在人民大会堂召开文艺界大会，强调了北京京剧团的运动情况，为该团封档案和轰赶工作组的讨论定性，刘秀荣自此陷入"造反派"的全面包围中。

1967年，32岁

5月23日，《红灯记》《沙家浜》《智取威虎山》《海港》等八个"样板戏"在北京会演。

1969年，34岁

8月26日，"造反派"将刘秀荣定性为"现行反革命分子"，随即展开了针对她的大规模揭批运动，刘秀荣开始被专案组勒令写交代材料。不久，江青亲自批示将刘秀荣定性为"反动典型人物"，撤销她扮演《沙家浜》中阿庆嫂的资格。随后刘秀荣在虎坊公寓接受专案组隔离审查，并被剥夺了与丈夫张春孝及家人见面的权利，每天的生活内容即写材料和打扫卫生。

1970年，35岁

1月10日，张春孝成为北京京剧团第一批"五七"战士，前往位于北京郊区小汤山的红艺"五七"干校接受劳动改造。

9月22日，刘秀荣按照军宣队的指示，从北京京剧团来到红艺"五七"干校报到。她被分配在二连一排二班水稻班，负责种植、收割水稻。

1971年，36岁

刘秀荣在干校劳动，期间不断寻找机会秘密练习表演基本功。

1972年，37岁

9月16日，刘秀荣和张春孝在二连新连长梁清廉的批准下，开始撰写申诉材料。

9月25日，申诉材料在呈交专案组后不予通过，刘秀荣仍回干校劳动。

1973年，38岁

2月10日，北京京剧团专案组完全否定刘秀荣之前呈递的申诉材料，并罗列了八条罪状，要求她"认罪"签字。

2月16日，江青就刘秀荣问题下达两条"指示"：第一条，刘秀荣必须与家庭划清界限；第二条，"让她向群众做检查，认识的好，还可以考虑。"

2月20日，刘秀荣递上第二份申诉材料。

3月6日，北京京剧团领导向刘秀荣传达了江青2月16日的"指示"。

3月10日至5月28日，刘秀荣共向专案组递交了四份检查材料，均被否定。

6月19日，为落实江青"指示"，北京京剧团领导和军代表安排刘秀荣向群众作检查，检查会上刘秀荣拒不"认罪"，重回干校劳动。

7月4日，刘秀荣递交第五份检查材料，仍被专案组否定。

申诉期间，刘秀荣一直在红艺"五七"干校劳动。后来红艺"五七"干校宣布撤销，刘秀荣才重被调回北京京剧团继续写检查，并参加劳动。

1974年，39岁

刘秀荣在北京京剧团写检查，并参加劳动，或为《沙家浜》等剧拉大幕、协助后台工作。

1975年，40岁

刘秀荣继续在北京京剧团写检查，参加劳动、并协助后台工作。

1976年，41岁

10月，"四人帮"被捕，"文化大革命"结束。

年底，刘秀荣恢复演出资格。

1977年，42岁

2月16日，刘秀荣随团赴唐山慰问灾区演出，出发前，她特意为此次演出编创了一段娃娃调，并前往叶盛兰先生家请教。

同年，刘秀荣恢复了现代京剧《四川白毛女》中的"思亲""送柴"两折。

1978年，43岁

1月27日，外交部、文化部为招待各国使节访华，特意安排了京剧专场演出，刘秀荣主演了《逼上梁山》。

1月28日，刘秀荣与高盛麟合作在中国戏曲学校校庆演出上表演《打渔杀家》。

3月30日，中共北京京剧团党委会领导小组签发为刘秀荣平反的文件，题为《关于给刘秀荣同志平反的决定》。

6月26日，刘秀荣随中国艺术团赴美进行文化交流演出，领队赵起扬。艺术团在美国访问了纽约、华盛顿、洛杉矶、旧金山、明尼阿波利斯等五个城市，进行了三十场演出。

8月8日，艺术团于归国途中，在香港、澳门两地进行访问演出。

9月5日，艺术团返回北京。

1979年，44岁

5月23日，由中国京剧院三团李紫贵任导演、张春孝任副导演、刘秀荣主演的《白蛇传》在北京市五道口工人俱乐部上演。

9月，刘秀荣作为中国京剧团三团主要演员随团赴朝鲜、日本等国参加政府文化交流演出，领队贺敬之，演出剧目有《拾玉镯》《水漫金山》全部《白蛇传》等；当月，《中国戏剧》第9期发表刘乃崇《端庄杂流丽　刚健含婀娜——记著名京剧演员刘秀荣》一文。

同年，刘秀荣与张春孝、荀皓、任风坡等合作编排了新《十三妹》，此外，她还随中国京剧团三团赴加拿大演出。

1980年，45岁

刘秀荣因主演新《十三妹》中何玉凤一角而获得"文化部直属院团一九八〇年新创作、新改编、新整理剧（节）目观摩评比演出"戏曲表演一等奖，张春孝凭此剧获得戏曲导演三等奖、戏曲表演二等奖和戏曲剧本整理专项奖。副导演荀皓、任凤坡获得了导演奖，扮演何纪的刘学钦获得了表演二等奖，扮演青云山大师兄飞虹的常贵祥获得了表演三等奖，另外还获得了集体演出奖。

1981年，46岁

9月，"刘秀荣"作为词条被上海辞书出版社出版的《中国戏曲曲艺词典》收录，刘秀荣与杨秋玲、李炳淑、张继青、郑兰香等演员作为新中国成立后第一批培养起来的优秀人才被该书介绍。

10月21日，由文化部、中国剧协、中国戏曲学院和中国京剧院联合主办的"杰出戏曲教育家、戏曲艺术家王瑶卿先生诞辰百年纪念座谈会"在北京政协礼堂举行。10月22日至26日，举行"王瑶卿先生诞辰一百周年纪念演出"，张君秋、王玉蓉、谢锐青和其他演员杜近芳、马长礼合作演出王瑶卿编剧、整理和参加表演过的《悦来店·能仁寺》《柳荫记》等剧，刘秀荣主演王派名剧《珍珠烈火旗》。

1982年，47岁

4月11日，刘秀荣与刘长瑜代表中国京剧院出席在北京新侨饭店举行的，由中国戏剧协会与《人民戏剧》联合举办的"首都中青年演员座谈会"，畅论在戏剧界如何建设高度的社会主义精神文明。北京京剧院、北京实验京剧团、中国戏曲学院、北京军区战友京剧团、中国评剧院、北方昆曲剧院、北京人民艺术剧院、中国青年艺术剧院、中国歌剧舞剧院等首都各大戏剧院团均派演员代表参加。

12月，刘秀荣参加中国共产党文化部第五次代表大会。

同年，中国京剧院排演新剧《沉海记》，刘秀荣、张春孝首演，邹忆青、戴英禄合作编剧。

1983年，48岁

2月，中国戏剧家协会连续举行座谈会，畅谈戏剧团体体制改革的问题。刘秀荣作为戏曲界人士先后出席两次座谈会，其余戏曲界人士还有张庚、马彦祥、张东川、胡沙、俞琳、田蓝、张云溪、魏喜奎、刘长瑜、孙毓敏、丛兆桓、洪雪飞、侯少奎、蔡瑶铣、马泰、刘萍、张淑桂、谷文月、王凤芝、甄莹、侯新、武春生。还有二十余位话剧界人士也出席了这两次座谈会。

3月29日至7月1日，刘秀荣随中国京剧院赴欧演出团（以中国京剧院三团演员为主组成），先后赴西班牙法国、瑞士和意大利等国进行商业演出，领队王一达。演出团共访问了巴塞罗那、马德里、巴黎、里昂、第戎、戛纳、日内瓦和热那亚等八个城市，演出八十三场。刘秀荣的《白蛇传》和《香罗帕》令欧洲观众印象深刻。

7月22日，史若虚因心脏病突发病逝。28日，刘秀荣、张春孝参加史若虚遗体告别仪式。同年第9期《中国戏剧》上，刘秀荣发表了题为《愿以寸草心，奉报三春晖——痛悼史若虚老校长》的文章。

1984年，49岁

1月12日至16日，为纪念尚小云诞辰八十五周年，中国戏剧家协会、中国戏剧家协会北京分会、中国戏剧家协会陕西分会、中国京剧院、北京京剧院、中国戏曲学校、北京市戏曲学校在北京联合举办了隆重的纪念活动。为了表达对尚小云先生的怀念，为了推动尚派艺术的继承和发展，尚小云先生的亲传弟子、再传弟子和曾受到尚小云教益的学生们，以及和尚小云生前在舞台上多年同台演出的合作者云集北京，举行了为时五天的纪念演出，演出了尚派名剧。刘秀荣在这次纪念演出中主演了《双阳公主》。

10月26日，北京人民剧场举行"梅兰芳诞辰九十周年纪念演出"，第四场演出中，刘秀荣与张春孝、袁国林、吴钰璋联袂出演《穆柯寨》。

1985年，50岁

3月21日至3月27日，刘秀荣组织剧团赴河北省石家庄市束鹿县旧城镇，在旧城影剧院演出共11场。

3月29日至4月3日，刘秀荣在正定县常山影剧院演出8场，演出间隙刘秀荣与张春孝、吴钰璋、王文生等人同去拜访时任正定县委书记的习近平同志，受到习书记亲切接待。

4月18日至19日，刘秀荣率团赴河北省石家庄市井陉县微水镇微水村演出，剧目有《秦香莲》《孙玉姣》，这是微水建新剧场以来首次接待名家演出。

11月3日至4日，中国京剧院三团举行改制建团后的首次公演，演出地点在北京师范大学礼堂，三团团长刘秀荣亲自盛装报幕。

1986年，51岁

3月，刘秀荣参加由中国京剧院、全总文工团联合举办的"庆祝'三八'国际妇女节戏曲、民歌演唱会"。

夏，刘秀荣到河北省邯郸市京剧团传艺，教授《白蛇传》一剧。

11月3日，刘秀荣随中国京剧院三团在日本东京昭和女子大学人见纪念讲堂演出《白蛇传》，刘秀荣饰演白素贞，张春孝饰演许仙，刘琪饰演青儿，袁国林饰演法海。

1987年，52岁

春，刘秀荣随中国京剧院三团在黑龙江省牡丹江市演出期间，专程前往地处偏远山区的桦林橡胶厂为一线橡胶工人演出京剧。

7月底，"八一"建军节前夕，刘秀荣同黑龙江省边境口岸山城绥芬河市慰问团一起，来到高山密林中的驻军某部边防哨所，为边防战士进行慰问演出。这是该边防哨所建国三十多年来首次迎来来自首都的文艺工作者。

同年，刘秀荣收徒李胜素。

1988年，53岁

10月，刘秀荣在《中国戏剧》第10期发表《我与春孝》一文。

12月，中国艺术研究院为刘秀荣主演的新《十三妹》录制视频。

1989年，54岁

4月至6月，刘秀荣多次参加中国京剧院、北京京剧院、战友京剧团、中国戏曲学院等专业团体的著名京剧演员和北京市少儿京昆艺术团、北京大学未名国剧社、文荟艺苑等业余剧团联合举行的为亚运会集资义演。

1990年，55岁

11月，中国艺术研究院为刘秀荣的舞台演出录制视频，李愚导演。剧目有《拾玉镯》《平贵别窑》《秋江》《小上坟》等，主要出演者包括刘秀荣、张春孝和刘长生。

1991年，56岁

1月16日，刘秀荣在北京人民剧场举办"著名京剧表演艺术家刘秀荣艺术生活四十五周年专场演出"，宣告从此淡出舞台。

1992年，57岁

10月21日，在天津举办的全国京剧青年团队新剧目会演中，由刘秀荣、张春孝首次合作导演、陈绍武编剧、天津市青年京剧团演出的新编小型京剧《马嵬香销》，共获得最佳剧目奖、编剧奖、导演奖、最佳表演奖、唱腔设计奖、优秀表演奖等六个奖项。

10月25日，刘秀荣、张春孝、李门赴大连，开始为大连京剧团青年演员李萍创排《百花公主》。

12月16日，大连京剧团新排《百花公主》在北京吉祥戏院演出，该剧由刘秀荣、张春孝共同导演，李门担任音乐唱腔设计，大连市京剧团李萍主演。刘厚生、赵寻、夏淳、曲六乙、李庆成、龚和德、舒强、马少波、杜近芳、魏喜奎等专家学者出席观看，该剧获得一致好评。

1993年，58岁

5月1日，刘秀荣在《光明日报》发表《京剧该抢救啦！》一文，对抢救京剧问题提出了三点方案：第一，对全民进行宣传；第二，对京剧进行改革；第三，对演员进行敬业教育。

1994年，59岁

年初，刘秀荣为大连京剧团李萍教排《白蛇传》，后李萍凭借此剧及之前的《百花公主》等一系列在戏曲上的优秀表现获得第十二届中国戏剧梅花奖。

2月28日，刘秀荣接受中国戏曲学院院领导的邀请，为邓敏、史红梅、宋扬、赵鸿、张尧、刘建刚等教授《白蛇传》《悦来店》等剧。

8月4日，以刘秀荣为团长，以中国京剧院成员和中国戏曲学院附中师生组成的京剧团第一次访问日本日生剧场，参加第二届日生剧场国际儿童艺术节，演出剧目为刘秀荣和张春孝共同编导的京剧《孙悟空》，副导演为王威良、宋锋先生，音乐唱腔设计为中国京剧院的李门、吴有禹先生，舞美、照明设计为中国戏曲学院附中的赵振邦、何宝金先生。刘秀荣在剧中饰演观音菩萨，张春孝在剧中饰演唐三藏，周龙在剧中饰演孙悟空，该剧在国际儿童艺术节上荣获大奖。

1995年，60岁

4月，刘秀荣在《中国戏剧》第4期上发表论文，题为《谈〈拾玉镯〉的表演》。

8月，刘秀荣主演的新《十三妹》实况录像由开明文教音像出版社出版。

1996年，61岁

9月5日，刘秀荣赴台湾讲学、授课、传艺，并任讲师团团长。台湾之行持续共四个月，期间为当地剧团排演了《秋江》《香罗帕》和大戏《十三妹》等剧目。

1997年，62岁

1月，刘秀荣结束在台湾的讲学与访问，返回北京。

9月5日，刘秀荣参加了佛山青年粤剧团在广州白天鹅宾馆举行的"李淑勤粤剧表演艺术研讨会暨刘秀荣女士收徒——李淑勤拜师典礼"，收粤剧演员李淑勤为入室弟子。广州和北京戏剧界专家、学者以及新闻界人士均有出席。

1998年，63岁

1月22日，刘秀荣当选为中国人民政治协商会议第九届全国委员会委员。

2月13日，刘秀荣参加中国剧协在北京召开的"纪念田汉先生诞辰一百周年座谈会"。

4月，《中国戏剧》第4期发表刘秀荣回忆文章《田老，我们想念您》一文。

6月，《中国戏剧》第6期发表刘秀荣《缅怀张君秋先生》一文。

11月28日，刘秀荣在北京收中国京剧院青年演员赵鸿为入室弟子。

1999年，64岁

1月，中国唱片总公司制作发行"中国戏曲名家唱腔珍藏版"系列CD，刘秀荣的唱腔被收录在"京剧青衣（张君秋、黄桂秋、刘秀荣、杨淑蕊、李维康）"分碟中。

2000年，65岁

5月，中央电视台新影制作中心（原中央新闻纪录电影制片厂）为刘秀荣、张春孝的舞台艺术录制纪录电影，剧目有《孔雀东南飞》《平贵别窑》《断桥》《飞虎山》等。

6月，刘秀荣随全国政协委员考察团赴安徽、湖南等地考察。

7月，刘秀荣为天津京剧团青年演员王艳排演《白蛇传》，同时为战友京剧团青年演员王玉兰排演《穆桂英大战洪州》。

8月19日，刘秀荣与张春孝参加北京电视台"夫妻剧场"节目录制，话题主要涉及刘秀荣与张春孝从相识到相恋再到结合，风风雨雨数十年，恩恩爱爱同舟共济，患难相依的历程。刘秀荣弟子李胜素、王玉兰、包飞等参加了节目录制，并在现场表演了京剧选段。

11月，刘秀荣开始为"中国京剧彩霞工程"的录制做准备、排练了《孔雀东南飞》《拾玉镯》《断桥》以及《穆桂英大战洪州》中"责夫"一场。

2001年，66岁

1月1日，刘秀荣应王梦云校长邀请为上海戏曲学校学生排演了全部《大英杰烈》。

2月至4月，刘秀荣继续为"中国京剧彩霞工程"的录制做准备，她亲手编写剧本、整理台词、预备服装道具等。同时，为赴港演出与张春孝一起排练了《香罗帕》《穆桂英大战洪州》《桃花扇》《黄鹤楼》等剧。

6月7日，刘秀荣、张春孝一行抵达香港帝都酒店，开始在香港的第二次访问演出及讲座。

6月12日，刘秀荣在香港大会堂举办了关于旦角表演艺术的专题讲座。

6月16日，刘秀荣在香港演出《香罗帕》，日本著名戏剧评论家吉田登志子女士和夫君吉田一雄先生专程飞抵香港观看演出。

7月6日，"中国田汉基金会"在北京成立，刘秀荣成为基金会理事，周巍峙等文联领导和文艺界名人出席了成立大会。

8月上旬，刘秀荣为北京京剧院董圆圆排演《白蛇传》，为何智利排演《拾玉镯》。

8月中旬，刘秀荣为战友京剧团王玉兰、丁晓君教授《棋盘山》一剧。

9月，刘秀荣为中国戏曲学院京剧表演系大专班学员李艳艳、张佳春、贾华、朱虹、张云、巩丽娟等人排演了《拾玉镯》《香罗帕》。

10月12日，为纪念王瑶卿先生一百二十周年，史若虚先生诞辰八十三周年，北京凤凰山陵园董事长王薇在陵园幽处为王瑶卿先生无偿建造衣冠冢，并树起一座丰碑，以作永久纪念。同时在王墓左近，还免费为著名的戏曲教育家史若虚、戏曲史家周贻白、戏曲活动家万子和建墓立碑。马少波、周育德、杜长胜、杜近芳、刘秀荣、贯涌、李维康、于玉蘅、李滨声等戏曲界专家、教授和名家出席了活动。刘秀荣特意为这次活动撰写了以下联句："有幸投师门，课徒又育人，数载育情深，受益吾终身。继承与革新，紧步师后尘，戏跟时代走，教诲铭刻心。年虽过七旬，肩负重担沉，与时共俱进，传艺报师恩。"

12月3日，刘秀荣应邀参加在北京希尔顿大酒店会议厅举行的"纪念毛泽东主席'百花齐放，推陈出新'题词发表五十周年"座谈会，会议由著名剧作家、文化部艺术司副司长戴英禄主持，文化部副部长潘震宇、中国艺术研究院院长王文章及刘厚生、曲润海等专家学者发表了讲话。会议期间，黑龙江省京剧院邢美珠演出了新编历史剧《完颜金娜》一剧，中国京剧院耿其昌、陈淑芳、陈真治等演员合作演出了《瘦马御史》。

2002年，67岁

7月，应日本文化振兴财团邀请，由天津市文化局负责人和刘秀荣、张春孝率领天津艺术学校师生组成的"中国青少年京剧艺术团"，赴日本东京进行了访问演出，成功表演了大型神话京剧《孙悟空》，受到日本各界观众的热烈欢迎。

2003年，68岁

9月24日，应澳大利亚天合公司邀请，以刘秀荣、张春孝为艺术顾问，宋关林为团长，李胜素、于魁智为领衔主演的中国京剧院二团携优秀传统京剧《白蛇传》抵达澳大利亚参加悉尼第二十七届嘉年华多元文化艺术节。

11月16日，根据全国政协文艺界委员提案，由全国政协京昆室组织专家、委员，以政协万国权副主席为首的一行15人分赴浙江省杭州、永嘉，湖南省的郴州，江苏省的南京，苏州昆山等地对全国昆曲艺术的现状作了实地考察，刘秀荣作为专家、委员之一参加了此次考察团。

2004年，69岁

7月1日至11日，刘秀荣所在的政协考察团先后赴河南郑州，黑龙江哈尔滨、牡丹江，内蒙古呼和浩特等四个城市，对京剧的当前状况进行了专题调研，历时11天。考察团以原全国政协副主席万国权为顾问，以政协常委、京昆室叶朗副主任为团长。

11月30日，刘秀荣出席由中国文联和中国剧协联合在北京全国政协礼堂举行的"纪念京剧艺术大师梅兰芳、周信芳诞辰一百一十周年座谈会"，其他参加座谈会的还有表演艺术家谭元寿、杜近芳、叶少兰以及中国京剧院、中国艺术研究院、中国戏曲学院、北京京剧院、北京军区战友京剧团、天津京剧院等各界人士八十余人。座谈会由中国剧协分党组书记董伟主持。

2005年，70岁

5月14日，刘秀荣参加中国戏曲学院举办的《哪吒》艺术创作研讨会并发言。

8月2日至14日，刘秀荣在连任第十届全国政协委员期间，跟随以全国政协常委任玉岭为团长的全国政协委员考察团先后奔赴云南、湖北、陕西、甘肃、宁夏五省区的昆明、武汉、西安、兰州、银川等五个城市，深入了解这五个地方京剧团的情况。

12月18日，在北海公园内的仿膳，刘秀荣收下了当时门下年龄最小的一名弟子孟曲特。

2006年，71岁

9月，刘秀荣自传《我的艺术人生》由中国文联出版社出版。

10月9日，刘秀荣收新徒宋奕萱，拜师仪式在北京娃哈哈大酒店举行。

2007年，72岁

3月至4月，刘秀荣、张春孝受聘为第四届中国京剧优秀青年演员研究生班教授剧目课。

5月，刘秀荣在国家图书馆发表题为"浅谈京剧旦行的传承与发展"的演讲。

7月1日，"全国政协委员艺术家及弟子传承流派艺术戏曲晚会"举办第二场"刘秀荣弟子王派艺术专场"，由刘秀荣老师指导中国京剧院、北京京剧院、天津

京剧院、天津青年京剧院等青年演员演出《穆桂英大战洪州》《平贵别窑》《五家坡》《白蛇传·断桥》等经典王派剧目。

当月，董绍琦撰写的《菊苑燕侣》由中国戏剧出版社出版。该书是一本详尽记述刘秀荣与张春孝艺术生涯的传记作品。

8月1日，刘秀荣参加中央电视台戏曲频道《名段欣赏》"十一"特别节目录制，主讲《悦来店》，并就小戏为何能"与民同乐"问题发表看法。

9月17—19日，刘秀荣观看中国戏曲学院小剧场2007级京剧昆曲表演、戏曲形体教育、舞蹈表演三个专业新生专业汇报演出，并在其后的专家座谈会上发表讲话。

12月12日，刘秀荣担任第三届全国京剧戏迷票友电视大赛评委，并在现场发表感言。

2008年，73岁

1月16日，刘秀荣参加中央电视台戏曲频道《空中剧院》开播五周年纪念活动，并发表感言。

2月，刘秀荣入选国家级非物质文化遗产项目京剧代表性传承人。

4月18日，刘秀荣在中国戏曲学院办公楼参加第六届CCTV全国青年京剧演员电视大赛中国戏曲学院赛区复赛评审筹备会并做即席发言。

10月8日，中国戏曲学院大剧场举办2008艺术院校京剧表演专业中青年教师教学交流中专组展示。刘秀荣作为专家评委会成员到场观看，并在每位教师进行教学展示环节之后进行点评。

12月5日，刘秀荣出席中国戏曲学院主办的"纪念田汉、王瑶卿、萧长华、史若虚四位老校长暨中国戏曲教育学术研讨会"并发表"亲历·感动·受益——深切缅怀我们敬爱的四位老校长"的讲话。

2009年，74岁

3月15日，刘秀荣在全国政协礼堂举行收徒刘玮珊的仪式。仪式由康秉钧主持，前来祝贺的嘉宾有全国政协京昆室主任赵景发，国家京剧院党委书记刘孝华、副书记刘惠平、副院长宋官林、三团团长张建国，还有奚派传人、著名书法家欧阳中石和著名影视演员王铁成等。

4月7日，由文化部艺术司主办、国家京剧院承办的第二期全国重点京剧院团表演人才培训班在国家京剧院举行开班仪式。刘秀荣、张春孝、朱秉谦受邀为学员传授经典剧目《穆桂英大战洪州》。

5月11日，刘秀荣出席第五届中国京剧优秀青年演员研究生班开学典礼暨青研班十周年汇报演出专辑发布会。

11月19日，刘秀荣出席在香港沙田大会堂举办的第二届"两岸四地中国戏曲艺术传承与发展·香港论坛"并发言。当晚，刘秀荣随出席论坛的嘉宾观看了由天津市京剧院演出的大型京剧交响乐《郑和下西洋》。

2010年，75岁

2月1日，中国剧协迎新春联谊会在北京饭店举行。刘秀荣出席联谊会，并同赵寻、郭汉城、刘厚生、徐晓钟、阎肃、鲁威、方掬芬、朱旭、蓝天野、梅葆玖、邢大伦等共12位老一辈戏剧工作者一起获颁荣誉证书。

5月18日，刘秀荣、张春孝为天津京剧院青年演员王艳、凌珂、闫虹羽、李宏等说排《棋盘山》。

9月，刘秀荣参加庆贺母校中国戏曲学院建校六十周年访谈，发表"传承创新，艺求精深"的谈话，后该谈话被董德光主编的《谈艺》一书收录，由学苑出版社出版。

10月28日，长安大戏院举办"中国戏曲学院建校六十周年大型系列演出"，打头炮是被称为校戏的《白蛇传》。此次复排由当年的首演者刘秀荣担任艺术总监。

12月2日，刘秀荣、张春孝参加由国家京剧院举办的"京剧艺术继承领悟研讨会"，并在会后到国家京剧院畅春园参加刘长瑜、李祖铭收徒仪式。

2011年，76岁

3月29日，刘秀荣在中国戏曲学院组织的"《白蛇传》的继承与发展暨刘秀荣教学座谈会"上发言。

6月18日，刘秀荣正式收山西省京剧院优秀青年演员冯祺鹏为徒，收徒仪式在梅兰芳大剧院举行。

11月30日，第二届"国戏杯"学生戏曲大赛颁奖晚会在长安大戏院举行，刘秀荣在颁奖过程中发表即席感言。

12月24日，由文化部主办、沈阳师范大学承办的"文华艺术院校奖"首届全国艺术院校戏曲邀请赛在沈阳闭幕，刘秀荣作为艺委会顾问及邀请赛评委会主任在闭幕颁奖仪式上发表"饮水思源，薪火相传"的讲话。

2012年，77岁

1月18日，在朱镕基的召集和邀请下，刘秀荣、张春孝参加了2012年上海春节京剧晚会。

4月初，刘秀荣在《中国京剧》第4期上发表题为《固本清源方能枝繁叶茂——对于京剧教育和人才培养的几点思考》的论文。

4月19日，第五届中国京剧青研班毕业公演第二台旦角经典折子戏专场一，由刘秀荣指导的北京京剧院剧目《三击掌》在长安大戏院上演，马佳饰王宝钏，马力饰王允。

4月28日，刘秀荣在第五届"青研班"暨首届"流派班"毕业典礼上发表谈话。

5月28日，刘秀荣收徒上海京剧院青年演员高红梅。

6月15日，刘秀荣担任首届山东省京剧优秀青年演员折子戏展演评委会成员，并在比赛后现场发表总结性谈话。

7月23日，刘秀荣参加国家京剧院召开的"丁关根同志追思会"，做了题为"哭老部长"的发言，深切缅怀这位原中共中央书记处书记、曾策划组织实施"中国京剧晚霞、彩霞工程""京剧青研班""京剧流派班""戏曲频道""《空中剧院》栏目""青京赛"等重大战略性工程的同志。

9月29日，刘秀荣在第七届CCTV全国青年京剧演员电视大赛赛后发表

"怎样培养京剧高层次人才——我的艺术观"的教学总结和感言。

12月2日，刘秀荣、张春孝出席在中国戏曲学院大剧场举行的第三届"国戏杯"学生戏曲大赛颁奖晚会。

12月19日，刘秀荣、叶少兰、孙毓敏等受邀出席在北京政协礼堂举行的《李瑞环谈京剧艺术》一书座谈会。刘秀荣在座谈会上发表题为"可敬的导师，可亲的知音"的发言。

2013年，78岁

1月19日，刘秀荣参加北京市教委和中国戏曲学院举办的"非物质文化遗产（戏曲）传承校试点项目暨戏曲进课堂教学成果研讨会"，在会上作了题为"戏曲艺术在中华民族精神传承中的重要作用"的发言。

2月19日，刘秀荣、张春孝在上海观看"拍摄京剧经典传统大戏电影工程"的两台试点剧目：国家京剧院组团推出《龙凤呈祥》和上海京剧院组团演出《霸王别姬》，并在其后的研讨会上发表观后感。

4月8日，中国戏曲学院与江西省委宣传部、省文化厅再度合作举办的舞台表演专业高级研修班在京举行开学典礼，刘秀荣、张春孝作为高研班顾问出席典礼。

5月17日，第五届京剧学国际学术研讨会在北京开幕，本届研讨会主题是"梅兰芳与京剧的传播"，刘秀荣作为著名京剧表演艺术家出席会议并致辞。

6月12日，刘秀荣、张春孝在梅兰芳大剧院观看中国戏曲学院研究生创新剧目京昆版《白蛇传》演出。演出结束后，刘秀荣、张春孝登台与梅葆玖一道对主创团队表示祝贺，并发表观感。

6月24、25日，北京戏曲艺术发展基金会在长安大戏院举办"流芳毓秀传茂荣——刘秀荣弟子展演"。6月24日，王怡、王艳等主演刘秀荣亲授的拿手戏《穆桂英大战洪州》。25日晚先由刘秀荣弟子孟思卿等分别演唱王派的代表剧目，最后由李胜素等主演《白蛇传·断桥》选场。

7月9日，刘秀荣、张春孝出席在北京昆泰嘉华大酒店召开的"拍摄京剧经典传统大戏电影工程"《状元媒》剧本专家研讨会。

附录二　刘秀荣源流谱系

一、刘秀荣师承概述

刘秀荣乃王瑶卿先生晚年得意弟子，曾随先生学习过至少四十出王派名剧，包括《珍珠烈火旗》《棋盘山》《下河南》《孔雀东南飞》《三击掌》《十三妹》《貂蝉》《牛郎织女》《穆柯寨》《龙凤呈祥》《宝莲灯》《打渔杀家》《审头刺汤》《汾河湾》《玉堂春》《万里缘》《穆天王》《女起解》《彩楼配》《平贵别窑》《长坂坡》《五花洞》《樊江关》《得意缘》《宇宙锋》《大保国》《二进宫》《四郎探母》《五家坡》《算军粮》《大登殿》《芦花河》《三娘教子》《桑园会》《法门寺》《梅龙镇》《虹霓关》(头二本) 及部分《战太平》等。

刘秀荣还曾向萧长华先生学习《拾玉镯》《大英杰烈》，向萧莲芳和萧盛萱学习《小上坟》，向叶盛兰学《木兰从军》，向章小山学《贵妃醉酒》，向华慧麟学《霸王别姬》，向荀令香学《豆汁记》等戏。

此外，在艺术方面，刘秀荣从田汉、梅兰芳、尚小云、荀慧生、芙蓉草、方连元、李紫贵、史若虚、马少波、崔嵬、陈怀皑、陈月梅等前辈处亦受益颇多。

二、刘秀荣弟子列表

刘秀荣入室弟子	关锐英、徐美玲、沈碧芳、李胜素、沈红新、安凤英、王晓玲、宋秀波、王晓燕（山东）、田波、孙斌、臧燕燕、张春红、毛素欣、胡秋芳、姜远萍、李萍、王玉兰、王艳、李静文、张艳玲、赵鸿、于兰、李淑琴、刘荣丽、冯忆欣、胡紫珊、王建国、张婉瑶、张淑景、孟思卿、宋奕萱、刘玮珊、马佳、郭凡嘉、马帅、王晓燕（北京）、冯祺鹏、高红梅、李绪伟、贺雯。
刘秀荣亲授的学生	陈淑芳、邓敏、李佩红、张晶、邵淑燕、梁维玲、田冰、宋扬、史红梅、安彦莉、唐禾香、奚鸣燕、郭睿玥、贾华、张馨玥、李燕燕、张佳春、郑佳艳、和志莉、黄宇琳、吴昊颐、窦晓旋、郭佳、杨洋、冯蕴、葛东霞、阎巍、艾金梅、熊明霞、张慧芳、史依弘、万晓慧、王怡、白金、刘琪、李光玉（台湾）等。
其他随师学戏者	许嘉宝、沈健瑾、孙小玉、马小曼、薛素芝、李维康、杨春霞、方小亚等。

三、刘秀荣寄语弟子

艺术续延，薪火相传；

王老再现，桃李满园。

四、刘秀荣弟子选介

- 李胜素：国家京剧院一团团长，国家一级演员。工青衣、花衫。中国京剧优秀青年演员研究生班研究生，首届 CCTV 全国青年京剧演员电视大赛金奖得主，中国戏剧梅花奖获得者。1987 年拜刘秀荣为师。
- 李萍：大连京剧院国家一级演员，中国戏剧梅花奖获得者。1992 年拜刘秀荣为师。
- 李静文：沈阳京剧院副院长，武旦演员，国家一级演员，中国戏剧家协会会

351

员，中国京剧优秀青年演员研究生班学员，首届全国青年京剧演员电视大奖赛最佳表演奖。中国戏剧梅花奖获得者。1993年拜刘秀荣为师。

- 王玉兰：北京军区战友京剧团国家一级演员，中国京剧优秀青年演员研究生班研究生班学员，中国戏剧梅花奖获得者，中国戏剧家协会会员。1993年拜刘秀荣为师。
- 王艳：天津京剧院国家一级演员，工青衣、花衫。中国京剧优秀青年演员研究生班学员，中国京剧流派传承班学员，中国戏剧梅花奖获得者。1997年拜刘秀荣为师。
- 张艳玲：天津艺术职业学院副院长，国家一级演员。中国京剧优秀青年演员研究生班学员，中国戏剧梅花奖获得者。1997年拜刘秀荣为师。
- 于兰：北京军区战友文工团国家一级演员，中国京剧优秀青年演员研究生班学员，中国戏剧梅花奖获得者。工青衣、刀马花旦。1998年拜刘秀荣为师。
- 郭凡嘉：国家京剧院国家二级演员，工刀马旦、青衣。毕业于中国戏曲学院。2001年拜刘秀荣为师。
- 张淑景：北京京剧院国家一级演员。工武旦、刀马旦。中国京剧优秀青年演员研究生班学员，2001年全国京剧青年演员评比展演金奖获得者，2001年全国京剧青年演员电视大赛金奖得主；2011年首届青年京剧演员北京擂台邀请赛武旦组擂主奖。2003年拜刘秀荣为师。
- 孟思卿：国家京剧院优秀青年演员，工青衣。2005年全国青年丰采展示大赛青衣专业组金奖获得者，2009年8月世界华人艺术大赛金奖获得者。毕业于中国戏曲学院。2005年拜刘秀荣为师。
- 宋奕萱：国家京剧院国家二级演员。工花旦。中国京剧流派传承班学员。毕业于中国戏曲学院。2006年拜刘秀荣为师。
- 马佳：黑龙江省京剧院国家一级演员。工青衣、花衫。中国京剧优秀青年演员研究生班学员。2009年拜刘秀荣为师。
- 冯祺鹏：山西省京剧院国家二级演员，工青衣、花衫。2011年拜刘秀荣为师。

- 高红梅：上海京剧院优秀青年演员。工青衣、花衫。毕业于上海戏剧学院。2012年拜刘秀荣为师。
- 王怡：北京京剧院国家一级演员。工青衣、刀马旦。中国京剧优秀青年演员研究生班学员。宗王、梅两派，先后师从华世香、阎世善、李金鸿、姜凤山、李玉芙、谢锐青、吴素秋、刘秀荣、于玉衡、杨秋玲等。

（附录二由中国戏曲学院戏文系10级本科生宁莹协助整理）

附录三　刘秀荣研究资料

一、参考著作

1. 中国戏剧家协会编：《京剧〈沙家浜〉评论集》，中国戏剧出版社1965年版。
2. 柏彬编：《田汉专集》，载《中国当代文学研究资料》，江苏人民出版社1980年版。
3. 萧长华述，钮骠记：《萧长华戏曲谈丛》，中国戏剧出版社1980年版。
4. 上海艺术研究所、中国戏剧家协会上海分会编：《中国戏曲曲艺词典》，上海辞书出版社1981年版。
5. 李辉等主编：《中国现代戏剧电影艺术家传》，江西人民出版社1981年版。
6. 史若虚：《戏曲教育论集》，中国戏剧出版社1983年版。
7. 中央人民广播电台文艺部编：《戏曲群星》（第三集），广播出版社1984年版。
8. 中国电影家协会电影史研究部编：《中华人民共和国电影事业三十五年（1949—1984）》，中国电影出版社1985年版。
9. 《中国戏剧年鉴》编辑部编：《中国戏剧年鉴》，中国戏剧出版社1987年版。
10. 《当代中国》丛书编辑部编：《当代中国电影》，中国社会科学出版社1989年版。
11. 北京出版社编：《新编京剧大观》，北京出版社1989年版。
12. 中国妇女管理干部学院编：《古今中外女名人辞典》，中国广播电视出版社1989年版。

13. 北京艺术研究所、上海艺术研究所组织编著:《中国京剧史》,中国戏剧出版社1990年版。
14. 李方诗等主编:《中国人物年鉴1992》,华艺出版社1992年版。
15. 李紫贵著,刘乃崇编:《李紫贵戏曲表导演艺术论集》,中国戏剧出版社1992年版。
16. 王文章:《艺术体制改革与管理初探》,华夏出版社1993年版。
17. 马奕主编:《中国戏剧电影辞典》,北京广播学院出版社1993年版。
18. 《当代中国》丛书编辑部编辑:《当代中国戏曲》,当代中国出版社1994年版。
19. 刘嵩崑:《梨园轶闻》,北京燕山出版社1998年版。
20. 吴文科主笔:《20世纪的中国·文学艺术卷》,甘肃人民出版社1999年版。
21. 中国戏曲学院编:《〈戏曲艺术〉二十年纪念文集·戏曲教育卷》,中国戏剧出版社2000年版。
22. 黄钧、徐希博主编:《京剧文化词典》,汉语大词典出版社2001年版。
23. 王海洲主编:《中国电影:观念与轨迹》,中国电影出版社2004年版。
24. 董德光主编:《回顾:中国戏曲学院校史访谈录》,学苑出版社2005年版。
25. 刘秀荣:《我的艺术人生》,中国文联出版社2006年版。
26. 董绍琦:《菊苑燕侣》,中国戏剧出版社2007年版。
27. 《中国京剧流派剧目集成》编委会编:《中国京剧流派剧目集成》,学苑出版社2009年版。
28. 张林岚:《红毹道故》,上海三联书店2009年版。
29. 董德光主编:《谈艺》,学苑出版社2010年版。
30. 宋光祖主编:《折子戏赏析》,上海书店出版社2011年版。
31. 中国戏剧出版社编:《说王瑶卿》,中国戏剧出版社2011年版。

二、期刊论文

1. 田汉:《我们彼此发现了诗》,《人民日报》1952年11月27日。

2. 任桂林：《推荐〈四川白毛女〉》，《剧本》1958年第9期。

3. 颜长珂：《富有创造性的演出——看京剧"四川白毛女"》，《人民日报》1960年5月12日。

4. 杨荫浏：《京剧"四川白毛女"的成功演出》，《人民音乐》1960年第5期。

5. 李蕾华、彭俐侬、常香玉：《关于戏曲艺术革新的讨论》，《中国戏剧》1960年第12期。

6. 之江：《优秀的人材，精湛的艺术——谈中国戏曲学校实验京剧团的三出旦角戏》，《上海戏剧》1961年第12期。

7. 张庚：《大是大非，不可不辩》，《人民戏剧》1977年第12期。

8. 刘秀荣：《革命路线哺育我们成长》，《人民戏剧》1977年第12期。

9. 刘秀荣：《大洋两岸传友谊》，《人民戏剧》1979年第1期。

10. 刘乃崇：《端庄杂流丽　刚健含婀娜——记著名京剧演员刘秀荣》，《中国戏剧》1979年第9期。

11. 刘厚生、刘秀荣、杨毓珉、王梦云、李慧芳、马长礼、赵燕侠、范钧宏、郑亦秋、钮骠、刘吉典、吕瑞明、史若虚、刘长瑜、袁世海、吴纪钦、孙毓敏、萧甲：《京剧向何处去——京剧艺术座谈会发言摘要》，《中国戏剧》1980年第1期。

12. 涂沛：《继往开来　一代宗师——纪念王瑶卿先生》，《戏曲研究》1980年第3辑。

13. 王玉珍：《需要有过硬的基本功》，《人民戏剧》1981年第2期。

14. 胡芝风：《要适应今天观众的"心气"》，《人民戏剧》1981年第2期。

15. 刘长瑜：《关键是要在感情上打动观众》，《人民戏剧》1981年第2期。

16. 金桐：《要注意从"听戏"到"看戏"习惯的变化》，《人民戏剧》1981年第2期。

17. 涂沛：《敢于推陈　勇于出新——京剧〈十三妹〉的改编与创新》，《中国戏剧》1981年第2期。

18. 刘秀荣：《必须大胆打破各种"框框"》，《人民戏剧》1981年第2期。

19. 李庆成、王文章：《艺海扬帆，激流勇进——访著名京剧演员刘秀荣》，《艺术通讯》1981年第2期。

20. 谢锐青：《活用程式的典范——忆向王瑶卿老师学戏》，《戏曲艺术》1981年第3期。

21. 李庆成：《努力探索，勇于奋斗——访优秀京剧演员刘秀荣、张春孝》，《长江戏剧》1981年第3期。

22. 刘秀荣：《频添沃壤培桃李，永铭严师诲谆谆——纪念瑶卿老师》，《戏曲艺术（北京）》1981年第4期。

23. 石希燮：《著名京剧演员刘秀荣、张春孝在石传艺》，《河北戏剧》1981年第4期。

24. 刘厚生、赵寻、李玉芙、石维坚、王晓临、赵世璞、刘长瑜、李若君、李元华、洪雪飞、冯绍宗、宋洁、戴月琴、李维铨、徐小兰、杨淑蕊、张玉文：《为精神文明的辉煌大厦添砖加瓦——首都中、青年演员座谈会发言摘要》，《中国戏剧》1981年第5期。

25. 孙以森、熊生民：《恩爱夫妻比翼飞——访著名京剧演员刘秀荣、张春孝》，《广播电视杂志》1981年第5期。

26. 李庆成、王文章：《从"白娘子"到"十三妹"——记新中国培养的第一代京剧表演艺术家刘秀荣》，《新时期》1981年第6期。

27. 子剑：《别开生面的"活捉"——看〈沉海记〉》，《戏剧电影报》1982年12月19日。

28. 吴同宾：《乱花迷人眼，未歌先有情——刘秀荣〈战洪州〉表演艺术剖析》，《戏曲艺术》1982年第1期。

29. 《小白玉霜和她的艺术　刘秀荣与张春孝》，《文荟》1982年第3期。

30. 李洪春：《挖掘老传统，闯出新路子——看京剧〈金锁恩仇〉》，《北京日报》1982年1月17日。

31. 吴同宾：《刘秀荣演唱〈孔雀东南飞〉的特色》，《剧坛》1983年第2期。

32. 文川：《中国戏曲活跃在国际舞台上——1983年我国戏曲团体访外演出情况简介》，《戏曲艺术》1983年第3期。

33. 《中国戏剧家协会连续举行座谈会　畅谈戏剧团体的体制改革问题》，《中国戏剧》1983年第3期。

34. 刘秀荣：《愿以寸草心，奉报三春晖——痛悼史若虚老校长》，《中国戏剧》1983年第9期。

35. 章培：《总结承包经验，加快改革步伐》，《艺术通讯》1984年第2期。

36. 《北京大学学生戏曲爱好者协会成立》，《中国戏剧》1984年第5期。

37. 捷之：《继承师辈遗志，不断前进的刘秀荣》，《戏曲艺术》1985年第1期。

38. 晓月：《著名京剧演员刘秀荣为京剧演出盛装报幕》，《中国戏剧》1985年第12期。

39. 傅成林：《希望认真推广戏曲演出报幕员的工作》，《中国戏剧》1986年第3期。

40. 刘金生：《我们的艺术家——刘秀荣》，《中国戏剧》1987年第6期。

41. 于延平：《刘秀荣到边疆慰问边防哨所》，《中国戏剧》1987年第8期。

42. 赓续华：《勇于开拓戏路的刘秀荣》，《中国戏剧》1987年第8期。

43. 陈慧敏：《高占祥副部长与京剧界人士对话》，《中国戏剧》1988年第2期。

44. 吴钢：《刘秀荣、张春孝的业余生活》，《中国戏剧》1988年第2期。

45. 吉田登志子著，李毅译：《刘秀荣女士与〈白蛇传〉——谈来日公演》，《中国戏剧》1988年第6期。

46. 刘秀荣：《我与春孝》，《中国戏剧》1988年第10期。

47. 刘秀荣：《从〈白蛇传〉说起——谈我的表演导师李紫贵先生》，《戏曲艺术》1990年第4期。

48. 李振江：《日本的"刘秀荣张春孝迷"》，《中国企业报》1990年8月30日。

49. 叶泉：《从玲珑剔透到气吞长虹：看邓宛霞主演的〈大英杰烈〉》，《戏曲艺术》1991年第1期。

50. 于显：《师生谊长传佳话，伉俪情深慰平生——访著名京剧演员刘秀荣》，《戏剧丛刊》1991年第3期。

51. 吴同宾：《唱做俱精，文武兼擅：评刘秀荣的表演艺术》，《文艺报》1991年第6期。

52. 李振江：《"菊坛仙子"刘秀荣》，台湾专业性戏剧报刊《申报》1993年7月26日。

53. 刘秀荣、张春孝：《京剧〈马嵬香销〉的导演构想》，《中国戏剧》1993年第7期。

54. 《卧薪尝胆　一鸣惊人——李萍表演艺术座谈会纪要》，《中国京剧》1994年第5期。

55. 张永和：《三个"阿庆嫂"》，《中国京剧》1995年第3期。

56. 刘秀荣：《谈〈拾玉镯〉的表演》，《中国戏剧》1995年第4期。

57. 吉田登志子著，李毅译：《京剧〈西游记〉（孙悟空）在东京》，《中国戏剧》1996年第2期。

58. 《刘秀荣等应邀赴台讲学》，《戏曲艺术》（中国戏曲学院学报）1996年第4期。

59. 刘秀荣：《田老，我们想念您》，《中国戏剧》1998年第4期。

60. 刘秀荣：《缅怀张君秋先生》，《中国戏剧》1998年第6期。

61. 《杜鹃山上兰芬芳——记北京军区战友京剧团、国家一级演员于兰》，《华北民兵》2004年第5期。

62. 何真：《"悲惨世界"响京韵，记中国戏曲学院实验京剧〈悲惨世界〉》，《上海戏剧》2006年第7期。

63. 沈斌：《桃李芬芳　后继有人——中国戏曲学院第三次来沪展演观后感》，《戏曲艺术》2006年第3期。

64. 王永运：《美轮美奂〈白蛇传〉》，《中国京剧》2006年第9期。

65. 《梨园佳偶的粉墨人生：访著名京剧表演艺术家张春孝、刘秀荣》，《人民画报》2007年第2期。

66. 周龙：《开垦京剧学研究的处女地，谈实验戏剧的探索》，《戏曲研究》2007年第3期。

67. 赵锡淮：《大力推动京剧学学科的发展——第二届京剧学国际学术研讨会综述》，《艺术教育》2007年第8期。

68. 封杰：《王派艺术的传道者——访京剧名家刘秀荣》，《中国京剧》2007年第11期。

69. 李静文：《而今迈步从头越》，《中国京剧》2008年第4期。

70. 丁艳玉：《戏曲演员的文化责任》，《中国戏剧》2008年第12期。
71. 刘秀荣：《追忆恩师王瑶卿先生》，《中国京剧》2009年第2期。
72. 金梅：《刘秀荣收徒刘玮珊》，《中国京剧》2009年第4期。
73. 松子：《荀皓、李丽艺术心得恳谈会在京召开》，《中国戏剧》2009年第5期。
74. 封杰：《第5届"青研班"开学》，《中国京剧》2009年第6期。
75. 《京剧表演艺术家闫巍简介》，《天津政协公报》2009年第7期。
76. 刘继峰：《马佳拜师刘秀荣》，《中国京剧》2009年第7期。
77. 陈友峰：《"王瑶卿对京剧艺术的贡献及其戏曲教育思想研讨会"会议记录》，《戏曲艺术》2010年第2期。
78. 周祉琦：《国家京剧院举行"非遗"传承人命名仪式》，《中国京剧》2010年第3期。
79. 朱芸：《中国戏曲学院建校60周年庆典拉开帷幕》，《中国京剧》2010年第10期。
80. 李胜素：《梅派花旦的新境界》，《中华儿女》2010年第13期。
81. 彭维：《刘秀荣、张春孝喜收新徒》，《中国京剧》2011年第3期。
82. 《〈白蛇传〉继承与发展暨刘秀荣教学座谈会召开》，《中国京剧》2011年第5期。
83. 小靳：《荀韵飘香 唐禾香演出专场在京举行》，《中国戏剧》2011年第6期。
84. 刘秀荣：《师生情缘》，《中国京剧》2011年第6期。
85. 刘刚：《京剧表演艺术家云燕铭逝世周年追思会举行》，《中国戏剧》2011年第8期。
86. 唐禾香：《执著京剧艺术，追觅荀派芳踪——记流派班学习的点滴体会》，《中国京剧》2012年第1期。
87. 封杰：《河南省京剧院举行集体拜师仪式》，《中国京剧》2012年第2期。
88. 刘秀荣：《固本清源方能枝繁叶茂——对京剧教育和人才培养的几点思考》，《中国京剧》2012年第4期。
89. 刘秀荣：《继承、传承〈十三妹〉——教授王怡演出〈十三妹〉有感》，《中国京剧》2012年第10期。

90. 王永运：《风趣盎然的〈得意缘〉》，《中国京剧》2013年第3期。

91. 封杰：《流芳毓秀　秋声萍迹》，《中国京剧》2013年第8期。

＊另有刘秀荣本人未刊手稿、演出海报及本书作者采访录音等若干，因篇幅所限，不再一一列举。

"中国京昆艺术家传记丛书"出版情况

2010年

	书 名	作 者	出书时间
1	曲学大成　后世师表——吴梅评传	王卫民	2010年7月
2	清风雅韵播千秋——俞振飞评传	唐葆祥	2010年6月
3	幽兰雅韵赖传承——昆剧传字辈评传	桑毓喜	2010年8月

2011年

	书 名	作 者	出书时间
4	仙乐缥缈——李淑君评传	陈　均	2011年4月
5	春风秋雨马蹄疾——马连良传	张永和	2011年5月
6	寂寞言不尽——言菊朋评传	张伟品	2011年7月
7	余叔岩传（修订本）	翁思再	2011年8月
8	夜奔向黎明——柯军评传	顾聆森	2011年9月
9	昆坛瓯韵——永嘉昆剧人物评传	沈不沉	2011年11月
10	傲然秋菊御风霜——程砚秋评传	陈培仲 胡世均	2011年11月
11	梅兰惊艳　国色吐芬芳——梅兰芳评传	李伶伶	2011年12月
12	义兼崇雅　终朝采兰——丛兆桓评传	陈　均	2011年12月

2012年

	书　名	作　者	出书时间
13	烟花三月 —— 扬州昆曲人物评传	林　鑫	2012年1月
14	燕南真好汉　江南活武松 —— 盖叫天评传	龚义江	2012年3月
15	雅部正音　官生魁首 —— 蔡正仁传	谢柏梁 钮君怡	2012年5月
16	剧坛大将 —— 吴石坚传	顾聆森	2012年6月
17	艺融南北第一家 —— 李万春评传	周　桓	2012年6月
18	清风吹歌　曲绕行云飞 —— 尚小云评传	李伶伶	2012年10月
19	舞古今长袖　演中外剧诗 —— 欧阳予倩评传	陈　珂	2012年11月
20	铁板铜琶大江东 —— 侯少奎传	胡明明	2012年11月

2013年

	书　名	作　者	出书时间
21	桃李不言　一代宗师 —— 王瑶卿评传	孙红侠	2013年6月
22	响当当一粒铜豌豆 —— 田汉传	田本相	2013年7月
23	月下花神极言丽 —— 蔡瑶铣传	胡明明	2013年5月
24	四海一人　伶界大王 —— 谭鑫培评传	周传家	2013年8月
25	天海逍遥游 —— 厉慧良传	魏子晨	2013年9月

2014年

	书　名	作　者	出书时间
26	菊坛大道 —— 李少春评传	魏子晨	2014年1月
27	画梁软语　梅谷清音 —— 梁谷音评传	王悦阳	2014年4月
28	银汉三星鼎立唐 —— 唐韵笙评传	宁殿弼	2014年5月
29	夫子继圣　春泥护花 —— 程长庚评传	王灵均	2014年6月
30	皮黄初兴菊芳谱 —— 同光十三绝合传	张永和	2014年8月
31	清代伶官传	王芷章	2014年8月

2015年

	书　名	作　者	出书时间
32	梨园冬皇 —— 孟小冬	许锦文	2015年7月
33	绝代风华 —— 言慧珠	费三金	2015年7月
34	坤伶皇座 —— 童芷苓	朱继彭	2015年7月
35	晶莹透亮的玉 —— 李玉茹舞台上下家庭内外	李如茹	2015年7月
36	自成一派 —— 赵燕侠	和宝堂	2015年7月
37	卿本戏痴 —— 小王桂卿	金勇勤	2015年7月
38	文武全才 —— 李少春	许锦文	2015年7月
39	武旦奇葩 —— 张美娟	忻鼎亮	2015年7月
40	大武旦 —— 王芝泉	张　泓	2015年7月
41	毓秀钟灵　荀韵新声 —— 孙毓敏评传	李成伟	2015年8月